（清）朱一新◇著　唐元發◇整理

質盦書稿兩種

浙江工業大學人文社會科學後期資助項目

浙江省哲學社會科學重點研究基地浙江工業大學
浙江學術文化研究中心成果

目録

京師坊巷志 …………………………………………………… 1
 京師坊巷志序 ……………………………………………… 3
 序 ………………………………………………………… 5
 京師坊巷志卷一 …………………………………………… 7
 京師坊巷志卷二 …………………………………………… 34
 京師坊巷志卷三 …………………………………………… 50
 京師坊巷志卷四 …………………………………………… 76
 京師坊巷志卷五 …………………………………………… 109
 京師坊巷志卷六 …………………………………………… 140
 京師坊巷志卷七 …………………………………………… 165
 京師坊巷志卷八 …………………………………………… 190
 京師坊巷志卷九 …………………………………………… 216
 京師坊巷志卷十 …………………………………………… 233
 《京師坊巷志》索引 ……………………………………… 273

同音集釋要 …………………………………………………… 295
 同音集釋要目録 …………………………………………… 297
 同音集釋要一集 …………………………………………… 301

同音集釋要二集 …………………………………… 363
同音集釋要三集 …………………………………… 435
同音集釋要四集 …………………………………… 493
《同音集釋要》檢字表 ……………………………… 543

京師坊巷志

京師坊巷志序

《京師坊巷志》上、下兩卷即《順天府志》卷之十三、四，義烏朱鼎父侍御、江陰繆編修藝風先生所同輯也。侍御客游嶺表，蕉萃以盡。先生假歸數歲，復取元書勘定，時有損益，意將裁篇別出，以餉後世。詳竊聞其議，因亟從臾刻之而謹敘其首曰：京師首善，歷姓所崇。班固、張衡號工摛屬，咸寫其狀。至於坊屯署列，平叔牒其秩名；巷苞閈出，太沖侈其猥騎。奥區、神皋，遂著此號。亶黄圖故事，翔著宫觀；宣明、建陽，劇從蕞芮。上黨、懷義，何預州郡之俫？馬糞、烏衣，豈僅王謝之録？鳩而合之，取備掌故；經緯雅聞，洮汰蕃會。雖椎輪於官書，可楬櫫爲別記，兩君之纂於是偉矣。夫皇居帝室，九流鱗萃，四會蠡午；王侯列第之區，士夫泊宅之所；郡國邸舍之攢香，亭傳祖道之宴集。昔人所載，澶漫散紀，旁魄而論，固爲壯觀；錯綜最録，厥難亦見。學非弘贍，交無雅宿，游肆閟於借閱，發医窮於短説。文有可采，則纍幅侈書；事無所徵，則幺弦弛柱。東膃西瘠，判肥瘦而未工；乙閟辰張，均殷賑而獨逸。求董公之甲第，揚子之宅俄空；指潘仁之閒居，延喜之里蓋闕。積此畸隻，遂爲偏枯。其難一也。風流遐覽，事資雅馴，權要棲止，隆富僑託。高閣連雲，當道直啓，旁羅捃撫，漫有屓厠。廬館集宿，揆張許史之居；鐘鼎擊食，鹽豔翁賫之壯。萬章柳市，祠薰胥而見書；富中玉饌,競區宇而附麗。裁制既失,多詒塵點。其難二也。藏身人海,仕隱所充。待詔金門,通籍禁裏。游豫觸詠,率儲故實。行樂之地,草木生欣,遺響之烈,鏗鏘在耳。五饗先饋,諜景動而成光;三徑甫開,挫廉萃於接跡。詞流掌錄,雅在兼蒐。顧有倉卒成書,員程迫限,以此編輯,奂事瑣言,藉文蹇淺,概從擯落。於是憑虛安處,寥寂無聞。清漳夾宅,認履綦而不呈;黃壚乘軺,邈山河而焉寄。目論一滋,雷同相習,擁篲達者,賢絕旦莫。其難三也。兩君紬書東觀,侍彥西園,《七略》、四部,流別甄微,郢握、隨掌,淹伊專翫,共膺美選,述成此著。籾始斷心,妙有源貫。凡夫公私載籍、鈔槧祕册,洞若觀火,析如合蒴,區分類附,取證弘①撰。譬之雙離揚輝,二龍競馭。洛陽茂先之問,交豁承明;三輔、臺卿之書,定為決錄。徵事富於楊衒,不隸《伽藍》先路。踵夫次道,遠涉勝代。方謂塵諸廣內獨煥驪珠,祕之帳中快逾龜飽。往觀侍御遺書載此《志》目,蓋將有待別行,遷延未果。今先生雅意枺此,遥質冥契。弦歌赴節,應涌蓋山之泉;篇簡尚新,致諾秣陵之答,平生風義於此益見。或以龍漢小劫,兩門昔蕪,新數中興,閭閻變貿。江亭藉卉,周侯顧而喟然;靈光支持,文考嘻其有作,則又讀斯《志》者所為。想開元之全盛,憶春明之夢餘;恨恨於景物,睠睠於左契也。光緒乙巳仲冬興化李詳

---

① "弘",原文避諱缺筆省去字最後之"、"。後皆同。

序

昔嘗讀孟元老《夢華錄》、吳自牧《夢梁錄》，均從衰落追溯繁華，流連景光敷演時節，其實銅駝荆棘，觸目生哀固已。言者津津，聞者惓惓已。光緒五年，順天監尹吏部尚書萬文敏公、府尹周小棠京兆翀修《順天府志》，延江陰繆筱珊參議、義烏朱蓉生侍御分修《坊巷》，以《東西城坊考》爲法，兩君采取明《坊巷衚衕集》《帝京景物錄》《日下舊聞考》，并搜筆記及國朝文集數十種。遼金舊蹟、名人住宅，依地類纂，分爲兩卷。學人以爲名《志》。《志》成之後，時有增補。興化李君審言更爲作《序》，儗重刊而未果。今以稿畀予。雖相距止三十年，而兵燹滄桑，朝市非昔。攷其未確者，補其已佚者，改爲十卷。昔歲乘輿淀園避暑，貴人邸第均寓西城，淀園相近，夜值較便。後值燬廢，常住宮禁，寓西城者均遷東城；迨頤和園修復，又自東而西矣。況庚子聯兵入都，西城之旅檀寺各衚衕均被燒燬；又因新政學堂、兵廠率占民居，民政部悉改舊名，內務部開闢馬路。連甍接棟折毀一空，阡陌寬廣車馬駢集，而舊時之京師已大改觀矣。嗟乎！遺簪墜履，昔人所悲。開元全盛之年，春明夢餘之錄，今昔聞見，無不懸殊。徐星伯《東西京城坊考》序云："著名人之故居，供後人之詩料。"歸元功詩云："城闕河山千古壯，可知不是舊京華。"況乎掌故所關、人文所繫，酈注、揚記，典型斯在。今則世家零落,喬木無多。從新闢之街衢,溯舊京之人物,固與《夢華》《夢梁》二錄同爲憑弔之資而已。歲次強圉,大荒落孟陬,吳興劉承幹序於歇浦之嘉業堂。

京師坊巷志卷一

求恕齋叢書
義烏朱一新、江陰繆荃孫　同撰
吳興劉承幹重訂

　　《周官》之制，度地居民，九經九緯，經涂九軌，顓若畫一，所以建皇極而隆上儀也。京師衢巷，大氐襲元、明之舊，瑣聞佚事，往往而在。若其規制之沿革、習俗之隆窊、民生之息耗，則又考古鏡今者之淵海矣。顧方志扃略，靡所取材，昔賢纂著，枂而無紀。爰鉤考其言之雅馴者，述爲斯篇。或里語流傳，著於眾口而載籍無所徵者，則闕之，辟不敏也。牙署寺觀，標綱補闕，抑亦志地者所不廢。若閭巷叢祠、王侯甲第，郡國計車之所萃、寓公篇詠之所傳，閒涉繁蕪，要關掌故。〔案《洛陽伽藍記》略標故宅，朱氏《長安志》從之，至徐氏《東西京城坊考》尤爲詳悉。〕今仿其例，悉加甄錄，惟流連景光之作概無取焉。大輅椎輪，事資刱始，兼乏擊精之暇，憖辭弇陋之譏。匡謬拾遺，以俟來哲。志坊巷。

中西坊

隸中城。凡皇城自地安門以東；內城自東長安街以北，王府街以西，兵馬司衖衕地安橋以南；外城自正陽門大街，西至西河沿關帝廟、煤市橋、觀音寺前石頭衖衕，南至西珠市口大街，又南至永定門西，皆屬焉。

中東坊

隸中城。凡皇城自地安門以西；內城自西長安街以北，西大市街以東，護國寺街地安橋以南；外城自正陽門大街，東至打磨廠、蕭公堂、草廠二條衖衕、蘆草園，南至三里河大街，皆屬焉。

朝陽坊

隸東城。凡內城自東大市街以東，東直門街以南，皆屬焉。外廂則東便門、朝陽門、東直門外，其分地也。

崇南坊

隸東城。凡內城自崇文門街、王府街以東，交道口、北新橋以南；外城自崇文門外三轉橋以東、左安門以北，皆屬焉。

東南坊

隸南城。所屬皆外廂，南則永定門、左安門、右安門門外，東則廣渠門外，西則廣寧門外，其分地也。

正東坊

隸南城。凡內城東自崇文門街，西至太平湖城根，北至長安街；外城自崇文門外大街，西至打磨廠、蕭公堂，北至三里河大街西，南至永定門東、左安門西，皆屬焉。

關外坊

隸西城。凡內城自西大市街以西，阜成門街、護國寺街以北，德勝門街以東，皆屬焉。外廂則阜成門、西直門、西便門外，其分地也。

宣南坊

隸西城。凡内城自瞻雲坊大街以西，報子街以北，阜成門街以南；外城自宣武門外大街，迤南至半截衚衕以西，皆屬焉。

靈椿坊

隸北城。凡内城自德勝門街以東，地安橋、兵馬司衚衕、交道口、東直門街以北，皆屬焉。外廂則安定門、德勝門外，其分地也。

日南坊

隸北城。所屬皆外城。自煤市橋觀音寺前石頭衚衕、板章衚衕以西，宣武門外大街、半截衚衕以東，皆屬焉。又靈椿坊來屬三鋪（詳後）。（《會典事例》參《城册》）

定制：以内城轄於步軍統領，外城外廂設城官以理之，而皆董於巡城御史。初以正指揮司命案、緝盗賊，副指揮掌鬭毆、賭、竊諸細事。吏目駐外廂，職與副指揮同。康熙三十一年，移副指揮駐外廂，而令吏目分掌外城之事。惟中城正指揮、吏目皆駐外城。雍正五年，命五城地界諸犬牙相錯者勘立界碑。十二年定設木牌之令。乾隆二年，議凡街衢寬者建石碑，其狹巷仍釘木牌。

皇城周十八里有奇（《一統志》）。前明悉爲禁地，民間不得出入。我朝建極宅中，四聰悉達，東安、西安、地安三門以内，紫禁城以外，牽車列闠，集止齊民。稽之古昔，前朝後市，規制允符。（《舊聞考》）

明張萱《疑耀》：「京師人評巷爲衚衕，世以爲俗字，不知《山海經》已有之。『食梟鳥可以止衕』，郭璞注：『治洞下也，音洞。』獨衚字未經見。」[案：《疑耀》所引，見《北山》及《中山經》。然此特借字，非其本義。《説文·行部》：「衕，通街也。」《廣韻》《玉篇》義同，音徒東、徒弄二切。《廣韻》引《蒼頡篇》作衕，云巷道，今南方評巷曰衚,北方評巷曰衚衕。衚衕合音爲衖,衖見《爾雅》,衚見《説文》,皆古訓也。謝肇淛《五雜俎》引元《經世大典》謂之火衖,衚衕即火衖之轉。元人有以衚衕字入詩者,其來已久。《析津志》言:"京師二十九衚通。"衚通字本方言,蓋緣飾以古義,非其實也。]

皇城東

中西坊
東華門外南長街

俗稱南池子,井二。内務府所屬外養狗處在西。舊有管轄番役署,後移西華門外北長街。[案:鷹房、狗房,舊俱在東華門内。其在南池子者,外署耳。]嘉慶壬戌,復將内署移東華門外長房(見禮親王《嘯亭續錄》)。

南河沿(井一)

明劉若愚《蕪史》:"自皇史宬東南有門通河,河上有湧福閣,俗所謂騎馬河也。"《舊聞考》:"今普勝寺東北,有馬鞍橋,當即騎馬河舊阯。"

菖蒲河(木橋二)

《蕪史》:"皇史宬再東則追先閣、欽天閣,勒世廟《欽天頌》於碑。再南則御作也。"[案:今大院子地臨菖蒲河,即明之御作。]

冰窖
牛郎橋(橋一)
東河沿

有馬鞍橋、平橋。

《蕪史》:"迤東沿河稍北,則吕梁洪東安橋。再北有亭居橋上,曰涵碧。又北則迴龍觀止焉,其殿曰崇德。"

《舊聞考》:"河東今爲南箭亭,北有平橋,在東安橋南,當即吕梁洪漾金亭舊阯。東安橋北又有橋,橋上遺石礎二,相傳有樓騎河。今橋西街尚名騎河樓,則《蕪史》所云'有亭居橋上曰涵碧'者也。又北,今爲北箭亭,崇德殿舊基,當在其地。"吳長元《宸垣識略》:"明南城宫殿額名無涵碧亭。崇德殿在河東,即迴龍觀,似與南内相接,爲今南箭亭地,未聞越東安門北而有別館也。"《舊聞考》據《蕪史》有"東安橋再北"五字,因以騎河樓、北箭亭當之。竊以東安橋明稱皇恩橋,下云"水從御馬監東,東安門橋下",不直稱東安橋可知。疑吕梁洪東安橋,即今馬鞍橋;有涵碧亭覆其上者,即今平橋。又西苑之水,從牛郎橋出湧福閣,所謂騎馬河,以閣跨水上也。

南箭亭

有十韃子廟。

南灣子(井二)

迤南爲皇史宬,尊藏實録、聖訓、玉牒,地因以名。

南、北庫司衚衕(井一)

官豆腐房

飛虹橋("虹"俗訛"龍"。井一、橋一)

《明英宗實録》:"初,上在南内,悦其幽静。既復位,數幸焉。因增置殿宇,其正殿曰龍德,正殿之後鑿石爲橋,橋南北表以牌樓,曰飛虹,曰戴鼇。"《蕪史》:"飛虹、戴鼇二坊,姜立綱書。"孫國敉《燕都游覽志》:"自東華門進至麗春門,凡里餘。經弘慶殿,歷皇史宬門至龍德殿,隙地皆種瓜蔬,注水負甕,宛若邨舍。過此則飛虹橋,石刻羆虎禽鳥狀,傳爲西洋僧載而來。"〔案:麗春門,明南城中路門也(見《春明夢餘録》)。蔣一葵《長安客話》引陶從政詩:"中官三寶下西洋,載得仙橋白玉梁。"則橋石爲三寶太監鄭和下西洋時所得,《蕪史》載其事亦同。《游覽志》言西洋僧所獻,傳聞異詞耳。]

南井兒衚衕（井一）

冰窖衚衕

門神庫

　　工部製造庫所屬，門神庫在焉，地因以名。

　　明沈德符《野獲編》："世宗初建獻皇帝廟，既祔廟稱宗，遂閉舊廟不復祀。嘉靖四十四年，舊廟柱産芝，上大悦，改名玉芝宫。"《舊聞考》："玉芝宫久廢，以《大禮集議》所記地界考之，當在南池子西北。今之門神庫，或即其地歟？"

鐙籠庫（井一）

石頭縫衚衕

　　內務府北鞍庫所屬鞍作在焉。

箭廠衚衕

　　內務府甄庫所屬箭廠在焉。

緞匹庫

　　户部所屬緞匹庫在焉，地因以名。東與大庫、顏料庫通謂之三庫。南小衚衕曰鴨蛋井，井一。其東南爲正白旗侍衛教場（見《八旗通志》）。

　　《嘯亭續錄》："睿忠親王府舊在明南宫，今爲緞匹庫。"[謹案：王諱多爾袞，太祖十四子。順治閒稱輔政皇叔父王，後以罪除。乾隆四十三年，特旨詔雪，復舊封世襲，追諡忠。]《蕪史》："重華宫之東曰洪慶宫，供番佛之所也。又東則內承運庫，再東則崇質宫，俗云黑瓦殿。景泰閒英廟所居。"《舊聞考》："明英宗北還，居崇質宫，謂之小南城。今緞匹庫庫神廟，有雍正九年重修碑云：'緞匹庫爲户部分司，建在東華門外。'小南城名裹新庫，亦小南城也。東南爲普勝寺，寺前沿河尚有城牆舊阯。"[案：明南城本東苑舊地，英宗復辟後大加修拓,遺阯甚廣。今錄取其涉坊巷者。]

嗎噶喇廟

普度寺舊名嗎噶喇廟,國初爲睿親王府廟(西井一)。

俞正燮《癸巳存稿》:"墨爾根王爲睿親王,爲攝政王,當時稱爲台星可汗九王(見毛奇齡《後鑒錄》)。其舊府據《恩福堂筆記》在東安門內之南,明時南城,今嗎哈噶喇廟。吳偉業《讀史偶述》詩:'松林路轉御河行,寂厯空垣鳥雀聲。七載金縢歸掌握,百僚車馬會南城。'與今地阯悉合。"[案:《元史·泰定帝紀》:"至治三年十二月,塑瑪哈噶拉佛像於延春閣之徽清亭。"梵書言嗎哈喇佛有十二,皆文殊、觀音化身及護法神也。明南城有洪慶宮,供番佛之所(見《夢餘錄》《明宫史》諸書)。瑪哈噶喇佛,蓋其遺像。]

瓷器庫(井一)

內務府所屬瓷器庫在焉,地因以名。

《蕪史》:"內承運庫在東下馬門,職掌庫藏。在宮內者曰東裕庫、寶藏庫,謂之裏庫;其會極門、寶善門迤東一帶,及南城瓷器等庫,則謂之外庫。"《舊聞考》:"緞匹庫庫神廟東,地名瓷器庫。巷口石獅二,臨河巷有南北兩汊,內有黑琉璃瓦房,蓋即庫房未毀者。"

葡萄園

御馬圈(井一)

東安門大街

有東安橋,亦稱皇恩橋。

《嘯亭續錄》:"武英親王府在東華門,今爲光祿寺署。"戴璐《藤陰雜記》:"寺爲英親王故邸,規模弘敞,今半空閒。"[謹案:王諱阿濟格,太祖十二子。初封武英郡王,晉親王,順治八年以罪除。]《蕪史》:"過東上北門、中東門,曰彈子房,曰學醫讀書處,曰光祿寺,曰筐頭房,曰東安裏門,過橋則東安門也。"[案:光祿寺在東安門內,今仍明舊,餘無考。查嗣瑮《查浦詩鈔》:"長連牆接短連牆,紫禁滄洲列兩廂。催取四時花釀酒,七層吹過竹風香。"長連、短連兩街名,在仁智殿西南,御酒房後(見《蕉史》及《西河詩話》)。此大内之御酒房,非光禄寺御酒房也。查詩似未晰。《藤陰雜記》引《西河詩話》系於光禄寺者誤。紫禁滄洲額在光禄署中,明黎維敬所題。]明黄佐《翰林記》:"宣德中賜楊溥第於東安門。"明陳僖《客窗偶談》:"中官初入選,進東華門,門内有橋曰皇恩,謂從此即受皇恩也。俗評曰忘恩橋,以中官既富貴,必讐其所生也。"[案:東安門,俗亦稱外東華門,《偶談》蓋仍俗稱。]

光禄寺後

南小衚衕曰東夾道、西夾道。

東華門外北長街

俗稱北池子(井二)。宣仁廟祀風神,凝和廟祀雲神,俱在東内務府所屬武備院署。俄羅斯文館俱在西東小衚衕,曰文書館,曰萬慶館。

頭條、二條、三條衚衕

二條衚衕,井二。

妞妞房

北河沿(橋二)

箭杆衚衕(井一)

騎河樓

舊有内務府所屬三旗參領署,後移白米斜街。南鞍庫所屬熟皮作,與樓相望。迤北曰城隍大院(亦作"成侯大院")。

《胡書農年譜》:"甲戌三月,移居東安門内成侯大院宅。宅爲英煦齋相國別業,宅止老屋數楹,庭前有丁香二株,甚茂。"左文襄公《盾墨餘瀋》云:"入都僦居東安門内南池子,有石鼓閣。辛巳,梁上生芝,繪《神芝圖》。"

北箭亭

《舊聞考》以騎河樓爲明涵碧亭遺阯,北箭亭爲崇德殿遺阯。

井兒衚衕(并一)

五所衚衕(并一)

鬭雞阬

廟兒衚衕

有關帝廟。

煖閣廠衚衕

《蕪史》:"御馬監之南向西者曰杆子房、北膳房、煖閣廠,廠東門可通河。河之南岸榆柳成行,花畦分列,如田家也,曰南膳房。再南曰冥器廠、混堂司、内東廠。"[案:東廠爲明季弊藪,以《蕪史》《春明夢餘録》敘次考之,當與煖閣廠、騎河樓相近。]

銀閘

神機營幼丁隊左廠在焉。

《蕪史》:"御馬監聽事之南曰裹草闌草場。永樂初建,收料豆。宣德間,將中府草場之草分受,始立場,有倉廠也。"《舊聞考》:"今御馬圈南,地名銀閘,有真武廟(即明御馬監裹草闌舊阯),廟内有天啓三年碑記可考。"

上駟院馬圈(并一)

草垛衚衕

騾圈

孫承澤《春明夢餘録》:"内承運庫、外馬房,在御馬監南。"《蕪史》:"過外馬房,餘宅數區,所謂河邊者也。"[案:今騾圈當即明外馬房遺阯。]

椿樹衚衕

東沙灘

有關帝廟。

西沙灘

迤西爲三座門。又西北爲景山東門柳樹井,井一。

紅門

官房

迤西少北爲孟家大院。

馬神廟(井一)

《宸垣識略》:"一等忠勇公第,在馬神廟。"[案:乾隆時大學士傅恆封忠勇公,謚文忠。其子福隆安尚高宗四女和嘉公主,賜第在舊宅東,今公果齊遜襲封,官散秩大臣。府西即其家廟也,乾隆間敕建。]《蕪史》:"又南曰尚膳監、御馬監。"《舊聞考》:"馬神廟,即明御馬監馬神舊祠也。廟基舊在街之稍北。乾隆二十年移建,迤南爲御馬圈,其地蓋仍明舊。"《野獲編》:"内市在禁城之左,過光祿寺入內門,自御馬監至西海子一帶皆是。每月初四、十四、二十四日,設場貿易。聞之内使云,此三日例令内中賤役輂糞穢出宮棄之,以故各門俱啓。因之陳列器物,借以博易焉。"[案:内市之制,亦見明徐充《暖姝由筆》。《舊聞考》云無考,以《野獲編》所言核之,御馬監今爲馬神廟,西海子即太液池,其地猶約略可稽也。]

下坡

嵩祝寺衕衕

嵩祝寺,章嘉胡圖克圖所居。東有法淵寺,西有智珠寺。又東爲三廠遺阯,明置漢經廠、番經廠、道經廠於此。

鐘鼓司衕衕("司"亦作"寺")

有鐘鼓寺。

《野獲編》:"内廷諸戲劇俱隸鐘鼓司。演習相傳院本,沿金元之舊,故其事多與教坊相通。"[案:明鐘鼓司職掌見《明史·職官志》,有水嬉、打稻諸戲。]

椅子衚衕(井一)

東高房衚衕(井一)

《蕪史》:"新房之北則司禮監也,南則御馬監也。東西一街,南北一連、二連、三連等連連之,十字路口各有井。"[案:高房衚衕,當即新房遺阯。《蕪史》言十字路口各有井,今東西高房衚衕之間有二眼井、三眼井,當即一連、二連、三連之地。]

二眼井(井一)

三眼井(井一)

西高房衚衕

東老衚衕

中老衚衕

西老衚衕(井一)

司禮監

《蕪史》:"再南曰新房,曰都知監,曰司禮監。司禮監第一層門向西,門內稍南有松十餘株者,內書堂也。公廳大門外東西有二井,遞封汲之。西井之西一小門,東井之東一小門,其内皆提督監官、典簿文書房掌司所居。"

吉祥所

《國朝宮史》:"凡宫眷薨逝,殯於此。"

碾兒衚衕(井一)

東黄瓦門

朱彝尊《曝書亭集》:"康熙癸亥,予入直南書房,賜居黄瓦門之東。"又有《賜居禁垣》詩:"講直華光殿,居移履道坊。經營倚將作,宛轉繞宮牆。對酒非無月,攤書亦有牀。承恩還自哂,報國只文章。"[案:《茶餘客話》謂彝尊賜第在西華門內,誤。]《蕪史》:"自北安門裏街,東曰黄瓦東門,門之東街曰尚衣監街,北曰司設監。"《舊聞考》:"黄瓦門之名見於大佛堂碑刻,俗評爲東西黄華門,音之訛也。尚衣監、司設監今廢,黄瓦門之東迆南有玉皇廟,即尚衣監舊廨。迆北曰慈慧殿,稍東南爲簾子庫,有真武廟。稍東爲織染局,有華嚴寺,其碑文碑額皆有司設監名。"[案:尚衣監、司設監職掌見《明史·職官志》及《蕪史》。]

内府庫

《蕪史》:"火藥局再東稍南曰內府供用庫,凡御用白蠟、黄蠟、沈香等香,皆取辦於此。"

蠟庫衚衕(井二)

鐵匠營

酒醋局衚衕

神機營幼丁隊右廠在焉,有興隆寺。

《蕪史》:"酒醋麪局,掌官內食用酒、醋、糖、醬、麪、豆諸物,與御酒房不相統轄。"

妞妞房

東小衚衕曰悶葫蘆罐。

織染局衚衕(橋一)

有華嚴寺。

《舊聞考》:"織染局原建嵩祝寺後。乾隆十六年,移萬壽山之西,與稻田毘近,立石曰耕織圖。原機上'織染局'三字,今改爲'耕織圖'。"《蕪史》:"內織染局,掌染造御用及宮內應用緞匹絹匹之類。有外廠在朝陽門外,又有藍靛廠在都城西本局之外署。"

鍼工局衚衕

《蕪史》:"鍼工局掌內官、長隨、內使、小火者冬夏衣,每年遞散一次。遇辰、戌年冬，散鋪蓋銀一次。"

巾帽局衚衕

《明·職官志》："巾帽局掌内使帽靴、駙馬冠靴及藩王之國諸旗尉帽靴。"《蕪史》："署後臨河有梓潼廟。"

東板橋（橋一）

火藥局衚衕（井一）

河沿龍王廟，井一；火神廟，井一。迤東臨河有鑲黃旗侍衛場（見《八旗通志》《嘯亭雜錄》）。《蕪史》："火藥局即兵火局之軍器庫也。"

後局衚衕（井一）

東、西吉祥衚衕

閌道衚衕

南月偃

北月偃

簾子庫衚衕（井二）

慈慧殿（"慧"俗訛"菇"。井一）

有慈慧寺，明司設監舊廨在此。

安樂堂衚衕（井二）

《春明夢餘錄》："安樂堂在地安門街東。"《蕪史》："北安門街西曰安樂堂，内官有疾者徙此。山陵及外廠九門官，則不送也。"《舊聞考》："安樂堂在街東，《蕪史》作街西，誤。今堂額雖存，並非内官養病之所。"

地安門東夾道

迤西即地安門，明曰北安門，俗沿元稱曰厚載門，亦曰後門。內務府所屬三旗佐領管領檔冊房，及監造花爆處在街西。阮葵生《茶餘客話》："勵文恪杜訥以編修賜第厚載門。"

皇城西

中東坊
西華門外南長街

俗稱南池子,井三。小衖衖,井一。內務府所屬管理三旗納銀莊署在東,掌内管領關防署在南,有萬壽興隆寺。

王士禛《香祖筆記》:"米紫來漢雯遷侍講,賜第西華門。"《茶餘客話》:"張文端英以諭德賜第西華門後,蔣揚孫、查聲山皆賜第西華門内。"《蕉史》:"自西上北門,過西上南門,則御用監也。"《舊聞考》:"御用監今爲玉鉢庵,即明真武廟。西南有關帝廟,爲御用監南庫舊阯。皆有碑。"查慎行《人海記》:"西華門外西南一里許,明御用監在焉。又南數十步,爲真武殿,庭前有老檜一株,下有元時玉酒海,承以石牀。"吳德旋《初月樓文鈔・與惲子居書》:"近與族子子方同寓西華門外李員外家。"[案:玉鉢庵以玉甕得名,乾隆十年移玉甕置承光殿。《蕉史》:"石作閣又西曰乾明門,迤南曰兵仗局,每年七月兼供乞巧鍼,亦稱小御用監;曰舊監庫;曰尚膳外監;曰甜食房,造虎眼糖、松餅;曰西上北門,東則西下馬門矣。"[案:今街西興隆寺,即明兵仗局佛堂。其西直房、舊監庫、尚膳外監、甜食房,皆當在北長街,遺蹟俱無考。吳長元謂今玉鉢庵西關帝廟爲舊監庫餘阯,蓋誤以御用監爲舊監庫也。關帝廟在西華門外西南,與《蕉史》所稱西上北門之北者不合。]

南花園

高士奇《金鼇退食筆記》:"南花園在西華門迤南東向,明時曰灰池,種植瓜蔬,於炕洞内烘養新菜,以備春盤薦生之用。立春日進生蘿葡,名曰咬春。本朝改爲南花園,雜植花樹,凡江寧、蘇松、杭州織造所進盆景,皆付灌植。秋時收養蟋蟀,至鐙夜則置之鼇山鐙内，樂罷忽聞蛩聲自鼇山出。其餘雜花奇樹，不可名言，按時昇送各宮殿安放。"《春明夢餘録》："西苑門迤南向東曰灰池。"《蕪史》："寶鈔司造草紙，備宮人使用。祖宗時，造鈔印板及紅印，聞在庫中。其置左臨河、後倚河，有泡稻草池，池中石灰濾渣積成卧象形，名象山。作房七十二間，各具一竈突，名曰七十二凶神。"《舊聞考》："織女橋南真武廟，有明萬厤八年重修寶鈔司真武廟碑，則廟即寶鈔司故阯也。灰池、象山、作房、竈突久廢，今其地猶有七十二煙洞之名。"

南府

東溝沿

北花園

大煙洞衚衕（"洞"俗訛"筒"）

九條灣（井二）

油漆作

明嘉靖癸丑《修南庫碑記》："御用監初立爲行在作房，次改御用司，宣德朝更爲監。各庫作，東則外庫大庫，西則花房庫作，南庫冰窨，左右四作：曰木漆，曰碾玉，曰鐙作，曰佛作。"〔案：油漆作疑即明漆作遺阯，餘諸作當亦在御用監左右。《舊聞考》以冰窨爲御用監之冰窨，恐誤（詳下）。〕

羊圈

西閘口（井一，橋一）

織女橋（橋一）

内務府所屬掌儀司署在橋南。

《明史》："永樂二十二年十二月，作觀天臺於禁中。"《蕪史》："御用監又南向西，則銀作局也；再南過橋，曰靈臺，亦有觀象臺、銅鑄渾天儀，以測星度、觀雲氣。其占候書曰《觀象玩占》《流星撮要》

等,皆鈔録謄授,不敢傳布於外。教法極嚴,比司禮監書堂較勝。每年厤樣造厤,皆靈星欽天監同管。"〔案:明靈臺遺阯在織女橋南,今尚存,俗稱觀星臺。〕

西華門外北長街

亦稱北池子,井二。西北有三座門,明之乾明門也。迤西爲承光殿,又西爲金鼇玉蝀橋、昭顯廟(祀雷神)。又有福佑寺在東,聖祖冲齡時避痘於此(見《恩福堂筆記》)。南有静默寺。内務府所屬營造司署、管轄番役署在東,會計司署、慶豐司署、慎刑司署在西,奉宸苑署、都虞司署在北,内務府營造司所屬官房租庫在東。

童槐《今白華堂詩鈔‧大庚師晉陟端揆招過其寓邸》詩自注:"公賜第在西華門外北池子。"《内務府冊》:"乾隆三十八年,創置活字版,賜名聚珍,置局西華門外北長街之東,排印各書。"明朱國楨《湧幢小品》:"余過西華門,馬足恰恰有聲,俯視見石骨黑,南北可數十丈,此真龍過脈處。"

東、西翰林街

頭條、二條、三條、四條衚衕

頭條衚衕(井二)

大溝沿

棗林

龍王廟

三眼井(井一)

妞妞房

盔頭作

漿家房("漿"俗訛"蔣")

二里溝

朝陽河

觀音堂

井兒衚衕（井一）

四根旗杆（井一）

東、西椅子衚衕

大石槽（井一）

草廠

《金鼇退食筆記》："萬壽宮在西安門内迤南，大光明殿之東，明成祖潛邸也。或曰即舊仁壽宮，明世宗晚年愛靜，常居西内。今朱垣隙地，雜居内府人役，間藝黍稷及堆官柴草。南曰草廠，北曰柴闌。"

琉璃井（井一）

舊有内務府造辦處所屬玻璃廠，今移西華門外。《舊聞考》："蠶池口又西爲琉璃作，地名草廠。"

蠶池口

迤西有法國天主堂。[案：西人祆祠，録其最初者以志變始，餘不著。]

蔡升元《紀恩集・移居蠶池養疾恭紀》詩："豈特終身去宿痾，移家妻子盡歡歌。平分翠色瀛臺柳，依舊清光太液波。深院自驅塵翳少，廣庭偏受月明多。那知天上蓬萊島，長作人間安樂窩。"《茶餘客話》："虞山蔣文肅廷錫以庶吉士直内廷，賜第西華門蠶池西，御題扁曰揖翠堂。"《金鼇退食筆記》："親蠶殿在萬壽宮西南，有齋宮、具服殿、蠶室、繭館，皆如古制。"《蕪史》："櫺星門迤西街南，贓罰别庫之門也。門傍東迤南爲蠶池。"《舊聞考》："贓罰庫在十庫極北。《蕪史》作櫺星門西街南，誤也。蠶池在三座門西街南。"[案：三座門即明之櫺星門。《蕪史》言别庫，似當與贓罰庫異地。

今鹽池口有門，疑即《燕史》所稱別庫之門也。明嘉靖九年，議行親蠶禮，初築壇於安定門外，禮部言皇后出郊親蠶不便，世宗召尚書李時與大學士張孚敬，視地仁壽宮側。十年三月乃改築蠶壇於此。（事具《明史》及《世宗實錄》。）]

頭條、二條、三條、四條衚衕

新開路

毛家灣

巧機營（俗訛"草雞營"。并一）

　　蔣景祁《瑶華集》箋"蠶池"："明時宮人織錦之所，今止存雲機廟故基。"

永佑廟

　　廟祀城隍神。

槐樹衚衕

拜斗殿

　　《春明夢餘錄》："壽明殿壽明門。"[案：殿爲前明遺阯，乾隆三十九年重修。中奉斗母，地因以名。]《嘯亭雜錄》："梁文定國治賜第在拜斗殿。"

兔兒山

旋磨臺（俗訛"轉馬臺"）

　　《春明夢餘錄》引明宮殿額名作"旋波臺"。《日下舊聞》引作"旋坡臺"。

　　明嚴嵩《鈐山堂集》："小山在仁壽宮西。入清虛門，磴道盤屈，甃甓皆肖小龍文。疊石爲峰，巉巖森聳。元氏故物也。"[案：旋磨臺，嘉靖二十八年更名仙臺。《明英宗實錄》："天順四年作西苑亭軒成，苑中蓬萊山頂有廣寒殿，金所築也。西南有小山，亦建殿其上，規制尤巧，元所築也。"蓬萊山即萬歲山，西南之小山疑即兔兒山，明時爲重九登高之地（見《蕉史》）。]

餑餑房（井一）

有內務府營造司所屬餑餑房，故名。

紅門

火藥局

有火藥庫。

韃子營（井一）

光明殿衚衕（井二）

有大光明殿。

《明世宗實錄》："嘉靖三十六年十一月，大光明殿工成。"《金鼇退食筆記》："大光明殿在西安門內，萬壽宮遺阯之西，地極敞豁，中祀上帝。相傳明世宗與陶真人講內丹於此，即大玄①都也。今仍設內監道士守之。順治十八年正月，世祖章皇帝升遐，顧命大臣索尼、鼇拜、遏必隆、蘇克薩哈輔政，共來焚香盟心於此。各衙門亦次第設誓。余賜第在左側。"高士奇《江村集·賜居西苑自城北移家》詩："客中陋巷爲家久，忽訝恩輝住苑西。牛背馱書千卷重，擔頭挑樹兩株齊。門前金碧瞻天闕，屋內鸞龍有御題。仲蔚蓬蒿十年事，一枝偏借上林棲。"《茶餘客話》："高江村以侍講賜第西華門，其先以詹事主簿賜第。"《嘯亭續錄》："湯敦甫金釗官詞林時，寓光明殿左廊房，授讀蒙童，無異冬烘。"

前大阬

後大阬

石板房（井一）

菜園（井一）

---

① "玄"，原文避諱缺筆作"玄"。全文同此。

炭廠

《蕪史》:"宮中用炭皆易州產,按尺寸鋸截,編小圓荊筐,用黃土刷筐盛之,名曰紅籮炭。順天府歲供糯米十五石一斗,永平府歲供紅棗一萬五千五百七十斤,於紅籮廠交納。廠中香匠制香餅獸炭,造將軍等像高三尺許,名曰彩妝。臘月二十四日安宮殿中旁,次年二月仍歸本司。"

惜薪司衖衖(井一)

土地廟,井一。迤南歧路曰西叉口,又南曰倒堂,有雙節寺。

《蕪史》:"南曰惜薪司,正西則西安門也。惜薪司管宮中所用柴炭,及二十四衙門、山陵等處内宮柴炭。"《金鰲退食筆記》:"我朝悉除明制,惟内廷柴炭於此關支,荊筐亦不刷紅土。"《明武宗實錄》:"正德三年八月,司禮監劉瑾傳旨,改惜薪司外薪廠為辦事廠,營府舊倉地為内辦事廠,京師謂之内行廠,比東西二廠尤酷烈。"

西安門大街(井一)

迤東為金鰲玉蝀橋,南為西苑福華門,北為陽澤門,門内傍北海,地名小馬圈(互詳後)。

《金鰲退食筆記》:"土穀壇在陽澤門外西南數十步。明嘉靖間,因給事中王璣言,建壇於此,今廢。"周賓所《識小編》:"康熙辛酉,西安門內有内監治宅,掘地誤發古墓,中有瓦鑪一、瓦罌一、墓石二,方廣各一尺二寸。一刻'卞氏墓誌'四字,環列十二辰相,皆獸首人身。一刻志銘,題曰'大唐故濮陽卞氏墓誌'。銘文曰:'貞元十五年,歲次己卯,七月癸卯朔,夫人寢疾,卒於幽州薊縣薊北坊,以其年權窆於幽州幽都東北五里禮賢鄉之平原。'"

鴿子房(井一)

《春明夢餘錄》:"十庫西曰鴿子房,曰西安門。"《舊聞考》:"鴿子房有二聖廟,即内府鴿子房土地祠,西安門內街北之極西地也。"

西十庫衚衕(井二)

西十庫隸內府,丙、丁、戊三庫兼屬工部,有慈雲寺。

《金鼇退食筆記》:"西十庫在西安門內向南,舊設掌庫太監一員,貼庫數員,僉書數十員。本朝三十餘年十庫封錮不開,塵土堆積。庫後古木叢茂,居人鮮少,眾鳥翔集作巢,以數萬計。上嘗游幸至此,命內務府清察立檔案焉。"《會典事例》:"戊、丁二庫在西十庫內,收貯弓、刀、箭、弦、鳥鎗等項;丁字庫今貯硝黃。"《明會典》:"天財庫,凡正陽等九門,并各鈔關本折錢,及皇城各門鎖鑰,俱送本庫收。"《舊聞考》:"今慈雲寺即明之天王殿,殿有修庫題名碑,所記十庫與《蕪史》合,而冠以司鑰庫之名。其修廟碑記云'禁城西北隅有司鑰庫,天財庫亦屬焉'。是司鑰庫乃十庫總理,天財庫其附焉者也。"[案:《明宮史》言"司鑰庫俗名天財庫,凡寶源等局鑄出制錢,交本庫備御前賞賜。庫中積有歷代古錢,此天財庫之所由名也"。又言"乾清、午門、東華等門鑰匙,皆本庫監工於五更三點時自宮中發出,分啓各門後即繳回"。其言與《明會典》合,是天財庫即司鑰庫無疑。《舊聞考》分爲二,似誤。]

劉鑾塑(俗訛"琉璃塑"。井一)

天慶宮舊爲玄都勝境。

《金鼇退食筆記》:"玄都勝境建於元,相傳爲劉元塑像。"周筼《析津日記》:"京師像設奇古者,曰劉鑾塑。說者疑鑾與元音近而誤。考郝伯常《陵川集》:'燕有四賢祠,其像塑自劉鑾。'則鑾別是一人,著名於正奉之先者也。"[案:劉元事見《元史·工藝傳》及陶宗儀《輟耕錄》。"鑾",《退食筆記》誤作"蘭"。]

真如境(井一)

《蕪史》:"經廠又西曰洗白廠,曰果園廠,曰西安裏門。絛作即洗白廠,造兜羅絨、各色五毒等絛。兜羅絨傳自西域,無敢私造者。

甜食房并此廠皆屬御用監,最寒苦可憫。"《金鼇退食筆記》:"果園廠在櫺星門之西,明永樂年製漆器,以金銀錫木爲胎,有剔紅、填漆二種,皆稱廠制,世甚珍重之。其遺阯今爲内務府人役所居。"《舊聞考》:"真如境廟内有隆慶戊辰御用監造廠碑,云'本監洗白廠成造上用兜羅絨袍'。公廨又有隆慶辛未修廠碑,稍西地名劉鑾塑。真武廟中有萬厯癸巳修洗白廠條作碑,云'條作初置公廨於果園廠前,機作等房俱聚於此,後擇果園廠隙地建兹條作'。則洗白廠、果園廠俱在此地。"

條作(井一)

經板庫(井一)

《蕪史》:"大藏經廠,司禮監之經廠也。"《金鼇退食筆記》:"大藏經廠在玉熙宫遺阯之西,貯經書典籍及釋藏諸經,今仍舊制。"《燕都游覽志》:"藏經廠碑記言,廠隸司禮監,寫印上用書籍,造制敕龍箋。藏庫則堆貯經史文籍、三教番漢經典及御製御書詩文印板。建自正統甲子,歷嘉靖戊午,世宗造玄都宫殿,將本廠大門拆占。隆慶改元,玄都拆毁,其後内監展拓舊基,重加修飾,始萬厯三年二月,落成於五月。"[案:庫今廢,其地尚存舊名。]

扁擔衚衕(井一)

酒醋局(井一)

《蕪史》:"櫺星門迤西曰西酒房、西花房。"《金鼇退食筆記》:"西酒房、西花房、牲口房、舊虎城,皆在櫺星門西北,今盡廢。"《舊聞考》:"酒醋局巷内有真武殿,至今稱爲酒房,蓋即西酒房舊阯。"

羊房夾道("羊房"俗訛"養蜂"。井一)

有延壽庵。

《蕪史》:"由金海橋、玉熙宫迤西曰櫺星門,迤北曰羊房夾道,牲口房、虎城在焉，內安樂堂在焉。凡宮人病老或有罪，先發此處，待年久再發外之浣衣局。成化間，萬貴妃專寵，孝穆紀皇后託疾居此，誕孝宗。牲口房收育異獸珍禽，有虎城、羊城。"《春明夢餘錄》："羊房夾道舊有貞慶殿，萬厤三十一年八月拆去，爲大山子工所用。"〔案：大山子即萬歲山。《存素堂年譜》："乾隆十八年正月十七日，先生生於西安門養蜂坊。"〕

小馬圈（并二）

《蕉史》："金海橋之北，河之西岸，向南曰玉熙宮，神廟於此選近侍三百餘員學宮戲。"《金鰲退食筆記》："玉熙宮在西安裏門街北，金鰲玉蝀橋之西。康熙三十年五月於此設席殿，停仁孝皇后梓宮，集百官舉哀。今改爲內廄，豢養御馬。"〔案：今小馬圈，即明玉熙宮遺阯。〕

翦子衚衕

迆西曠地曰八寶阬。

口袋衚衕

毛窩衚衕

興盛街

東、西頭條、二條、三條、四條衚衕

栴檀寺西夾道（并一）

栴檀寺即弘仁寺，明清馥殿舊基也。寺有栴檀佛像，故名。東爲仁壽寺。

栴檀寺後

闡福寺西夾道

闡福寺在西苑中。寺西門外爲通衢，南達陽澤門，曰西夾道。迆西有正黃旗侍衛教場。

琉璃門

虎城（井一）

《燕都游覽志》："虎城在太液池西北隅，睥睨其上，而阱其下。阱南爲鐵門關，而竇其南爲小阱，小窬內有鐵柵如籠以檻虎者。虎城西北隅有豹房，百獸房在虎城之後，連楹南向。"《明武宗實錄》："正德二年八月造豹房，七年添修豹房二百餘間。"《金鼇退食筆記》："騰禧殿在栴檀寺西，明武宗以居晉王樂伎劉良女，俗評爲黑老婆殿。旁有古井，曰王媽媽井。"《舊聞考》："騰禧殿久廢，其地當與豹房毘連，稍南有北極廟，相傳亦明代古刹。"〔案：《明武宗實錄》言"建鎮國寺於豹房"，今遺阯亦無考。〕

菜園（井二）

妞妞房（井一）

盒子衚衕

賍罰庫（井一）

《舊聞考》："賍罰庫乃十庫之一，十庫周牆尚存。今栴檀寺西北衚衕，猶有賍罰庫之名。"

榆樹井（井一）

繩子庫

教場（井二）

小龍王廟，井一。教場地極軒敞，迤西爲內官監衚衕，又西則地安門也。

《明世宗實錄》："嘉靖三十年，上更定營制，命更舊內教場名曰內戡營，欲以團操內使。次年二月，工部請營建祀所并營舍，中立一臺，備御視。"《舊聞考》："內教場今名教軍場，在弘仁寺東北，其地有三聖祠，祀火神、水草神。碑示：禁旅之設，遴拔監局諸司內員精健者三千人，統以總提，分治以中軍，領以總牌。次設明甲、硬弓、隨伍等官，於大內西、北二處分場訓練，後皆并練於此。"《野獲編》:"初,穆宗好觀武事,時江陵爲末相,遂於條陳疏中特列一款曰實武備,請上每秋大閱,躬詣校肆。上大喜,襃美舉行。自是而内教場習射等事起矣"。[案:明武宗特設東西兩官廳於禁中,視團營。又自領閹人善騎射者一營爲中軍,晨夕操練(事見《實錄》)。其教場當亦在此。]

地安門西夾道

迤西有響闡,在西天梵境後。其外有西步糧橋(詳内城中城)。

大小石作(井二)

迤東爲大高元殿。又東北爲景山西門,井一。與景山門相直者爲西苑陟山門,稽察内務府衙門在焉,迤北有樂部公署。

《蕪史》:"大高元殿稍西曰石作,有閣。"《金鰲退食筆記》:"大高元殿之東,即北上西門,有橋,甏甀石各半,謂防車輪耳。"

冰窖

《蕪史》:"内官監所管十作,曰木作、石作、瓦作、搭材作、土作、東行、西行①、油漆作、婚禮作、火藥作,并米鹽庫、營造庫、皇壇庫、裏冰窖、金海等處。"[案:《舊聞考》以冰窖爲御用監所屬之冰窖。據《蕪史》所言,則裏冰窖屬内官監,與御用監相去地頗遼闊,疑當時本有兩冰窖也。]

雪池衚衕(井一)

《藤陰雜記》:"西華門内雪池,康熙中賜蔡升元。飭内府司員水雪施工,剋期告竣。今②同直陳元龍送歸新第(見蔡紀恩詩)。"

魏家衚衕

《蕪史》:"過北中門迤西,則白石橋萬法等殿。"《明世宗實錄》:

---

① "東行、西行",《京師坊巷志稿》(上、下卷本)寫成"東作、西作"。
② "今",當作"令"。

"嘉靖四十四年十二月,定新建萬法寶殿名,中曰壽憩,左曰福舍,右曰祿舍。"《春明夢餘錄》:"萬法寶殿燬,萬厤二十九年添蓋佛殿連房,三十年佛殿添額,名祖師殿。"《舊聞考》:"今白石橋西魏家衚衕有萬法殿,地基頗狹,似非其舊矣。"

西板橋(橋一)

狗鷹衚衕

三座廂(井一)

內官監衚衕

四眼井,井一;巷口火神廟前,橋二(曰駕鶩橋,明之白石橋也)。

《蕪史》:"北安門內黃瓦西門之裏,則內官監也。"《舊聞考》:"監今廢,其地猶名內官監衚衕。內有大佛堂,其碑記備列黃華門、營造庫、米鹽庫、油漆作、外鐵作、婚禮作、東行、西行、西瓦廠、石廠、黑窯廠、神木廠、鑄鐘廠、供應廠、備用廠、金殿廠、稻田廠、蜂窩廠、東花房、馬鞍房、琉璃局、外冰窖等名目,與《水部備考》《明史》所載多合。"明蔣德璟《愨書》:"紫禁城有護城河,河外即御溝也。河自北閘口分流,經內官監、白石橋、大高元殿之東,北上西門之外,至紫禁城下而東、而南,經太廟之東,玉芝宮、飛虹橋之西;而其在西一派,則自大社、大稷壇,西至靈臺、寶鈔司之東,合流於湧福河以出。"王士禎《池北偶談》:"金忠潔公鉉,甲申三月以兵部主事巡視皇城,盡節玉河。時有中官呂胖子同死。二公骨不可辨,其家人遂同葬玉河之岸焉。"李長祥《天問閣集》:"鉉聞變,大詬號,痛哭拜母曰:'兒職在皇城,死皇城爲正。'遂冠袍束帶,帶牙牌趨大內。宮女俱湧出,乃往皇城西北隅,臨海子河即投。長班驚相挽,鉉搏長班,躍入死。"李清《三垣筆記》:"鉉初以駕部巡皇城,每過玉河,輒留連不能去。歸語其弟錝曰:'吾一見玉河,若依戀不忍舍,何也?'竟投玉河死。"[案：金忠潔死節之所,《明史》云在金水河,據《天問閣集》則在皇城西北隅。錢士馨《甲申傳信錄》亦同,其地當去內官監不遠。《日下舊聞》敘於皇城外玉河橋者,誤。]

太平街（井一）

迤西曰獅子衙門。

西黄瓦門

油漆作（井一）

明內官監所屬油漆作當在此。（互詳上）

米糧庫

疑即明之米鹽庫。又東北則地安門也。

京師坊巷志卷二

義烏朱一新、江陰繆荃孫　合纂
吳興劉承幹重訂

內城周四十里，門九（《一統志》）。定制：分五城，而兼轄於步軍統領（《會典事例》）。其街衢之大者，中曰棋盤街；南北曰崇文門街、宣武門街、大市街、王府街、地安門街、安定門街、德勝門街、南小街、北小街、錦什坊街；東西曰江米巷、長安街、丁字街、馬市街、朝陽門街、東直門街、阜城門街、西直門街、鼓樓東大街、鼓樓西斜街。（《會典》，參《宸垣識略》）

《析津志》："街制：自南以至於北謂之經，自東至西謂之緯。大街二十四步闊，小街十二步闊，三百八十四火巷，二十九衖通。'衖通'二字本方言。又長街、千步廊、丁字街、十字街、鐘樓街、半邊街、棋盤街、五門街、三叉街（此二街在南城）。"〔案：《析津志》所舉街名，今多仍其舊。惟長街、五門街、三叉街遺阯不可考。餘俱見後。〕

內城南城

《城冊》："內城地阯隸南城者，東至崇文門街，與東城界；南至城根；西逾宣武門街，迤西至城根；北至東、西單牌樓，東、西長安街，與中城界，迤西至舊刑部街，與西城界。"［案：明代以前，三門外爲南城，故内城衹分中、東、西、北四城。我朝規制：内外城各分五城。其皇城内前明爲禁地者，今則悉隸中城，餘亦各有分并。惟正陽門爲嚮明出治之區，棋盤街在門内，地屬南城。今敘次先南城而中城次之。］

棋盤街

東西井各一。

《舊聞考》："大清門外俗稱棋盤街，乾隆四十年修葺周圍石闌，以崇體制。"《東華錄》："順治六年五月癸巳，欽天監奏：宸居重地，負陰抱陽，陰宜斂藏，陽宜開廣。棋盤街房屋蔽塞，宜禁；文德、武功兩坊，左右相配，今文德坊已火，即宜修建。從之。"《宸垣識略》："棋盤街四圍列肆，長廊百貨雲集，又名千步廊。元歐陽原功詩'麗正門當千步街'，則千步廊爲闤闠之所明矣。今大清門外，居人猶仍此名。《舊聞考》以門内朝房當之，蓋據《金志》而言。"《燕都游覽志》："棋盤街直宮禁大明門之前，每朝會諸大典，京營將先期領營軍護衛，駐足其中，樹幟甚盛。若乃天街步月，雖城中多曠觀而此屬第一。"《長安客話》："棋盤街府部對列街之左右，天下士民工賈各以牒至，雲集於斯，肩摩轂擊，竟日喧囂，此亦見國家豐豫之象。"查嗣瑮《查浦詩鈔·雜詠》詩："棋盤街闊静無塵，百貨初收百戲陳。向夜月明真似海，參差宮殿湧金銀。"《析津志》："崇文門正南出周橋靈星三門，外分三道，中千步廊街，出麗正門。又菜市在麗正門三橋，窮漢市一在麗正門西。"［案：今之正陽門，元之麗正門也。第證以《元一統志》《析津志》，則麗正門當與今長安街相近。所謂千步廊者，未必即在今棋盤街之地。以他無可麗，姑附此。］《昭忠錄》："孟兆祥，交河人，官刑侍。甲申之變，守正陽門，死於門下。"

正陽門內東城根（井一）

太僕寺署在中心臺，迤西則會同四譯館、教習庶常館在焉。有怡賢親王祠、毘盧庵、松雪庵、玄明寺，東有武郡會館。

《禮部冊》："明會同館在玉河橋西，國朝改設會同四譯館。"《燕都游覽志》："四夷館在玉河橋西，永樂五年十一月始設。"〔案：明四夷館隸翰林院，故其地與院相連。吳長元謂今庶常館東有高麗人所居館舍，殆即四夷館之別宇也。明太僕寺在萬寶坊，乃元兵部舊署，與今地異。明張爵《五城坊巷衚衕集》："南薰坊八鋪。有金吾右衞。"今無考。〕

貂皮巷

巾帽衚衕

東江米巷

亦稱交民巷。西有坊曰敷文（井二）、俄羅斯館（明會同館故阯也，今爲俄國使館）；又有美國、德國、法國、日國、比國、和國諸使館；東有武定會館。

《嘯亭續錄》："貝子博和託宅，在東交民巷。"〔謹案：博和託，太祖孫饒餘郡王阿巴泰次子，諡溫良。〕明《兵例》："南會同館在東交民巷玉河橋西街北。正統六年蓋造，弘治五年改作，共房屋三百八十七間。"《明一統志》："上林苑監在文德坊玉河橋西，典簿廳附焉。外有蕃育、嘉蔬、冰鑒、川衡、林衡、良牧、左典察、右典察、前典察、後典察十署。"《春明夢餘錄》："上林苑監在東江米巷南向。永樂十四年諭：凡牧養栽種地，東至白河，西至西山，南至武清，北至居庸，西南至渾河，禁不許圍獵。"〔案：監久廢。〕明李詡《戒庵漫筆》："嘉靖六年六月十九日夜，京城雨雹交作。次早，東江米巷南李學等家房上有錢八十四文，一一壁立瓦櫳中。御史張瑤具奏，錢進入庫。"

户部街

亦稱富貴街。甘露庵(井一)、宗人府、吏部、户部、禮部諸署俱在東街,西有内倉。

明胡應麟《少室山房筆叢》:"燕中書肆,多在大明門右及禮部門外,拱宸門西。每會試舉子,則書肆列於場前。歲朝後三日,則移於鐙市。朔望并下浣五日,則徙於城隍廟中。"[案:拱宸門即公生門(見《菽園雜記》)。今内城書肆在隆福寺街,外城在琉璃廠,餘惟正陽門外西河沿間有之。]

抬頭庵
宗人府後衚衕
牛圈衚衕(井一①)
史家衚衕
户部北夾道
兵部街(井二)

兵部、工部、鴻臚寺、欽天監、太醫院諸署俱在東。

韃子館

會同館,俄羅斯館也。俗稱韃子館。

雞鵝館(井一)
藥庫
東、西河沿

橋三。在城根者曰南玉河橋,玉河水由此出水關入護城河;江米巷者曰中玉河橋,橋東路北小衚衕曰勾張衚衕;在長安街者曰北玉河橋。中河沿東西井各一,北河沿井一。詹事府在東。河旁舊

---

① 原文"井"後當有脱字。《光緒順天府志》卷十三《坊巷上》作"井一",今參此而補之。

有坊二,曰東、西坊,久廢。又玉河新柳,昔人題詠甚夥,今兩岸垂楊亦殆盡矣。

《采訪冊》:"肅親王府在御河橋東。"《嘯亭續錄》:"惇親王府在御河橋西岸。"〔謹案:肅王諱豪格,太宗長子。順治三年授靖遠大將軍,後爲睿王所陷,薨。世祖親政,復封世襲,追諡武。惇王諱允祐,聖祖七子,諡曰度。裔孫奕梁降襲。後俗稱梁公府,今廢爲英國使館。〕《萬厤沈志》:"元寧觀在南薰坊。"〔案:觀在今南玉河橋。〕明徐充《暖姝由筆》:"京師井水多鹹苦,不可飲。惟詹事府井最佳,汲者甚眾。"《甲申傳信錄》:"三月十九日城陷,中書舍人滕之所、阮文貴投御河死。"

東長安街

中有坊曰長安街,井二。其南爲堂子,翰林院、鑾儀衛外駕庫俱在南,理藩院在北。

《嘯亭續錄》:"溫郡王府在理藩院大街。"〔謹案:王諱猛峩,肅武親王支子,以恩推封,諡曰良。子延信襲貝勒。雍正中,黨附阿其那,黜屬籍。俗謂肅府爲前府,溫爲後府。今後府盡圮①,惟溫良郡王祠僅存。〕《池北偶談》:"孫可望降後,封義王世襲,賜第東長安門外。可望死,其子徵灝襲封。康熙十二年,臺省以爲言,下諸王大臣九卿會議,降封義公,改慕義公。"〔案:"徵灝",《諡法考》作"徵瀇",云"徵"一作"澂"。〕朱彝尊《瀛洲道古錄》:"孫承澤謂翰林院本元之鴻臚署。焦氏《玉堂叢語》載'宣德七年以故鴻臚寺爲翰林院'。考《元史·百官志》止有侍儀使,無鴻臚寺,當是永樂年間所建。"《舊聞考》:"元侍儀司署在都省之東,水門之西,南倉之前(見《析津志》)。都省即中書省,以尚書省改設,所謂南省也。南倉

---

① "圮",原文作"圯",不确。

即太倉(亦見《析津志》)。其跡雖皆不可考,而以金水河水門按之,元時署在西,今則在西北。蓋明時展築南城,水門遂徙而南,而署廨之縈帶玉河,則自元迄今未改也。"《析津志》:"省東市在檢校司門前,牆下文籍市在省前東街,紙劄市在省前。"[案:諸市皆無考。]明陸容《菽園雜記》:"京師元日後,上自朝官,下至庶人,往來交錯道路者連日,謂之拜年。東西長安街朝官居住最多,至此者不問識與不識,望門投刺。有不下馬或不至其門,令人送名帖者,遇黠僕應門,則皆卻而不納,或有閉門不納者。"

崇文門內西城根(井一)

舊有忻定會館。

洪廠衚衕

水獺衚衕

臺基廠

亦稱台吉廠(井一),西有總稅務司署,迤北為王府街(詳中城)。

《嘯亭續錄》:"裕親王府在台吉廠"。《采訪冊》:"安郡王府在臺基廠南口。"[謹案:裕王諱福全,世祖次子。康熙二十九年授撫遠大將軍,諡曰憲。今為榮公府。安郡王諱岳樂,饒餘郡王四子,襲封後改號安,晉親王,諡曰和,後追降郡王。雍正時爵除,乾隆四十三年紹封輔國公,府今廢為法國使館。其地猶存慶公府之名。]明高道素《明水軒日記》:"工部設五大廠,其一曰臺基廠,堆放柴薪及蘆葦。"[案:五大廠者,神木廠在崇文門外,大木廠在朝陽門外,琉璃廠、黑窯廠俱在外城,與臺基廠而五。《萬厤沈志》有臺基廠草場官一員。]《明世宗實錄》:"嘉靖元年,御史鄭公本(本公)請振濟京師窮民。戶部議:朝廷舊設養濟院,窮民各有記籍,無籍者收養蠟燭、幡竿二寺,遣光祿寺及大宛二縣官以時更理其事,合用柴勸令於臺基廠關支。"《明景帝實錄》:"景泰中,欽天監奏:'觀星臺在東城上,喧擾不便,而屋宇牆壁多壞。乞徙至東長安街臺基廠,則高與西長安街二塔相對,並爲青龍白虎之象。於堪輿家所言,形勢相宜。'帝允其請。六年三月,造内觀象臺簡儀成,八月,以勞費罷徙。"

北夾道

柴火闌

薛家衚衕

三義庵

笤帚衚衕

白家柵欄

《天問閣集》:"崇禎甲申三月十八日暮,愍帝帶親軍四百騎馳正陽門。門者疑内變,反礟擊。帝震而返,騎不得上;從白家衚衕繞出,乃得上。見守備單弱,下幸成國公朱純臣第。純臣燕飲他處,帝竟不得見。"

小頭條、二條衚衕

花枝營(井一)

經板庫

黃土阬(井一)

　　西小衚衕曰下坡。

舊衙門

破府(井一)

鐵門

牛角灣(井一)

賣羊肉衚衕(井一)

白家大門

龍王廟

四王柵欄

迤西井一。昭忠祠在北。

《嘯亭續錄》:"饒餘親王府、廉親王府,在王府大街,今皆爲昭忠祠。"[謹案:饒餘親王諱阿巴泰,太祖七子,以功封郡王。復以子岳樂晉親王,贈如其爵,追謚敏;三傳無嗣,爵除。廉王諱允禩,聖祖八子,雍正四年黜屬籍。乾隆四十三年詔復之。今昭忠祠在臺基廠東少半里。臺基廠本王府街,明中葉後置廠於此,故名。《續錄》所稱,從其朔也。]

化成寺夾道(井一)

化成寺今圮。

中街

右在正陽門東,長安街南,崇文門街西,與中城、東城界。

正陽門內西城根(井一)

西有花石橋,東溝水由此入護城河。巡視東城、南城御史署俱在北,有願學堂,又有桐城試館。

《今白華堂詩鈔·移寓正陽門西城根》詩自注:"昔爲謝金圃少宰邸第,芸臺師嘗居門下。"張鑑《雷塘盦主弟子記》:"丙午,公至京師,寓前門內西城根。"陳用光《太乙舟詩集》有《和顧晴芬皋移居西城根東偏》詩。高層雲《改蟲齋雜疏》:"綠雨樓,陸文裕深舊邸也,在正陽、宣武二門之間。東曰素軒,北曰潛室,其中爲書窟。文裕記載集中,今已失其處。"

頭甲巷
二甲巷
三甲巷
箪子巷
喜春衖衖

取鐙衚衕

財神廟

高井（井一）

捨飯寺

碾兒衚衕

《曾文正年譜》："道光二十四年三月，移寓前門內碾兒衚衕西。"

西江米巷

東有坊曰振武，巡視中城御史署在北。

西皮市

《彭文敬自訂年譜》："己卯，住西皮市葦間公寓，寓中疊石爲山，頗多喬木。韓桂舲尚書顏曰疑野山房。"

前府衚衕

左府衚衕（井一）

大、小中府衚衕

右府衚衕

後府衚衕

《坊巷衚衕集》："大時雍坊十八鋪，有府軍衛、羽林前衛。"

《明英宗實錄》："正統七年，建五府於大明門之右，遂營武成王廟於後軍都督府。"《春明夢餘錄》："五軍都督府在闕西，皆東向。五軍營即團營。景泰初年，建立於安定、德勝兩關外之中。嘉靖二十九年罷團營，始更於此南面建閱武門。閱武門起，至北土城止，長一千七百四十二步，設將臺一座，前設旗臺二座，石榜牌一座，鼓棚二座，石旗架二座，演武廳一座。"[案：五軍營久廢，其地猶存舊名。]明呂本《館閣類錄》："宣德六年正月朔，以纂修兩朝實錄成，賜監修、總裁、纂修等官，太師英國公張輔等宴於行在中軍都督府。"

帚帛衚衕

翠珠衚衕

四眼井（井一）

工部所屬製造庫在北。

《香祖筆記》：「工部四清吏司外，今增製造庫。滿洲司官外，惟設漢郎中一人，即宋之文思院也。」

京畿道

都察院河南道署在西，舊爲京畿道，故俗猶沿舊稱。又有禮部所屬會同館。

刑部街（井一）

大理寺、刑部、都察院、太常寺、鑾儀衛俱在西。理藩院舊在刑部北，後移東長安街。

《舊聞考》：「今大理寺署，傳爲明南鎮撫司故阯。明通政司署，國朝改爲都察院。又鑾儀衛署，明錦衣衛也。刑部署亦相傳爲明錦衣衛故阯。殆即其地而分建二署歟。」

刑部後衚衕

西長安街

中有坊曰長安街，井一。街南曰河漕沿，下有枯渠，曰東溝，徑大川淀受水塘西南入護城河，明時亦稱舊溝。登聞院通政司署、回人佐領事務處，俱在南。北有雙塔慶壽寺，金遺刹也，井一。南小衚衕曰回子營，夾道曰頭牛彔、二牛彔。

《春明夢餘錄》：「行人司在西長安街朝房之西。」〔案：明行人司署，順治間改建兵部督捕公署。康熙三十八年裁併刑部。〕《茶餘客話》：「登聞鼓院，在西長安門外街東，舊設滿漢科道各一員掌之。雍正二年，統於通政司。」《嘯亭續錄》：「儀親王府在長安街，係耿仲明宅。」〔謹案：王諱永璇，高宗八子，諡曰慎。今其孫貝勒奕綱襲封,府在街北,院宇弘邃,林亭尤美。]《坊巷衚衕集》:"小時雍坊五鋪。有武功左衛、中衛。"[案:二衛今無考。]《池北偶談》:"京師雙塔,乃安禄山、史思明所造,而劉侗《景物略》不載,元迺賢易之詩:'安史開元日,千金搆塔基。'"[案:迺賢詩詳外城西城。其所詠者,憫忠寺之甎塔也。《偶談》似誤爲慶壽寺之雙塔。]孫承澤《畿輔人物誌》:"崇禎甲申三月十九日,都城破。工部尚書東閣大學士吳橋范公景文先已絶粒不食,至是見賊騎縱橫,望闕哭,於雙塔寺旁井中死之。"[案:《昭忠録》稱范死龍泉庵井中,《明史》與《人物志》同(互詳中城)。]明王世貞《藝苑卮言》:"崔子鍾好劇飲,嘗五鼓踢月長安街,席地坐。李文正時以元相朝天,偶過早,遥望之曰:'非子鍾耶?'崔便趨至輿旁,拱曰:'吾師得少住乎?'李曰:'佳。'便脱衣行觴,火城漸繁,始分手别。"明石珤《熊峰集》:"翰林編修李宗易建亭於時雍坊居第之後,名曰午風。南城羅侍讀景鳴隸書其上。"[案:亭今無考。]

鑾儀衛夾道

律例館(并一)

地在太常寺署後,有刑部律例館,故名。

旗手衛("手"俗訛"所")

《明一統志》:"旗手衛在通政司後。"[案:旗手衛屬錦衣衛,今廢。其地猶仍舊名。]

耳朵眼(并一)

草帽衚衕(并一)

麻綫衚衕("綫"亦作"繩")

《長安客話》:"胡忠安濙賜第在麻繩衚衕。"

花圈衚衕(并一)

迆南曰花園頭。

五顯廟

《萬厫沈志》:"五顯禪林在大時雍坊。"《人海記》:"張文忠居正之賜第在五顯廟前張閣老衚衕。"[案:今東城亦有五顯廟,皆無張閣老衚衕之名,其遺蹟不可考矣。]

小四眼井(井一)

紅井衚衕

巡視北城御史署在北。

《甲申傳言錄》:"北城察院皁隸亡其姓氏。三月十九日城陷,闔門悉燒死。"

後紅井(井一)

高碑衚衕(井一)

巡視西城御史署在北。

羊毛衚衕(井一)

扁擔衚衕

獅子口

兵部窪

火神廟,井一;文殊庵前,井一。舊有鑲紅旗義學。

石碑衚衕

馬神廟(井一)

拴馬樁

文昌閣

大川淀

土地廟

中受水塘

明劉侗《帝京景物略》:"唐大士像,古銅身,三尺,下刻'大唐貞觀十四年尉遲敬德監造'字。舊供宣武門外晉陽庵,庵廢,內侍朱

移像受水塘,剏古佛庵供之。庵今又廢,移置稽山會館。"〔案:觀音像互詳外城南城。〕

賢孝牌

張相公廟

《萬厤沈志》:"張老相公廟在大時雍坊。"紀昀《灤陽續録》:"京師有張相公廟,士人或以爲河神,然河神宜在沽水、灤縣間,京師非所治也。余謂唐張守珪、張仲武皆曾鎮平盧,高適《燕歌行》實爲守珪作。一則曰'戰士軍前半死生,美人帳下猶歌舞';再則曰'君不見邊庭征戰苦,至今猶憶李將軍',於守珪大有微詞。仲武則摧破奚寇,有捍禦保障之功,其露布今尚載《文苑英華》。以理推之,或士人立廟祀仲武,未可知也。"〔案:廟祀宋人張夏,碑記可徵。紀説傅會,未足據也。又紀氏《筆記》多寓言,今摭其徵實者著於篇餘,不取。〕

東溝沿

明之舊溝也。時雨積潦,溝水由花石橋出水關,入護城河。

板橋(井一,橋一)

舊簾子衚衕("簾"或作"蓮"。井一,橋一)

有真武廟。

新簾子衚衕(井一,橋一)

前細瓦廠(井一,橋一)

《宛平王志》:"北極寺在細瓦廠。"

後細瓦廠(橋一)

半壁街(橋一)

有吕祖閣。

兵部窪中街(井二,橋一)

横街

崇興衚衕
宣武門内東城根

中心臺西，井一。有天主堂。

《燕都游覽志》："首善書院在宣武門内左方對城。"明葉向高《蒼霞草》："書院在大時雍坊十四鋪，貿自民間，爲金一百八十兩，皆五廳十三道所輸。經紀其事者，司務吕克孝、御史周宗建，以天啓二年某月日開講。"《帝京景物略》："鄒元標、馮從吾以泰昌初徵入京，尋總副臺憲，公暇輒會講城隍廟百子堂，自紳衿氓隸，聽者數百人，始議建書院宣武門内城下。講堂三楹，後堂三楹，供先聖，陳經史典律。"《春明夢餘録》："御史臺諸公搆書院於宣武門内東牆下。南皋、少墟兩先生朝退公餘，不通賓客，不赴宴會，輒入書院講學，一時士風爲之稍變。未幾，逆璫用事，郭允厚、朱童蒙輩，相繼論劾，以講學爲門户。及楊忠烈劾魏忠賢疏上，黨禍大作，善類一空。御史倪文焕遂奏請毁書院，棄先師木主於路。左右壁有記，爲葉公向高文，董公其昌書，竝碎焉。"《一統志》："時憲書局在宣武門内，天主堂西，即明之首善書院。後禮部尚書徐光啓借院修厤，名曰厤局。本朝仍令西洋人居此，治理時憲書。"吴偉業《讀史偶述》詩："西洋館宇迫城陰，巧厤通玄妙匠心；異物每邀天一笑，自鳴鐘應自鳴琴。"《明一統志》："太極書院，元中書行省楊維中建。"元蘇天爵①《名臣事略》："中書楊忠肅公惟中立周子祠，建太極書院，俾師儒趙復等講授。"［案：元郝經《陵川集》有《周子祠堂碑》《太極書院記》，碑稱祠中以二程、張、楊、游、朱六子配食，今遺蹟無考。《夢餘録》敘述於首善書院條下，姑仍之。］

下窪

---

① 蘇天爵，原文作"蘇天天爵"，其中後之"天"當爲衍文。

松樹衚衕（井一，橋一）

《杜文端自訂年譜》："戊辰，移居內城松樹衚衕。"鮑鉁《道腴堂詩集·松樹衚衕趙芥舟之廢宅》："靜似空山曠似郊，卜居何用此誅茅？此生到處因人力，半世隨緣解客嘲。庭有修藤堪藉蔭，門臨松樹好安巢。僧寮官廨均非主，一日棲遲便足嘐。"

苦水井

頭髮衚衕（井一）

翠花街

　土地廟前（井一）

石老娘衚衕

扁擔衚衕

西拴馬樁（井二）

鐙籠衚衕

高低衚衕（"低"或作"底"）

象牙衚衕

安兒衚衕

餱坊衚衕

油坊衚衕（井一）

背陰衚衕

口條衚衕

緯纓衚衕（俗訛"未英"。井一）

宗稷辰《躬恥齋詩鈔·薈英集》引《新居在薈英巷之南因顏塏姪讀書之室曰薈英書屋，戲占絕句》："北鎮氣來迴地脈，西洋燄息聚人文。從今環堵英才萃，日下他年益緒聞。"自注："薈英俗曰緯纓，余更之。"

穿堂衚衕（"堂"或作"廊"）

絨綫衚衕(井一)

右翼宗學在北。《嘯亭續錄》謂在簾子衚衕，誤也。有真武廟。
《嘯亭續錄》："貝勒杜度宅在絨綫衚衕。"[謹案：杜度，太祖孫，廣略貝勒褚英長子。今爲光公宅。]《采訪冊》："勳貝子第在絨綫衚衕北。"[謹案：貝子爲聖祖二十四子誠恪親王之後。]

成公府夾道(井一)

大、小六部口(井一)

[案：《八旗通志》："絨綫衚衕之南有抽屜衚衕。"今無是名。]

後水泡

噶禮兒衚衕

相傳康熙時江督噶禮居此，後以罪誅，地仍其名。

牛肉灣

新開路

安福衚衕(井一，橋一)

有安福寺關帝廟（俗稱"倒座廟"），有明正德四年鼎，上鐫"淨居寺"，僧云廟爲寺舊阯。又有萬厯四十九年鼎一。

永順衚衕

大柵欄

右在宣武門街東，長安街南，正陽門西，與中城界。

京師坊巷志卷三

義烏朱一新、江陰繆荃孫　同撰
吳興劉承幹重訂

宣武門大街

宣武門俗沿元稱曰順承門，北有坊曰瞻雲，井二。鑲藍旗蒙古都統署在西。右翼宗學，舊在瞻雲坊北，今移絨綫衚衕。

《嘯亭續錄》："貝子穆爾祐宅在宣武門內。"[謹案：穆爾祐，太祖曾孫，安平貝勒杜度次子。順治間，以鎮國將軍累功晉貝子，後以罪除，子降襲。]《析津志》："窮漢市一在順承門裏草塔兒。慶元樓在順承門內街西。麗春樓在順承門內，與慶元樓相對，乃巴延太師之府第也。朝元樓在順承門內，近石橋，慶元樓北。"[案：今俱無考。]《元仁宗紀》："皇慶五年十月，建帝師帕克斯巴殿於大興教寺。六年三月，賜寺僧齋食鈔二萬錠。"《英宗紀》："至治二年十月，建太祖神御殿於興教寺。"《成宗紀》："大德五年二月，賜興教寺地百頃。"《舊聞考》："《大都圖冊》云寺在順承門內街西，佛會甲於京師。《明一統志》已無此寺，殆久廢矣。"《坊巷衚衕集》："阜財坊四牌二十鋪。過象房橋有王恭廠、燕山左衛、真如寺、承恩寺、圓洪寺、保安寺、望鄉臺。"[案：望鄉臺今無考，餘俱見後。]

宣武門內西城根（井一）

有象房橋，西溝沿水由此出水關入護城河。

《嘯亭續錄》："貝子準達宅在宣武門西城根，貝子蘇努宅在象房。又年大將軍羹堯賜第在宣武門內右隅，額書'邦家之光'。"［謹案：準達，太祖四世孫，貝勒杜爾祐子，坐事降鎮國公，諡溫恪。蘇努，太祖四世孫，雍正時黜屬籍。］明李日華《璽召錄》："四月十日，覓得邸舍在順承門內象房西。"《長安客話》："象房在宣武門西城牆北，每歲六月初伏，官校用旗鼓迎象出宣武門，濠內洗濯。"《野獲編》："象初至京，先於射所演習，故謂之演象所。而錦衣衛自有馴象所，專管象奴及象隻，特命錦衣指揮一員提督之。凡大朝會，役象甚多，常朝則止用六隻，所受祿秩，俱視武弁，有等差。人有入觀者，能以鼻作觱栗、銅鼓聲。觀者持錢畀象奴，如教獻技，又必斜睨象奴受錢滿數，而後昂鼻俯首，嗚嗚出聲。將病，耳中先有油出，名曰山性發，則預以巨綆縻縶之蓺。管象房緹帥申報兵部，上疏得旨，始命再驗，發光祿寺。"［案：象房今隸鑾儀衛。］《萬曆沈志》："巡鹽察院在順承門西。"［案：明察院久廢。］

抄手衚衕①（井一）

西溝沿

西溝沿詳西城。

頭髮衚衕（橋一）

鑲紅旗官學在北，有真如寺。

《燕都游覽志》："真如寺在元季爲定力院，南向，今之象房是其山門。蓋象房初設於報國古松之畔，以隔城致稽赴闕，乃割定力院爲駐象所。"

---

① "抄手衚衕"，餘者皆作"鈔手衚衕"。

小蔴綫衚衕
承恩寺街

德功橋亦稱承恩橋,鑲紅旗覺羅學在北,有承恩寺。

《萬厤沈志》:"巡倉察院在承恩寺前。"[案:今廢。]趙吉士《寄園寄所寄》:"王恭廠災時,承恩寺街有女轎八乘經過,女子、轎夫都不見。有州吏目弟在街與相識六人拜揖,未完,頭忽飛去,其六人竟無恙。"

搨房衚衕
光彩衚衕
太平街

《杜文端自訂年譜》:"丙戌,遷居太平街,典韓桂舲司寇之宅。宅之東闢小圃,扁以'杜陵花竹',寄余鄉土之思。又東則書屋,扁以'嘉樹草堂',課兩孫讀其中。"

温家街
前、後王恭廠(并一)

《采訪冊》:"德公第在後王恭廠北。"《蕉史》:"王恭廠,掌廠太監一員,管營造錢糧,與盔甲廠同署,在都城西南隅。天啟五年六月,忽大震,拔大樹二十餘株,根在上而梢在下。近廠房屋傾倒,木在上而瓦在下,殺數千人。乃改卜於西直門街北建廠,賜名曰'安民'。其王恭廠舊阯,兵部尚書馮嘉會改為戎政署。"明趙維寰《雪廬焚餘稿》:"天啟丙寅五月六日,王恭廠忽震裂,響若轟雷,平地陷二阬,約長三十步,闊五十餘步,深二丈許。"明沈國元《兩朝從信錄》:"時塌屋一萬九百三十間,壓死男女五百三十七人。"吳偉業《綏寇紀略》:"自順承門大街北至刑部街,盡為齏粉。"劉侗《帝京景物略》:"北自阜成門東至刑部街,互四里,闊十三里,宇坍地塌,木石人禽自天雨而下。"[案:諸書紀王恭廠災事甚夥,今取其涉坊巷者。]《明水軒日記》:"工部又有五小廠,曰營繕所,木工也;曰寶源局,金工也;曰文思院,曰王恭廠,俱絲工也;曰皮作局,革工也。"《天問閣集》:"申佳胤①,北直永平人。甲申三月十九日,聞變,仰天號哭,謂僕曰:'往吾拜客時,顧得僻處,可隨行。'至王恭廠,見有井,疾趨投之,倉卒僕挽袖,袖絶,遂死。"

永寧衚衕(橋一)

圓洪寺街

舊有圓洪寺,今廢。

《寄園寄所寄》:"王恭廠災,宣府楊總兵行至圓洪寺街,隨行七人連人馬俱陷入地。"

豬尾阬(亦稱"豬尾衚衕")

石鐙庵

地以庵名,舊爲吉祥寺,寺今圮②。有貞觀二十三年造經幢。

象來街

箭杆衚衕

陶家衚衕

罎子衚衕

水仙庵

草廠

迤西抵城隅曰教廠。

茄子衚衕

西小衚衕曰茄柄衚衕。

四眼井(井一)

---

① 胤,原文因避諱缺筆,省去字的最後一筆"乚"。
② 圮,原文作"圯"。不確。

太平湖

城隅積潦瀦爲湖，由角樓北水關入護城河。橋二：一在湖北，一在西南隅。迤北曰龍王堂。

《嘯亭續録》："貝勒喀爾楚琿宅在太平湖，今爲榮親王府。"［謹案：喀爾楚琿，一作哈爾出洪，太祖曾孫，克勤郡王岳託三子，以功封，諡顯榮。榮王諱永琪，高宗五子，諡曰純。今爲醇親王府。王爲宣宗七子，世襲。］陳文述《頤道堂詩選·孫古雲雲繪園詩爲同查伯揆作》自注："園在宣武門内、太平湖之西，時海昌查伯揆、廣陵朱素人、丹徒嚴麗生同在賓館。"

槐抱椿庵（井一）

《寺前册》："觀音庵在西南隅，槐抱椿庵街①係舊刹，無碑碣可考。其南爲祇園禪林，前後相屬。"

小護國寺

老萊街（井二）

《嘯亭續録》："貝子薩弼宅在老萊街。"［謹案：薩弼，太祖曾孫，安平貝勒杜度七子，諡懷愍。］

中街

西太平街

東街，井一，橋一；西街，井一。

扁擔衚衕

鮑家街（井一）

《采訪册》："榮公第在鮑家街北。"［謹案：貝勒芬古②，顯祖孫，莊親王舒爾哈齊八子，以功封，今公其後裔也。］

---

① "街"，衍。《京師坊巷志稿》（光緒葆真堂刻本）中正作"槐抱椿庵"。
② 芬古，《京師坊巷志稿》（光緒葆真堂刻本）作"費揚古"。

前、後百户廟

永泉寺，俗稱百户廟，復訛"白虎"。井一。

狗尾衕

取鐙衕

南鬧市口

迤北爲四道口，又北爲半截碑，其南接天仙庵。

天仙庵

《寺院册》："天仙廟，明建，有隆慶二年銅鐘一。又明崇禎間重修碑。"

羅圈衕

東、西石駙馬大街（井二）

鑲紅旗滿洲、蒙古、漢軍都統署俱在北。

《嘯亭續錄》："公諾尼宅在石駙馬大街。"《采訪册》："克勤郡王府在街北。"〔謹案：王諱岳託，太祖孫，禮烈親王長子。崇德元年封成親王，屢以罪降至貝子，五年復封貝勒，追封克勤郡王，世襲。諾尼，其分支。今慶公第是也。〕明金日升《頌天臚筆》："王恭廠震之日，石駙馬街有石獅重五千觔，飛出順承門外。"《寄園寄所寄》："嘉靖中，京師大盜朱國臣居堂子衕，其黨數十人，官莫敢詰。一夜，怒笞其妻，妻逸，告夜巡把總，禽獲十人下法司，俱服。國臣自言：'石駙馬街周皇親之殺，乃我也。而坐使女蕭荷花凌遲、家人斬，豈不冤乎？'於是法司追問治荷花獄者。免侍郎翁大立爲民，謫郎中徐一忠於外。"

都統署夾道

通條衕

臭水河（或作"楸樹河"）

《嘯亭續錄》："貝子特爾祜宅在臭水河。"〔謹案：特爾祜，太祖曾孫,貝勒杜度三子,諡恪僖。]

石駙馬後宅
有武烈橋。

回子營

東、中、西鐵匠衚衕
東衚衕(橋一),迤東抵大街,俗稱穿堂門,井一。中、西衚衕,井各一。

《嘯亭續錄》:"敬謹親王府在東鐵匠衚衕。"[謹案:王諱尼堪,太祖孫,廣略貝勒褚英三子。順治六年,授定西大將軍;九年,授定遠大將軍,征明桂王,戰歿於衡州,追諡莊。今爲桂公第。]

鐵箭營

口袋衚衕

手帕衚衕(井一)

姚斌廟

察院衚衕(井一)
有文盛橋(俗訛"温成橋")。[案:《萬曆沈志》有"巡關察院在西城",此或其遺阯歟?]

保安寺街
有保安寺。

《明世宗實錄》:"嘉靖二年五月,以江彬、錢寧入官房及故保安寺,爲燕山府軍等衛,凡十五所。"[案:《坊巷衚衕集》:"阜財坊有燕山左衛。"以《實錄》所言核之,其遺阯當在今保安寺街。《集》又言燕山左衛在安富坊,蓋其始置之地也。嘉靖後移置於此。]

安達公街(亦作"諳達"。諳達,蒙古語火伴也)

樱帽頭條、二條、三條、四條衚衕
二條衚衕(井一)

炕沿井

都土地廟

柳樹井（井一）

筆管衚衕

褲子衚衕（井一）

𠀆子衚衕①（井一）

談孺木《金陵對泣錄》："崇禎帝、后移東華門席舍，武選主事大足劉養貞日侍側哀毀，被執至李友家，友據𠀆字衚衕許錦衣宅。"〔案："𠀆字"疑即"𠀆子"。〕

報子街（"報"或作"泡"，亦作"豹"。井二，橋一）

鑲紅旗護軍統領署在南。

右在宣武門西，其北與西城界。

內城中城

《城冊》："內城地阯隸中城者，中西坊自皇城外，東至王府街，迄北與東城界；南至東長安街，與南城界；北至兵馬司衚衕、帽兒衚衕，與北城界。中東坊自皇城外，南至西長安街，與南城界；西至大市街，與西城界；北至護國寺街、定府街，迄東逾十剎海抵地安門橋，與北城界。"

王府大街

元名"丁字街"（見《析津志》）。明建十王邸於此，稱"王府街"，井二。兵部所屬會同館在東，掌驛政，明初燕臺驛故阯也。

《嘯亭續錄》："饒餘親王、廉親王府，俱在王府大街。"〔案：互詳南城。〕《析津志》："菜市一在哈達門丁字街。"〔案：今王府街旁

---

① 𠀆，同"丘"。光緒葆真堂刻本作"邱（邱）"。清查慎行《以海記》述及，字作"邱"。

有菜廠衚衕,疑沿元舊稱也。]《明成祖實錄》:"永樂十五年六月,於東安門下東南建十王邸,通爲屋八千三百五十楹。"《宣宗實錄》:"宣德三年四月,新作公主府三所於諸王邸之南。"《燕都游覽志》:"烏蠻市在王府街會同館。"《明會典》:"會同館,永樂初設。三年,併烏蠻市入本館。"[案:烏蠻市久廢。又金源之制:會同館、來寧館,在宣陽門內(見周煇《北轅錄》);燕山館、燕賓館(見范成大《石湖集》)、永平館在府南一里(一名"碣石館"),遼朝士宴集之所(見《明一統志》)。其遺阯皆當在南城外,今不可考矣。]《析津志》:"保大坊在樞府北。"《坊巷衚衕集》:"保大坊四鋪。有府軍前衛、左衛,羽林左衛、右衛,金吾左衛、前衛、後衛,虎賁左衛,迎禧觀,捨飯旛竿寺。"《萬厯沈志》有真武廟。[案:羽林右衛,《明一統志》在明時坊,今諸衛及真武廟俱廢;迎禧觀在王府街;旛竿寺見後。餘無考。]查慎行《人海記》:"李文達賢賜第在王府街。"明《北平圖經志書》:"武成王廟在保大坊都指揮使司之西。"《元·祭祀志》:"武成王立廟於樞密院公堂之西,以孫武、張良、管仲、樂毅、諸葛亮以下十人從祀,歲春秋仲月上戊,樞密院遣官行禮。"[案:廟阯今無考。《析津志》言柴炭市集市,一在樞密院,今亦無考。]

東安門外南夾道

關帝廟北,井一。

霞公府

即理藩院後衚衕,節孝祠在北。

空府夾道

温郡王府俗稱空府。

理藩院東夾道

大、小紗帽衚衕

《八旗通志》作"草帽小衚衕",井一。東北曰臭水阬。

口袋衚衕

梯子衚衕

小甜水井（井一）

有鎮海、慈谿會館。

康家衚衕

大甜水井（井一）

《采訪冊》："倫貝子第在大甜水井北。"［謹案：貝子爲宣宗長子，隱志郡王諱奕緯之子。］

大、小阮府衚衕

正藍旗覺羅學在大阮府衚衕。

菜廠衚衕

小衚衕曰南灣子。

《嘯亭續錄》："公韜塞宅在菜廠衚衕。"［謹案：韜塞，太宗十子，初封鎮國將軍，康熙八年晉輔國公。］《蕉史》："南海子總督太監一員，東安門外有菜廠，其在京之外署也。掌壽鹿、獐兔、菜蔬、西瓜、果子。凡收選內官，於禮部大堂同司禮監監官選定，由部之後門到廠，次晨點入東安門赴內官監細選，無違礙者方給烏木牌，候收畢，詣萬歲山撥散。"

東安門外大街

亦稱"丁字街"，井三。五聖庵，井一；官馬圈，井一；南小衚衕，井一；北小衚衕曰"老虎洞"，井一。

《明史·衍聖公傳》："仁宗踐阼，孔彥縉來朝，賜宅東安門外。"明宋端儀《立齋閑錄》："永樂二十二年十一月，賜衍聖公孔彥縉宅於京師。彥縉數來朝，皆館於民家。上聞之，顧近臣曰：'四夷朝貢之使皆有公館。先聖子孫乃寓宿於民家，何以稱崇儒之意？'遂命工部賜宅。"［案：今宅在太僕寺街，乃明英宗所賜。其仁宗所賜者,據《闕里文獻考》云在東安門北,遺阯無考。]《明景帝實錄》:"景泰三年八月,改造四夷館。先是,譯書子弟俱於東安門外廊房肄業。至是,提督譯書郎中劉文等,請建館於廊房南隙地,從之。"〔案:明四夷館見前。〕

東安門外北夾道

內務府武備院所屬亮鐵作、染氈作,俱在東。

錫蠟衚衕

內務府武備院所屬帽作在南。

《丹魁堂年譜》:"道光三年庚戌十一月,徙東安門外錫蠟衚衕。"

扁擔衚衕

燒酒衚衕(井一)

豐順衚衕

母豬衚衕

灌腸衚衕

嬭子府

南大院,井一;花園,井一。迤北曰關東店。

《嘯亭續錄》:"公弘昇宅在嬭子府。"〔謹案:弘昇,聖祖孫,恆親王允祺世子,雍正五年謚恭恪。今爲惠王府。王諱綿愉,仁宗五子,咸豐三年授奉命大將軍,謚曰端。]明呂毖《宫史》:"禮儀房署,在都府草場之東,提督太監一員,掌印或秉筆攝之。掌選婚吉禮,每年四仲月選乳婦,生男十口、生女十口,月給食料,在嬭子府居住。及報生皇子,則用生女嬭口,生皇女則用生男嬭口。"明沈榜《宛署雜記》:"嬭子府隸錦衣衛。其制:每季精選各里良家婦年十五以上二十以下四十名,養之内,曰坐季嬭口。別選八十名籍於官,曰點卯嬭口。季終則更之。後來夙戒嬭口,多不稱旨,臨時多別選城市婦人以應。有雇值之費、打點之費、上納之費,而嬭子遂爲奇貨。幸一見留,則終其身事所乳,得沾恩澤,無復出理,其食報特隆云。"

黃土阬

大、小草場衚衕("場"或作"廠")

大衚衕,井一。

《明宮史》:"中府草場即舊都府草場,在東安門外孀子府街。永樂初剏,收御馬草。傳云是勝國都督府,故名。天啟六年,舊都府草場火,魏忠賢督率内外官員軍士救撲三日乃熄。"

東廠衚衕(井一)

《明宮史》:"東廠,永樂十八年置,其外署在東安門外迤北,其内署在東上北門之北,街東混堂之南。"《菽園雜記》:"京師東廠者,掌巡邏兵校之地也。弘治癸丑五月,忽風大作,地陷約深二三丈,廣亦如之。"《天咫偶聞》:"沈文定公桂芬故宅在東廠衚衕。"

太平衚衕

黃麴衚衕

口袋衚衕

翠花衚衕(井二)

花枝營

雙碾衚衕("碾"或作"輦",《八旗通志》誤作"塔"。井一)

有捨飯旛竿寺、興福禪林。

明于慎行《穀城山房筆塵》:"唐時禁京城丏者,分置病坊於諸寺以廩之,亦謂之卑田院,即今蠟燭、旛竿二寺也。"[案:蠟燭寺見西城。]元袁桷《清容居士集》:"興福院在都城保大坊北。"[案:今無考。]

弓弦衚衕(井一)

《萬厤沈志》:"延禧寺、迎禧觀,俱有敕建碑在明照坊。"[案:

寺在弓弦衚衕。據《坊巷衚衕集》,弓弦衚衕隸保大坊,《萬厤沈志》作明照坊,其後或有改并也。延禧觀見前。]

牛排子衚衕

麟慶鴻《雪因緣圖説》:"半畝園在弓弦衚衕内,本賈中丞漢復宅。李笠翁客賈幕時爲葺新園,壘石成山,引水作沼,平臺曲室,奥如曠如。乾隆初,楊韓莘員外得之,又歸春馥園觀察。道光辛丑,始歸於余。"

黄米衚衕

晾果厰(俗訛"亮穀厰",井一)

《蕪史》:"天壽山守備太監一員,轄十二陵,歲進松花、黄連、茶、核桃、榛、栗等,各陵皆有晾果厰在京。"

大覺、小覺衚衕("覺"或作"腳")

迤北爲鄒家大院、王家大院。

大、小取鐙衚衕(井二)

《嘯亭續錄》:"貝子弘昕宅在取鐙衚衕。"[謹案:貝子,聖祖孫,誠親王允祕後,以事削爵。善書畫,自署瑶華道人。其宅後爲恭勤貝勒弘明所居。貝勒,聖祖孫,恂勤郡王允禵之子,諡恭勤。今輔國公載森,其後人也。]

鐵匠營

草厰衚衕

《明一統志》:"崇真萬壽宫在府南蓬萊坊,元至正中建,翰林學士王構爲《記》。真人張留孫、吴全節相繼居此,俗名天師巷。"《日下舊聞》:"天師庵,據《坊巷衚衕集》在草厰眉掠衚衕,與惠民藥局連敍。今藥局遺阯尚存,則天師庵疑與相近。"《明宫史》:"御馬監所轄有天師庵草場、舊都府草場。天師庵草場在皇城外東北角,正統間以張天師舊處改建,故名。有井甘冽可用,不減十王府街之井也。"《析津志》:"杜康廟在舊城光祿寺內西偏,內有天師宮。禮部標撥道士一人提點看經傳,專一焚修香火。蓋爲醞造御酒,每日於上位至押槽內支酒一瓶,以供杜康提點者自行收貯。"《舊聞考》:"元崇真萬壽宮俗名天師庵,亦曰天師宮,明《圖經志書》云在蓬萊坊。相傳今顯佑宮及步軍統領衙門即其地。此所稱光祿寺內之杜康廟、天師宮,以《析津志》所載北城道里計之。一云樞密院西爲玉山館,館西北爲蓬萊坊、天師宮。又云樞密院南轉西爲宣徽院,院南轉西爲光祿寺酒坊橋,其方位似亦相合。"[案:顯佑宮、步軍統領衙門俱在帽兒衚衕,去此稍遠。俗語流傳疑未足據。]

小蘇州衚衕

寬街

《宸垣識略》:"一等果毅繼勇公第在寬街。"[案:弘毅公額亦都及其子果毅公圖爾格,皆開國勳臣也,後併爲果毅繼勇公。其賜第相傳爲明璫杜衡宅,今公寶全前官散秩大臣。]《坊巷衚衕集》:"昭回坊、靖恭坊在北安門東,共十四鋪。有圓恩寺、福祥寺、袈衣寺。"[案:圓恩寺(見北城),《萬厤沈志》云在昭回坊。福祥寺、袈衣寺俱見後。又有慈善寺,今圮。]

地安門外東城根(并一)

有東步糧橋(《宛平王志》"步"作"部")。

《采訪冊》:"澤公府在北皇城根。"[案:公以惠端親王支子推封。]

炒豆衚衕(并一)

《采訪冊》:"博多勒噶台親王府,在安定門內炒豆衚衕。"[案:科爾沁郡王索特那木多布齊,尚仁宗三女莊敬公主,追封親王銜。其子博多勒噶台親王僧格林沁,咸豐時以剿賊功食雙親王俸,謚曰忠,配享太廟。今王伯彥訥謨祜嗣府爲忠王所建,非公主賜第也。]

板廠衚衕

棉花衚衕（井一）

雨兒衚衕（"雨"或作"魚"）

值年旗衙門在北。

《嘯亭續錄》："公布舒宅在雨兒衚衕。"［謹案：布舒,太宗第四子,康熙八年封輔國公。］

蓑衣衚衕

《坊巷衚衕集》有裟衣寺,其遺阯疑當在此,"蓑"蓋"裟"之訛,地以寺名也。

福祥寺衚衕

有福祥寺。

《萬厤沈志》："寺在靖恭坊,有敕建碑。"

馬尾斜街

枴棒衚衕

兵將局衚衕（井一）

叉子衚衕

地安門外大街（井一）

地安橋,俗稱大橋,舊爲萬寧橋。橋南屬中城,北屬北城。橋下爲響閘,元之澄清閘也,亦稱越橋。下閘迤西有石小橋一。火神廟在橋西,瀕十刹海,唐貞觀時火德真君廟遺阯。廟前井一,北有大覺寺。俱屬北城。

《茶餘客話》："高安朱文端公軾,丙辰賜第地安門外。"胡承珙《求是堂詩集》："己巳四月,寓地安門外一室,客言:'此宅前臺灣道永福所居,林爽文之變,永被逮,妻張氏與訣,泣解其夫所佩刀及帶一條,曰:"君此去得生,幸甚;脫不幸,請以此殉。"後永論絞西市,獄成,張遂以是日縊於所居,即此室也。'"《坊巷衚衕集》："日中坊在地安門西二十二鋪。"《元一統志》："自至元三十年後通惠河成，遂建澄清閘於海子之東，有橋南直御園。"納蘭成德《渌水亭雜識》："元時海子岸有萬春園，進士登第恩榮宴後，會同年於此，宋顯夫詩所云'臨水亭臺似曲江'也。"《舊聞考》："其地當近火神廟後亭。"

右在地安門街東，王府街西，東長安街北，與南城、東城、北城界（隸中西坊）。

皇城西城根（井二）

《春明夢餘錄》："古雲山房，米太僕萬鍾之居也。太僕好奇石，蓄置其中，令閩人吳文仲繪爲一卷，董思白、李本寧爲之跋尾。"《燕都游覽志》："湛園在米仲詔宅左，其自敘曰：'歲丁酉，居長安之苑西，爲園曰湛。有石丈齋、石林、仙籟館、茶寮、書畫船、繡佛居、竹渚、敲雲亭。曲水繞亭，可以流觴。即以灌竹，竹外轉而松關。又轉而花徑，則飲光樓在望，眾香國蓋其下也。別徑十數級可以達臺，是爲猗臺，俯瞰蔬圃。'"米萬鍾《勺園集·自題湛園》詩："主人心本湛，以湛名其園。有時成坐隱，爲客開清樽。閒雲歸竹渚，落日深松門。登臺候山月，流輝如晤言。"《燕都游覽志》："袁伯修寓近西長安門，有小亭曰抱甕，伯修所自名也。亭外多花木，隙地皆種蔬，宛似村莊，小奴負甕注水日夜不休。"［案：湛園、抱甕亭遺阯皆無考。］

王府東夾道

迤東曰段家衚。

荷包巷

錢棹衚衕

甘井衚衕（井一）

李閣老衚衕（井一）

大悲寺，俗稱高麗廟，碑已泐。

《長安客話》:"李文正東陽賜第在灰廠小巷李閣老衚衕。"《帝京景物略》:"李文正祠近皇城迤西,孝宗賜第也。第久析爲民居。嘉靖乙酉,麻城耿定向首議贖還爲公祠。傳雙履,履二寸許,絆繫之;一纁紵小衫,公舉奇童時著以見景帝者。耿爲具篋,撰文鏤篋蓋,藏之祠。"《舊聞考》:"祠久廢,中有耿氏房園。雖頹圮,地甚寬敞,應即其遺阯。"[案:法式善《存素堂文集》引彭元瑞之言,謂李閣老衚衕由李賢賜第得名,疑未足據(互詳北城)。]

灰廠(井一)

《春明夢餘錄》:"初,燕邸因元故宮(即今之西苑)開朝門於前。元人重佛,朝門外有大慈恩寺(即今之射所)。東爲灰廠,中有夾道,故皇牆西南一角獨缺。至永樂十五年,改建皇城於東,去舊宮可一里許。"《湧幢小品》:"既遷大內東華門之外,逼近民居,喧囂之聲至徹禁籞。宣德七年始加恢擴,移東華門於河東,遷民居於灰廠西隙地。"

羅圈衚衕

煙筒衚衕

新豐衚衕

松樹衚衕

三府衚衕

新開路

大、小東嶽廟(井各一)

秀女衚衕

前、後王爺廟

大悲寺,國朝鄭親王建,俗稱王爺廟,有徐乾學碑。《八旗通志》誤作"岱北寺"。

西夾道

官馬市("市"或作"司")

《八旗通志》作"官磨房"。

大柵欄

有觀音寺、圓通觀，迤西有鄭王府所置義塾，俗亦稱官學。

馬館

演象所

《湧幢小品》："嘉靖初，廢大慈恩寺，從錦衣衛請，即其地改爲射所。上以金鼓聲徹大内，擬改建元明宫，別以大興隆地爲射所。都督陸炳言：'大興隆地亦逼禁城，惟安定門外有廢官廳，宜將宣武門外民兵教場移此，而移射所於民兵教場，射所舊地改爲演象所。'得旨允行。"《野獲編》："今京城內西長安街射所，亦名演象所，故大慈恩寺也，嘉靖間毀於火，後詔遂廢之爲點視軍士及演馬教射之地。象以非時來，偶一演之耳。"[案：大慈恩寺即雙塔寺。]《甲申傳信録》："三月十九日，城陷。內閣大學生范景文至演象所，聞賊已入宫，或言駕崩，或言南巡。歎曰：'不知聖駕所在，惟一死以報陛下耳！'步至夾巷後投井死。井在龍泉庵之南。無名氏《甲申小紀》：'景文賦詩二章，潛赴龍泉庵古井死。'"

寬街

鑲藍旗漢軍都統署在焉，迤西爲菜園。

《燕都游覽志》："朝爽樓在雙塔寺後，吕氏園中樓也。"《舊聞考》："今寺後有名菜園者，或即吕氏園歟？"

頭條、二條、三條衚衕

二條衚衕(井一)。

油房衚衕

前、後吳公衛衚衕

《八旗通志》作"蜈蚣街"。

石虎衚衕（井一）

《董心葵事記》："延陵會館在石虎衚衕，後周延儒居之。"《嘯亭續錄》："公敬文宅、貝子緜德宅，俱在石虎衚衕。"〔謹案：緜德，高宗孫，定安親王諱永璜子，今爲毓公宅。〕《嘯亭續錄》："裘文達曰修賜第在石虎衚衕。"錢大昕《潛研堂集·題裘漫士少宰苑東寓直圖》："趯臺西畔有新廬，履道坊南宅不如。應爲城居少花竹，天教銷夏此閒居。"自注："公賜第在長安右門西。"《畢弇山年譜》："甲申，寓石虎街裘文達公第。"《宸垣識略》："二等敦惠伯第在石虎衚衕。"〔案：康熙時大學士馬齊封敦惠伯。〕

大、小秤鉤衚衕

《八旗通志》作"正溝"。

堂子衚衕

鐝子衚衕

《嘯亭續錄》："公巴圖堪宅在鐝子衚衕。"〔謹案：巴圖堪（亦作"巴爾堪"），顯祖曾孫，鄭親王濟爾哈朗四子。以功封輔國將軍，雍正元年追封輔國公，諡武襄。〕

狗尾衚衕

茶葉衚衕

興隆街（井一）

《嘯亭續錄》："公德普宅在興隆街。"〔謹案：德普，顯祖五世孫，贈簡親王福存子。康熙時降襲鎮國公。〕

太僕寺街（井二）

鑲藍旗蒙古都統署在北，西有衍聖公第。

《明史·衍聖公傳》："英宗復辟，孔弘緒入賀，朝見便殿，帝握其手置膝上，語良久。弘緒纔十歲，進止有儀，帝甚悅。每歲入賀聖壽。帝聞其賜第湫隘，以大第易之。"〔案：衍聖公第，舊在東安門外。今第在太僕寺街者,即明英宗所賜。]阮元《揅經室四集》:"己未,借寓京師衍聖公邸,曾栽竹三叢,藤花兩本。庚午再寓,添栽槐、柳、桃、海棠、欒枝丁香并舊有古槐、榆、椿、棗共三十餘株。記以一律,授之館人。"陳文述《頤道堂詩集・重至太僕寺街舊寓》:"飛鴻蹤跡又重來,疲馬衝泥太僕街。澹墨尚留曾畫壁,苦吟猶認舊書齋。"《明一統志》:"太僕寺在萬寶坊,主簿廳附焉。"《春明夢餘錄》:"太僕寺乃元兵部舊署。"楊士聰《玉堂薈記》:"太僕寺石刻畫馬二:一史道碩畫,一趙孟頫畫,皆王世貞官太僕時摹勒。道碩,五代時人。"《舊聞考》:"兵部夾道,今仍稱太僕寺衚衕,即舊署阯也。"[案:萬寶坊,元舊名,據《元一統志》在大內前右千步廊,坊門在西。明五軍都督府所屬彭城衛在萬寶坊(見《明一統志》)。今太僕署,雍正三年移建正陽門東城根。]《查氏烈女編》:"崇禎甲申三月十七日,太僕寺街查氏一門九女子投繯死。十九日,流賊破城入其室,顏如生。賊曰:'偽死也。'引刀試之,駭而去。是日,繩絕,二女復蘇。一度為尼,一壽終。"陳儀《子翮集》:"七烈者,查氏三女子,兩娣姒,一黃氏女子,一廉氏母,皆以明甲申三月城破之前一日,致命於查氏之廬者也。"[案:姜宸英《西溟集》亦有傳。杭世駿《道古堂集》有《宛平查氏七烈詩》。]

背陰衚衕

《嘯亭續錄》:"貝子傅喇塔宅在背陰衚衕。"[謹案:貝子,顯祖曾孫,貝勒芬古四子,以功封,諡惠獻。乾隆間,孫德霈襲簡親王,贈如其爵。今為奎公宅。]

心尖衚衕

口袋衚衕(并一)

牛角衚衕

擔杖衚衕

細米衚衕

《嘯亭續錄》:"公門度宅在細米衚衕。"[謹案:門度,顯祖四世孫,貝勒尚善子。康熙七年封鎮國公,後以事再削。]

西安門外南夾道(井一)

馬尾衚衕

靈清宮(井一)

《明成祖實錄》:"永樂十五年三月,建洪恩靈濟宮,祀徐知證及其弟知諤。"明陳鳴鶴《晉安逸志》:"男子曾甲世居閩縣金鼇峰下灌園,園中有破祠,其神嘗棲箕,自稱兄弟二人,南唐徐知誥之弟知證、知諤也。晉開運二年,率師入閩,秋毫無犯,閩人祀我於此。自是書符療病,驗若影響。永樂間,成祖北征不豫,詔曾甲入侍,運箕有驗,遂封知證清微洞元真人、知諤弘靖高明真人,敕有司建廟。"《帝京景物略》:"文皇有疾,夢二真人授藥,疾頓瘥,乃敕建靈濟宮祀之。封玉闕、金闕真人,配曰仙妃。十六年改封真君,成化二十二年改封上帝。歲元旦、日短至及真人誕辰,遣太常寺堂上官行禮。萬曆二十二年,大學士王錫爵病,上特發帑銀五十兩,命道官白昭忻建醮三日夜,病尋愈。"《春明夢餘錄》:"崇禎十五年,給事中左懋第言,二真人乃叛臣之子,不宜受朝臣拜跪,請以帳幕隔之。報可。"[案:靈清宮即靈濟宮(濟訛爲清,聲之轉也),明代凡大朝會,百官習儀於此。宣德間,移朝宮(詳西城)。據懋第疏言,則明季猶有在此習儀者。又崇禎十四年,正一真人張應京應召至都,賜宴靈濟宮(事見《明史·方技傳》)。]明徐學謨《世廟識餘錄》:"靈濟宮講會,莫盛於癸丑甲寅間。是時,大學士徐階、禮部尚書歐陽德、兵部尚書聶豹、吏部侍郎程文德主會,皆有氣勢,搢紳可攀附得顯官,故學徒雲集至千人。丙辰而後,諸公或歿或去,惟階尚在,而講壇一空矣。戊午歲,太僕少卿何遷自南京來,復推階爲主盟,仍爲靈濟宮之會。然遷名位未可恃，號召諸少年多無應者。"明黃瑜《雙槐歲鈔》："成化間，山西妄男子侯得權詭姓名李子龍，謀入內爲逆，伏誅。乃開西廠於靈濟宮，詔太監汪直領官校百餘人刺事。"《燕都游覽志》："宣城第園在靈濟宮前，府第中園也。眾木參天，夾竹桃二大樹。層臺高館，不下數十。張席者日無虛地。"［案：園久廢。］

井兒衚衕（井一）

迤北曠地曰八寶阮（井一）。

乾石橋東斜街

關帝廟，俗稱紅廟。舊有鑲藍旗官學在東，今移西斜街。

《嘯亭續錄》："恆親王府在東斜街，今爲惇親王府。"［謹案：恆王諱允祺，聖祖五子，諡曰溫。惇王諱綿愷，仁宗三子，諡曰恪。］

南、中、北醬房衚衕（井一）

《宛平王志》有崇寧庵、觀音寺。

《嘯亭續錄》："貝勒尚善宅在醬家衚衕，今廢爲木廠。"《采訪冊》："禮親王府在東斜街醬房衚衕口，普恩寺東。"［謹案：王諱代善，太祖次子，時稱大貝勒，追諡烈，世襲。尚善，顯祖曾孫，輔國公芬古子，以功封，後追削。］《萬厤沈志》："普恩寺在安富坊。"

宴樂衚衕

八寶衚衕

板廠衚衕（井一）

北小衚衕曰小草廠。

背陰衚衕

廊房衚衕

西安門外大街（井二）

《宸垣識略》："固山恆憖貝子府在西安門外南街西。"《嘯亭續錄》:"公巴布泰宅在西安門大街。"[謹案:巴布泰,太祖九子,以功封鎮國公,謚恪僖。]《明史·外戚傳》:"陳萬言,肅皇后父也。嘉靖元年,賜第黄華坊。明年,詔復營第於西安門外,費帑金數十萬。工部尚書趙璜以西安門近大內,治第毋過高。帝怒,逮營繕郎翟璘下獄。"

西馬市街

馬市街(元舊名),亦稱東大街,井一;羊市,井一;右翼税署在北。

《析津志》:"安富坊在順承門羊角市,鳴玉坊在羊市北。又羊市、馬市、牛市、駱駝市,俱在羊角市一帶。人市在羊角市,至今樓子尚存。此是至元後有司禁約,姑存此以爲鑒戒。"《坊巷衚衕集》:"安富坊六鋪。有燕山左衛。"[案:衛久廢。]

西安門外北夾道

迤北(井一)。

大、小枴棒衚衕

大衚衕(井一)。

公儀衚衕

井兒衚衕(井一)

大、小饞坊衚衕

西枴棒衚衕

小栴檀寺衚衕

栴檀寺,明嘉靖時建。有萬厤間御史蘇惟霖碑。

大、小紅羅廠(井二)

《宛平王志》有真武廟。《坊巷衚衕集》:"積慶坊四鋪,有紅羅廠、戰車廠、太平倉、惜薪司、嘉興寺、半藏寺、興化寺。"[案:戰車廠、惜薪司無考。餘見後。]

口袋衚衕

太平倉（井一）

明太平倉遺阯（互詳西城）。

《嘯亭續録》："承澤親王府,在太平倉。"〔謹案：王諱碩塞,太宗五子,以功封,世襲,追諡裕。子博果鐸襲封,後改號莊,薨,無嗣,以聖祖十六子莊恪親王允禄襲爲後。〕《宸垣識略》："三等誠毅伯第在太平倉衚衕。"〔案：乾隆時,蒙古阿爾訥贈誠毅伯,世襲。〕《宛平王志》："崇善寺在太平倉大街。"

前毛家灣（井一）

中毛家灣

後毛家灣（井一,橋一）

鎗厰（井一）

鐵匠營（井一）

地安門外西城根（井一）

西步糧橋,俗稱西壓橋,以皇城跨其上也。玉河水由此入西苑。宛平縣署在北,迤東有白馬關帝廟（隋舊基也）。藥王廟東瀕十刹海,俗稱南藥王廟（井一）。旌勇祠祀將軍明瑞等,賢良祠祀怡賢親王等。嘉興寺、半藏寺。

《宸垣識略》："一等忠達公第在地安門外西城根,一等恭誠侯第在地安門外西北。"〔案：康熙時,大學士、定西將軍、撫遠大將軍圖海,追封忠達公,諡文襄。順治時,二等伯烏拉忒貝勒明安,追封恭誠侯,諡忠順。今侯啟泰官散秩大臣。〕黃富民《禮部遺稿》："先勤敏公賜第在地安門外。"〔案：黃富民,黃左田鉞之子。〕《萬厤沈志》："宛平縣在積慶坊。"

護國寺街

寺刱元至元閒,名崇國。元有南北二崇國寺,南寺爲金遺刹

（今無考）；此爲元丞相託克託故宅，今爲蒙古喇嘛所居。月之七八日有廟市。

《嘯亭續錄》："張文和廷玉賜第護國寺街。"《藤陰雜記》："寺西先爲張文和第，後改西華門內，賜史文靖貽直。文靖薨，賜王文莊際華。文莊出文靖門下，師生接住，亦是佳話。"[1]沈初《西清筆記》："王文莊際華住護國寺，有二十四福堂。"《坊巷衚衕集》："發祥坊七鋪。有大興左衛、崇國寺、正覺寺、弘善寺、白米寺。"［案：正覺寺、弘善寺見後，餘無考。］

馬狀元衚衕

［案：明初廷對第一者，有馬麒、馬愉。國朝順治壬辰，科分滿漢兩榜，滿榜則麻勒吉首選，時稱麻狀元。《嘯亭續錄》謂其宅尚存，人評狀元街，疑即在此。（"馬"蓋"麻"之轉也。）］

興化寺街（井一）

有興化寺。

《嘯亭續錄》："公永瞰宅在興化寺街。"［謹案：永瞰，聖祖曾孫，理密親王允礽之孫，乾隆元年封輔國公。］《藤陰雜記》："興化寺街于文襄敏中第'雨梧書屋'，後賃蔡小霞廷衡。韋約軒謙恆《重過見藤花有感》詩：'東閣當年未敢窺，年來頻見紫雲垂。不知醉浣車茵者，誰向花前酹一卮？'"

鬼門關

箭杆衚衕

馬神廟斜街

大、小羊角鐙衚衕

---

[1] 《藤陰雜記》原文："護國寺西，先爲張文和公廷玉第，後改西華門內，賜史文靖公。余癸未出錢塘王文莊公門下，曾于此第謁見。有'江山勝地皆行部，臺閣崇班半屬僚'之聯。後文靖薨，賜文莊。師生接住，亦是佳話。"

白米斜街(井一)

觀音堂(井一)。內務府所屬三旗參領署在北街,後臨十刹海。[案:《坊巷衚衕集》有白米寺,今無考,豈地以寺名歟?]

右在大市街東,地安門街西,長安街北,與南城、西城、北城界(隸中東坊)。

京師坊巷志卷四

義烏朱一新、江陰繆荃孫　同撰
吳興劉承幹重訂

内城東城

《城冊》："内城地址隸東城者，東、南俱至城根；西至崇文門街，與南城界，又西至王府街，迤北至交道口，與中城界；北至東直門街，與北城界。"

崇文門大街

崇文門，俗沿元稱曰哈達門（或訛"海岱"）。迤北有坊曰就日，井一；化成寺在西；又有關帝廟。

《析津志》："文明門即哈達門，哈達大王府在門内，因名。"《人海記》："康熙甲子秋九月，海岱門内地中忽作聲，有光如電，初以爲地震也。已知其地舊蕴火藥，覆大石板，上土厚尺餘。不知何故忽發，飛石所中，凡傷二百餘人。"《甲申小紀》："吳三桂子應熊爲額駙，賜第海岱門内。"〔案：應熊以康熙十三年伏誅。三桂父襄居江米巷。闖賊自山海關敗回，襄妻及家屬三十餘人皆爲所殺。居民有譌傳三桂挾故明太子回京者，資具槭歛之事（見《甲申傳信録》）。〕《萬厯沈志》："般若庵有敕建碑，在明時坊。"〔案：庵今無考。〕周篔《析津日記》："吳匏庵園居有海月庵、玉延亭、春草池、醉眠橋、冷澹泉、養鶴闌。今訪其遺蹟,已不可得。"《舊聞考》:"河南彭氏所藏張見陽補畫《玉延亭圖》,有趙寬賦,序云:'春坊先生所居崇文街第有園一區,名亦樂,中有亭曰玉延。'賦首又云'竝東郭之青陽',則斯亭應在東城。又毛澄《重建玉延亭記》云:'園中別有庵曰海月,玉延爲庵之輔。'則海月庵與玉延亭毗連也。"[案:海月庵,《夢餘錄》云在皇牆西,誤也。今從《舊聞考》。吳寬《匏翁家藏集》有《海月庵冬日賞菊圖序》。]

崇文門内東城根(井二)

神仙洞(井一),迤東有大石橋。時雨淫潦,溝沿水由此出水關入護城河。

孝順衚衕

船板衚衕(井一)

《秋坪新語》:"崇文門内船板衚衕冬日延燒數十家,破屋三間,四垂如斬,乃陳姓孀婦撫一孤兒所居也。人謂之節孝之廬。"

真武廟

小報房衚衕

八寶衚衕

三元庵

茄子衚衕

丁香衚衕

鎮江衚衕

後阬

范子平衚衕

建昌衚衕

鮮魚巷(井二)

有雲澂試館。

觀音堂

鈎兒衚衕（井一）

江擦衚衕（井一）

官帽司（井一）

五老衚衕

火神廟

箭杆白衚衕

四眼井（井一）

柳罐衚衕（井一）

銀絲衚衕

井兒衚衕（井一）

溝沿頭

　　南有小石橋；西小衚衕，井一；迤南曰會合寺，東西橋各一。

後井兒衚衕（井一）

毛家灣

林檀衚衕

二眼井（井一）

臊達子衚衕

紗帽翅衚衕

馬匹廠（"匹"或作"皮"）

　　北小衚衕曰馬尾衚衕，迤北曠地曰果公府馬圈，井一。

製鈔局

　　舊有工部寶源局新廠。

錢局後

銅廠（井一）

金鉤衚衕（井一）

礮廠

廟前（井一）。

筷子衚衕

盔甲廠（井一）

《會典事例》："盔甲廠在崇文門內之東，今貯廢礮。"《蕪史》："盔甲廠即鞍轡局，掌廠太監一員，署建於都城東南隅，掌營造盔甲、銃礮、弓矢、火藥之類。萬曆年間，火藥忽然者再。崇禎甲戌九月初七日，又震損人屋甚多，將製火藥石碾遠拋於泡子河城牆下。"《天咫偶聞》："鐵梅庵保宅在廠右，今廢。"

東褲子衚衕

大、小羊毛衚衕

靈官廟

泡子河

《坊巷衚衕集》作"泡作河"。井二，橋一。迤西有呂公堂，明爲永安宮，今設電報局於此。少南有太清宮，《景物略》之玉皇閣也。又南有華嚴禪林，明萬曆間重修。北有關帝廟，明碑二，皆磨泐。

《燕都游覽志》："泡子河在崇文門東城角，前有長豁，後有廣淀，高堞環其東，天臺峙其北，兩岸多高槐垂柳，空水澄鮮，林木明秀，不獨秋冬之際難爲懷也。河上諸招提苦無廣大者，水濱之頹園廢圃，多置不葺。城內自德勝河外，惟此二三里間無車塵市囂，惜命駕者少耳。"《舊聞考》："泡子河在今觀象臺前，河身尚存，經呂公祠南石橋，出南水門入通惠河。"《萬曆沈志》："呂公祠在明時坊。"《帝京景物略》："泡子河南岸方家園、張家園、房家園，以房園最；北岸張家園、傅家東、西園，以東園最。中呂公堂、西楊氏泌園、東玉皇閣，北去貢院里許。"[案：諸園今不可考矣。]《查浦詩鈔·雜詠》詩："張園酒罷傅園詩，泡子河邊馬去遲。蹋徧槐花黃滿路，秋來祈夢吕公祠。"《帝京景物略》："祠後有物，白氣竟丈，夜游水面。人或見之，則倒入水，作鼓槳聲，或曰水掛也。"《藤陰雜記》："吕仙祠祈夢頗靈。姜西溟宸英鄉、會試寓祠，及第後有詩。"①

吕公堂上坡

有慈雲寺，俗稱十方院。

《天咫偶聞》："吕公堂在觀象臺之南，泡子河東岸。自昔久著靈異，春、秋闈士子祈夢者最多。今夢榻尚存，而祈者鮮矣，但祈方藥者甚多，門外賣藥人王姓以此致富。壬辰春闈，余假館其家。每晨光未旭，步於河岸。見桃紅初沐，柳翠乍剪；高埔左環，春波右瀉；石橋宛轉，欲擬垂虹；高臺參差，半籠曉霧。河之兩岸，多園亭舊阯，今無尺椽片瓦之存。然其景物澄廓，猶足留連忘返。"

蘇州衚衕

巷東口曰八寶樓（"寶"亦作"步"）。

飯瓶衚衕

梯子衚衕

麻綫衚衕（并一）

明郎瑛《七修類稿》："蘇州衚衕有苦井。弘治間正月朔日晨，有術士汲其水，往甜井中易水而來，向井呪咀而下之，遂變爲甜水。"《舊聞考》："井在蘇州衚衕内、麻綫衚衕三元庵前，居民至今資以汲飲。"《查浦詩鈔・雜詠》詩："枘鑿流傳事不侔，誰分涇渭定千秋？移將苦水成甜水，喚作蘇州是薊州。"

延壽庵

猴兒衚衕

---

① 《藤陰雜記》原文：泡子河吕仙祠，祈夢頗靈。姜西溟鄉、會試，寓祠。及第後詩云："煙埋塵鎖吕公堂，丹灶長封棘院旁。九轉大還唐進士，六旬重上漢賢良，如今已悟榮名幻。到老空抛歲月忙。飄笠願尋五嶽者，不知何處遇雲房？"

土地廟下坡

火神廟下坡

芝麻衚衕

八寶衚衕

喜鵲衚衕

《嘯亭續錄》:"公弘曣宅在喜鵲衚衕。"〔謹案:弘曣,聖祖孫,理密親王子,雍正六年封輔國公,謚恪僖。〕

裱褙衚衕(井一)

總督倉場署在北。

《春明夢餘錄》:"于少保祠額曰'忠節',在崇文門內。東裱褙巷,公故賜宅也。祠三楹,中塑公像,歲春、秋遣太常寺官致祭。"《人海記》:"崇文門內舊有于忠肅祠,萬厤乙未二月己未敕建。順治中,公像被毀。吾邑人談孺木作《弔于太傅祠》文以憫之。今相傳爲京師城隍神。"《舊聞考》:"謙本傳載謙自奉儉約,所居僅蔽風雨。帝賜第西華門,固辭。《夢餘錄》言祠在崇文門內,其非西華賜第可知。今祠亦廢。裱褙衚衕內有福德祠,地甚狹,相傳即其舊阯。"〔案:祠今重修,旁爲杭郡試館。〕

南銀盌衚衕

羊肉衚衕

彌勒庵(井一)。

官帽衚衕(井一)

觀音寺衚衕(井一)

靈藏觀音寺。有廬州試館。舊有鑲白旗義學(見《八旗通志》)。

《甲申傳信錄》:"毛百户(遺其名)住觀音寺衚衕。三月十九日賊入,舉家三十餘口悉入井死。"

扁擔衚衕

象鼻子阬（井一）

鑲白旗官學在焉。

衣包衚衕

北銀盌衚衕

棲鳳樓（"棲"或作"騶"）

小頭條、二條、三條衚衕

舊稱"十八半截"（見《八旗通志圖》）。頭條、三條衚衕，井各一。

娘娘廟

大、小土地廟

小土地庙（井一）。

北極閣

黃壽醫衚衕

火神廟

新開路（井一）

正藍旗官學在北。

《嘯亭續錄》："寧郡王府在新開路。"〔謹案：王諱弘晈，謚曰良。〕

總鋪衚衕（"鋪"俗訛"捕"，或訛"布"。井二）

有元貞觀。

《燕都游覽志》："東院在總鋪衚衕東城畔，昔時歌舞地，今寥寥數家如邨舍。兼之人掘土爲坯，滿目阬塹。從寒煙衰草中，想走馬章臺之盛，邈不可復尋。猶記舊游有陳家園、郝家亭子，樹石楚楚，並無存矣。"《天咫偶聞》："特恭慎公宅在元真宮之北，特□□官至左都御史。"

南鬧市口

《宸垣識略》:"一等順義侯第在南鬧市口。"[案:順治時,田雄以明福王降,封順義侯。今侯錫光官散秩大臣。]

方巾巷(井一)

蘇州衚衕下坡

牛角灣

箭杆衚衕

寬街

豆腐巷

舊有正白旗義學(見《八旗通志》)。

雙柵欄

鐵匠營

八根旗杆(井一)

東裱褙衚衕(井一)

水磨衚衕

《采訪冊》:"懿公第在舉場西水磨衚衕。"[謹案:公爲太祖七子饒餘敏郡王諱阿巴泰之後。]

嵩桂衚衕

舉場南夾道

觀象臺

觀象臺隸欽天監。地以臺名。

《明一統志》:"欽天監設司天臺於朝陽門城上。"《藤陰雜記》:"觀象臺在城東南隅。登高俯視,通州城市可接之眉睫間。"《日下舊聞》:"元都城在東北,白馬廟、柴市、瓊華島,皆在南城。今之觀象臺,則在南城外。讀吳師道《城外紀遊作》可信已。"《析津志》:"明時坊在太史院東。"《坊巷衚衕集》:"明時坊西四牌十六鋪,東四牌二十六鋪。有羽林右衛、武功左衛、右衛、中衛。"[案：坊沿元舊稱，蓋取治厤明時之義。今之觀象臺，元之司天臺也。太史院當與相近，明諸衛久廢。羽林右衛又見保大坊，當是後來移置。]《明史・外戚傳》："與鞏永固射賊陽陞者，駙馬都尉子也。被甲馳突左右射，與永固相失。矢盡，投觀象臺下井中死。"

鯉魚衚衕
有山東試館。

筆管衚衕

驢蹄衚衕

大牌坊衚衕（井一）

舉場東西夾道
貢院在焉。

《春明夢餘錄》："貢院在城東隅，元禮部舊基也。永樂乙未改爲貢院，制甚偪隘。嘉靖中，議改剏西北隙地，卒未果。至萬厤二年，因故阯拓旁近地益之。"[案：今貢院仍明舊阯。明改元禮部爲貢院，據《湧幢小品》乃正統間事，與《夢餘錄》異。]《明武宗實錄》："正德六年四月，改建工部文思院於東城明時坊，以舊置地卑沮洳，不便改作故也。"《長安客話》："文思院在舉場衚衕，屬工部屯田司，官有大使、副使。"

頂銀衚衕
小衚衕內（井一）。

錦衣營

福建司營（井一）

牛角灣

草廠衚衕

前、中、後椅子衚衕（井一）

乾石橋

東總鋪衚衕

石大人衚衕（井三）

工部寶源局在北。雙忠祠亦在北，祀傅清、拉布敦。東北第一小衚衕曰大衚衕，井一（曰問源井）。

《春明夢餘錄》："寶源局在石大人衚衕石亨舊宅。亨誅，宅沒入官。嘉靖中，以賜仇鸞。鸞敗，復沒入官，因改爲鼓鑄公署。"《嘯亭續錄》："睿親王新府在石大人衚衕。"《宸垣識略》有饒餘親王府。[謹案：睿邸舊在皇城內。王得罪後，嗣子多爾博歸本宗，府久廢。乾隆四十三年，以多爾博六世孫淳穎嗣，世襲，即今府也。舊爲饒餘親王府。]《帝京景物略》："冉駙馬宜園在石大人衚衕。堂三楹，堦墀朗朗，老樹森立。堂後有臺，臺前有池，山前有石，數百萬碎石結成也。園剏自正德中咸寧侯仇鸞，後歸成國公朱庚，今歸冉。石有名曰萬年聚。"《燕都游覽志》："園亭之在東城者，曰梁氏園、曰楊舍人泌園、曰張氏陸舟園、曰恭順侯吳國華園、曰英國公張園、成國公適景園（後歸武清侯李）、曰萬駙馬曲水園、曰冉駙馬宜園。"[案：泌園見泡子河，適景園見後，餘皆無考。]

蝎虎衚衕

堂子衚衕

總理通商事務衙門在北，舊爲鐵錢局。同文館附焉。大學士賽尚阿故第今幷入總署。

《宸垣識略》："一等超武公第在東堂子衚衕。"

無量大衚衕（井二）

元危素《説學齋集》："京師寅賓里有無量壽庵者，居士屠君所建也。君名文正，山陽人，事親至孝。至元元年大兵驅至開平，日夕思念其母，南望悲泣。因禮佛絶葷酒十有一年。還至大都，師事華滿禪師於慶壽寺,滿號之曰居士。時宋已內附,疆宇混一,私喜可見其母矣,亟馳書候之,母已歿,居士躃踊號慟,若不欲生。二十一年,出己資七百貫,買地十畝於太廟之西,作無量壽庵。皇慶二年遇災,庵燬。子覺興哀金於好施者,復謀營建。"《舊聞考》:"今無量大衚衕,相傳即無量庵故阯,而地界不合。以《坊巷衚衕集》考之,蓋名吳良大人衚衕,而後人附會之耳。"[案:元太廟在齊化門北(詳後)。]

井兒衚衕(井一)

遂安伯衚衕(或作"歲柏")

《明史·功臣世表》:"遂安伯陳志,永樂元年五月丁亥封,世襲,國亡迺絕。此或其故居也。"《宸垣識略》:"一等延恩侯第在歲柏衚衕。"[案:雍正二年,以明太祖十三子代簡王之裔正定府知府朱子橒為延恩侯。今侯誠端官散秩大臣。]

東、西石槽衚衕

崇寧庵,井一;東石槽小衚衕,井一。

乾麪衚衕(井一)

小衚衕,井一。正藍旗護軍統領署在北,幼官學在北。

《嘯亭續錄》:"貝子吳達海宅在乾麪衚衕。"[謹案:"吳達海"或作"務大海",顯祖孫,誠毅貝勒穆爾哈齊四子,以功封,追諡襄敏。]《采訪冊》:"喀拉沁王府在乾麪衚衕,非賜第也,不常居。"《菽園雜記》:"天順間,太監曹吉祥、忠國公石亨用事,勢燄炙手可熱。乾麪衚衕一賣餅小家女,美而豔。都督石彪欲娶為妾,父母樂從之,女獨不肯,乃已。未幾,石氏敗,彪棄市。"

東、西羅圈衚衕(井一)

史家衚衕

左翼宗學在北;東、西大院,井各一;迆東焦家大院,井一。

《藤陰雜記》:"德定圃保①第在史家衚衕。公自東粵還京,歲集諸門生宴集樂賢堂內。"

句闌衚衕

《宸垣識略》:"一等誠嘉毅勇公第在句闌衚衕。"[案:乾隆時,定邊右副將軍明瑞封誠嘉毅勇公。今公景壽尚宣宗第六女壽恩公主。]《析津日記》:"京師黃華坊有東院,有本司衚衕(本司者,教坊司也),又有句闌衚衕、演樂衚衕,相近復有馬姑娘衚衕、宋姑娘衚衕、粉子衚衕,出城則有南院:皆舊日之北里也。"[案:馬姑娘衚衕,《舊聞考》云有之,今無是名。]《惕庵年譜》:"河督公供職內閣,初置句闌衚衕宅(完顏麟慶)。"王昶《春融堂集》:"至京,寓句闌衚衕。是桂林相國舊地。"《天咫偶聞》:"瑛夢禪故居在句闌衚衕。"《野獲編》:"穆宗仁儉性成,嘗思食果餅,詢之近侍。俄頃,尚膳監及甜食房各開買辦松榛粔糧等物,值數十金,以進。上笑曰:'此餅只需銀五錢,便於東長安大街句闌衚衕買一大盒矣,何用多金?'內臣俱縮頸退。蓋上在潛邸久,稔知其價也。"

八寶衚衕

本司衚衕(并三)

正藍旗滿洲、蒙古、漢軍都統署,左翼前鋒統領衙門,俱在北。

《縵龕亭集》注:"嘉慶己卯,居鐵門;庚辰,居珠巢街:皆在玄武門南。道光丙戌,自湖南還,寓城內本司衚衕。"《穀城山房筆塵》:"正德中,樂長臧賢甚被寵遇,曾給一品服色。相傳教坊司門曾改方向,形家見之曰:'此當出玉帶數條。'聞者笑之。未幾,上有所幸伶兒入內不便,詔盡宮之,使入為鐘鼓司官,後皆賜玉。"

西花園

---

① 按:《藤陰雜記》原文作"德定圃師"。

演樂衚衕（俗訛"眼藥"。井一）

下窪子

鐙草衚衕

鑲白旗漢軍都統署在北。

《宸垣識略》："一等誠謀英勇公在鐙草衚衕。"〔案：乾隆時大學士定西將軍阿桂封誠謀英勇公，諡文成。今公繼勳，官散秩大臣。〕

驢市衚衕（亦稱"騾市"。井一）

鑲白旗護軍統領署在南。舊有左翼公署報恩寺，舊爲昭寧寺。

《天咫偶聞》："劉文正公宅在驢市衚衕，正室五楹，階下青桐，傳爲文清公手植。南牆上橫石刻'劉石庵先生故居'七字。"《今白華堂詩錄·詠懷》："海岱瞻門高，風塵苦身賤。飄蓬欣有託，恍如竹林院。"自注："'海岱高門第'，御賜劉文正句也。時寓驢市衚衕劉氏之北宅。"

前、後枴棒衚衕

後衚衕，井一。

花廳衚衕（井二）

萬麻橋

煙筒衚衕

石碑衚衕

前、後炒麪衚衕

康熙橋

朝陽門南小街（井一）

大、小羊儀賓衚衕

大衚衕，井一。

弘道寺

趙家樓

羊尾衚衕(井一)

下堂子衚衕("下"或作"趙")

扁擔衚衕

黃寶蓋

城隍廟衚衕(井一)

牛角灣

　　有宜荊試館。

小城隍廟

板橋

小椿樹衚衕

羊圈衚衕

東、西龍鳳口

十方院

　　大院,井一;小衚衕,井一。

小牌坊衚衕

大、小雅寶衚衕("雅寶"本作"啞巴")

　　大衚衕,井一。有清泰寺。

　　《萬厤沈志》:"靖恭寺、維摩庵,俱在黃華坊,有敕建碑。"[案:寺久廢。維摩庵在小雅寶衚衕,地以庵名。]

高井(井一)

禄米倉(井一)

　　有智化寺,明璫王振建。英宗復辟,爲振建祠於寺北,曰旌忠。乾隆八年,御史沈廷芳奏毀。

　　《坊巷衚衕集》:"黃華坊四牌二十一鋪。有武學、王府倉、禄米倉、武德衛、興武衛、豹韜衛、神策衛、龍虎衛、智化寺、二郎廟。"[案:

諸衛久廢，武學、二郎廟見後。]徐戀賢《忠貞軼紀》："甲申三月十九日，城陷。布衣楊國震聚妻子積薪舉火，鄰人救止。震遂移居黃華坊，與妻鄭氏、子德申自焚。其同居田氏三女一男亦同投火死。"

倉東、西夾道

武學衚衕（井一）

《匏翁家藏集》："京師有武學，所以教諸衛武臣之子孫將世其官者，始建於正統癸亥，制尚弗稱。後朝廷以城東舊第賜故太平侯張公，辭焉，有詔改爲學。"《宛平王志》："京衛武學，明時屬兵部考試。康熙三年四月，改屬順天府，其殿廡衙舍，鼎革後圮①壞不堪，惟存基阯。"[案：智化寺西民居存石獅二，云即明武學遺阯。《舊聞考》言雍正十年改爲順天府武學，與《宛平志》異。]

大、小方家衚衕

大衚衕，井二；小衚衕，井一；東方家園，井一。有火神廟，舊有鑲白旗官學，今移象鼻子阬。

《采訪冊》："照公第在方家園。"[謹案：同治初，照祥封承恩公（慈禧太后弟也），凡承恩公非賜第者不書。]《析津日記》："東院之東舊有方家園，園廢，建淨業庵於其阯。殿左廡有鎮陽林潮書許魯齋先生《演千字文》字，以萬厤十一年八月刻石，嵌於壁。"[案：庵今廢，林書亦無考。]

新鮮衚衕

《八旗通志》作"新香"，井一。正白旗覺羅學在北，官學在南。舊有正藍旗義學（亦見《通志》）。

苦水井（井一）

有官房大院。

---

① 原作"圯"，不確。

二神廟

土地廟

林駙馬衚衕（井一）

八大人衚衕

《八旗通志》作"八達"，井一。

竹竿巷（井二，橋一）

火器營衙門在焉。有證因寺。

扁擔衚衕

老君堂（井一，橋一）

正白旗滿洲都統署在南。神機營所屬左翼漢軍排鎗隊、礮隊，均置廠於此。

《坊巷衚衕集》："思誠坊五牌二十一鋪。有忠義前衛、蕃牧所、東城兵馬司、百萬倉、老君堂、延福宮、水月寺。"《明一統志》有燕山右衛，《萬厤沈志》有延祐觀。〔案：百萬倉、水月寺見後，餘無考。〕

南水關

朝陽門內南城根（井一）

右在就日坊街東，朝陽門街南，其西南與南城界。

就日坊北大街

俗稱東單牌樓大街，井二，南接崇文門街，迤北有米市。東小衚衕曰七間樓，井一。

《采訪冊》："怡親王府在東單牌樓大街東。"〔謹案：怡邸捨爲賢良寺，後移朝陽門內北小街。咸豐十一年，嗣怡王載垣獲罪，以寧王裔孫鎮國公某襲，故怡府即寧府。寧良郡王弘晈，怡賢親王次子也（見前）。〕

頭條衚衕

吳崑田《師友小傳》："湯文端公邸第在長安街頭條衚衕。"

二條衚衕（并一）

三條衚衕

《采訪冊》："豫親王府在東單牌樓三條衚衕。"［謹案：王諱多鐸，太祖十五子，順治時稱輔政叔德豫親王，諡曰通，世襲。］

大、小灌腸衚衕

帥府衚衕

《天咫偶聞》："且園在帥府衚衕，宜伯敦茂才垕所搆。小樓二楹，可望西山。花畦竹徑，別饒逸趣。"

新開路

煤渣衚衕（"渣"亦作"炸"）

神機營衙門在焉。

《嘯亭續錄》："怡親王舊府在煤炸衚衕，今爲賢良寺。"［謹案：王諱允祥，聖祖十三子，雍正時任議政，諡曰賢，世襲。］

校尉營

帥府園

《八旗通志》作"西帥府衚衕"。神機營所屬威遠營"捷"字步隊置廠於此。

禮敬衚衕

冰盞衚衕

《一統志》："賢良寺在帥府衚衕，本怡賢親王故邸，後移冰盞衚衕。"

金魚衚衕（"魚"或作"銀"）

神機營所屬震字馬隊置廠於此。又有軍器庫。

《嘯亭雜錄》云："左翼宗學今在史家衚衕。"《宸垣識略》："一等褒績公第在金銀衚衕。"［案：康熙時，都統平南大將軍賚塔封褒績公，諡襄毅。（"賚"一作"賴"）］

西堂子衚衕

乾魚衚衕（亦作"甘雨"）

鑲白旗蒙古都統署在焉。北有天主堂。

《坊巷衚衕集》："澄清坊九鋪。有成壽寺、元極觀。"案：觀今在乾魚衚衕。

椿樹衚衕

有成壽寺。

《萬厤沈志》："寺在澄清坊，有敕建碑。"

鐙市口大街（井三）

關帝廟前，井一。鑲白旗滿洲都統署在北。北小衚衕曰一閒樓。

《宸垣識略》："張貝子府在鐙市東。"《采訪冊》："熙貝勒府在鐙市口，傳爲明相嚴嵩故宅。"《天咫偶聞》："單貝勒府在鐙市。"[謹案：貝勒諱丹巴多爾濟，蒙古人。本公爵，手禽陳德，以功加封貝勒。]《燕都游覽志》："鐙市在東華門王府街東，崇文門西，亙二里許，南北兩廛。凡珠玉寶器，以逮日用微物，無不悉具。衢中列市，碁置數行。相望俱高樓，樓設氍毹簾幕，爲宴飲地。一樓日賃直有至數百緡者，夜則然鐙於上，望如星衢。市自正月初八起，至十八日始罷。鰲鐙在市西南，有冰鐙，細剪百彩，澆水成之。"《帝京景物略》："永樂七年，令元宵節賜百官假十日。今市十日，賜百官假五日。內臣自秉筆篆近侍，朝臣自閣部正，外臣自計吏，不得過市，猶存古罝帝幕蓋帷意。其他例得與吏士軍民等過市。又內市者，東華門內月三日市，今移鐙市張矣，猶稱內市也。"[案：明鐙市最繁盛，范景文詩所謂"文貝珊瑚看不盡，東華門外市三條"是也。今鐙市、內市俱廢，其地猶存鐙市口之名。]《春明夢餘錄》："鐙市大街，嘉靖二十九年立戎政府，統以勳臣一員，曰總督京營戎政，佐以文臣一員，曰協理京營戎政。營制有三：中曰五軍，東曰神樞，西曰神機。五軍營析爲營十六，神樞營析爲營十，神機營析爲營九。崇禎十六年八月，以襄成伯李國楨總督京營戎政，請上御書營額，上爲親書'共武堂'賜之。"

佟府夾道

順治時孝康章皇后之弟、安北將軍佟國綱，康熙時孝懿仁皇后之父、内大臣佟國維，皆封一等承恩公。後并襲，其賜第在此，故名。傳云前明嚴世蕃故宅也。

《藤陰雜記》："介少宗伯福①第在鐙市口，有野園。汪文端由敦《題野園》詩：'數竿修竹静生香，猶記開軒六月涼。多少樓臺圖畫裹，吟情不較野園長。'"［案：介爲佟氏後人，野園今尚存。］《蕉史》："寶和等店，管商販雜貨，歲征銀數萬兩，除正項進御外，余皆提督内臣公用。店有六：曰寶和、和遠、順寧、福德、福吉、寶延，俱在戎府街。傳云起自嘉靖年間，裕邸差官徵收，神廟時屬慈寧宮李太后徵用。"［案：今佟府夾道有明碑一，列大璫劉瑾名，結銜稱欽差提督寶和店，則非始自嘉靖也。其地明稱戎府街，今鮮能舉其名矣。］

大、小鵓鴿市

大鵓鴿市，井一。［案：元時鵓鴿市在喜雲樓下，樓今無考，或當在此。］

油坊衚衕

箭廠衚衕

弓箭大院

迤北曰弓箭大院，亦稱帽行大院，井一。西有福家大院。

大、小報房衚衕（"報"或作"豹"。井一）

北大院，井一。正白旗蒙古漢軍都統署俱在大報房衚衕。

---

① 福，《藤陰雜記》原文作"師"。

《坊巷衚衕集》:"明照坊六鋪。"《萬曆沈志》:"法華寺在明照坊,有敕建碑。"[案:寺在大報房衚衕,明景泰中,太監劉通捨宅爲寺。咸豐末設巡防處,和議既定,諸大臣於此接見外國使臣。寺西偏有海棠院,海棠高大,逾恆春時,花光耀目。有室名丁嚶館。元宋褧《燕石集》有《明照坊對雨》詩。]

油勺衚衕

五石井衚衕

無量庵

大、小豆腐巷

小巷,井一。小衚衕曰鬼門關。

狗尾衚衕(井一)

東馬市街

亦稱西大街(見《舊聞考》),井三。有馬市、豬市、羊市、百鳥市、左翼稅署、火器營。迤北長和大院,井一;鹽店大院,井一。

右在王府街東,馬市街南,就日坊大街西,長安街北,與中城、南城界。

神路街("路"或作"道")

隆福寺街(井二)

隆福寺後,井一①。

《坊巷衚衕集》:"仁壽坊八鋪。有府軍後衛、隆福寺、仰山寺。"《明一統志》:"中城兵馬司在仁壽坊。又有金吾右衛。"《萬曆沈志》有境靈寺。[案:今皆廢,惟隆福寺存。《衚衕集》云仰山寺有前後街,今亦無考。]《野獲編》:"大隆福寺爲景帝所建,至撤英宗南内木石助之。未幾,又從山西巡撫都御史朱鑑言,謂風水當有所避忌,

---

① 原文"井"後無字,疑脫。茲以《京師坊巷志稿》補"一"。

乃命閉正門不開,禁鐘鼓聲,又拆寺門牌坊所謂第一叢林者,而無救於禍難。"《菽園雜記》:"京師巨刹,大興隆、大隆福二寺,爲朝廷香火院,餘皆中官所建。"《藤陰雜記》:"廟市惟東城隆福、西城護國二寺,百貨具陳,目迷五色。王公亦復步行評玩。鮑西岡鉁有句云:'三市金銀氣,五侯車馬塵。'足括廟市之勝。"〔案:市期在月之九、十日。〕

崔府夾道

鳥鎗衚衕

東廊下（井一）

西廊下（井一）

大溝巷

銅鐘衚衕

轎子衚衕

孫家頭（井一）

筆管衚衕

箭杆衚衕

錢糧衚衕

　　寶泉局南作廠在北,俗稱錢糧局。

　　《采訪冊》:"帛公第在錢糧衚衕。"〔案:帛公爲怡賢親王長子,寧良郡王諱弘晈之後。〕

南花園

南兵馬司衚衕

　　《天咫偶聞》:"寶文靖公鋆第在南兵馬司路西,有園在路東。"

銅叉衚衕

小香廟

羊尾衚衕

喇叭營（井二）

山老兒衚衕

大佛寺後（井一）

寺前迤南爲王府街，迤西轉北爲定安門街。

《天咫偶聞》："前明新建伯第在大佛寺後，今額駙景壽居之。"《嘯亭續録》："誠親王府在大佛寺。"《采訪册》："芸公第在大佛寺北。"〔謹案：王諱允祕，聖祖二十四子，諡曰恪。芸公爲高宗五子榮純親王諱永琪之後。〕《析津日記》："普德寺俗評大佛寺，建置歲月無碑記可考。"

牆兒衚衕

北花園

十景花園

迤西曰唐家大院。

《帝京景物略》："成國公園有三堂，皆蔭高柳老榆。左堂盤松數十株，右堂池三四畝，堂後一槐，四五百歲矣。樹旁有臺，臺東有閣，榆柳夾而營之，中可以射。園曰適景，都人評十景園。又英國公賜第之堂，曲折東入一高樓，南臨街，北臨深樹，有亭立雜樹中，海棠簇而居。二石，奇質，元内府國鎮也，上刻元年月，下刻元璽。臺之旁，古柴市也。"〔案：十景園久廢，其地猶沿舊稱。張園今無考，以地近柴市，故附此。〕

八條灣

牛角衚衕

戲館衚衕

黃土阬

馬大人衚衕（井一）

迤北善家大院，井一。

扁擔衚衕

順天學政衙門在東。

翦子巷（并一）

魏家衚衕

汪芝麻衚衕

嘎嘎衚衕

《八旗通志》作"賈家衚衕"。

《宸垣識略》："一等襄勇伯第在嘎嘎衚衕。"〔案：嘉慶時，大學士明亮封襄勇伯，後贈三等侯。〕

中翦子巷（并一）

《采訪冊》："棍公第在中翦子巷。"

鐵獅子衚衕（并一）

《嘯亭續錄》："恭親王府、貝子允禟宅俱在鐵獅子衚衕。貝子宅今爲和親王府。"〔謹案：恭王諱常穎，世祖五子。今爲承公第。貝子允禟，聖祖九子，雍正四年黜屬籍，乾隆四十三年詔復之。和王諱弘晝，世宗五子，諡曰恭。今爲廉公第。〕《采訪冊》："那公第在鐵獅子衚衕。"〔案：科爾沁親王色布騰巴爾珠爾，尚高宗三女和敬公主，賜第在此。那公其後人也。〕《春星草堂隨筆》："志蔿雲尚書和宅即田弘遇舊第。巷口鐵獅尚存，園中竹石亦舊園之締構。"

府學衚衕（并一）

有坊曰育賢，順天府學在焉。

《萬厤沈志》："洪武初，以元太和觀地爲大興縣學、國子監爲府學。永樂中，以府學爲國子監，因以大興學爲府學。"《春明夢餘錄》："順天府學，故報恩寺也。元末有僧游湘潭，募造報恩寺，尚未安像。明師下燕，戒士卒毋得入孔聖廟。僧倉皇借宣聖木主置殿中，後不敢去，遂以爲學。其地元之柴市也。"《明一統志》："北城兵馬司在教忠坊。"《坊巷衚衕集》："教忠坊十鋪。元殺宋文丞相於此，故名。"元王惲《中堂事紀》："至元十六年，帥臣張弘範執文天祥至大都囚之，上屢欲赦出相之，不從。十九年十二月初九，戮於燕南城柴市。"《帝京景物略》："江南十義士舁公藁葬都城小南門外五里道旁。大德二年，繼子陞至都，順城門內見石橋織綾人婦，公舊婢綠荷也，爲陞語劉牢子，乃歸葬廬陵。"〔案：府學旁有文丞相祠，明洪武九年按察司副使劉嵩建。其西爲江右懷忠會館（見《春明夢餘錄》），今館廢祠存。〕許重熙《甲乙彙略》："明崇禎十七年三月戊申，左都御史李邦華縊於文丞相祠。"邵長蘅《青門旅稿·李邦華傳》："十八日，賊破外城。公移宿吉安館文信公祠下，烹賜豕祀信公，徧餉所知。詰朝，內城陷。公亟奔大內，闕門閉，不得入。歸館，沐浴整衣冠，拜信公曰：'邦華，鄉邦後學，當死國難，請從先生於九原。'取白縑書贊曰：'堂堂丈夫，聖賢爲徒。忠孝大節，誓死靡渝。臨危授命，庶無媿吾。君恩莫報，鑒此癡愚。'縑尾書'人生自古誰無死，留取丹心照汗青'句。持采帛繫文信公坐楣，投繯而絕。"明胡侍《真珠船》："無錫茹文中，居京師之高坡衚衕，百有十歲。英皇復辟之年，召見便殿，予冠服帶履，宴順天府。又命公卿造其居賀之。"〔案：今府學衚衕有地名高坡，即胡氏所稱高坡衚衕也。〕

巴兒衚衕

細罐衚衕

北蒯子巷

錢局阬

白米倉（井一）

桃條衚衕

梯子衚衕（井一）

寶泉局衚衕

户部置局於此。東臨大街,有坊曰寶泉局,其後爲濟陽倉。

水獺衚衕(井一)

馬將軍衚衕

大興縣署衚衕(井一)

有坊曰大興縣。北小衚衕曰臊韃子衚衕。

明曹學佺《名勝志》:"大興縣治在北城教忠坊。"《帝京景物略》:"駙馬萬公曲水家園,新寧伯之故園也。燕不饒水與竹,而園饒之。"《畿輔唐志》:"曲水園在大興縣東,明駙馬萬煒建,園中有松化石。"[案:園今無考。]

花枝衚衕

北小衚衕,曰花梗衚衕。

香兒衚衕

鑲黃旗覺羅學在北。

《宸垣識略》:"一等續順公第在香兒衚衕。"[案:國初,沈志祥封續順公。]

扁擔衚衕

土兒衚衕

東大市街

有坊四:東曰履仁,西曰行義,南北曰大市街。俗稱東四牌樓大街。南接就日坊大街,迤北午達東直門者,曰十字街,元舊稱也(見《析津志》)。井五。北有估衣市,井一。迤南小衚衕,井一。西小衚衕,曰老虎洞,井一。左翼宗學舊在街東,後移史家衚衕。東有二郎神廟,西有回人清真寺。

《嘯亭續錄》:"劉文正統勳賜第東四牌樓。"明《兵部則例》:"北會同館在澄清坊大街東,正統六年建,弘治五年改作,凡屋三百七十六間。"［案：館久廢。］《析津志》："雜貨市在十市口，北有柴草市。此地若集市，近年俱於此街西爲貿易所。"紀昀《灤陽續錄》："鐙市口二郎神廟，其廟面西，而曉日初出，輒有金光射室中似返照。或曰是廟基阯與中和殿東西相值。殿上火珠映日，回光耳。"

右在安定門街東，北新橋街南，大市街西，馬市街北，與中城、北城界。

朝陽門大街

朝陽門，俗沿元稱曰齊化門。井三，橋二。大慈延福宮在北，俗稱三官廟。南小衖衖，井一。

《析津志》："車市在齊化門。"［案：市今尚存。］《元一統志》："太廟在齊化門北。"《元·祭祀志》："門外馳道抵齊化門之通衢。"《日下舊聞》："無量庵在太廟西。昔之寅賓里，當在今之思城坊也。"［案：無量庵見前。］《元·田忠良傳》："少府爲諸王昌通建宅於太廟南，忠良往仆其柱，少府奏之。帝問忠良，對曰：'太廟前豈諸王建宅所耶？'帝曰：'卿言是也。'"《元·文宗紀》："天厤元年九月，帝出齊化門。"又《列傳》："明兵入京師，大將召丁好禮，不肯行。舁至齊化門，抗詞不屈而死。"《天問閣集》："王氏，市人吳信妻，世居齊化門東偏，貨繒物張市。崇禎甲申，賊至，縛信拷掠。王自經，賊釋信，救之活，迫污之。王氏切齒賊舌，舌斷，賊昏亂刺王，裂腹死。羣賊至，賊狂叫噴血。問之，指顧不能言。羣賊以爲信家有祟也，棄去。信以是活，家且全焉。"《萬厤沈志》："大慈延福宮、延壽觀俱在思城坊，有敕建碑。"［案：觀今無考。］元耶律楚材《湛然居士集》："遼重熙、清寧間，築義井精舍於開陽門之郭，旁有古井，清涼滑甘，因以名焉。金天德二年，展築京城，仍開陽之名爲其里。大定中，僧善祖營寺，朝廷嘉之，賜額'大覺'。"《舊聞考》："寺久廢。

據《析津志》：'義井一，在思城坊洞陽觀前。'今大覺寺既廢，義井亦不能確指其處矣。

頭條衚衕（井一）

《天咫偶聞》："怡親王舊府在頭條衚衕。同治初，載垣以罪賜死，此邸賜孚郡王居之。"［謹案：郡王諱奕譓，宣宗第九子，諡曰敬。］

驢蹄衚衕（井一）

二條衚衕

《宸垣識略》："協辦大學士、吏部尚書一等嘉勇公第在二條衚衕。"［案：乾隆時，福康安封嘉勇公，後晉忠銳嘉勇貝子，贈郡王，諡文襄。］

三條衚衕

《五音集韻》："牌子東四牌樓、三條巷、觀音庵，僧敬安刊施萬厤十七年。"

四條衚衕（井一）

寶泉局東作廠在焉。

石槽衚衕

舊有左翼前鋒統領衙門（見《八旗通志》），後改設。

東廠衚衕

水車衚衕

班大人衚衕

《宸垣識略》："一等誠勇公第在六條衚衕。"［案：乾隆間，定北將軍班第封誠勇公，居此，故名。］

五條衚衕（井一）

《采訪冊》："麟公第在五條衚衕。"［案：公爲饒餘敏親王次子溫良貝子博和託之後。］《舊聞考》："五條衚衕有水月寺。舊碑剝落，惟篆額'水月庵'三字可辨。"

胳膊肘衚衕

流水溝

鐵匠營

牛圈

月牙衚衕

後泥窪

半道衚衕

六條衚衕（井一）

　　有日本國使館。

　　《采訪册》："元公第在六條衚衕。"［謹案：公爲聖祖三子誠隱郡王諱允祉之後。］《宸垣識略》："襲三等信勇公第在六條衚衕。"［案：雍正時，振武將軍、靖邊大將軍傅爾丹襲信勇公，其曾祖直義公費英東封爵也。今公定昌官散秩大臣。］

王姑園衚衕（亦作"皇姑院"。井一，橋一）

　　《舊聞考》："聖姑寺見《坊巷衚衕集》。今北小街有衚衕名王姑園，或即其地歟？"

八寶衚衕

板橋（或作"灰橋"）

娘娘廟

七條衚衕（井二）

　　《采訪册》："燦公第在七條衚衕。"［謹案：公爲聖祖十五子愉恪郡王諱允禑之後。］《宸垣識略》："一等超勇公第在七條衚衕。"［案：乾隆時，領侍衛内大臣海蘭察封超勇公，諡武壯。］

八條衚衕（井四）

　　有承恩寺、正覺寺。

　　《舊志》："承恩寺有敕建碑。"

九條衚衕（井一）

〔案：王彥泓《疑雨集》有"蕭疏客從纔三騎，曲折衚衕到九條"之句，蓋明時北里也。〕《采訪冊》："謨貝子府在九條衚衕。"〔案：貝子以惠親王支子推封。〕《宸垣識略》："襲一等昭信伯第在九條衚衕。"〔案：乾隆時，大學士李侍堯襲昭信伯，其祖李永芳封爵也。〕

十條衚衕（井二）

正白旗覺羅學在南。有護軍統領署。舊有五嶽庵，明宣德元年建，內供玉續《五嶽真形圖》，故名。

十一條、十二條衚衕

《八旗通志》作"鈔手衚衕、罐兒衚衕"。

新寺衚衕（井一）

《舊志》："觀音寺在南居賢坊。"〔案：今名"廣慈"。〕

老君堂

《坊巷衚衕集》："南居賢坊有老君堂。"云即洞陽觀舊阯也。元時觀前有義井（見上）。

門樓衚衕

慧照寺衚衕（井一）

《萬曆沈志》："慧照寺有敕建碑。"〔案：寺碑言，成化間僧庭佑得永寧伯譚氏故宅，闢爲焚修之所。〕

椿樹衚衕

汪家衚衕

《藤陰雜記》："汪文端由敦①第在東城十三條衚衕（今名汪家），有'黼黻宣勤''六典持衡'賜額。"徐堅《餘冬瑣錄》："移裝至汪家衚衕英公宅，館於檀欒草堂之歸帆亭。"

---

① 《藤陰雜記》原文作"汪文端公"。

五顯廟

雙柵欄

新太倉衚衕

迤北曰羅剎阮、曰八寶阮,井一。

褡連阮

大廟衚衕

關帝廟俗稱大廟。

大廟後(井一)

九條灣

小衚衕曰西廠門、曰四眼井。

船板衚衕(井一)

駱駝衚衕(井一)

板橋衚衕

《八旗通志》有之。

小局衚衕(井一)

財神廟

永寧寺衚衕

《八旗通志》有之。

石雀衚衕(井一)

南釣魚臺

瓦叉衚衕("叉"俗作"岔")

有福安寺。

《萬厤沈志》:"寺有敕建碑。"

右在大市街東,東直門街南,北小街西,其北與北城界。

朝陽門北小街（井二）

舊有雲南會館，今廢。

《嘯亭續錄》："怡親王新府在朝陽門內北小街。"《采訪冊》："澍貝勒府在北小街。"［謹案：怡府今廢（見前）。貝勒爲宣宗孫，孚敬郡王諱奕譓之子，舊爲誠貝勒允祁府。］

東直門南小街

南接朝陽門北小街。

東、西燒酒衚衕（井各一）

有永豐禪林，舊名永豐觀。

《宸垣識略》："恆親王府在燒酒衚衕。"《嘯亭續錄》："貝勒弘昌宅、公賴布宅俱在燒酒衚衕。"《采訪冊》："惇親王府在燒酒衚衕。"［謹案：恆王諱允祺，聖祖五子，諡曰温。弘昌，聖祖孫，怡賢親王之子。乾隆間封貝勒，後以罪黜，復封。惇王諱緜愷，仁宗三子，諡曰恪，無嗣，宣宗以五子繼之。］《坊巷衚衕集》："南居賢坊六牌三十六鋪。有海運倉、永豐觀、洞陽觀、正覺寺、福安寺、聖姑寺、慧照寺。"

官房大院

雞爪衚衕

弓匠營

小衚衕，井一。

北釣魚臺

北水關

花園衚衕（井一）

迤西曰空府大院。

新開路

箭道

南、北豆芽菜衚衕

小衚衕曰豆瓣衚衕、曰豆嘴衚衕、曰豆身衚衕。

舊太倉街

南新倉、舊太倉、富新倉、興平倉在北。富新、興平兩倉，井各一；南新倉，井二。

《宸垣識略》："多羅恭勤貝勒府在北小街舊太倉南。"［謹案：貝勒諱允祜，聖祖二十二子，恭勤其謚也。今府移取鐙衚衕。］

倉東門

小衚衕，井一。

扁擔衚衕

《八旗通志》有之。

倉北夾道

王駙馬衚衕

《八旗通志》作"王家衚衕"。小衚衕，井一。

蔣家衚衕

《嘯亭續錄》："公弘曉宅在蔣家衚衕。"

北弓匠營

何家口

東、西宋姑娘衚衕（"宋"或作"送"）

西衚衕北大院，井二。

龍泉庵（井一）

扇子市

口袋衚衕

褲子衚衕

堂子衚衕

鞭子衚衕

《八旗通志》有之。

南、北倉夾道

海運倉、北新倉在焉。

《明英宗實錄》:"正統十年五月,以在京居賢、崇教二坊草場築倉收糧。"

南水關

右在小街東,東直門街南,朝陽門街北,其北與北城界。

京師坊巷志卷五

義烏朱一新、江陰繆荃孫　同撰
吳興劉承幹重訂

內城西城

《城冊》："內城地阯隸西城者,西、北俱至城根;南至報子街,與南城界;東至大市街,迤北至護國寺街,與中城界;又東至德勝門,與北城界。"

瞻雲坊北大街

俗稱西單牌樓大街,井二。南接宣武門街（互詳南城）。迤北乾石橋,井一;缸瓦市,井一。舊有右翼宗學,後移絨綫衚衕。有顯應觀、普恩寺。

《嘯亭續錄》："巽親王府在缸瓦市,今爲定親王府。公屯齊宅在乾石橋。"〔謹案：禮烈親王七子滿達海襲封後,順治八年改號巽,謚曰簡。十六年以罪追削。定王諱永璜,高宗長子,乾隆十五年追封,謚曰安。屯齊,顯祖曾孫,貝勒圖倫次子,順治六年以功封貝勒,後削。十二年復封鎮國公。〕

舊刑部街（井二,橋一）

《明英宗實錄》："正統七年十一月,建刑部都察院大理寺於宣武門街西。"明彭詔①《惠安集》:"國初,比部之制,分爲十二,雲南隸陝西部。永樂間,安南内屬,置交阯司。析雲南、四川之交貴州,置貴州司。方定都之初,庶務草刱,率皆權寓苢事。今城隍廟西惜薪司,俗評舊刑部是也。"明陸啟泓《客燕雜記》:"嘉靖間,李攀龍、王世貞、徐中行輩俱官西曹,相聚論詩,建白雲樓於四川司。中榜諸君詩,李詩警句云:'諸山城上出,落日署中寒。'時人目刑部爲外翰林。"明王同軌《耳談》:"刑部福建司,軒曰甘露,貴谿江以潮爲郎時,甘露降於軒柏,作記刻碑。"〔案:三法司署,國朝移建西長安門外。白雲樓、甘露軒久廢。《明一統志》謂刑部街在貫城坊。考明代坊名無貫城,"貫"疑"金"之訛也。〕

白廟衚衕

胡家灣

迤東曠地曰磨盤大院。

京畿道衚衕

明置京畿道御史署於此。今署廢,而猶仍其名,井二。大院,井一。有禮部會同館,舊爲步軍統領衙門,乾隆間改設。

《萬厤沈志》:"京畿察院,在三法司門北。"

前後京畿道夾道

上坡

下坡

下岡(橋一)

溝頭(橋一)

溝沿見後。

---

① 彭詔,當爲"彭韶"。《明史》有傳。"惠安",其謚也。"韶""詔"形近而誤。

大、小沙鍋琉璃衚衕

大衚衕官房前,井一。巷口,橋一。

大口袋衚衕(井一,橋一)

安元衚衕

北鬧市口(井一)

迤東有大平橋,迤北爲錦什坊街(見後)。

磨豆腐坊

小口袋衚衕

高井衚衕(井一)

變驢衚衕

上岡(井一,橋一)

《揅經室集·蜨夢園記》:"辛未、壬申閒,余在京師,賃屋西城阜成門內之上岡。有通溝自北而南,至岡折而東。岡臨溝上,門多古槐。屋後小園不足十畝,而亭館花木之盛,爲城中佳境矣。松柏、桑榆、槐柳、棠梨、桃杏、棗柰、丁香、荼蘼、藤蘿之屬,交柯接蔭。玲峰石井,欹峇其間。有一軒、一亭、一臺。花晨月夕,不知門外有緇塵也。"

堆子衚衕

臊達子營

小衚衕,井一。

菜幫衚衕

捨飯寺衚衕

巷內、外,井各一。捨飯寺,今稱法光寺。

《坊巷衚衕集》:"捨飯蠟燭寺,日給貧人粟米,病者有醫,死者有棺。"[案:明制於蠟燭、幡竿二寺捨飯。幡竿寺在雙碾衚衕(詳中城)。又天順元年五月,令順天府於大宛二縣各設養濟院一所(事見《實錄》),今無考。]

榛子所（"榛"或作"釘"）

皮庫衚衕（"庫"或作"褲"）

迤西曰二龍阬。神機營所屬威遠營"勝"字步隊置廠於此。

大木廠（"廠"訛作"倉"）

《八旗通志》作"打磨廠"，有真武廟。《宛平王志》有石佛寺。

《嘯亭續錄》："鄭親王府在西城大木廠。"［謹案：王諱濟爾哈朗，顯祖孫，莊親王舒爾哈齊六子。順治間，與睿王同輔政，稱信義輔政叔王，授定遠大將軍，追諡獻，世襲。］

王府東西夾道

丁字街

西南有螞蜂橋，俗稱馬糞橋。東小衚衕：曰牛圈；曰高井，井一；曰鬼門關。迤北曠地：曰豬尾大阬；曰花園宮，井一。

梯子衚衕

口袋衚衕

劈柴衚衕（井三，橋一）

《坊巷衚衕集》："咸宜坊二牌十鋪。有大小石佛寺、能仁寺、通妙宅、顯靈宮。"［案：石佛寺在劈柴衚衕。能仁寺、顯靈宮俱詳後。《萬厤沈志》謂石佛寺、能仁寺在鳴玉坊，餘無考。］《高麗史‧世家》："忠宣王五年九月，王至大都。十月，帝下王於刑部。既而祝髮，置之石佛寺。"《明一統志》："西城兵馬司、府軍右衛俱在咸宜坊。"《析津志》："崇文監在咸宜坊北一小巷內。"［案：元崇文監、明司衛俱無考。］

頭條、二條、三條、四條、五條、六條衚衕

三條、六條衚衕，井各一。

乾石橋西斜街

《宛平王志》有顯應宮。《嘯亭續錄》："公札爾塔齊宅在西斜街。"

玉帶衚衕

  鑲藍旗覺羅學在西。

玉皇閣（井一）

椿樹衚衕

豆芽菜衚衕

花枝衚衕

褲子衚衕

陰涼衚衕

南、北駱駝灣

南、中、北半壁街

南、中、北太常寺

  小衚衕曰枕頭衚衕。

南、中、北寬街

南、中、北千張衚衕

南、中、北沈箆子衚衕（井一）

  迤南曰高叉拉大院，井一。

榆錢衚衕

  《八旗通志》有乾魚衚衕，舊有鑲藍旗義學。

十八半截

  迤西溝沿，橋一。自駱駝灣以下，皆在十八半截內。

跨車衚衕

  《八旗通志》作"車子衚衕"，又作"寬廠"，井一。

馬杓衚衕

油房衚衕（橋一）

牛角衚衕

賢孝牌

石缸衚衕

前、後纓子衚衕（井各一）

粉子衚衕（井一）

豐盛衚衕

《八旗通志》作"風車衚衕"，井二。

《嘯亭續錄》："公弘朓宅在豐盛衚衕。"〔謹案：弘朓，聖祖孫，理密親王子。雍正十二年封輔國公，乾隆三十四年坐事削。〕《存素堂年譜》："乾隆四十年，居豐盛衚衕。"

前、後泥窪（橋各一）

狗尾衚衕

兵馬司衚衕（橋一）

《嘯亭續錄》："貝子羅託宅在兵馬司衚衕。"

大、小阮兒衚衕

《八旗通志》"阮"作"燕"。

豬尾衚衕

瞎子衚衕

元寶衚衕

沙井衚衕（井一）

井兒衚衕（井一）

三道柵欄

玉帶衚衕

口條衚衕

南、北錢串衚衕（井二）

褲子衚衕

牛犄角衚衕（井一，橋一）

少西曰單獅子府。

南、北裕連衚衕

四眼井衚衕（井一，橋一）

能仁寺衚衕

寺在兵馬司衚衕北。

顯靈宮（井一）

顯靈宮在四眼井南，其舊門亦在兵馬司衚衕，相去半里許。

甄塔衚衕（井一）

神機營所轄右翼漢軍排鎗隊置廠於此。

《帝京景物略》："金、元閒，有僧自稱萬松野老，居燕京從容庵。耶律楚材見之，參學三年，僧以'湛然'目之。著有《從容錄》。今乾石橋北甄塔七級，高丈五尺，草榮其頂。人倚塔造屋，爲酒食店。萬厤三十四年，僧樂庵入而周視，有石額五字曰'萬松老人塔'。乃募貲，贖而居守之。"《淥水亭雜識》："萬松老人，耶律文正王之師，其語文正王曰：'以儒治國，以佛治心。'王亟稱之。老人有《萬壽語錄》《釋氏新聞》。又善撫琴，嘗從文正王索琴，王以承華殿'春雷'及種玉翁《悲風譜》贈之（見《湛然居士集》）。"〔案：塔在今大市街西，乾隆閒重修，其北則甄塔衚衕也。〕

核桃釀衚衕

羊肉衚衕（井二，橋一）

小衚衕曰炭廠衚衕。

真武廟

陰涼衚衕（井一）

西溝沿

亦稱河沿，井一。正紅旗箭廠在東，井一。溝沿小橋甚多（俱見後）。

丁章衚衕

大、小麻綫衚衕

小衚衕,橋一。

《嘯亭續錄》:"順承郡王府在麻綫衚衕。"[謹案:王諱勒克德渾,太祖曾孫,穎親王薩哈璘三子。順治閒授平南大將軍,追諡恭惠,世襲。]

烙鐵衚衕

扁擔衚衕

《嘯亭續錄》:"貝勒杜蘭宅在扁擔衚衕。"[謹案:貝勒,太祖曾孫,穎毅親王子。康熙七年坐事降鎮國公。今爲文公宅。]

轆轤耙衚衕(井一,橋一)

《嘯亭續錄》:"貝子固爾瑪琿宅在轆轤耙衚衕。"[謹案:固爾瑪琿,顯祖曾孫,貝勒阿敏次子。以功封,諡溫簡。"固"一作"顧",又作"姑";"琿"一作"洪"。]

鴨子廟

關帝廟,俗稱鴨子廟。元天厤二年建,有明萬厤閒碑,廟前有太平橋。

錦什坊街

正紅旗滿洲都統署在西。普壽寺有敕建額,回人禮拜寺也。[案:元於平則門內置金城坊,明因之。今錦什坊街南接鬧市口,北抵平則門,疑即金城坊街之訛。]《明一統志》:"元世祖廟在金城坊,洪武十年建。"[案:明代歲以二仲遣順天府致祭。嘉靖二十四年,給事中陳棐奏罷之(見《明會典》及《春明夢餘錄》)。今遺阯無考。]

鷲峰寺街

俗稱卧佛寺街。寺有卧佛,故名。東接舊刑部街,正紅旗漢軍都統署在北。鷲峰寺,唐之淤泥寺也。中有旃檀佛像。康熙四年移奉弘仁寺。其東有圓通庵,明爲水雲庵。
破大門
藤牌營
柳樹井
城隍廟街(井一)

都城隍廟在北,元遺阯也。五月朔至望日有廟市,其西有關帝廟。

《燕都游覽志》:"廟市者,以市於城西之都城隍而名也。西至廟,東至刑部街,亘三里許。大略與鐙市同,第每月以初一、十五、二十五開市,較多鐙市一日耳。"《野獲編》:"城隍廟市,陳設甚夥,人生日用所需,精麤畢備。羈旅之客,但持阿堵入市,頃刻富有完美。以至書畫骨董,真偽錯陳,剔紅填漆舊物自内廷闌出者,尤精好。往時所索甚微,今其價十倍矣。"《析津志》:"東、西二感聖廟,在城隍廟南泥像石佛寺。又西轉北,則城隍廟。自廟前巷口轉北,爲金城坊,内有楊國公寺,楊總統之父也。坊東爲金玉府,内有琉璃碧瓦,所蓋八座。貯藏經版甚精,文宗敕印造三十六部,散施諸禪刹(江南亦有賜者)。坊内有軍鐵庫。帝師有大佛殿在坊之東,翬飛棟宇,甲於他寺。"[案:石佛寺見後。感聖廟、金玉府、鐵庫、大佛殿皆無考。據《析津志》言,阜財坊在順承門内金玉局巷口。金玉局即金玉府也,其地當在今城隍廟街之東南。]

城隍廟夾道
鐵匠營
礆廠衚衕

迤東有鑲紅、鑲藍礆廠,地因以名,今貯廢礆。井一。

按院衚衕(井一)

《萬厤沈志》:"巡按察院在西河漕。"法式善《西涯考》:"李文正東陽賜第在今按院衚衕。"[案：此條見《藤陰雜記》所引，今《存素堂文集》無之，疑未確。]

學院衚衕（井二）

《萬厤沈志》："提學察院在按院後。"[案：明按院、學院皆久廢，其地猶仍舊稱。又《萬厤沈志》有屯馬察院在學院北，其舊阯疑當在屯絹衚衕。"絹"蓋"院"之訛也。]

松鶴衚衕（井一）

有松鶴庵。

二眼井（井一）

尤家寺衚衕

半箭衚衕

狗尾衚衕

高方衚衕

屯絹衚衕

鑲藍旗護軍統領署在北（詳《衙署》）。

棗林街（井一）

真武廟

遊擊衚衕

蔣祥墀《散樗老人自訂年譜》："辛巳，移內城遊擊衚衕。"

廣寧伯街

《明史・功臣世表》："廣寧伯劉榮，永樂十九年七月封追進侯。其故居當在此。"

扁方衚衕

機織衛衚衕

駱駝灣

南煙筒衚衕

半截衚衕

四眼井（井一）

《坊巷衚衕集》："金城坊五牌二十二鋪。有普照寺、鐵佛寺。"《明一統志》有濟州衛，《萬厤沈志》有三元庵、地藏庵。〔案：鐵佛寺在四眼井，餘皆無考。〕

南、北養馬營（俗訛"羊毛營"。井一）

後樓

雙柵欄

瓦叉衚衕（"叉"俗作"岔"）

牛八寶衚衕

撒袋衚衕（或訛"賽帶"）

韃子廟

孟端衚衕

《采訪冊》："卓公第在孟端衚衕。"〔謹案：聖祖十七子果毅親王無嗣，世宗以六子果恭郡王弘瞻繼之，卓公其後人也。〕

大、小盆兒衚衕

大衚衕，井一。

王府夾道

唐帽衚衕

武定侯衚衕（"定"或作"安"。井一）

舊有正紅旗義學。

《宛平王志》有慶寧寺。〔案：《明史·功臣世表》："武定侯郭英，洪武十七年封。傳爵至培民，崇禎甲申城陷死。"其居第疑當在此。〕

華嘉寺衚衕

華嘉寺，俗訛"花椒寺"。北小衚衕，井一。鑲藍旗滿洲都統署在焉。

《宛平王志》有崇寧庵。

武衣庫（"武"或作"烏"）

《嘯亭續錄》："公某宅在烏衣庫。"

大成寺衚衕

北小衚衕曰幹麪杖衚衕。

喜雀衚衕（井一）

向家園（"向"或作"香"）

東小衚衕,井一。

驢蹏衚衕

羊腸衚衕（井一）

月牙衚衕

王府倉衚衕

《嘯亭續錄》："貝勒允禕宅在王府倉衚衕。"〔謹案：貝勒,聖祖二十子,諡簡靖。今爲賀公宅。〕

東、西水車衚衕

東衚衕,井一。正紅旗蒙古都統署在東水車衚衕之東。

巡捕廳衚衕

右翼前鋒統領衙門在北。正紅旗蒙古都統署舊在此,今移水車衚衕。舊有正紅旗官學,今移皂子衚衕（見後）。

《天咫偶聞》："恩楚香齡宅阜成門內巡捕廳衚衕。先生於嘉慶間曾官江蘇常鎮道,慕隨園景物,歸而繞屋築園。有可青軒、綠澄堂、澄碧山莊、晚翠樓、玉華境、杏雨軒、紅蘭舫、雲霞市、湘亭、罨畫窗十景,總名述園,吟箋歌管,送日忘年。收藏亦最富,宋元名蹟極多。元夕,放鐙於園,自撰《玉華觀鐙詞》,命家姬習歌之。"

北煙筒衚衕

錐子衚衕（或作"追賊"）

南順城街（井二）

鐵佛寺，井一。

右在大市街東，阜成門街南，報子街北，與中城、南城界。

西大市街

有坊四：東曰行仁，西曰履義，南、北曰大市街，俗稱西四牌樓大街。南接瞻雲坊大街，井七。西有雙關帝廟，街心有小廟，俗稱當街廟，井一。迤北曰新街口，井一；有龍王廟（詳《祠祀》）。又北曰丁字街，井二；祝壽寺即《坊巷衚衕集》之響鈴寺。

《嘯亭續錄》："董太保誥賜第新街口。又謙郡王府在羊肉大街。"〔謹案：王諱瓦克達，太祖孫，禮烈親王四子。順治間，授征西大將軍，預議政，追諡襄。府在五王侯衚衕口。〕

阜成門大街

阜成門，俗沿元稱曰平則門，井二。馬市橋，東、西井各一。迤東爲馬市街（詳中城）。歷代帝王廟在北，故保安寺阯也。東、西有坊曰景德，亦稱景德街。神機營所屬中營步隊置廠於此。弘慈廣濟寺在廟東，臨大市街，舊爲西劉邨寺。白塔寺在廟西，元爲聖壽萬安寺，明爲妙應寺。北小衚衕曰白塔寺夾道；曰老虎洞，井一；曰六合大院，井二。

《宸垣識略》："禮多羅貝勒府在阜成門大街北，又二等宣義伯第在阜成門大街。"〔案：伊勒德依封宣義伯。〕《嘯亭續錄》："劉文定綸賜第在阜成門大街。"《析津志》："福田坊在西白塔寺。"《燕都游覽志》："成化元年，於塔座周圍甎造鐙龕一百八座。相傳西方屬金，故建白塔鎮之。然同時元刱有五色塔，而今僅黑塔在其後，餘湮没莫考矣。"《帝京景物略》："元初有童謡曰：'塔兒紅，北人來作主人翁；塔兒白，南人作主北人客。'（事見《草木子》《古今諺》。）元世祖時，塔色燄赤。及明太祖兵起淮陽，塔白如故。歲元旦，士女繞塔,履屣相躡①,至鐙市盛乃歇。"《甲申傳信録》:"田太監,亡其名,住白塔寺。後三月十九日自縊,命僕卷其囊以逃,餘書籍、花盆在焉。後楊士聰居之,覽其中書多寫冊,亦有手録者。"《坊巷衚衕集》:"河漕西三牌十三鋪。有廣平庫、阜成厰、揀果厰、永清左衛、北新草場、普度堂、白塔寺、翊教寺。"《萬厯沈志》有鷲峰寺、正法寺、寶禪寺、普安寺、妙應寺、祝壽寺。〔案:阜成厰、永清左衛、普度堂、鷲峰寺今無考,餘見後。〕

大、小羅圈衚衕

姚家衚衕

帝王廟東、西夾道

驢肉衚衕(橋一)

《宸垣識略》:"三等威靖伯第在驢肉衚衕。"〔案:車爾布封威靖伯,世襲。〕

帥府衚衕(井一,橋一)

《藤陰雜記》:"西城帥府衚衕,爲西林鄂文端爾泰②第,海内名士多出其門。"何兆瀛《泥雪録》注:"嘉慶間,先恪慎公官水曹,寓西城帥府衚衕。"《明憲宗實録》:"成化二十二年冬十月,復建大永昌寺。先是寺建於西市,已有成緒,及國師繼曉以星變被譴,寺亦隨廢。至是,太監梁芳等請更擇地建之。乃命工部左侍郎杜謙等相度地基,得故廣平侯袁瑄宅。時瑄家已失侯,瑄妻固請以宅獻,而託芳請襲侯。芳言於上而許之。既又市其旁民居數十家,大興工役。"《武宗實録》:"正德五年六月,户部言永昌寺舊阯改建爲倉,未有名,乃賜名太平倉。六年十一月,以太平倉賜永壽伯朱德爲私

---

① 原文作"攝"。
② 《藤陰雜記》原文作"鄂文端公"。

第。八年①三月,改太平倉爲鎮國府,又欲毀廠口爲府廳。工部奏:'祖宗稽古建官,府部具有定制。今改倉爲府,有乖舊典。況位屬乾方,乾天門也。且此地初爲永昌寺,再爲新石廠,又爲太平倉,屢改屢廢,推之地理,察之人事,俱未便。'上曰:'既以此地爲天門,宜當通達。前此閉塞,何以不聞? 其以實陳!'工部再請罪,乃宥之。"《世宗實錄》:"嘉靖元年五月,改鎮國府仍爲太平倉,命總督倉場官管理。"明朱茂曙《兩京求舊錄》:"康陵先立鎮國府,後乃自封鎮國公,府在鳴玉坊。嘉靖初,仍改太平倉,都人至今猶評西帥府衚衕。"[案:今大市街東有太平倉(互詳中城),第北去帥府衚衕稍遠,疑非其舊阯也。]《坊巷衚衕集》:"鳴玉坊三牌一十四鋪。有燕山前衛、神武後衛、淨妙庵、古鐙庵、寶禪寺、普度寺、響鈴寺。"《萬厤沈志》有松樹觀音庵、常明庵、龍華庵、龍泉庵、萬壽庵、碧雲庵、廣慧庵、玉環庵、極樂庵、古赤腳李庵、龍鳳庵。[案:響鈴寺見中城,寶禪寺見後,餘無考。神武後衛,《明一統志》無之,蓋置自天順後也。]

帥府庵(井一)

井兒衚衕(井一)

大、小絨綫衚衕

　大衚衕,橋一。

雹子衚衕("雹"或作"報",今從《宛平王志》。井一,橋一)

　正紅旗官學在北,有聖祚隆長寺,明漢經廠外廠也。

臭皮衚衕

　有王公橋。正紅旗護軍統領署在北,舊爲右翼公署。

石老娘衚衕(橋一)

　《彭文敬公自訂年譜》:"己未,移寓阜成門內石老娘衚衕。"

---

① 八年,原作"八月",誤。今改之。

衛兒衚衕（"衛"亦作"魏"，"兒"或作"衣"。井一，橋一）

泰安侯衚衕

《八旗通志》作"太平侯"，井一。四甲喇堆子前，井一，橋一。

五王侯衚衕（橋一）

其西南曰北下阬。

前、後車兒衚衕（橋各一）

前衚衕，井一。官房東北，井一。

石碑衚衕（井二，橋一）

神機營鎗礟廠在焉。

《宛平王志》有西方寺。

下窪衚衕

寶禪寺衚衕（"禪"或訛"善"。橋一）

寶禪寺，元爲承華普慶寺，明改名寶禪，亦稱祝壽寺。西有正法寺，乾隆間改名正覺。

大、小帽兒衚衕

大衚衕，井三，橋一。小衚衕，橋一。

《宛平王志》有威靈廟。

四根柏衚衕（橋一）

神機營所屬"駿"字馬隊置廠於此。

前、後宮衣庫（亦稱"公用庫"。井一，橋一）

神機營所屬右前護軍馬隊及右驍騎營擡鎗隊，均置廠於此。

八條灣

西溝沿（井一）

西直門橫橋南有枯渠曰河漕，直達宣武門西城根，入護城河，俗稱曰臭溝（前後互見）。明於此置河漕西坊。

酥蘿葡衚衕（亦作"蘇羅卜"）

南小衚衕曰招子衚衕。

回子營

火神廟（井一）

小塔院

葡萄園

《宸垣識略》："果親王府在宮門口葡萄園。"〔謹案：果親王諱允禮，聖祖十七子。雍正初，任議政大臣，諡曰毅。今府在孟端衚衕。〕

觀音庵（井一）

草廠

《坊巷衚衕集》有北新草廠，遺阯疑當在此。

宮門口

西叉路，井一。正紅旗覺羅學在巷口東南。

《春明夢餘錄》："朝天宮在皇城西北，元之天師府也。"《帝京景物略》："宣宗倣南都之制，建朝天宮。有三清殿以奉上清、太清、玉清，通明殿以奉上帝。普濟、景德、總制、寶藏、佑聖、靖應、崇貞、文昌、玄應九殿以奉諸神。東西建具服殿，以備車駕臨幸。宮成於宣德八年，御製詩文勒碑紀事。成化十七年重修，亦有御製詩文碑。天啓六年六月廿夜，十三殿齊災。宮後天師府，有趙孟頫《張天師像贊碑》《大道歌碑》、虞集《黃籙大醮碑》。"《長安客話》："凡大朝會，習儀二日。國初，或在慶壽寺，或在靈濟宮。宣德間，建朝天宮於白塔寺西，始爲定所。"《舊聞考》："朝天宮本元代舊阯，盛於明嘉靖時，齋醮之及無虛日。考《名山藏》所紀，其崇奉與大高玄殿相埒。今阜成門東北，雖有宮門口東廊下、西廊下之名，周回數里，大半爲民居矣。西廊下有關帝廟，乃土人因餘阯而葺之者。止大殿三楹,殿前甬道,綿亘數百武,砌石斷續,猶見當時規制。"

東廊下

中廊下

西廊下(井一)

舊有正紅旗官學(見《八旗通志》),後移巡捕廳衙衙。

前、後鈔手衙衙

前衙衙,井一。

茶葉衙衙(井一)

吉祥衙衙

有吉祥寺。

興隆街

小翠花街

《宸垣識略》:"一等英誠公第在翠花街。"[案:國初,揚古利封武勳王,加號英誠,世襲。子塔瞻降襲。今公明勳官散秩大臣。]

牛蹄衙衙

大園衙衙

小半壁街

小太平街

苦水井(井一)

玉皇閣

獅子府(井一)

《舊聞考》:"朝天宮後向存舊殿三重,土人評爲獅子府,蓋元天師府也。今廢。"

官園

《嘯亭續錄》:"誠親王舊府在官園,今爲質親王府。"[謹案:誠王諱允祉,聖祖三子。雍正中以罪除,乾隆二年追復謚曰隱。質王諱永瑢,高宗六子,嗣愼靖郡王允禧後,謚曰莊。今爲齡公宅。]

菜園

西官園口

官園菜園,疑卽《坊巷衚衕集》所稱官菜園遺阯。

下坡

翠花橫街

狗尾衚衕

沙喇衚衕(井一)

祖家街

正黃旗官學在西,相傳爲祖大壽故宅。《八旗通志》云在公用庫,蓋初制也。

翊教寺衚衕(橋一)

小衚衕,井一。翊教寺,宋遺刹,明重修。其西有普安寺。

揀果廠衚衕(井一)

明置揀果廠於此,隷河漕西坊。今廠廢而猶存其名。或訛"鹹廠",《八旗通志》作"堅廠"。

豬毛廠(井一)

雙柵欄

小衚衕曰雙土地廟。

柵欄衚衕

王府夾道

珠子街

卽《八旗通志》之報恩寺街。

前、後廣平庫衚衕

明置廣平庫於此,故名。

《宛平王志》有永祥庵。《宸垣識略》:"打磨蘇王府在廣平庫。"

丁家井（井二）

　　正黃旗漢軍都統署在焉。

　　《嘯亭續錄》："直郡王府在丁家井。"〔謹案：王諱允禔，聖祖長子，後坐事除。〕

大角衚衕（"角"或作"覺"。井一）

門樓衚衕（井一）

大、小陳綫衚衕

　　大衚衕，井一。

鉤兒衚衕

　　《宸垣識略》："多羅恭勤貝勒府在南小街鉤兒衚衕。"〔謹案：貝勒諱允祐，聖祖二十二子。恭勤，其謚也。〕

東觀音寺衚衕

　　有彌勒庵，唐北留庵遺阯也。

　　《宛平王志》有觀音寺。《燕都游覽志》："阜成門迤北三里許爲正義坊，坊北數武有十方禪院，相傳爲唐北留庵。"

柳樹井（井一）

北衛兒衚衕（井一）

　　正黃旗覺羅學在北。

北口袋衚衕（井一）

柳巷（井三）

　　明徐善《泠然志》："笑巖德寶禪師生長都下，受法於玉泉明聰。萬厤初，居西城之柳巷，人罕知者。一日有梵僧來參，亞身翹袖作種種相。師以柱杖畫地，隨方荅之，僧作禮騰空而去。弟子問：'適來僧問何法？'師曰：'此阿羅漢西天祕密語也。'"《宛平王志》："明僧德寶，京師人，錦衣世家吳氏子。披薙於都門廣慧寺，其傳鐙弟子有天童、磬山。世祖章皇帝詔舉天下高僧，如報恩、目澄、昂谿者,皆其法裔也。著有《南北集》行世。"

草廠衚衕(井一)

《嘯亭續錄》:"果親王府在草廠衚衕。今爲瑞親王府。"[謹案:果毅親王已見前。瑞王諱緜愉,仁宗四子,諡曰懷。子敏郡王襲,無嗣,以今惇親王子貝勒載漪嗣。]

後倉

南草廠口

半壁街

[案:《析津志》有半邊街,疑此沿其舊稱。]

永祥寺(井一)

前、中、後毛家灣

老虎廟

頭條衚衕(井一)

箭桿衚衕(井一)

二條衚衕

北小衚衕,井一。

《藤陰雜記》:"平則門二條衚衕,爲武進劉文定綸①第。"

三條衚衕

四條、五條衚衕(井各一)

草廠

《八旗通志》有之。

青塔寺衚衕

寺在四條衚衕西北,元爲大永福寺。

《坊巷衚衕集》:"朝天宮西三牌十五鋪。有椒園廠、菊子園、官

---

① 《藤陰雜記》原文作"劉文定公"。

菜園、西城草廠、青塔寺、立禪廟、朝陽庵、秀頭庵、妙清觀。"〔案：官菜園、西城草廠、朝陽庵、妙清觀俱見後，餘無考。〕

弓匠營（井一）

西小衚衕，井一。

鞍匠營

冰窖衚衕（井一）

有黑塔寺，明改名弘慶。

《春明夢餘錄》："白塔寺附近有黑塔寺、青塔寺，然寺存而無塔。"

楾帽衚衕

西小衚衕，井一。

前、中、後秀才衚衕

椿樹衚衕

井兒衚衕（井一）

魚眼衚衕

安成衚衕

《宛平王志》有華嚴庵。

觀音寺衚衕（井一）

陰涼衚衕

弓弦衚衕

弓背衚衕

喇叭衚衕

鷂兒衚衕

永清寺衚衕

《八旗通志》作永祥寺。

鑰匙衚衕

南、中、北扒兒衚衕（"扒"亦作"芭"）

南、北衚衕，井各一。妙清觀，明璫陳日新故宅也。

《嘯亭續錄》："泰郡王府在扒兒衚衕。"〔謹案：王諱弘春，聖祖孫，恂郡王允禵子，後除。〕

西直門南小街（井一）

《嘯亭續錄》："貝勒允祁宅、惇親王府俱在北小街。"〔謹案：允祁，聖祖二十三子。乾隆四十九年加郡王銜，諡曰誠。惇親王諱緜愷，仁宗四子。道光七年降郡王，諡曰恪。〕

西直門南順城街（井二）

中心臺，井一。馬圈，井一。

《燕都游覽志》："月張園在阜成門內，傍城垣下。堂後枕一池，甚修廣，倒影入屋楹，周遭菜畦，今屬冉都尉。又宣家園在阜成門內，舊爲宣城伯衛公別業，旁多宅宇，外有菜圃百塍。後屬焦鴻臚，稱焦園；又屬毛戶部，稱毛園。舊有射堂，爲習武地，今廢矣。牡丹數種，向爲京師第一。初芽時，多奇石，石皆有名，曰隅虎，曰佇鵠，曰鷺羽，曰奮距。今不知所之矣。"〔案：月張園有謂在下斜街者，疑未足據（互詳外城西城）。宣園今無考。〕

右在西直門街南，大市街西，阜成門街北，其東與中城界。

西直門大街（井四）

有橋曰橫橋（"橫"轉作"洪"，或作稱"紅"），井一。橋南有枯渠，直達宣武門西城根，明之河漕也。神機營所轄"驤"字馬隊置廠於此，有菜市。崇元觀，在街北數十武，明璫曹化淳建，俗稱曹老公觀。歲元旦至上元日有廟市。少東爲廣濟寺。西有崇壽庵、萬寧寺。

《嘯亭續錄》："恂郡王府、惠郡王府、貝勒永瑆宅俱在西直門大街。"〔謹案：恂王諱允禵，聖祖十四子。康熙時，以貝子授撫遠大將軍，諡曰勤。今爲壽莊公主府。公主，宣宗九女也，同治二年，下嫁額駙德徵。惠王諱綿愉，仁宗五子。道光十九年，晉親王，府後遷中城𡩋子府(已見前)。貝勒永璂，高宗十二子，蚤薨。嘉慶四年追封，以嗣子綿偲襲貝勒，今爲歧公第。富陽董文恭公賜第在西直門內，中有槐樹廳。周雲皋凱與公同里，招至第中，朝夕親炙，有《槐廳問字圖》(見《求聞過齋集》)。]《析津志》："金城坊在平則門內。"《坊巷衚衕集》："日中坊四牌十九鋪。有永泰寺、廣濟寺、延壽寺。"《明一統志》有永淸右衛。《萬厤沈志》有廣化寺、瑞聖寺、慈恩寺、彌陀寺、佑聖寺、延壽寺、永泰寺、永祥寺、萬壽寺、慈善寺、華嚴寺、彌陀庵、佑聖庵、延壽庵、三官廟、三淸廟、天仙廟、三義廟、城隍廟、延福廟、藥王廟。[案：永泰寺見後。延壽寺詳中城，餘無考。]元吳澂《丹墀獨對》："至元二十九年，用御史中丞崔彧言，以明年正月營社稷壇於和義門內少南，以春秋仲月上戊致祀。"[案：事具《元史·祭祀志》。今西直門，元之和義門也。社稷壇遺阯無考。]《析津志》："牐河水門在和義門北，金水河水門在和義門南。又安濟橋在鐵平章宅後，高梁河由鐵平章橋流入元武池。"元宋褧《燕石集》："安濟橋瀕危，俗評捨命橋。"[案：元大內在今禁城西北。安濟橋、鐵平章宅，當在西直、阜成二門間。褧有《渡安濟橋入史局》詩，今遺蹟不可考矣。鐵平章者，《舊聞考》以爲特爾格，其賜第在大明宫左(見《元史》列傳)。]

頭條衚衕

二條、三條、四條衚衕(并各一)

五條衚衕

六條、七條衚衕(并各一)

迤北菜園，井一。

大銅井

迤東有太平橋。

小井衚衕

菜園,井一。

北柵欄

香條衚衕

雙柵欄

新開路

南柵欄

中四條、五條、六條、七條衚衕

寬街

正黃旗漢軍都統署在北。

小四條、五條衚衕

小六條、七條衚衕（井各一）

東教場

前棹子衚衕

羊牀衚衕

張禿子衚衕

甄瓦衚衕

松樹庵

柳樹大門（井一）

教場中街

張公園

彭家樓衚衕

槐樹衚衕

三官廟（井一）

玉皇廟

教子衚衕（"教"亦作"轎"。井一）

高井衚衕（井一）

　　有永泰寺，元舊刹，明天順間重建。

黑塔寺衚衕

　　萬佛寺，亦稱黑塔寺。

前、後牛犄角衚衕

西教場

前、後營房

北草廠口（井一）

觀音庵衚衕

石碑大院（井一）

馬香衚衕（井一）

永慶庵（井一）

八王子衚衕（井一）

捨飯堂（亦稱"捨孤堂"。井一）

口袋衚衕

前、後桃園

樺皮廠衚衕（"樺"或訛"化"。井一）

　　右翼正黃、正紅兩旗礮廠在西北，地以廠名。迤南有火藥局，明安民廠故阯也。

　　《蕪史》："王恭廠災後移建於西直門街北，賜名'安民'。"《會典事例》："安民廠在西直門內之北，收貯礮位，今尚貯廢礮。又八旗火藥廠，鑲黃、正黃二旗十有二間，在安民廠，今裁。"吳偉業《綏寇紀略》："崇禎十一年六月二日，安民廠災，貼廠太監王甫、局官張之秀俱斃。"

西直門北順城街

西直門北城根（井一）

　　中心臺，井一。神機營所屬右翼漢軍礮隊置廠於此。

右在大市街西,西直門街北。

北嘎嘎衚衕

《八旗通志》作"賈家衚衕"。

正覺寺衚衕

官房,井一。寺爲明璫韓諒賜宅,成化間捨宅爲寺。

百花深處衚衕(井一)

棉花衚衕(井一)

狗尾衚衕(井一)

劉海衚衕

神機營所屬右驍騎隊置廠於此。

門樓衚衕

三不老衚衕

神機營所屬威遠營"精"字步隊置廠於此。

麻花衚衕

羅圈衚衕

廊房衚衕

草廠大阬

北有葦阬。

《坊巷衚衕集》:"朝天宫有西城草場。"《舊聞考》:"今蔣養房衚衕有隙地,猶有是名,或即其遺阯。"

波羅廠

《八旗通志》作"羅兒衚衕"。

漿家房衚衕("漿"或訛"蔣",俗訛"蔣養房")

舊有正黃、正紅二旗礆廠,康熙間移樺皮廠。

《宛平王志》有叢林寺。《嘯亭續錄》:"誠親王新府在蔣家房。"《宸垣識略》:"固山貝子弘景府在蔣養房衚衕。"〔謹案:弘景,聖祖孫,誠親王次子。王以雍正八年五月獲譴,是月,弘景由輔國公晉貝子,即新府也。其舊府在官園(已見前)。]《采訪冊》:"土默特貝子第在蔣家房。"[案:貝子瑪尼巴達拉,尚仁宗四女莊静公主。道光八年賞郡王銜。舊引玉河水入府中,云係當年賜公主者。城中引水獨此及成邸耳。]《蕪史》:"浣衣局在德勝門西,俗稱漿家房。凡宫人年老及有罪退廢者,發此居住。天啟七年十一月,客氏笞死於此。"《西河詩話》:"張南士《宫詞》'牆邊漿酒漱花綺'注云:'漿家房在皇城外,即浣衣局也。'"

水車衚衕

豆腐巷

官房,井一。

鈔手衚衕

《燕都游覽志》:"金剛寺在興德寺東,有石勒《金剛經》。前小閣,後静室,紙窗棐几,殊有幽趣。後乃改剏大殿高閣,左、右翼樓數十楹。往昔清涼幽趣之致,盡化於沙礫間矣。"[案:寺在鈔手衚衕,又名般若庵。興德寺,今改名興隆寺。《宛平王志》云寺在德勝橋灣。]

水罐兒衚衕

見《會典事例》,云在德勝門街西。

玉皇廟

高廟(井一)

普濟寺俗稱高廟,有正德間重修碑。

板橋頭條、二條、三條衚衕

《嘯亭續錄》:"公高塞宅在板橋衚衕。"[謹案:高塞,太宗六子,封輔國公,諡愨厚。]

半截衚衕

小銅井（井一）

天仙庵

西水關（井一，橋一）

迤東有太平庵。又東有淨業寺，舊爲智光寺。

《燕都游覽志》："水關在德勝門西里許，水自西山經高梁橋來，穴城阯而入，有關爲之限。下置石螭，迎水倒噴，旁分左右，既噏復吐，淙淙然自螭口中出。"《長安可游記》："水口爲石犀以當之，遏衝突、緩水勢也，而庵在其上曰鎮水觀音庵。"〔案：石犀即石螭，《舊聞考》分爲二，似誤。觀音庵舊名法華寺，乾隆間改名匯通祠。祠據高阜，俗名積水灘。水木明瑟，消夏尤宜。〕高珩《水關竹枝詞》："德勝門前菡萏鋪，漫誇江上有西湖。阿誰更作長隄主，與種垂楊一萬株。酒家亭畔喚漁船，萬頃玻瓈萬頃天。便欲過谿東渡去，笙歌直到鼓樓前。"《元史·河渠志》："海子岸上接龍王堂，以石甃其四周。海子，一名積水潭。"《燕都游覽志》："積水潭東西亙二里餘，南北半之。或因内多植蓮，名蓮花池。或因水陽有淨業寺，名淨業湖。内官監向嚴魚禁，今稍弛矣。每年三伏日，錦衣衛率御馬監官校浴馬湖干，如濯雲錦。"陸啓浤《北京歲華記》："六月十二日，御廄洗馬於積水湖，導以紅仗，中有數頭錦帕覆之，最後獨角青牛至，諸馬莫能先也。"《一統志》："元時既開通惠河，運船直至積水潭。自明初改築京城，與運河截而爲二。積土日高，舟楫不至，是潭之寬廣已非舊觀。故今指近德勝橋者爲積水潭，稍東南爲十刹海。又東南者爲蓮花泡子。"高宗純皇帝御製《匯通祠》詩注："河流分脈灌輸，紆餘瀦蓄。前人經理寔善，旗民夾岸而居，人煙輻輳，因築牆爲之限制，以禁汙穢。"〔案：積水潭亦稱北湖。元明以來，環湖古蹟甚多，附著於後。〕《燕都游覽志》："舊城巋然傑構，云是元時舊阯。中作鐵溝，昔時以車運冰上流者，今尚堅緻。寒蘚荒苔，遥映林泉翠蒨，殊可憑高弔古。"《帝京景物略》："立净業寺門，目存水南；坐太師圃、晾馬廠、鏡園、蓮花庵、劉茂才園，目存水北。東望之，方園也，宜夕；西望之，漫園、湜園、王園也，望西山，宜朝。"《燕都游覽志》："定國徐公別業，從德勝橋下右折而入，顏曰'太師圃'。前有堂，堂後紆折；至一沼，地頗疏曠。沼北廣樹，後擁全湖，高城如帶。堂左右書室，西築高臺，目望最遠，濱湖園爲第一。又孝廉劉百世別業，堂三楹，南有廣除，眺湖光如鏡，故名鏡園。下有路委折，臨湖門作一臺，臺下地最卑，眺湖較遠，今屬冉都尉。從興德寺折北而西，爲蓮花庵，疏林朗槭，含吐餘清。後一臺瞰湖陽諸寺，若列眉案。鄰有火神祠，可眺遠。劉茂才園，剏三楹北向，無南榮，東纍層級而降，下作朱欄小徑。北軒二楹，南有小沼種蓮。北扉當湖，東有書室，上作平臺，地居湖中，乃南北最修處，所以獨勝。漫園在積水潭東，米仲詔萬鍾所構，中有閣三層。湜園，太守苗君穎別業，西面望湖。楊園在湜園稍南，楊侍郎新剏。蓮花社有亭，在水關西，今傾圯①。蝦菜亭在蓮花社西，一藩隔之，水部戴大圓建。相國方公園，在水關西。"《春明夢餘錄》："元石湖寺在德勝門北湖旁，後爲方閣老園。"〔案：諸園亭及石湖寺俱無考，惟蝦菜亭居人頗能言其遺蹟，亦與《游覽志》所云在水關西者不合。方園在太平庵東（見明崇禎間碑記）。《舊聞考》謂蓮花庵即今地安橋北之火神廟，蓋據《游覽志》庵鄰火神廟語，然相隔遼遠，核以《景物略》所言，方阯殊未足據；又《元好問集》有《臨錦堂記》（爲幕府從事劉公子作）云在御苑之西，其地當亦與積水潭相近。〕

德勝門大街（井三）

有德勝橋，玉河水由積水潭至橋下合流，南徑李廣橋，東迤爲

---

① 圯，疑當作"圮"。

十刹海。有耍貨市。正黃旗滿洲都統署在橋南，橋東有永泉庵。北有佑聖寺，唐遺刹也。少東爲壽明寺。

《宛平王志》有真武廟、地藏庵。《燕都游覽志》："積水潭水從德勝橋東下，橋東偏有公田若干頃，中貴引水爲池，以灌禾黍。綠楊鬖鬖，一望無際。"《客燕雜記》："德勝門水次稻田八百畝，以供御用，内監四十人領之。"《昭忠錄》："王家彥，字尊五，福建莆田人，協理京營兵部右侍郎。崇禎甲申三月，守德勝門。城陷，自投城下，不死，折臂及足。其僕扶入民舍，自縊死。"〔案：《甲申傳信錄》作"安定門"，或傳聞之誤。〕

右在大市街東，德勝門街西，護國寺街北，與中城、北城界。

京師坊巷志卷六

義烏朱一新、江陰繆荃孫　同撰
吴興劉承幹重訂

内城北城

《城册》："内城地阯隸北城者，東北俱至城根，直至東直門街交道口，與東城界；又南至兵馬司衚衕、帽兒衚衕、地安橋，迤西踰三轉橋、定府街，與中城界；西至德勝門街，與西城界。"

定府大街

有普寧寺。

《采訪册》："慶郡王府在定府大街。"[謹案：慶親王諱永璘，高宗十七子，諡曰僖。今王奕劻初襲貝勒，光緒十年晉郡王。府爲道光時大學士琦善故宅。]《天咫偶聞》："尹文端公第在定府大街。有絢香園，又名'晚香'。"

扁擔衚衕

製礆局後①

堂子衚衕

銅鐵廠

---

① "後"，疑爲衍文。

籔子衚衕

張皇親衚衕

劉海衚衕

弘善寺街

　　弘善寺。

　　《萬厤沈志》："寺有敕建碑。"

石虎衚衕

　　正黃旗蒙古都統署在北，舊有正黃旗義學。

龍頭井（井一）

　　《嘯亭續錄》："愉郡王府在三座橋西。"《宸垣識略》云在龍頭井。《采訪冊》："瀅貝勒府在三轉橋西。"〔謹案：愉王諱允祹，聖祖十九子，諡曰恪。後爲鍾郡王府。鍾王諱奕詥，宣宗八子，諡曰端。無嗣，以恭親王子貝勒載瀅爲後。〕

松樹街

　　《宛平王志》有興福寺。

　　《淵雅堂集·題法員外詩龕圖》詩有"松樹街初無一松，君如陶潛愛吾廬"，注："所居爲松樹街，寫其舊句萬樹谿橋題意。"①

新開路

口袋衚衕

羊房衚衕

大、小翔鳳衚衕

　　西小衚衕曰藥酒葫蘆，井一。迤西曰上坡。

李廣橋（亦作"藜光橋"）

　　翁方綱《復初齋集·錢擇石詩序》："己卯春，擇石自藜光橋移

---

　　① 　疑有脫訛。王芑孫《題法時帆員外詩龕圖》詩注云："所居爲松樹街，此圖寫其舊句'萬樹溪橋'詩意。"

居宣南坊。"法式善《存素堂文集》:"煤廠爲李西涯故居。西則李廣橋,弘治時太監李廣以符籙獲幸,橋或廣所造。奸瑠遺穢,橋亦蒙羞,後人易名'藜光',又嫌文飾,不如直名'李公橋'。余居距橋不數武,門外即楊柳灣,西涯屢至其地。"《嘯亭續錄》:"蒙古法祭酒式善,居淨業湖畔,築詩龕三間,凡投贈詩句皆懸龕中。"洪亮吉《卷施閣集・法式善學士招飲詩龕並至西直門看荷花》詩:"東頭詞宗百菊谿,宗伯宅復連街西。"自注:"謂百侍御齡、鐵侍郎保。"《藤陰雜記》:"蔣文肅廷錫①第在李廣橋,枕淨業湖,御賜'秀寫蓬壺'額。"《燕都游覽志》:"德勝橋下泛舟東行,轉而南,得藜光橋。徑僻,岸無行人,古槐濃樾,覆陰如罨畫。"《天咫偶聞》:"英煦齋協揆居在李公橋北後之西岸,原居史家衚衕,此赦歸後所移居。"

東、西煤廠衚衕

東煤廠,井一。

《宸垣識略》:"一等武毅謀勇公第在煤廠衚衕。"[案:乾隆時,定邊將軍兆惠所封,諡文襄。]《采訪冊》:"阿拉善王府在煤廠衚衕,非賜第也。不常居。"《淥水亭雜識》:"李長沙別業在北安門北。集中《西涯十二詠》,程篁墩和之。有桔槔亭、楊柳灣、稻田、菜園、蓮池,而響榻、鐘鼓樓、慈恩寺、廣福觀,皆在《十二詠》中。今遺阯不可問,當在越橋相近。"《舊聞考》:"《東海集・誥命碑陰記》云:'曾祖洪武初,以兵籍隸燕山右衛,始居白石橋旁。後廓禁城,其地已入北安門之内,則移於慈恩寺之東,海子之北。'又云'遷居海子之西涯'。集中重經西涯詩甚多,蓋其幼時所居之地也。"湯右曾《懷清堂集》:"喬莊簡《跋文衡山西涯圖》云'慈恩寺後曰西涯',又云'西涯,公嶽降地'。公詩有'淚痕應共水俱流,慟哭兒童釣游地'等句。今法華庵

---

① 《藤陰雜記》原文作"蔣文肅公"。

意即當時之西涯。"《存素堂文集》："余綜諸說與地阯印證,蓋廣福觀之南、響閘之西、月橋之北、海潮寺之東,地名煤廠。文正故第當在是。"〔案:法華庵即今匯通祠,湯說似未核。《西涯十二詠》見《懷麓堂集》。《淥水亭》所舉九題外,尚有海子、西山、飲馬池三首。〕

三座橋

越橋,俗稱三座橋("越"或作"月","座"或作"轉"),舊名海子橋(見《燕都游覽志》)。

《嘯亭續錄》："慶親王府在三轉橋,係和珅宅。"又云："慶僖親王諱永璘,純廟十七子。乾隆末年,或有私議儲位者。王曰:'天下至重,何敢妄覬?惟冀他日將和珅邸第賜居,則願足矣。'故睿廟籍沒和珅,即將其宅賜王,以酬昔言。"〔謹案:慶王府今爲恭親王府。王爲宣宗六子,同治初任議政王,後復任軍機大臣。鑑園則恭邸自築。〕《宛平王志》："真武廟在三座橋供用廠內。"《蕉史》："織染所掌內承運庫所用色絹。德勝門三座橋有空地,堪爲園圃。此系工部,亦有監庫,有所大使,不隸內織染局。"

金絲套衚衕

南、北宮房("官房"一作"關防")

南官房口西小衚衕,井一。

《嘯亭續錄》："貝子允祄宅在關防口。"〔謹案:允祄,聖祖十子,初封郡王。雍正二年以罪除,乾隆二年封輔國公,六年薨,以貝子禮葬。〕

井兒衚衕(井一)

銀錠橋

橋以形名。海潮觀音寺在南灣,有明趙用賢碑。

《帝京景物略》："寺旁有英國公新園,今無考。"《燕都游覽志》:"銀錠橋在三座橋北,城中水際看西山第一絕勝處。橋東、西皆水,荷芰菰蒲,不掩淪漪之色。南望宮闕,北望琳宮碧落,四[①]望城外千萬峰,遠體畢露,不似淨業湖之迫且障也。"宋犖《西陂類稿·過銀錠橋舊居》詩:"鼓樓西接後湖灣,銀錠橋橫夕照間;不盡滄波連太液,依然晴翠送遙山。舊時院落松槐在,仙境笙簧歲月間;白首鍊師茶話久,春風料峭暮鴉還。"

鴨兒衚衕("鴨"或作"鴉",井一)

有廣化寺、萬善寺、海會庵、興善寺。

義留衚衕

煙袋斜街(井一)

有廣福觀。

《宛平王志》:"觀在鼓樓東斜街口。"

石碑衚衕

煙兒衚衕

河沿(井一)

前河沿,井一。抵德勝橋,亙三里許。

《宛平王志》有"十刹海庵在稻地西"。《嘯亭續錄》:"成親王府在淨業湖北,係明珠宅。"[謹案:王諱永瑆,高宗十一子。嘉慶初任軍機大臣,諡曰哲。府中有恩波亭,以恩賜引玉河水入宅也。今爲櫹貝子府。]

猴尾衚衕(或作"侯位")

史家樓

南八步口

簪兒衚衕

龍華寺,明建。康熙間改名"瑞應"。西有心華寺。又西舊有

---

① 四,光緒葆真堂刻本作"西"。

三聖庵，其前則十刹海也。

《燕都游覽志》："三聖庵後築觀稻亭，北爲内官監地。南人於此藝水田，稉秔分塍，夏日桔橰聲不減江南。"

四眼井（井一）

鼓樓西斜街（井三）

乾水橋，井一。迤南乾石橋，井一。有果子市。

《國史·安親王岳樂傳》："康熙十二年冬，京師有自稱三太子朱慈瑯者，偽署廣德元年，糾眾京城内外，舉火作亂。禽其黨於鼓樓西斜街及鐙市口，詰以朱慈瑯（云即楊起隆），已遁矣。"《瀛洲道古錄》："元時翰林院，以金烏珠第爲之，歐陽楚公詞'翰林老屋勢深雄，猶是金家兀朮宮'是也。"《舊聞考》："元翰林國史院屢經遷徙。至順間賜居北中書省舊署。《析津志》稱'院内古木繁陰、蔚然深樾者'是也。其地在鳳池坊北、鐘樓之西。鐘樓又在中心閣西（俱見《析津志》）。《志》又云：'南省、北省乃金時二税賦宰相之莊，曰南相莊、北相莊。'據此，則元之北省，後改翰林院者，爲金時北相莊。烏珠亦稱北相，可互證也。"元虞集《道園學古錄》："鼇峰者，國史院庭中石名也。伯寧御史爲僕言，自其先公時與諸老名勝賦詩者，蓋數百篇。今玉堂無本，而御史家俱有之。"《析津志》："玉鉉坊在中書省前相近，鳳池坊在斜街北。"《蕪史》："馮保之弟佑宅在果子市街南。惠安伯張元善住街北，拜爲義父；果市地租從街心分南北。佑憐元善貧，以街南租并歸之，且爲新其居。又客氏私第在正街迤西席市街北。魏忠賢亦有第在街南斜對不遠。"〔案：席市街今無考，其地當在後門外，姑附此。〕

右在德勝門街東，鼓樓斜街南，地安門街西，定府街、三座橋、白米斜街北，與中城、西城界。

西條兒衚衕（井一）

城根，井一。

北藥王廟

半壁街

八步口

北有拈花寺，明璫趙明揚故宅也。舊名千佛寺，雍正間改今名。八步口內小衚衕甚夥，不悉書。

妙緣觀衚衕（井一）

舊有真武廟，明景泰間改名"妙緣"。廟前，井一。

八條灣

迤東北曰大阬。

果子觀

鐵影背衚衕（井一）

井兒衚衕（井一）

大石橋（井一）

有雙寺：東曰嘉慈，西曰廣濟，明成化時建。

小石橋

南有碧峰寺。

《萬曆沈志》："寺在日中坊，有敕建碑。"

鑄鐘廠（井一）

碧霞元君廟後，井一。又有真武廟。

《春明夢餘錄》："華嚴鐘廠在德勝門內。舊鑄高二丈餘，闊一丈餘者，尚有十數仆地上，皆楷書佛經。"[案：鐘僅存其一，舊懸萬壽寺，今移德勝門外覺生寺，俗稱大鐘寺。]

前、後馬家廠（井各一）

《長安客話》："海子橋北，舊有海印寺，宣德四年重建，改名慈恩，今廢爲廠。"《舊聞考》："今《海潮寺碑》云'海印寺東爲廣福觀，西爲海潮寺'，又《龍華寺碑》云'輔碧峰與海印'，則今之馬公廠殆即《長安客話》所云寺廢爲廠者歟？"〔案：海印寺舊有鏡光閣，明人題詠甚夥。《宸垣識略》云："海印在廣福、海潮之間。"今銀錠橋東南沿湖隙地，疑即海印廢阯，故有鏡光閣以臨水。若碧峰寺在今小石橋衚衕，與銀錠橋相去約二里，前後無水，可以馬家廠證《長安客話》所云也。〕

舊鼓樓街(井一)

有清虛觀，明景泰間建。

《天咫偶聞》："楊幼雲繼振，漢軍人，居舊鼓樓街。家有星鳳堂，又有承壽雙碑之館，以藏夏承、婁壽兩宋搨也。"《萬厤沈志》："清虛觀、廣福觀，俱敕建，在日中坊。"《明一統志》："中心閣在府西，元建，以其適都城中，故名。"《析津志》："中心臺在中心閣東十五步，其臺方幅一畝，以牆繚繞，正面有石碑，刻'中心臺'。又雙青楊樹、大井、關帝廟，北去則昭回坊矣。前有大十字街，轉西大都府巡警二院，直西則崇仁倒鈔庫。西中心閣，閣之西齊政樓也，更鼓譙樓，樓之正北乃鐘樓也。"明《北平圖經志書》："中心臺敵樓一十二座，窩鋪三百四十三座。"《舊聞考》："今舊鼓樓大街北城牆，有中心臺之名，蓋元時都城偏北，以鼓樓大街之中心臺爲東西南北之中也。"

東絛兒衚衕(井三)

玉皇閣衚衕

玉皇閣，明建，有順治間鼎一。

酒醋局衚衕(井三)

明酒醋局外廠也(見《寄園寄所寄》錄)。

張帽衚衕("帽"或訛"旺"，又訛"望")

娘娘廟

湯鍋衚衕

鈴璫衚衕

鼓樓大街

地安門街迤北近鼓樓者，亦稱鼓樓大街，元時稱十字街。南鼓樓北爲鐘樓，鐘樓後，井一。街東頭有慈善寺。

《存素堂文集》：“嘉慶四年秋，余自楊柳灣移家鐘鼓樓間，朱壽人爲作《移居圖》。自移居後，遠近以詩龕圖寄余者，又得十餘家，爰附《移居圖》後，裝聯成卷。”《元一統志》：“九年二月，改號大都，遷居民以實之。建鐘鼓樓於城中。”《圖經志書》：“鐘樓在金臺坊東，即萬寧寺之中心閣。”《萬曆沈志》：“慈善寺、文昌宮俱在靖恭坊，有敕建碑。”《析津志》：“鐘樓東南轉角街市，俱是鍼鋪。樓西斜街臨海子，率多歌臺酒館。有望湖亭，昔日皆貴官游賞之處。又米市、麪市，在鐘樓前十字街西南角。段子市、皮帽市，在鐘樓街西南。帽子市在鐘樓。窮漢市一，在鐘樓後爲最。鵝鴨市在鐘樓西。珠子市在鐘樓前街西第一巷。靴市在翰林院東，就賣底皮、西甸皮諸靴材，都出在一處。柴炭市、集市一在鐘樓。鐵器市，鐘樓後。”明劉績《霏雪錄》：“危素爲翰林學士，居鐘樓街。會稽王山農冕游大都，嘗見其文而不相識。一日危騎而過山農所，與之坐，不問其姓名。徐曰：‘君非鐘樓街住耶？’危曰：‘然。’不出他語而罷。人問之，山農曰：‘吾觀其文有詭氣，目其人舉止亦然，知必危太樸也。’”《燕都游覽志》：“張公海棠二株，在鐘鼓樓東中貴張宅，元時遺物。叢本數十圍，修幹直上，高數丈，下以朱欄陪之，參差敷陰，猶垂數畝。近易主不知其幾矣。”

三官廟

北醋兒衚衕

倒鈔衚衕

東、西草廠衚衕

東,井一;西,井二。舊有步軍統領衙門(見《八旗通志》),後改設。

豆腐池衚衕("池"或作"匙"。井一)

趙府街

王佐衚衕("佐"或作"座"。井一)

高公庵衚衕("公"或作"古"。井一)

有慈隆寺,明璫高勳建。

《寄園寄所寄》録:"慈隆寺在金臺坊,酒醋局外廠東。"

國祥衚衕(井一)

碾兒衚衕

寶鈔衚衕

神機營所屬左驍騎營擡鎗隊置廠於此。

《采訪冊》:"超勇親王府在寶鈔衚衕。"[案:王諱策淩,尚聖祖十女純愨公主,以軍功封,謚曰襄,配享太廟。]

千佛寺衚衕(井一)

寶泉局西作廠在東北,俗稱其地爲錢局。

《坊巷衚衕集》:"金臺坊九鋪。有萬寧寺、法通寺、淨土寺、千佛寺。"[案:諸寺俱見後。千佛寺,元遺刹,明正統間改名"吉祥",俗仍舊稱。後因八步口別建千佛寺,乃稱"小千佛寺"以別之。]

郎家衚衕

《天咫偶聞》:"八旗書院在郎家衚衕,即宗室延尚書煦故宇。"

淨土寺衚衕

寺有明嘉靖碑。

琉璃寺衚衕(井一)

法通寺衚衕(井一)

寺爲元遺刹,明曰"淨業",康熙間改名"淨因"。

沙拉衚衕（井一）

《析津志》："沙剌市一巷,皆賣金銀珍珠寶貝,在鐘樓前。"〔案:"沙剌"即"沙拉",國語珊瑚也。《舊聞考》譯改作"舒嚕"。今沙拉衚衕,疑沿元時舊稱。〕

扁擔廠（井一）

大佛寺衚衕

北鑼鼓巷

財神廟

大、小經廠

大經廠,井一。其東爲順天府署。

分司廳衚衕（或訛"粉子亭"）

《錢警石先生年譜》："嘉慶九年甲子,十四歲,大興公積勞得疾,匃去,移寓內城分司廳衚衕。"

謝家衚衕（井一）

伽藍殿衚衕（俗訛"車輦店"。"輦"或作"碾",或作"簾"。井一）

拐棒衚衕①（井一）

北花園衚衕（井二）

姑姑寺衚衕

靈官廟

鬧營衚衕

安定門大街（井四）

關帝廟,俗稱紅廟,井一。迤南午達東直門街者曰交道口,井二。鑲黃旗滿洲都統署在焉,其北爲漢軍都統署。舊有鑲黃旗義學。

----

① "拐棒衚衕",餘者均作"枴棒衚衕"。

《采訪冊》:"誠親王府在安定門大街東,今爲榮壽公主府。"[謹案:誠王諱允祕,聖祖二十四子,諡曰恪。公主,恭親王長女養於宮中者。]《元史·程鉅夫傳》:"賜地京師安貞門以築室。"[案:安定門,元曰"安貞",其地當在今城東隅。]《析津志》:"靈椿坊在都府北,丹桂坊在靈椿北。"《坊巷衕衕集》:"靈椿坊八鋪。"《淥水亭雜識》:"竇十郎故居或云在城西,或云在昌平,或云在涿州,或云在薊州。當時馮瀛王贈詩有'靈椿一株老'之句。今北城有靈椿坊,疑是十郎舊里。"元張翥《蛻庵集·買屋靈椿坊》詩:"五槐濃綠蔭門前,東宇西房十數椽。不是衰翁買屋住,歸時留作雇船錢。"《萬厤沈志》:"八蜡廟在府治東北。"[案:廟今無考,惟府治中有劉猛將軍祠,雍正二年敕建,傳云神主蝗蝻。]《甲申傳信錄》:"李姓磨坊住安定門內,亡其名。賊入,語曰:'我薄治產業,皆明人物也,豈有留與逆賊乎?'遂集大小男女及牲畜資財,焚滅無遺。"

鼓樓東大街(井六)

順天府署在東北,元大都路總管舊署遺阯建。署內、外,井三。西有天壽萬寧寺。

《東華續錄》:"乾隆九年十月,以京師錢價昂貴,令各當鋪官借本銀收錢發市流轉。以正陽門外布巷市房一所、地安門外鼓樓東官房一所爲錢局。其收錢發銀,造冊文票,俱用順天府治中印。"陸繼輅《崇百藥齋續集·黃壚感舊》詩自注:"完顏曙墀太守舊宅,在鼓樓東街,合歡作花特盛。花下小齋,余及潔士、于丕、申耆、孟慈、曾容、保緒醉眠處也。"

右在德勝門街東,安定門街西,鼓樓東大街西斜街北。

南醋兒衕衕

　前、後鼓樓院

　大、小方甎廠

臭溝沿

黑芝麻衚衕

沙井衚衕（"井"，一作"家"）

井兒衚衕（幷一）

前、後馬圈衚衕

　　前馬圈，幷一。

真武廟衚衕

　　顯佑宮祀真武。

　　《萬厤沈志》："廟在靖恭坊，有敕建碑。"

帽兒衚衕

　　步軍統領署在西北，舊爲禮部會同館。東有文昌宮、斗姥宮。

　　《嘯亭續錄》："湯敦甫金釗任祭酒時，尚居地安門外文昌宮，無安宅也。"《萬厤沈志》："梓潼帝君廟在靖恭坊，有敕建碑。"

南鑼鼓巷（幷一）

　　《天咫偶聞》："洪文襄公第在南鑼鼓巷，有'順治乙未進士'扁，是文襄諸子與王漁洋同年。"

北兵馬司衚衕

秦老衚衕

前、後圓恩寺衚衕

　　鑲黃旗官學在焉。

　　《萬厤沈志》："關王廟有敕建碑。今無考。圓恩寺在昭回坊。又有廣慈庵。"

大、小局兒衚衕（"局"或作"橘"）

　　小衚衕，幷一。

肅寧府

　　明魏良卿封肅寧伯居此。巷口猶存一大石獅。

臭皮廠

右在地安門街東，鼓樓東大街南，安定門街交道口西，兵馬司衚衕、帽兒衚衕北，與中城、東城界。

東直門大街（井六）

關帝廟，俗稱白廟，井一。迤西曰北新橋街，南屬東城，北屬北城。蒙古都統署在焉。北有慈壽寺，舊名"開元"，傳云創自唐開元間，明爲惠明寺，乾隆間改今名。少東有寶公寺。《萬厤沈志》云在崇教南坊。又東有東藥王廟。

《宸垣識略》："和親王府在北新橋南，一等昭毅伯第在白廟前。"[案：和王府，據《嘯亭續錄》云在鐵獅子衚衕（已見前），巴都禮封，康熙間贈昭毅伯。]《明一統志》："武驤左衛、右衛、龍驤左衛、右衛，俱在崇教坊。"[案：今無考。]

梁家灣

頭條衚衕（井一）

二條衚衕

有范家大院。

三條衚衕（井一）

寶泉局北作廠在焉。

小三條衚衕

《坊巷衚衕集》："崇教坊十四鋪。有天聖寺、淨居寺、極樂寺、崇興庵。"[案：天聖寺在小三條衚衕，極樂寺見後，餘無考。]

扁擔衚衕

方家衚衕

神機營所屬內火器營馬隊置廠於此。

《嘯亭續錄》："循郡王府在方家衚衕。"[謹案：王諱永璋，高宗三子,追封。今其後人鎮國公載遷居之。]《天咫偶聞》:"璧星泉湖府昌住方家衚衕。"

地藏庵
成賢街

東西有坊曰成賢街,文廟、國子監在焉,俗稱國子監衚衕。街南爲南學,雍正九年增建。神機營所屬左驍馬隊、左前護軍馬隊置廠於此。

《宸垣識略》:"三等忠勤伯第在國子監成賢街。"[案:乾隆時,大學士,陝甘總督黃廷桂封忠勤伯,諡文襄。今伯永安官散秩大臣。]《帝京景物略》:"都城東北隅,坊曰崇教,街曰成賢,國子監在焉。國初本北平府學,永樂二年改爲國子監,左廟右學,規制大備。彝倫堂之松,元許衡手植也。"《明宣宗實錄》:"宣德四年四月,國子監請以監之東金吾等三衛、草場二所爲諸生構房舍,其地給本監種蔬,以供會饌。從之。"《明太學志》:"櫺星門前舊有小巷,橫溝積穢,乃買劉福、姚浩等地,東西闊七丈五尺,深入四丈,高築屏牆。又學舍之制,外東號在廟左,大東號在北,居賢坊、賽百萬倉、西門街、新南號在北城二條衚衕東口,小北號在居賢坊衚衕,交趾號在監南,西號在成賢街西北。去監五十步,舊雲間寺阯也。"《長安客話》:"國初,高麗遣金濤等四人來入太學。洪武四年,濤登進士歸國。其後各國及土官亦皆遣子入監。監前別造房百間居之,名'王子書房'。"《明一統志》:"崇文閣在國子監,元建,吳澄撰碑。今彝倫堂地是也。"查嗣璉《查浦輯聞》:"虞文靖謂許文正歿後,國子監始立官府,刻印章。蓋文正爲祭酒時,尚在舊學,所謂王宣撫宅也。今國學彝倫堂前樹,傳是文正手植,殆未必然。"[案:元初以金樞密院爲聖廟,至元二十四年,既遷都燕京,乃改爲大都路學,而立國子監於城東,即今學也(事見《元史·王楫傳》)。]

大溝巷(俗訛"打狗巷"。幷一)

箭廠（井一）

慈悲衚衕

極樂寺

《萬厤沈志》："極樂寺有敕建碑，在崇教坊北。又有天仙庵，今無考。"

前、後蕭家衚衕

豬毛衚衕

五道營

口袋衚衕

湯家衚衕

官書院衚衕

甄兒衚衕

右在安定門街東，大市街西，東直門街新橋北，其南與東城界。

金太監寺衚衕

寺今廢，其地猶仍舊名。井一。鑲黃旗護軍統領署在北。

《坊巷衚衕集》："北居賢坊五牌三十八鋪。有濟陽衛、大寧衛、燕山右衛、義勇左衛、北新倉、大軍倉、五岳觀、圓寧觀、報恩寺、柏林寺、金太監寺。"［案：諸衛倉無考。燕山右衛，《明一統志》云在思城坊。大寧衛、義勇左衛，《一統志》無之，蓋置自天順後也。大軍倉，疑即海運倉。北新倉詳東城，餘俱見後。］

鼓手衚衕（亦作"鼓哨"，俗訛作"箍箒"）

《宸垣識略》："三等義烈公第在鼓手衚衕。"［案：乾隆時，靖逆將軍尚書那木札爾追封義烈公。今公德鑑前官副都統散秩大臣。］

駱駝脖衚衕（"脖"或作"背"。井一）

賢孝牌

草廠衕衕

報恩寺衕衕（井一）

有報恩寺。

明何孟春《餘冬序錄》："洪武元年八月，天兵定燕都，危學士素走報恩寺，俯身入井，寺僧大梓挽出之，謂曰：'國史非公莫知。公死，是死國之史也。'危由是不死。翰林待制黃殷士尋投居賢坊井中，從人張午負以出，曰：'君小臣而死社稷耶？'黃曰：'齊太史兄弟皆死小官，彼何人哉！'午使家人環守至日昃。會大將軍徐達下令，曰：'勝國之臣，皆輸告身。'黃紿午取告身還。午出，還求勿得，亟往視井，則黃已死。午買棺以殮，且營葬焉。"

王大人衕衕（井二）

《嘯亭續錄》："理郡王府在王大人衕衕。"《采訪冊》："梁公第在王大人衕衕。"〔謹案：王諱弘晀，聖祖孫，廢太子理密親王允礽次子，諡曰恪。密王舊府在德勝門外鄭家莊，俗稱平西府。王得罪後，長子弘晳降襲郡王，晉親王，仍居鄭家莊。乾隆四年黜屬籍，以弘晀紹封。今爲豐公第。輔國公奕梁，潭度親王之後，舊府在玉河橋西。同治初遷此。〕

後井兒衕衕（井一）

西南曠地曰王大人阬。

觀音寺衕衕

寺有石觀音像，明天順間改名"靈藏"，乾隆間敕改"廣慈"。

前、後永康衕衕

龍王廟衕衕（井一）

柏林寺衕衕

柏林寺，元遺刹。其西爲雍和宮，世宗潛邸也。地因以名。東北有鑲黃旗教場，又有鑲黃、正白、鑲白、正藍四旗礟廠。

《會典事例》："條兒衚衕局、安定門局收貯礟位及軍器。今皆貯廢礟。"

頭條、二條、三條、四條、五條、六條、七條衚衕

太保街

《八旗通志圖》有之。

四眼井衚衕（井一）

椿樹衚衕

東直門內北小街（井一）

《宸垣識略》："固山襄敏貝子府在北小街。"［謹案：務達海，顯祖孫，貝勒穆爾哈齊子。以功晉封，諡襄敏。"務"或作"吳"。］

銅廠

手帕衚衕

王院衚衕

羊館衚衕（"館"或訛"管"）

東、西井各一。元寧寺，元遺刹也。本圓寧觀，以僧圓寧得名。又有萬善寺。

《萬厤沈志》："萬善寺在北居賢坊，有敕建碑。"《天咫偶聞》："羊館衚衕有前代廢銅廠基。鍛灰積過七八丈，褒延甚遠。歲久堅凝如石，風雨剝蝕，頗具巘崿之致。坡陀迤邐，且起且伏，令觀者駭愕。嶔崎之致，疑從天外飛來。每春岫浮煙，秋林落葉，登茲遐眺，所見自遠而城堞參差，正堪平視屋宇，遠近都在。指顧西則，宮闕重重，山嵐靆靆，萬歲、景山皆在禁中。我輩送目惟此而已。城隅隙地，半多野水。履親王邸山池即因水爲之。今樓榭不存，而水局如故，數株楊柳低欲拂波。其北有俄羅斯館，水所周也。"

極樂庵

鍼綫衚衕

東、西井各一。

駱駝圈

昂邦章京衚衕

昂邦章京,國語子爵也。俗訛"按班張"。

十根旗杆

胡家圈("家"俗訛"椒")

清涼庵

頭條、二條衚衕

《天咫偶聞》:"松文清公筠第在二條衚衕。"

三條衚衕

五岳觀

地以觀名。觀有碑,云剏自宋、元間。

馬棚衚衕

東、西寬街

《宸垣識略》:"履親王府、固山誠貝子府俱在東角樓寬街。府在城隅,多野水。王邸山池即因水爲之。"[謹案:王諱允祹,聖祖十二子。乾隆間任議政大臣,諡曰懿。再傳無嗣。高宗以四子履端親王永城繼之,今爲戀公第,遷後海南。《嘯亭續錄》云府在北小街。]

化皮廠

關帝廟

北水關

北城根(井一)

迤西近安定門,有大石橋。

右在大市街東,東直門街北,其南與東城界。

八旗界阯：順治元年，定鼎燕京，分列八旗，拱衛皇居。鑲黃居安定門內，正黃居德勝門內，在北；正白居東直門內，鑲白居朝陽門內，在東；正紅居西直門內，鑲紅居阜城門內，在西；正藍居崇文門內，鑲藍居宣武門內，在南。蓋八旗方位相勝之義。（《八旗通志》）

《會典事例》："鑲黃、正黃二旗，前鋒參領、侍衛前鋒、校前鋒等，以地安門爲會集處。正白、鑲白二旗，以東安門爲會集處。正紅、鑲紅二旗，以西安門爲會集處。正藍、鑲藍二旗，以天安門爲會集處。其八旗滿洲五參領、蒙古二參領下之護軍、參領護軍、校護軍，各按甲喇。鑲黃旗，自地安門東至草廠衚衕之西，爲會集處。正白旗，自草廠衚衕南至東廠衚衕之西，爲會集處。鑲白旗，自東廠衚衕南循皇城至口袋衚衕之西，爲會集處。正藍旗，自口袋衚衕南至長安門金水橋，爲會集處。正黃旗，自地安門西至皇城西北角，爲會集處。正紅旗，自皇城西北角南循皇城至西安門，爲會集處。鑲紅旗，自西安門南循皇城至灰廠之東，爲會集處。鑲藍旗，自灰廠南至長安門金水橋，爲會集處。"

雍正三年六月十三日，八旗都統、前鋒統領、護軍統領等，議定八旗界阯。

鑲黃旗滿洲、蒙古、漢軍，各按參領：自鼓樓東至新橋，自新橋大街北至城根，南至府學衚衕之東，與正白旗界。

滿洲官兵：自鼓樓東循大街至經廠，第一參領下十七佐領居之；自經廠循交道口南至棉花衚衕之東，二參領下十七佐領居之；南鑼鼓巷左右諸衚衕，三參領下十八佐領居之；自交道口大街東循新橋，折而南至香兒衚衕之東，四參領下十七佐領居之；自香兒衚衚之東，南至府學衚衕，北至土兒衚衕、環錢局諸小衚衕，五參領下十七佐領居之。 蒙古官兵：自交道口大街北至安定門，第一參領下十四佐領居之；北鑼鼓巷左右諸衚衕，二參領下十四佐領居之。 漢軍官兵：自新橋大街北至方家衚衕，第一參領下十佐領居之；自方家衚衕北至城根，二參領下十一佐領居之；國子監前後，自頭條衚衕北至蕭家衚衕，三參領下十一佐領居之；柏林寺前，自鼓哨衚衕北至柏林寺，四參領下十一佐領居之；自北小街口東北至城根，五參領下十四佐領居之。

正白旗滿洲、蒙古、漢軍居阯：自府學衚衕，南至大市街報房衚衕之東，與鑲白旗界；西至皇城根，東至城根，其北與鑲黃旗界。

滿洲官兵：自棉花衚衕東循大街而南至大佛寺西北角，第一參領下十七佐領居之；自大佛寺西北角南至報房衚衕西，二參領下十六佐領居之；自皇城東寬街南至雙碾衚衕，三參領下十六佐領居之；自鐵獅子衚衕南至馬大人衚衕、大佛寺衚衕，四參領下十六佐領居之；自馬市口東至大市街環隆福寺小衚衕，五參領下十六佐領居之。 蒙古官兵：自府學衚衕之東循大街至五條衚衕，第一參領下十五佐領居之；自五條衚衕至東大市坊，二參領下十四佐領居之。 漢軍官兵：自新橋大街至東直門，第一參領下十佐領居之；北新倉、海運倉、興平倉、南新倉、舊太倉、富新倉諸近倉門之地，二參領下十佐領居之；自宋姑娘衚衕、慧照寺衚衕北至東直門大街，三參領下十一佐領居之；北新橋大街六條衚衕至十條衚衕，四參領下九佐領居之；北小街頭條衚衕至五條衚衕，五參領下九佐領居之。

鑲白旗滿洲、蒙古、漢軍居阯：自報房衚衕，南至單牌樓,與正籃旗界;西至皇城根,東至城根,其北與正白旗界。

滿洲官兵:自東廠衚衕之東循大街至阮府衚衕東,第一參領下十七佐領居之;自阮府衚衕之東至東長安坊,二參領下十六佐領居之;自翠花衚衕南至理藩院後衚衕,三參領下十八佐領居之;自東長安坊東至就日坊,四參領下十七佐領居之;自鐙市口大街南至頭條衚衕,五參領下十七佐領居之。 蒙古官兵:自大市街南至堂子衚衕,第一參領下十二佐領居之;自堂子衚衕南至就日坊,二參領下十二佐領居之。 漢軍官兵:自大市街東至小街,第一參領下五佐領居之;自小街東至朝陽門,二參領下四佐領居之;環祿米倉南至雅寶衚衕、北至方家衚衕,三參領下四佐領居之;小街、史家衚衕、乾麪衚衕、小雅寶衚衕,四參領下四佐領居之;自堂子衚衕、羊儀賓衚衕南至總捕衚衕,五參領下五佐領居之。

正藍旗滿洲、蒙古、漢軍居阯:自就日坊南至崇文門,與鑲白旗界;自金水橋東至城根。

滿洲官兵:自長安坊西至長安左門,第一參領下十六佐領居之;自新街口南至北,二參領下十七佐領居之;自宗人府東南至中玉河橋,三參領下十七佐領居之;自中玉河橋至洪廠衚衕之北,四參領下十七佐領居之;自洪廠衚衕口之北至長安坊,五參領下十七佐領居之。 蒙古官兵:自就日坊至崇文門,第一參領下十五佐領居之;自江米巷之東至洪廠衚衕,二參領下十四佐領居之。 漢軍官兵:自觀音寺衚衕東至舉場西門,第一參領下六佐領居之;自羊肉衚衕之西東至水磨衚衕,二參領下六佐領居之;褙背衚衕西至東,三參領下五佐領居之;自蘇州衚衕之西東至馬皮廠北,四參領下六佐領居之;自船板衚衕之西東至馬皮廠南,五參領下七佐領居之。

正黃旗滿洲、蒙古、漢軍居阯：自鼓樓西至新街曰大街，北至城根，南至馬狀元衚衕之西，與正紅旗界。

滿洲官兵：自鼓樓大街迤西至北藥王廟，又北大城根，第一參領下十九佐領居之；自北藥王廟之南西循大街至八條灣南，二參領下十九佐領居之；自八條灣之南西循大街至德勝門，自德勝門折而南至德勝橋，三參領下十八佐領居之；自鼓樓斜街循銀錠橋西踰李廣橋至德勝橋大街，四參領下十八佐領居之；自松樹街之北至南藥王廟，五參領下十八佐領居之。　蒙古官兵：自松樹街之南至德勝橋折而北至弘善寺街西，第一參領下十二佐領居之；自弘善寺街之西至德勝橋，二參領下十二佐領居之。　漢軍官兵：自護國寺街至棉花衚衕之南、羅圈衚衕之西，第一參領下十佐領居之；自羅圈衚衕之西及棉花衚衕、廊房衚衕、草廠衚衕，二參領下十佐領居之；漿家房東至西，三參領下十一佐領居之；自新街口北至四條衚衕，四參領下十佐領居之；自四條衚衕之東至城根及銅井，五參領下九佐領居之。

正紅旗滿洲、蒙古、漢軍居阯：自馬狀元衚衕之東，南至阜成門大街，與鑲紅旗界；東至皇城根，西至城根，其北與正黃旗界。

滿洲官兵：自西直門大街曹老公觀之東至新街口，迤南至石老娘衚衕之東，第一參領下十二佐領居之；自石老娘衚衕之東沿大市街迤東至馬市之東，二參領下十六佐領居之；自馬狀元衚衕南至拐棒衚衕，三參領下十五佐領居之；自大街西之驢肉衚衕北至石老娘衚衕，四參領下十二佐領居之；自衛衣衚衕北至宮衣庫衚衕，五參領下十四佐領居之。　蒙古官兵：自西直門大街南之草廠衚衕至大覺寺衚衕，第一參領下十一佐領居之；自大覺寺衚衕南至苦水井,二參領下十一佐領居之。　漢軍官兵：自阜成門循大街至宮門口,第一參領下四佐領居之;自宮門口東至馬市橋,二參領下四佐領居之;馬市橋北之酥蘿蔔衚衕、回子營,三參領下四佐領居之;自回子營北至茶葉衚衕、翠花街,四參領下四佐領居之;自宮門口北至葡萄園之東,五參領下三佐領居之。

鑲紅旗滿洲、蒙古、漢軍居阯：自羊肉衚衕南至瞻雲坊,與鑲藍旗界;東至皇城根,西至城根,其北與正紅旗界。

滿洲官兵：自大市街南至瞻雲坊,折而東至西長安坊,第一參領下十三佐領居之;自西安門街南至細米衚衕,二參領下十七佐領居之;自細米衚衕南至李閣老衚衕,三參領下十佐領居之;自李閣老衚衕南至官馬市,四參領下十八佐領居之;自鐵子衚衕南至秤鉤衚衕,五參領下十七佐領居之。　蒙古官兵：自粉子衚衕北至豐盛衚衕,第一參領下十佐領居之;自豐盛衚衕北至羊肉衚衕,二參領下十二佐領居之。　漢軍官兵：自白廟衚衕至半壁街,第一參領下二佐領居之;自白廟衚衕西北至跨車衚衕,又東至千張衚衕,二參領下六佐領居之;自千張衚衕南至大木廠、牛圈、高井、口袋衚衕,三參領下四佐領居之;自口袋衚衕南至東夾道,四參領下六佐領居之;白廟衚衕、刑部街,五參領下四佐領居之。

鑲藍旗滿洲、蒙古、漢軍居阯：自瞻雲坊南至宣武門,與鑲紅旗界;自金水橋西至城根。

滿洲官兵：自西長安坊東至長安右門,第一參領下十八佐領居之;自西江米巷北至長安街、南至四眼井,二參領下十八佐領居之;自河漕沿東至拴馬樁、馬神廟,三參領下十八佐領居之;自獅子口東至皮市,迤北至埽帚衚衕之西,四參領下十七佐領居之;自瞻雲坊南之絨綫衚衕東至河槽沿之南牛肉灣,五參領下十七佐領居之。　蒙古官兵：自宣武門北至絨綫衚衕之西，迤東至翠花街、棗樹衚衕，第一參領下十三佐領居之；自中街東至細瓦廠、新舊簾子衚衕，二參領下十二佐領居之。　漢軍官兵：自報子街東至西，第一參領下五個半佐領居之；手帕衚衕東至西，二參領下四佐領居之；鐵匠衚衕東至西，三參領下四佐領居之；自石駙馬大街西至梭毛衚衕，四參領下五佐領居之；自頭髮衚衕之東西至臭水河，五參領下四佐領居之。（據《八旗通志》，參《會典事例》）

〔案：此國初定制也。八旗驍騎營汛地同此，後頗有改并。近則生齒日繁，多錯處矣。〕

京師坊巷志卷七

義烏朱一新、江陰繆荃孫　同撰
吳興劉承幹重訂

外城亦曰"羅城"，明嘉靖三十一年築。周二十八里有奇，門九（《一統志》《明世宗實錄》）。其街衢之大者，南北曰正陽門街、永定門街、崇文門街、宣武門街、東便門街、西便門街，東西曰南大街（自廣渠門直達廣寧門，亙十餘里，隨地異名。具詳於後）、南橫街、打磨廠、西河沿、花兒市街（《會典事例》，參《宸垣識略》）。

外城中城

《城冊》："外城地址隸中城者，中東坊第一鋪：東至長巷上二條衕衕；南至鮮魚口小橋；西至正陽門街；北至城根。二鋪：東至東河沿、蕭公堂、深溝口；南至三里河橋、珠市口街、鐵山寺，與南城界；西至長巷下頭條衕衕後營；北至鮮魚口、梯子衕衕。三鋪：東至小蔣家衕衕、鈔手衕衕；南至珠市口街，與南城界；西至正陽門街；北至豆腐巷、十間樓、北蘆草園。中西坊第一鋪：東至正陽門大街；南至珠寶市；北至城根；西至西河沿關帝廟、觀音寺、楊梅竹斜街,與北城界。二鋪:東至正陽門大街;南至珠市口大街,與南城界;西至觀音寺前,與北城界;北至珠寶市。三鋪:東至永定門大街;南至永定門口;西至石頭衚衕,與北城界;北至清風巷、火神廟西,與北城界。"

正陽門外大街

俗稱前門大街。跨護城河,有橋,甃以文石,中爲馳道。南有坊,顏曰正陽橋。迤南直達永定門街。其北傍月牆者,東曰荷包巷,西曰帽巷。

高承埏《鴻一亭筆記》:"正陽門前,搭蓋棚房居之爲肆,其來久矣。崇禎七年,成國公朱純臣家鐙夕被火,於是司城毀民居之侵占官街、棚房壅塞衢路者。金侍御光宸上言:'窮民僦居無資,藉片席以棲身,假貿易以餬口,其業甚薄,其情可哀。皇城原因火變,恐延燒以傷民。今所司奉行之過,概行拆卸,是未罹焚烈之慘,而先受離析之苦也。且棚房半設中途,非盡接棟連楹。若以火延棚房,即毀棚房;則火延內室,亦將並毀內室乎?'疏入,有旨停止。"吳偉業《讀史偶述》詩:"布棚攤子滿前門,舊物官窯無一存。王府近來新發出,剔紅香盒豆青盆。"《香祖筆記》:"鐙市初在靈佑宮,稍列書攤。自移於正陽門大街之南,則無書矣。"《燕石集》:"四方進士來試南宮者,率僦居麗正門外。"《明一統志》:"南城兵馬司在城外正陽街。"

東河沿(井一)

步軍統領所屬南營守備署在南。有奉新、浮梁、句容諸會館。迤東隸南城。踰河爲正陽門外東城根,有朝陽閣,明建,乾隆間重修,置粥廠於此。東有橋,玉河水出關後,徑橋下入護城河(詳《水道》)。

《坊巷衚衕集》:"正東坊自正陽門東河沿至崇文門外西河沿,

八牌四十鋪。有蕭公堂、崇真觀、天慶寺、慈源寺、清化寺,有西三里河、東三里河、蘆葦園。"〔案：三里河、蘆葦園見後,蕭公堂以下諸寺觀俱詳南城。〕

戥子市

迤東歧爲東河沿、打磨廠二衚衕(打磨廠,詳南城)。

肉市

北小衚衕,井一。

《宸垣識略》："查樓在肉市,明巨室查氏所建戲樓。巷口有小木坊,書'查樓'字,乾隆庚子毀於火,今重建。"《藤陰雜記》："京師戲館,惟太平園、四宜園最久,其次則查家樓、月明樓,比年如方壺齋、蓬萊軒、昇平軒最著(語見《亞谷叢書》)。此康熙末年酒園也。查樓木榜尚存,餘皆改名,大約在前門左右。"①

鮮魚口

有帽市。迤東曰小橋,有南康會館。北小衚衕,井一。迤西抵大街,有魚市。

布巷（井一）

有布市。

鈔手衚衕（或作"手帕衚衕"）

有吉安二忠祠,爲吉安會館。

《藤陰雜記》："二忠祠在鮮魚口,吉水人祀文信國、李忠肅邦華。忠肅甲申殉節於吉安會館,即此。《舊聞考》稱在城內文信國祠,未確。柴市一祠,未聞作吉安會館。此祠又名懷忠會館、丞相祠堂。邊華泉聯句：'花外子規燕市月,柳邊精衛浙江潮。'趙甌北翼有《謁

---

① 《藤陰雜記》原文：《亞谷叢書》云："京師戲館惟太平園、四宜園最久,其次則查家樓、月明樓,此康熙末年酒園也。"查樓木榜尚存,改名廣和。餘皆改名,大約在前門左右。

祠》詩。今兩遭回禄,門榜徒存。"①[案:祠今已重修。忠肅殉節當在內城,《舊聞考》之言不誤。邵長蘅作《忠肅傳》言:"十八日,賊破外城。公移宿吉安會館文信公祠下。詰朝,內城陷。亟奔大內,門閉,不得入。歸館,投繯而絶。"考《甲申小紀》:"十八日薄暮,賊蟻附正陽、崇文二門。十九黎明,守城璫開正陽門迎賊。"是時,寇騎充斥。忠肅如寓外城,安能奔至大內?況懷忠會館在信國祠旁。《夢餘録》載其地甚明,信國祠在柴市,不聞在外城也。郡邑會館例祀鄉賢,二忠祠蓋景慕遺徽而作,不必定爲殉節之區。戴説固矣。]

南、北孝順衚衕

北衚衕,井一。有長沙會館。

羅篩衚衕

長巷上、下頭條衚衕

下衚衕,井一。有涇縣、南昌、汀州、江右、豐城諸會館。舊有武林會館,今廢。

上、下二條衚衕

有臨江、浦城、武陵諸會館。舊有廣豐會館,今廢。

梯子衚衕

上、下三條衚衕

有長吳、金谿、臨江、南城諸會館。舊有元寧、涇縣會館,今廢。

扁擔衚衕

翅膀衚衕

---

① 《藤陰雜記》原文:趙甌北翼《謁祠四首》詩注亦云:"李公徇節公祠下。"詩如"半生聲伎勤王散,一代科名死事尊""血碧肯汗新贈諡,汗青終照舊題詩"。末首吊忠肅云:"就諡神前手掩關,又傳文水繼文山。故知曠世心相感,恰好同鄉跡再攀。地本表忠真死所,志同徇節肯生還?傳芭曲裹神弦緊,廟祀應增配食班。"昔同年歐陽晴岩新謁選,寓祠,頻經瞻拜。今兩遭回禄,未克修復,門榜徒存。

上、下四條衚衕

有岳陽、上新、新城、樂平、休寧、金谿、南昌諸會館。舊有貴池、德興、南雄諸會館,今廢。

高廟

關帝廟俗稱高廟,廟有嘉靖間鼎一,蓋建自明代也。有常德會館。舊有蕪湖會館,今廢。

鸎慶衚衕("鸎"或作"鸞")

有襄陽、粵西會館。

高井衚衕(井一)

舊有武寧、義寧、進賢、武河諸會館,今多廢。

大、小始興衚衕("始"或訛爲"施")

深溝口

巷西隸中城,東隸南城。舊有江山會館,今廢。

花園

紅佛寺

堂子大院

翔鳳衚衕(或作"牆縫")

舊有瀘谿會館,今廢。

大、小崇真觀

崇真觀,明璫張政故宅也。今其地以觀名。迤東爲興隆街(詳南城)。

慶雲庵

北蘆草園(井一)

中城吏目署在北。有火神廟。

元帝廟

東蘆草園

靠山衚衕
北橋灣（並一）

巷東隸南城，有安國寺。舊有南泉寺，今圮（互詳南城）。

中蘆草園

蘆草園，《坊巷衚衕集》之蘆葦園也，蓋前代積草之地，故其北草廠諸衚衕皆以是名。《宸垣識略》："吳越王錢鏐祠在蘆草園。雍正二年，敕封誠應吳越武肅王，其裔孫世章剏建。"明桂萼《文襄集》："正陽門外東偏，有古三里河一道，東有南泉寺，西有玉泉庵，今天壇北蘆葦園、草場九條巷，其地下者俱河身也。高者即舊碼頭。"[案：南泉寺見南城。三里河、玉泉庵互詳後。又元世祖於文明門外東五里立葦場，歲收葦百萬以葺城。至文宗有警用諫者言，因廢。此葦止供內廚之需，歲役市民修補（事見《析津志》）。蓋元築都城以土不以甎也。文明門，今之崇文門，《志》言場在門東五里，其遺址固未必在此，然可知南城之有葦場，其來久矣。明時亦於臺基廠收蘆葦，神木廠收蘆席（見《明水軒日記》）。]

南蘆草園

有武寧、京江會館。

南趼子衚衕
大、小西竺庵
驢尾衚衕
大、小席兒衚衕

大衚衕，並一。有玉泉庵。有石埭、德化、廬陵會館。

冰窖衚衕

有乾泰寺，康熙三十九年重修。有唐縣、漳州、浙甌、建寧、平鎮諸會館。

前營

後營

十間樓

花鍼衚衕

炕洞衚衕

豆腐巷

大蔣家衚衕（井一）

有旌德、松江、吉安、貴州諸會館。舊有韶州會館，今廢。

冰窖廠（井一）

小蔣家衚衕

有河東、平陽、晉翼、旌德諸會館。

西河營

弔打衚衕（井一）

羅家井（井一）

《翁氏家事紀略》："雍正十一年八月十六日，方綱生於正陽門外所居羅家井向北井間僦屋。"

高跳衚衕

瓜子店

有估衣市。

果子市

東珠市口大街

即南大街，井三。管理街道御史署、步軍統領所屬中營守備署俱在南。有東珠市汛。乾隆初，中營游擊駐此，後省。有天津、南康會館。迤東爲三里河（詳南城）。

右在正陽門街東，三里河、北橋灣、深溝口西，東珠市口、三里河北，其東南皆與南城界。

西河沿

南小衚衕,井一。迤西有萬壽關帝廟,廟東隸中城,西隸北城,井二。正乙祠,康熙五十一年建。關帝廟,明建,俗稱鸁旗杆廟,井一。有蕭山、渭南、代州諸會館,皆在北城界內。舊有如泰會館,今廢。西河沿之北爲南河沿。又北踰河抵城根爲北河沿(俱詳北城),北河沿近正陽門者曰貫市。

汪琬《鈍吟續稿》:"京師豐臺、西河沿皆與同人習游者,病中追賦:'病懷衰骨兩支吾,記得年時臥酒壚。借問河邊攀臕柳,也應憔悴似人無?'"《漁洋集·同人集河樓下》詩:"下直經旬髪不梳,河樓高會剪春蔬。已喜綠蒲藏睡鴨,更燒紅燭射游魚。玉河楊柳見飛花,露葉煙條拂狹斜。十五年前曾繫馬,數株初種不勝鴉。"《今白華堂詩録·公讌諸同年》詩自注:"西河沿之禄壽堂戲席最盛。"《坊巷衚衕集》:"正西坊自正陽門外西河沿至宣武門響閘橋東六牌二十四鋪。有延壽寺、雲峰寺、觀音寺、雲居寺、萬善寺、擡頭庵。"[案:雲峰寺無考。延壽寺今屬北城,洪家書鋪《順治十八年縉紳》在此出賣。]

排子衚衕

有地藏庵,有江夏、鳳陽會館。

三府菜園(井一)

小衚衕一。

珠寶市

西小衚衕有銀市。

廊房頭條衚衕

有鐙市。路南小衚衕曰高家衚衕,井一。

《人海記》:"永樂初,北京四門鐘鼓樓等處各蓋鋪房、店房,召民居住,召商居貸,謂之廊房。視衝僻分三等,納鈔若干貫,洪武錢若干文。選廊房内居民之有力者一人,簽爲廊頭。計庸納錢鈔,斂銀收買本色，解內府天財庫交納，以備宴賞支用。今正陽門外廊房衚衕，猶仍此名。"

二條衚衕

有小衚衕一。

三條衚衕

有臨汾會館。

大柵欄

有小衚衕，曰門框衚衕。

大齊家衚衕

小齊家衚衕

王皮衚衕

有仙城會館。

蔡家衚衕

施家衚衕（井一）

有青陽、廣德會館。

掌扇衚衕（井一）

雲居寺衚衕

有雲居寺。

溼井衚衕（井一）

有真武廟。

甘井衚衕（井二）

有贛寧會館。

錢大昕《潛研堂集·柬曹習庵》詩："甘井汲泉宜勿幕，官園種菜自爲鄉。"自注："予寓官菜園上街，習庵寓甘井衚衕。"

車輂店

今名教子衚衕。有觀音寺。

糧食店（井一）

有火德真君廟。

右在正陽門大街西，煤市街東，西珠市口大街北，其西與北城界。

煤市街（井一）

有漳郡、贛（贛）州會館。

《藤陰雜記》："高安朱文端公第在煤市街，今爲旅店。"①查禮《銅鼓書堂集·移居宣南坊》詩注："今歲夏就任農曹，正陽門煤市街舊有老屋數椽，湫隘不足容井爨。"王友亮《雙佩齋詩集》有《荔林移居煤市索贈》詩。〔案：荔林，名彝憲，金陵人。〕

煤市橋（無橋）

楊梅竹斜街（井一）

有和含、西西會館。舊有會同四譯館，乾隆十三年省。

《藤陰雜記》："楊梅竹斜街梁文莊公第清勤堂前藤花，汪文端公有詩：'萬柘坡光泰，館此修三通。'又嚴海珊刺史遂成貽詩云：'滿架藤陰史局中，讓君一手定三通。'又青乳軒以寓王中書穀原又曾，文莊告養歸里，又曾送詩：'藤陰假館年華晚，潞水抽帆別思頻。'文莊終養來京，於此宣麻，旋卒於位。今久改旅店，藤花尚茂，車過時猶及見之。"

觀音寺街

有寺北小衚衕一。

小李紗帽衚衕

《翁氏家事紀略》："乾隆十六年，遷居正陽門外李紗帽衚衕。"

朱家衚衕

---

① 《藤陰雜記》原文：高安朱文端公第在梅市街，今爲旅店。

豬尾衚衕

石頭衚衕

　　有天仙宮、準提庵。有望江、龍岩會館。

王廣福斜街（井一）

　　有汾陽、新建會館。

大李紗帽衚衕

火神廟夾道

　　有蠶桑局、忠義局。

留守衛

　　"衛"俗訛"尉"。明制，京師有留守衛，或其遺阯也。有高安會館。小衚衕曰羊毛衚衕。

清風巷

柏興衚衕

　　有同善煖廠。

小椿樹衚衕

　　有漳浦會館。

小馬神廟

　　有六聖祠。

　　《翁氏家事紀略》："又遷小馬神廟内之小巷。"

大馬神廟（井一）

　　《翁氏家事紀略》："乾隆五年，遷正陽門西大馬神廟。"

　　右在煤市街西，石頭衚衕路東，西珠市口大街北，其西與北城界。

西珠市口大街

　　即南大街，井三。中城副指揮署在南。有西珠市汛。迤西柳樹井，井一。北有萬善給孤寺，傳云剏自唐貞觀間，疑即《坊巷衚衕集》之萬善寺也。東偏爲關帝祠。有津南、潞安、頴寧、奉天、九江、平定、翼城、仁錢、廬州、盂縣諸會館。又有越中先賢祠，旁爲眼藥庵。北小衚衕曰給孤寺夾道。舊有望江會館。

《京城古蹟考》：「晉陽庵有古銅大士像，下有款識云'大唐貞觀四年尉遲敬德監造'。後移受水塘古佛庵，庵壞，移嵇山會館，今浙紹鄉祠是也。內有眼藥庵，供銅大士，左右列善才、龍女，亦銅像，然並無尉遲監造字，而銅質古潤，法像端嚴，洵是舊物。」紀昀《閱微草堂筆記》：「京師花木最古者，呂氏藤花宅，後售與高太守兆煌，又售程主事振甲。藤今猶在，其架用梁棟之材始能支拄。其陰覆聽事一院，其蔓旁引又覆西偏書室一院。花時如紫雲垂地，香氣襲衣。」《藤陰雜記》：「給孤寺東呂家藤花刻'大德四年'字。商寶意詩：'萬善寺旁呂氏宅，滿架古藤翠如織。鐵幹誰鐫大德年？模黏辨是元朝植。'今屢易其主，藤尚無恙。」[1]又：「李文貞光地[2]第在西珠市口，有'夾輔高風'賜額，賃宅尚是後人。」又：「陳澤州廷敬初寓宣武門東街，與李湘北少宰比鄰。《乙丑除夕移青藤館新居》詩：'五春三度移居日，桃梗椒花總閉關。'《新齋》詩：'莫道幽居小，樓頭十萬家。'《青藤館晝睡》詩：'汗簡紛難就，青藤蔓許長。'又有《六友齋玩月》詩、《簡西鄰給孤寺主》詩，定在珠市口西，今莫攷矣。」[3]

板章衚衕（井一）

有平定會館。舊有分宜、西安、同安諸會館。

《散樗老人自記年譜》：「乙丑，遷板章衚衕。」

---

[1] 《藤陰雜記》原文：萬善給孤寺東，呂家藤花刻"元大德四年"字。倪給諫國璉聯句："一庭芳草圍新綠，十畝藤花落古香。"商寶意詩："萬善寺旁呂氏宅，滿架古藤翠如織。鐵幹誰鐫大德年，模糊辨是元朝植。"今屢易其主，藤尚無恙。

[2] 《藤陰雜記》原文作"安谿李文貞公"。

[3] 《藤陰雜記》原文：又有《六友齋玩月》詩。又《青藤館晝睡》詩："汗簡紛難就，青藤蔓許長。"又《簡西鄰給孤寺主》詩，則定在珠市口西，今莫考其舊第。

養羊衚衕

花椒營（"椒"或作"枝"。亦作"棉花營"）

九曲灣

牛血衚衕（"血"或作"油"。井一）

高爵街（俗訛"高臺階"）

有巴陵會館。

前後校尉營（井二）

靈佑宮（"佑"或訛"聖"）

舊爲十方道院，旁有天仙廟。迆南曰檀根，有藥王廟。

《人海記》："鐙市舊在東華門外，今移正陽門外靈佑宮旁。至期，結席舍，懸鐙高下，聽游人縱觀，蓋京師坊巷元夕不放鐙也。"查慎行《敬業堂集‧鳳城新年詞》："纔了歌場便買鐙，三條五劇一層層。東華舊市名空在，靈佑宮前另結棚。"《藤陰雜記》："今宮前絕無鐙市。陳澤州有《至日陪祀同王阮亭靈佑宮早起》詩。今天橋宮觀悉爲諸王齋宿之所。"又："陳其年有《同人集靈佑宮會飲》詩。"①［案：施閏章《學餘堂集》有《天仙宮尋徐善長》詩。］

般若寺衚衕

《翁氏家事紀略》："乾隆六年，遷居般若寺衚衕。"

鷂兒衚衕

中城正指揮署在北。有浮山、平介會館。舊有徽州會館，今廢。

大、小燕翦衚衕（"燕翦"亦作"演箭"）

趙錐子衚衕

蓮花玉河

---

① 《藤陰雜記》原文：陳其年維崧有《同人集靈佑宮會飲》詩，今宮前並無燈市。陳澤州廷敬有《至日陪祀同王阮亭靈佑宮早起》詩，今天橋宮觀悉爲諸王齋宿之所。

廚子營
斗姥宮
康熙三十四年建，地以宮名。東有真武廟；西有仁壽寺，舊爲昭顯廟。
任家頭衚衕
大、小喇叭衚衕
小衚衕曰明開夜合衚衕，井一。
韭菜衚衕
窮漢市
亦稱補拆市（"拆"或作"陳"），井三。小衚衕曰大小眼鏡衚衕。
永定門大街
北接正陽門大街，井三。有橋曰天橋。橋西南，井二；街東，井五。東南則天壇在焉，西則先農壇在焉。農壇之南觀音寺，井一，明崇禎時王應魁所鑿，以濟道渴者。又南里許有佑聖庵。

《春明夢餘錄》："神樂觀在天壇內之西。"《藤陰雜記》："天壇道院即神樂署，昔爲讌游之地。馮大木廷櫆《神樂觀送同年之官》詩：'尺五天邊春晝晴，同游南陌麴塵生。客來彌勒龕中坐，詩向桃花潭上成。'胡南苕會恩《道院看牡丹》詩：'碧落清虛人罕到，春林詰屈馬偏諳。'又有《道院祈雨》詩、《齋宿即事》詩。乾隆七年，因游人雜沓，奏禁栽花，拆毀酒肆。至今不植花卉，惟古松尚存。"①《卷葹

---

① 《藤陰雜記》原文：天壇道院昔爲讌集之地。胡南苕會恩有《道院看牡丹》詩："青陽好序頓過三，選勝遊百頃潭。碧落清虛人罕到，香林詰屈馬偏諳。玉壺酒貯芳春思，石鼎詩聯永夜談。共說元都添絕豔，不須崇敬訪名藍。"又《道院祈雨》詩："蕭蕭古院薜蘿青，鐘鼓頻催午夢醒。安得此間長避世，卧看羽客誦《黃庭》。"又《齋宿即事》："瑤壇清絕地，借榻卧閒房。壓檻秋花細，鳴簷夕雨涼。新泉烹日鑄，古鼎蓺都梁。入夜聞天籟，塵心一切忘。"道院即神樂觀，今改神樂署。馮大木廷櫆有《神樂觀送同年之官》詩云："尺五天邊春晝晴，同游南陌麴塵生。客來彌勒龕中坐，詩向桃花潭上成。"乾隆七年，滿禦史某攜伶看花，因遊人雜遝，遂奏禁栽化，拆毀酒肆。至今不植花卉，惟古松尚存。

閣集・偕同人飲天橋酒樓》詩:"過橋春五里,登閣樹三重。風轉闤聲沸,塵將游騎衝。鶯花憐震盪,衣袂競織穠。咫尺郊壇外,春雲總似龍。"孫爾準《泰雲堂詞集》:"小寒食宿雨初霽,踢春至天橋,登酒樓小飲,稊柳清波,漪空皺綠,渺渺予懷,如在江南村店矣。樓額曰'杏花天',因倚聲書壁。"《野獲編》:"京師最重午節,天壇游人極盛。聯鑣飛鞚,豪門大估之外,則中官輩競以騎射爲娛,蓋皆賜沐請假而出者。"

右在西珠市口大街南,板章衚衕東,永定門大街西,東與南城界,西與北城界。

外城東城

《城冊》:"外城地阯隸東城者,崇南坊。第一鋪:東至東便門;南至東河漕;西至崇文門大街,與南城交界;北至城根。二鋪:東至城根;南至廣渠門大街;西至崇文門大街,與南城界;北至上四條衚衕。三鋪:東至廣渠門口;南至萬柳堂;西至瓜市,與南城界;北至東河漕。四鋪:東至廣渠門;北至麻繩市;西至天壇,與南城界;南至右安門。"[案:《會典》東城分七鋪,與今制異。]

崇文門東夾道（井一）

東城根,井一。

《坊巷衚衕集》:"崇北坊在新城廣渠門東北角。崇文門外東河沿往東,至都城東北角,七牌三十七鋪。有天仙廟、崇恩觀、卧雲庵、無量庵、崇恩寺、卧佛寺、增福廟、白雲寺、積穀寺、萬福寺。"[案:無量庵、崇恩寺、積穀寺,今無考。餘見後。]《人海記》:"崇文門東南有淨度寺。元張中丞養浩作其《子雁奴壙銘》有云'權厝文明門外,淨度寺之南',原寺蓋元時有之矣。"《宸垣識略》:"水木清華亭,元侍御史王儼別業,在文明門外東南里許。園池構築,甲諸邸第。許有壬記云:'北瞻閶闔,五雲杳靄;西望舳艫,汎汎於煙波

浩渺、雲樹參差之間。'虞道園有詩。"［案：淨①度寺、水木清華亭遺阯皆無可考，核其地望，當與今花兒市街相近，姑附此。］

上、中、下河沿（井二）。

　　有聖泉寺。

上頭條衚衕（井一）

上二條衚衕

　　有薊州試館。

上三條衚衕（井一）

　　步軍統領所屬東營守備署在北。有天仙廟、五聖祠。

　　《洪北江年譜》："乾隆庚戌抵都，居仲弟海岱門三條衚衕寓齋。"

上四條衚衕（井四）

　　崇恩寺本名崇恩福元寺，元刹也。又有臥雲庵。東口小衚衕曰曹家店，通花兒市曰穿心店、曰罐兒衚衕、曰西罐兒衚衕。

　　《元一統志》："遂初亭在施仁門北崇恩福元寺西門西，街北舊隆禧院，正廳後乃張子有平章別墅也。"《明一統志》："遂初堂在府南，元詹事張九思別業也。"《道園學古錄・張九思墓誌》："治園於南門外，作堂曰'遂初'。花木水石之勝，甲于京師。"［案：施仁門，金都城東北門也。元築新城後，以遼金故城爲南城，其遺阯在今外城西南隅。遂初亭、隆禧院皆與崇恩寺相近，今不可考矣。趙孟頫《松雪齋集》、王惲《秋澗集》均有宴遂初亭詩。］

南、北火扇衚衕（井一）

北羊肉口

中頭條衚衕（井一）

　　有白衣禪林、火神廟。

━━━━━━━━━

① 　淨，原作"浮"，恐誤。茲參前文《人海記》徑改。

中二條衚衕

中三條衚衕（井一）

　　有觀音庵。

　　《藤陰雜記》："崇文門外三條衚衕有查氏園，施培叔朝幹賃住時頻訪。林木蔥蒨，池館清幽。後無京官居住，恐鞠爲茂草久矣。"①

中四條衚衕（井一）

　　有關帝廟、壽佛寺、無量庵。

北小市口

　　有關帝廟。

下頭條衚衕（井一）

　　有關帝廟、三元寺。

下二條衚衕（井二）

　　有彌陀庵。

下三條衚衕（井一）

　　有觀音庵。

下四條衚衕（井一）

　　南夾道，井一。

户部拉口（井一。或訛"虎叭喇口"）

下下頭條衚衕

狗尾衚衕

下下二條衚衕

　　有藥王廟。

下下三條衚衕

---

① 《藤陰雜記》原文：崇文門外三條胡同有查氏園，施培叔朝幹賃住時，頻訪。林木蔥茜，池館清幽。未幾，以無妄被議，移寓城西，牽複。嗣是遂無京官居住，恐鞠爲茂草久矣。

下下四條衚衕（井一）
東便門大街（井一）

有橋曰便門橋。護城河徑橋下，迤東北出水關入通惠河。普陀寺在橋北。太平宮在橋南，俗稱蟠桃宮道觀也。明建有吳達禮碑，歲二月朔至三日有廟市。又有關帝廟、觀音庵。

《萬厤沈志》："普陀寺、金山寺在崇北坊，俱有敕建碑。"［案：金山寺久廢。］《宸垣識略》："觀音庵舊名'雲深處'，康熙間建。室宇精雅，傳為宦家別業所改。"

河坻下

右在崇文門大街東，東便門南，花兒市街北，其西與南城界。

花兒市大街

東城正指揮署在北。有花兒市汛。火神廟，明隆慶二年建。有李琦、崔應階二碑。旬四日有市。竈君廟，明建。有孫岳、馮雲驤二碑。歲八月朔至三日有廟市。又有回人禮拜寺。

張祥河《小重山房集》有《花兒市歌》。

鐵轆轤耙（井一）

有崇興寺、觀音庵，迤東曰板橋。

史家衚衕（井一）

東南里許有隆安寺（土人傳云唐刹也。《宸垣識略》謂殿前二柏乃四五百年物，為元刹無疑），井二。西有三官廟。迤西有白橋，井一。西南半里許為臥佛寺（一名妙音寺），井一。又有忠義觀。孫廷銓有《隆安寺訪山曉上人時自天童應召入都》詩。

四棵樹衚衕
牛角灣

有土地祠、財神廟（即《坊巷集》之增福寺）。迤東曰佘家營。

上堂子衚衕（井一）

　有關帝廟。

旋馬上灣

雷家衚衕

南小口市（井五）

　有地藏庵。迤北曰中小市。

下堂子衚衕

上寶慶衚衕（井二）

棗子營

　有寶慶寺。

下寶慶衚衕

上餷刀衚衕（井一）

下餷刀衚衕

炕兒衚衕

　有白雲寺。

上鍋腔衚衕（井二）

　有觀音庵。

下鍋腔衚衕（井一）

　有觀音庵。迤東曰四川營，有三清觀、法域寺、天龍寺。明萬厤間建金華會館也，今爲義園。

南羊肉口

樓灣（井一）

　有三聖庵、觀音堂。

東河漕（井二）

　東城吏目署在北。有大慈庵。

北河漕

朱家營（井一）

《舊聞考》作"東潞營"。有萬福寺，井一。

手帕衚衕（井三）

倉場總督署在北。有齊魯會館。

寶子衚衕

有九泉積善寺。

纓子衚衕

有觀音庵。有延邵會館。

井兒衚衕（井一）

汪太醫衚衕（井一）

小衚衕曰扁擔衚衕。有福喜庵。

抽分廠（井一）

步軍統領所屬中營參將署在焉。有五聖禪林。

右在崇文門街東，花兒市街南，廣渠門街北，其西與南城界。

廣渠門大街

即南大街，俗稱沙窩門大街。迤西直崇文門街者曰纜竿市（俗稱闌干市），井一。迤東曰麻繩市、曰米市、曰柴市。又東曰大石橋、曰斜橋，橋各一。自纜竿市以東，當城未築時，皆三里河所經也。又東曰元寶市，井二；城根，井二。迤南菜園，井五。

《石鼓齋雜錄》："李奭棠，大興人，歷官少宗伯。其父方懋，世居沙窩門，久困諸生，著說部六百餘卷，名曰《雅薈》，魏柏鄉稱爲光怪陸離。今不獨書不多得，并沙窩門故第亦莫可考。"《坊巷衚衕集》："崇南坊在新城廣渠門、左安門東南角，七牌三十三鋪。有地藏寺、法藏寺、妙音寺、寶應寺、崇教寺、安化寺、吉祥寺。"《萬厤沈志》:"大悲寺在崇南坊,有敕建碑。"[案:《舊聞考》:"地藏寺、法藏寺、妙音寺俱存,餘無考。"今法藏寺塔尚修整,地藏寺街名尚存而寺廢矣,妙音寺亦廢,安化寺見後。]

鑪聖庵（井一）

庵爲山西冶工所建,明刹也。有孫嘉淦、戴章甫二碑。旁爲潞安會館。又有彌勒庵。

石板衚衕

東、西馬尾衚衕

俗稱馬尾帽。東衚衕,井一。

地藏寺街（井一）

東、西利市營

東利市營,井一。有關帝廟。

管家樓

標杆衚衕

鐵香鑪（井一）

舊有山右、宣城、嘉應諸會館。

黃河沿

三轉橋（井一,無橋）

華嚴寺,俗名槐寺。金天會五年經幢稱其地爲"魏村社大市莊"。少西景福寺,舊名石佛寺。有明正德間費弘、陳天祥二碑。

《日下舊聞》:"張爵紀五城坊巷:崇南坊有南河漕、于家灣、遞運所、纜竿市;又有三轉橋、紀家橋、板橋、雙馬莊、八里莊、十里河,皆三里河入張家灣故道。今其名雖存而深谷爲陵,遺蹟漸不可考矣。"[案:于家灣、遞運所,今並無是名。]

半步街（俗稱唐四寶街）

局章衚衕（井一）

八聖廟（井一）

有南極觀。迤南曰放生池。寺旁井四,曰四眼井,井八。

《池北偶談》:"沙窩門有放生池。順治中,浙人范思敬實剏始焉。"

廳兒衚衕（井一）

關王廟街

《翁氏家事紀略》:"乾隆十四年,隨外祖張公遷居於崇文門外關王廟街之東口內。"

井兒衚衕（井一）

南河漕（井三）

枴棒衚衕

半壁街（井一）

迤南里許曰法華寺,又南曰四塊玉,東南曰五虎廟(明剎也。"五"或訛"石")。

《宸垣識略》:"五虎廟殿前古松二株,二百餘年物也。寺僧云昔時塑關、張、趙、馬、黃西蜀五將得名,後燬於火。今前殿神祇奉關帝,而五虎之名仍舊。"

趙家莊

迤東曰魏家口、曰紀家橋。

霍家橋（井二）

法藏寺,俗稱白塔寺,金之彌陀寺也。西有太陽宮,順治初建,道流居之。迤南里許,有三義廟,井三。又南曰呂家窰,井二;曰潘家窰。

藍旗小營房

大營房

順治十八年,改設正藍旗教場於此(見《八旗通志》),中有頭條、二條、三條、四條衚衕。

南岡子頭

華嚴寺。雲集觀，康熙時建，後有斗姥閣，今改名玉清觀。又有文昌宮。

左安門大街

左安門，俗稱江擦門街。左右亙四五里，皆曠地也。義園，外多蔬圃。城根菜園，井十一。

火神廟街

廟建自明成化間。有建昌侯張延齡碑，又有延慶寺。

米市口

亦名細米廠頭條衚衕。

細米廠

迤東曰八條阮。

板廠（井一）

有雙龍庵。

興隆街（井一）

有關帝廟、隆興庵、彌勒庵、福寧禪林（明天順間建）。有工部主事翁洪碑。東爲安化寺，明天順八年賜額。有景泰間三衢釋大善、弘治間光祿卿張天駿二碑，井二。少南曰南臺寺，康熙間重建，井一。迤東曰義學，雍正時韓城甯永祿剏始，有莊存與、朱珪二碑，其旁曠地曰楊家馬圈、陳家馬圈、劉家馬圈、高家馬圈、張家馬圈，井一。迤南里許爲育嬰堂，康熙時建，有世宗賜額。少西曰夕照寺，雍正間文覺禪師元信嘗退居於此，殿壁左爲王安昆書《高松賦》，右爲陳壽山畫松，井一。又南里許曰萬柳堂，今爲拈花禪寺。

《萬厤沈志》：“安化寺在崇南坊，有敕建碑。”《宸垣識略》：“東南寺院多停旅櫬，故舊阯重新頗爲弘敞，夕照、南臺其最著者。魏之琇《過夕照寺》詩：‘鐘磬不聞林鳥寂，鮑家詩唱古先生。’”《京畿古蹟考》：" 萬柳堂在廣渠門內，爲國朝大學士益都馮溥別業。康熙時開博學鴻詞科，待詔者嘗雅集於此。"《藤陰雜記》："益都相國馮文毅仿廉孟子萬柳堂遺制，既建育嬰會於夕照寺傍，買隙地種柳萬株，亦名萬柳堂。毛西河、喬石林作賦①，陳其年序，朱竹垞記。"《西河詩話》："壬戌上巳，益都夫子率門下士二十二人修禊萬柳堂，首唱二詩。有'水萍風約故沿留'句，似有寄。及閱和詩，每遇是韻，輒沈吟良久，最後至潘稼堂耒'東山身爲草堂留'拍案而起，稱爲第一。蓋其年七月將致政歸也。"《藤陰雜記》："高念東珩《亦園記》：'萬縷將披細柳，知濃陰行垞蘇隄；數尺自出清泉，是神力驅成香海。'是萬柳堂又名亦園。《春興》詩：'小築城隅柳滿隄，綠雲低護草初齊。亂飄柳絮鋪新徑，細數桃花過野溪。'是園即萬柳堂。王橫雲和詩，嚴存庵我斯有《題亦園》三律，毛西河有《亦園修禊》詩。"［案：元廉希憲萬柳堂在今右安門外，與此異地。］朱筠《笥河詩集》："康熙中，堂歸石氏，時邸貴欲得之。石召工建大悲閣，一夕成，以家祠謝，乃已。自此遂爲拈花寺。"端木國瑚《太鶴山人集》："道光戊子七月五日，胡竹村培翬祀鄭康成於萬柳堂，以是日康成生日也。繪圖徵詩。"［案：《饅飲亭集》亦有詩。］《天咫偶聞》："京師園亭自國初至今未廢者，其萬柳堂乎？然正藉拈花寺而存耳。此園馮益都相國臨去贈與石都統天柱，石後改爲拈花寺。當時詩人頗有譏之者，而不知石之見甚遠。蓋自古園亭最難久立，子孫不肖，尺木不存。今寺中尚存御書樓。阮文達榜曰'元萬柳堂'，以神識體書之，朱野雲爲之補柳作圖。近寺僧頗知修葺，補栽花木甚盛。余與恥庵暇輒往游，於經廚搜得查聲山學士昇手書二詩直幅，云：'晚照秋光冷研屏，更無人處鶴梳翎。獨留一徑蕭蕭葉，童子關

---

① 《藤陰雜記》原文：毛西河奇齡、喬石林萊作賦。

門自理經。坐愛紅欄映曲池,風光留客去遲遲。我來祇少茶煙畔,相對人如澹菊姿。'後署'訪衲公和尚不值留贈二絕'。查昇又得朱野雲《萬柳堂圖》,蓋仿松雪本。邊綾上有阮文達、翁覃谿二詩,又有葉潤臣覬儀、宗梅岑稷臣聯句。勸僧重裝,今罩以玻瓈,懸壁上矣。然園地多鹻,實不宜柳。野雲所補既無存,潘文勤又種百株,亦成枯柈。惟池水清泠,葦花蕭瑟。土山上有松六株,尚是舊物。"

右在天壇東,廣渠門街南,其西與西城界。

京師坊巷志卷八

義烏朱一新、江陰繆荃孫　同撰
吳興劉承幹重訂

外城南城

《城冊》:"外城地阯隸南城者,正東坊。第一鋪:東至崇文門大街,與東城界;南至北官園南口;西至新開路北口;北至城根。二鋪:東至喜鵲衚衕東口;南至平樂園、草廠、二條衚衕,與中城界;西至閻王廟前街、蕭公堂,與中城界;北至巾帽衚衕、東河沿、城根。三鋪:東至崇文門大街,與東城界;南至石板衚衕,與東城界;西至磁器口;北至五老衚衕。四鋪:東至平樂園北口;南至三里河橋;西至草廠、七條衚衕南口;北至北官園南口。五鋪:東至火藥局,與東城界;南至何家莊,與東城界;西至鞭子巷、三條衚衕;北至柳樹井。六鋪:東至鞭子巷、二條衚衕;南至天壇;西至西珠市大街,與中城界;北至三里河大街,與中城界。"

崇文門外大街

俗稱哈噠門大街。跨護城河,有橋曰崇文門橋。街東隸東城,崇文門稅務署在焉。有鎮海寺,有山東會館。

《查浦詩鈔·雜詠》詩:"九門徵課一門專,馬跡車塵互接連。內使自收花擔稅,朝朝插鬢掠雙錢。"

崇文門西夾道

後河沿

即東河沿（見中城），井二。

打磨廠（井二）

南城吏目署在北。有玉皇廟、關帝廟。有粵東、潮郡、臨汾、寧浦、應山、鍾祥諸會館。舊有郢中會館，今廢。鐵柱宮，本名靈佑宮，明嘉靖間建，祀許旌陽真人；蕭公堂，明萬厤間建，祀鄱陽湖神蕭公。均江西公所，堂以西隸中城。

《魏貞庵年譜》："時有打磨廠菜園圈占。公肩興行南城，察院公署，有百姓數百號泣云：'廠南菜園空地住有千家，今大興縣票傳，奉戶部堂牌，云係嘉蔬署官地，百姓無棲。'公曰：'勿哭，爲爾請命也。'即具疏以聞，上欣然從之，免圈至今。"《洪北江年譜》："乾隆乙亥，開四庫館，座師董公誥爲總裁，屬總校江寧孫舍人溶延先生至打磨廠寓齋，總司其事。"王崇簡《青箱堂集》："打磨廠，金忠潔公鉉故居。"《馬氏日鈔》："正統己巳春，打磨廠西，軍人王勝家井中有五色氣。"

喜鵲衚衕

有楊氏園。近設電報商局於此。

打狗巷

巾帽衚衕（井一）

粉綫衚衕

蓮子衚衕

送姑娘衚衕

清風營

泉水塘

東豆腐巷衚衕

翟家口

三川柳

小衚衕曰鴨子店。

打雀衚衕

板井衚衕

細米巷

北官園

舊有介休會館。〔案：明桂萼疏言，三里河附近勢家莊園，成化間楊茂嘗議修濬，竟阻不行。吳長元謂今草場衚衕東有平樂園、南北官園、賈家花園等名，皆昔時園亭遺阯也。〕

新開路

有常山、曲沃、安陸諸會館。

賈家花園

《藤陰雜記》："陳澤州《三晉會館記》：'尚書賈公治第崇文門外，東偏作客舍以館曲沃人，曰喬山書院；又割宅南爲三晉會館。'"

右在深溝口東，崇文門街西，興隆街北，其東與東城界，西與中城界。

興隆街（并一）

有準提庵。

章學誠《任幼植別傳》："乙巳之冬，余在保定，暫至京師，館同年潘編修庭筠家。時潘居興隆寺街，與君居衡宇相望，談宴流連，互爲主客。"

大溝沿

八角衚衕

草廠頭條衚衕

有歸德、廣州、興國、麻城諸會館。

二條衚衕

有邵武、黃岡、臨江、應城諸會館。

三條衚衕

有南陵、臨江、太平諸會館。

四條衚衕

《天問閣集・甲申賤者傳》："顧懿,北京蘆草園四條衚衕妓也。賊破城掠①去。一日,乘賊醉,解己繫紅絲帶,縊死即自縊,縊不得即死。他賊至,執之見巨賊劉宗敏。宗敏曰:'妓何如此?'顧氏曰:'本不過妓。只是見京師忽然改變,不見②舊時朝廷,甚憤不能平,故死耳。'又問:'欲死,死耳。何殺我人?'曰:'實欲取快,不思後矣。'宗敏怒,命支解之。"〔案:蘆草園無四條衚衕,當是草廠四條衚衕。與蘆草園相近耳。〕

五條衚衕

有寶慶、仙谿、黃梅諸會館。

六條衚衕

上、下七條衚衕

有孝感、南安、袁州、惠州諸會館。

八條衚衕

有辰沅、漢陽會館。

九條衚衕（并一）

有蘄州會館。

十條衚衕（并一）

有上湖南、湘潭、長沙、湘鄉、京山諸會館。

《野獲編》："今京師全楚會館,故江陵張相第也。壯麗不減王

---

① "掠",《叢書集成初編》之《天問閣集》作"獵"。
② "見",《叢書集成初編》之《天問閣集》作"是"。

公,然特分宜嚴相舊第四之一耳。會館之右一小房,雖不及大第十之一,然亦軒敞。先人以價廉儶居,不意其有祟也。遷寓不數月,妖魔百出。時龍虎山真人在都,面請手畫一符,懸中堂鎮之。是夜魔投瓦石,專投符上。比明,則糜爛無存。先人尋大病,給假南旋。此房爲京師富人徐性善所得,重搆華甍,以餽吏部侍郎徐檢庵。侍郎先與先人比鄰,至是拓爲大第。未久,亦以白簡告歸。不數年,性善坐他事籍沒。此房亦爲官物矣。"

木廠衚衕

有天仙廟,明隆慶間道院也。今爲寺。

北五老衚衕(并一)

有寧波會館。

閻王廟前後街

前街有明教寺,明成化年建。有三晉、宜黃、雲夢諸會館。

南官園衚衕

有湘潭會館。小衚衕曰小柵欄。

薛家灣(并一)

有關王廟。有鄞縣會館。

元真寺

平樂園

有荆州會館。迤北曠地曰荷包廠。

南五老衚衕

有嚴州會館。

石虎衚衕(并一)

有永壽寺。

高家衚衕(或作"苗家")

香串衚衕

石板衚衕

殺豬營

茶食衚衕（幷一）

　　右在崇文門大街西，東柳樹井北，蘆草園東，東與東城界，西與中城界。

草市

　　亦稱柴火市，幷一。迆南小衚衕曰六間房。

半壁街

　　南小衚衕曰過街樓。

狗尾衚衕

刷子市

草帽店

馬糞觜

山澗口

　　小衚衕曰老虎洞。

過街樓

精忠廟

　　廟祀岳忠武。康熙時建，有大學士劉統勳碑。

　　《藤陰雜記》：「金魚池西精忠廟，自靈佑宮鐙市罷後，廟設煙火，人競往觀。土塑秦檜，以煤炭燔之至盡，名曰燒秦檜，蓋仿火判之製也。」［案：廟有鐵鑄秦檜夫婦像跪門外。旁有喜神廟，伶人所祀也。有龔鼎孳、劉躍雲二碑。］

新房口

柴竹林

　　俗稱擔子市。舊有趙城、孟縣會館，今廢。小衚衕曰五間房。

褲骰衚衕

溝沿

新店（井一）

估衣市

亦稱東小市，或稱南小市，小橋二。乾隆初，步軍統領所屬南營東南一守備署在此，後省。有慈谿、山西會館。舊有蘭谿會館，今廢。迤北小衚衕曰獅子館。

《宸垣識略》："東小市在半壁街南，隙地十餘畝。每日寅卯二時，貨舊物者萃焉，惟估衣最多。中有慈谿會館，每科舉之期，直隸學政錄取遺才於此。"[案：今在順天學政署。]《帝京景物略》："三里河故道已成陸矣。時雨則停潦，泱泱然河也。武清侯李公疏之入園中，園遂以水勝，可汎舟，周廊過亭。其東梅花亭，砌亭爲瓣五，鏤爲門、爲窗，繪爲壁，甃爲池，范爲器，皆以梅。又有漚臺、梟樓、船橋、魚龍亭諸勝。"[案：李園今無考。吳長元謂東小市有平橋渠水，傳是故家園地，疑即其遺阯。然考吳維英《游園泛舟》詩云"背城特地又新莊，村店青帘帶夕陽"，劉同升《李園小集》詩云"小橋行過柳谿灣，出郭已知依綠水"，其地當在今東城外三里河故道，徑城外八里莊等處，直抵張家灣，固不得以城中囿之。園爲武清侯李偉所築，已在嘉靖築新城之後。吳、劉詩中所云'出郭''背城'者，亦不得以内城當之。舊聞既已誤録，吳氏之説則更無確據也。]

疊道衚衕

東有關帝廟，明隆慶鼎一。

蘇家坡（井一）

有金華會館。南小衚衕曰新衚衕。

溝沿

卧牛衚衕

金魚衚衕

安國寺中街

安國寺碑已毀。其東有普賢禪林，比丘尼居之。西有關帝廟，明隆慶鼎一。

南橋灣

鞭子巷頭條衚衕

二條衚衕

南小衚衕曰嫺子衚衕。

三條衚衕

四條衚衕（并一）

有山西會館。

東小市

橋一，小橋二。其東北亦稱黑市。

鐵香鑪

舊有山右、宣城、海昌、正定、嘉應諸會館，今多廢。

金臺書院夾道

金臺書院，順天府課士處。東有永濟橋，乾隆四十七年重修，有碑。

《翁氏家事記略》："金臺書院，本首善義學。乾隆初，何子山先生掌教，始名之曰首善書院。祀鄒南皋、馮少墟兩先生，於後堂設二木主。後改今名。"《藤陰雜記》："金臺書院，蓋仿首善遺意，董於京兆尹。"葉名澧《橋西雜記》："洪莊者，文襄公承疇賜園也。康熙庚辰，錢大京兆晉錫設大、宛二義學，宛平寄長椿寺，大興僦屋於洪莊。後宛平之學并歸大興，延王源主其事，從游日眾。京兆欲市莊內隙地構堂，文襄孫奕沔不可。乃上疏，託言奕沔願割地以建學。聖祖嘉其請，書'廣育羣材'額以賜。奕沔聞之大驚，而無可如何。

王源爲之記。乾隆十五年改名金臺書院。"

小橋南

南有金魚池，橋二。其北有水道，抵大街，蓋三里河故道也。東有慈源寺，成化二年，指揮朱善建。《行國錄》云有正統初太常少卿括蒼潘辰碑，今已泐。惟康熙間大學士衛周祚碑尚可讀。迤東數百武，有姚斌關王廟，元崇恩萬壽宮遺阯。又有天慶寺。迤北有真武廟、海潮寺，今皆圮。

《明一統志》："魚藻池，在宣武門外西南燕京城內，金時所鑿。池上舊有瑶池殿。"《帝京景物略》："殿阯今不可尋，池泓然也。居人界地爲塘，柳垂覆之，歲種金魚以爲業。池陰一帶，園亭多於人家。南抵天壇，一望空闊。歲午日，走馬於此，蓋金元躧柳遺意也（躧柳，今名射柳）。"［案：園亭今無存者，惟種魚、走馬俗尚猶然。朱筠《金魚池賦》序言"池廣數十畝，分百餘池"。］《燕石集》："天慶寺僧舍有雅致亭。"孫承澤《天府廣記》："元天慶寺，遼永泰寺也。成化二年，飭右指揮朱善重修。"《春明夢餘錄》："寺後有高閣，可望天壇。僧舍有李龍眠畫羅漢十六軸。"［案：雅致亭羅漢像今已無存。孫承澤言天慶即遼之永泰。考元王惲撰《寺碑略》云："永泰寺肇基自遼，彌陀者永泰之別院。至元乙酉，重建是院，關地得廢鐘，刻'天慶'二字，即以名額。"據此，則天慶爲永泰別院也。又明寋英修寺碑謂："三里河之濱地名魏村社，幽曠闃寂，林木叢茂。"今社名亦湮没矣。］《行國錄》："圓覺寺在魏村社，明景泰中建。有嘉靖四十二年重修碑，雲南道御史趙鏜撰文。"《舊聞考》："寺在三里河橋東，已廢。其地猶仍寺名。"《明一統志》："金井在府南魏村社，永樂間嘗駐蹕於此，飲而甘之，遂命甃焉。"［案：魏村社地甚廣，北瀕三里河、南抵左安門外章公莊皆是也。羅城築後，半限城外，遂漸湮矣。］

後池

藥王廟街（井一）

藥王廟，朔望有廟市。

《六街花事》："藥王廟有花市。"

神路街二條衚衕

明因寺街

明因寺舊爲三聖寺，有貫休畫《十六阿羅漢像》（《景物略》云贗本也）。

清化寺街

南城正指揮署在南。清化寺，故保安寺基也。《萬厤沈志》："寺在正東坊，有敕建碑。"

《洪北江年譜》："乾隆五十五年秋，與仲弟移寓三里河清化寺街，饒有竹木之勝，查給事瑩舊宅也。"［案：明程敏政《篁墩集》有《宿清化寺》詩。］

磁器口（井一）

舊有蘄州會館。

紅橋（井一）

彌陀寺溝

何家莊

牟家園（井一）

迤南有正白旗及五旗火藥廠。

豬頭衚衕

三里河大街

即南大街。三里河有橋曰三里河橋，橋西隸中城，東隸南城，井一。有三官廟，迤東爲東柳樹井，井一。又東爲蒜市，井一；瓜市，井一。南有泰山行宮，祀碧霞元君，明天順間建徐富庶、姜逢元二碑。

北有雙關帝廟,迤西有鐵山寺,屬中城。舊有南泉寺,有徽州會館。

《藤陰雜記》:"朱竹垞,康熙戊午入都,舍於三里河橋之南泉寺,與李武曾同寓,撰《惜字林記》(見《竹垞年譜》)。"①今圮(互詳中城)。《宸垣識略》:"三官廟,羽士居之,雙槐甚古。"錢儀吉《衎石齋紀事稿‧杭大宗蒜市雜記序》:"蒜市在京師海岱門南二里。"

右在永定門大街東,東珠市大街南,天壇北,東與東城界,西北與中城界。

外城西城

《城冊》:"外城地阯隸西城者,宣南坊。第一鋪:東至宣武門街之西,與北城界;南至廣寧門街夾道居;西至老牆根柴廠;北至宣武門西城根。二鋪:東至菜市口,與北城界;南至廣寧門街之北;西至廣寧門街韋馱庵;北至宣武門西城根。三鋪:東至半截衚衕,與北城界;南至白帽衚衕;西至牛街;北至廣寧門街之南。四鋪:東至牛街;南至棗林街;西至廣寧門南城根;北至廣寧門街之南。五鋪:東至小川淀,迤南至姚家阬,與北城界;南至右安門城根;西至廣寧門南城根;北至南橫街大川淀之北。六鋪:東至土地廟斜街;南至廣寧門街韋馱庵;西至西便門;北至宣武門城根。七鋪:東至寶家阬;南至廣寧門街;西至廣寧門;北至城根。"

宣武門外大街

俗稱順承門大街。街東屬北城,西屬西城。跨護城河,有橋曰宣武門橋,井三。全福會館,井一。又直隸、關中、翼城、天門、歙縣、韓城、靈石、咸長、善化、永濟、南通州諸會館。舊有四川、永豐、建昌、撫臨諸會館,今廢。西小衚衕曰花枝衚衕、曰堂子衚衕;東小

---

① 《藤陰雜記》原文:朱竹垞檢討彝尊,康熙戊午入都,舍於三裡河橋之南泉寺,與李武曾良年同寓,撰《惜字林記》。(見《竹垞年譜》)

衚衕曰球子巷，屬北城，有太倉會館。《欽定臺規》：" 長蘆巡鹽御史公署向在宣武門外，御史每歲一巡視直隸、山東、河南鹽務，仍回京在署理鹾政。康熙七年，移駐天津。"

《香祖筆記》："韓宗伯菼所居與胡侍講任興爲鄰。韓逝未浹月，胡亦卒。"《藤陰雜記》："宣武門街右爲陳少宗伯邦彥第，堂曰春輝，屋有藤花。文簡丙午自粵還朝，見花盛放，賦詩。今屋歸全浙會館，藤花尚盛。又龔芝麓尚書寓宣武門左，有香巖齋，海內文人①延致門下，歲暮各贈炭資。又吳少司空應棻寓順承門街東井書屋，常以秋日召客，名曰秋盤，酒具曰犀槎。張太史映斗有《犀槎歌》。又得墨紗蕉幅、張之齋牖，因名蕉窗，賦詩。後歸紀太僕復亨、費學士南英。今屋已成墟，東井亦枯。"②《曝書亭集》："汪蛟門懋麟僦寓宣武門之右，窮巷蕭然，饘炊不繼。久病，夢入廣庭得石硯十二枚，寤而作歌，因名其齋。"全祖望《鮚埼亭集》："雍正癸丑，予春試報罷，束裝欲歸，前侍郎臨川李公固留予應製科。其時侍郎居宣武門南，故合肥李相國邸也。西有紫藤軒，割以居萬公孺廬，又割其東以居予。"《潛研堂集·自珠巢街移居宣武門外題壁》："真似山僧慣打包，桑根三宿等閒拋。勞如車軸無停轉，拙比林鳩未定巢。市近米鹽喧耳畔，客疏塵土積堂坳。年來學得安心訣，容膝三間即樂郊。"《析津志》："窮漢市一在順承門南街邊，柴炭市、果市俱順承門外。"［案：柴炭市今尚有之，在菜市西。］《坊巷衚衕集》："宣北坊在新城廣寧門裏，宣武門迆東、響閘迆西，至都城西南角、便門西北角，七牌四十五鋪。有海波寺、永光寺、永興寺、圓通寺、玉虛

---

① 文人，原文作"文人"，蓋因字形近似而無。茲逕改之。
② 《藤陰雜記》原文：東井書屋，吳眉庵司馬宴客，示《嶺北集》，杭大宗詩："官因右部論兵偉，詩比東坡過海奇。"常以秋日召客，名曰秋盤，酒具曰犀槎。徐觀察以升詩："每羨秋盤嘉，醇醪泛犀槎。"張太史映鬥有《犀槎歌》。又得墨紗蕉幅，張之齋牖，因名蕉窗，賦詩亦極一時觴詠。後歸紀太僕、費學士南英。今屋已成墟，東井亦枯。

觀、接待寺、竹林寺、老君堂、報國寺、紫金寺、昊天寺、善果寺、歸義寺、弘法寺。"《舊聞考》："弘法寺無考。惟憫忠寺，遼時石匣上有'提點弘法竹林'之名，似遼時已有之。"[案：《日下舊聞》引《金國文具錄》云："祕書省今在燕弘法寺。"《析津志》："寺在舊城。金大定十八年，潞州崔進之女法珍印經一藏，進於朝。命聖安寺設壇，爲法珍受戒爲比丘尼。二十三年，賜紫衣弘教大師。"有明昌四年趙渢碑、党懷英篆額，蓋即此寺也。海波以下四寺，今改隸北城，餘俱見後。]明楊士聰《玉堂薈記》："崇禎丁丑九月，車駕閱城。總督京營成國公朱純臣、協理陸完學，以營兵屯宣武門外。上臨視，大加稱獎。於西南城樓召二人，各賜以酒三金椀，便以椀賜之。"元劉崧《槎翁集·順承門送別》詩："送客出城秋已涼，太行南上楚天長。順承門外斜陽裏，蕎麥花開似故鄉。"

上斜街（井一）

靈官廟，井一。關帝廟有三，其在東者俗稱頭廟，井一。北有山右三忠祠，明天啟四年敕建，祀張銓、高邦佐、何廷櫆等。乾隆間重修，有朱筠碑記，今爲山西會館。又有中州鄉祠、番禺會館。街北臨護城河，有響閘，明正統間侍講劉球請於宣武門西作減水河，此其故蹟也。蹹河爲宣武門外西城根，橋一。內城溝沿水出水關後，徑橋下入護城河。

《藤陰雜記》："宣武門外河名銀灣，王文安鐸所題。孫松坪《中秋》詩：'碧漲銀灣類影娥。'"《池北偶談》："明時六月十二日，御廄洗馬於積水潭，導以紅仗。今三伏日洗象，亦導以紅仗，在宣武門外響水閘上。"[案：《漁洋集》有《洗象行》，又有《竹枝詞》："玉水輕陰夾綠槐，香車筍轎錦成堆。千錢更賃樓窗坐，都爲河邊洗象來。"]《曝書亭集》："喬侍讀萊嘗闢一峰草堂於宣武門斜街之南，暇與布衣紃履之士詩篇酬和。"查慎行《酒人集》自注："己巳，寓居上斜街,與孫愷似致彌近,僅一垣。又《槐簃集小序》:'去宣武門西半里,有陋室十餘間,從馬上望見老槐二樹,亭亭出屋,遂僦居焉。'有《移居》詩二十韻。又有周桐野、王樓村《過槐簃看菊留飲》詩:'老瓦盆中花十本,上槐街裏屋三間。'"《藤陰雜記》:"朱竹垞《曹贊善鑑倫移居》詩:'後園虛閣壓城壕,濺瀑跳珠牐口牢。正好憑闌看洗象,玉河新水一時高。'今洗象在宣武門西河內,其居必是上斜街。"又:"查他山《同園看花》詩:'結鄰真喜近斜街,步屐尋春又一回。五日重來光景換,早花零落晚花開。'復有《同園修禊》詩,今無考矣。徐司寇《乾學集》有《飲李將軍園亭》詩:'宣武門西別業幽,羣公載酒共銷憂。'今亦無考。"又:"顧俠君嗣立家吳中,有秀野堂,京寓宣武門壕上,背郭環流,雜蒔花葯,查查浦顏曰'小秀野',並繫以詩。俠君自題云:'數間小屋傍城西,紙閣屏風新品題。堪笑生涯同燕子,春深到處好添泥。草堂春柳正鬖髿,芍藥紅蘭漸著花。生怕夢歸南識路,卻教移得到京華。'壕上,今上斜街,寓阯莫考。余賃官廨七年,藤蘿成陰,丁香花放,滿院濃香,不得已而遷去,賦留別詩。"[案:汪沆《槐廬詩話》:"顧俠君入都,寓宣武門三忠祠內,小屋數椽,顏曰'小秀野',自題二絕句,一時名流和者甚眾。"又道光時,平定張穆嘗屬祁文端寯藻補題"小秀野"三字,懸之祠偏老屋(事見穆所編《閻潛丘年譜》)。]《饅飢亭集》有《題小秀野圖詩》,自注:"圖爲康熙三十五年禹鴻臚之鼎所作,圖首竹垞分書'小秀野',題詩者十九人。"又云:"魏坤水村第二圖,新城、秀水皆有題詩。"《聞過齋集》有《題顧晴芬同年水竹柴門圖》,有"尊酒比鄰嘗款洽,家山咫尺待徜徉",小注:"余客歲居上斜街,與君居相接。"洪頤煊《孔子三朝記自序》:"嘉慶十六年六月書於京師上斜街寓齋。"

炸子橋

松筠庵在南,楊忠愍繼盛故宅也。西偏爲諫草堂。又有接待寺、朝慶庵。有河南會館,顏曰嵩雲草堂。《嘯亭雜錄》:"松鶴庵在宣武門外響閘。乾隆丁未,胡司寇季堂會諸僚友,醵金立祠,繪公像及同事諸公神位。有古槐一株,忠愍手植。"《池北偶談》:"康熙甲申,高念東侍郎珩以老病得請,移居松雲禪舍。馮益都溥過之,流連竟日。高賦詩云:'户倚雙藤梵宇開,無人知是相公來。相看一笑忘朝市,風味依然兩秀才。'馮有苔詩,予和之。"[案:《偶談》"筠"作"雲",《蠶尾續集》仍作"筠";《嘯亭續錄》作"鶴",誤也。]

教場口(井一)

迤北曰駱駝灣,迤西曰轤轆耙,井一。

將軍教場衚衕

《潛研堂集·壬午冬移寓》詩:"玉虛道院南鄰近,時有天風度碧笙。"自注:"陶晚聞、阮裴園、沈欽伯諸前輩俱曾寓此。"又《過將軍教場舊寓庭前槐大半已枯感賦》詩:"廿六年前僦此廛,槐陰如繖一庭圓。"

教場上、下頭條衚衕

有雲南、山左、宜荊、永新諸會館。

陶鳧薌先生故居在頭條衚衕,有紅豆樹館。萬德化冢宰邸第在頭條衚衕,對門築咫村,林樹陰森,屋宇雅潔。冢宰公事畢,輒偃息於此。

下二條衚衕

有貴州會館。

上、下三條衚衕

有川西、廣西會館。

上、下四條衚衕

《顧嗣立自訂年譜》:"康熙五十一年四月,寓教場四條衚衕。屋後有閣,可眺西山。因屬同年林吉人顏之曰'晚翠',查夏重賦詩云:'朝爽不名名晚翠,問①官何似似高僧。'有晚翠閣唱和詩。"

芝蔴街

巷西,井一。有蘇文忠公祠,爲四川公所。

劉嗣綰《尚絅堂集》:"偕琴南移廙芝蔴街,地有花圃,閒曠特甚。"

教場五條衚衕（井二）

有仙游、蒲城、涇陽、溫州諸會館。

小五條衚衕

炭墼庫

教場六條衚衕

南、北井各一。有貴州會館。

七條衚衕

皮庫營

有太原、四川會館。[案:太原館東偏有閤若璩祠,自報國寺徙此。]

金井衚衕

老牆根（井二）

工部所屬惜薪廠在北（俗訛"七星廠"）。舊設監督,今改隸內務府營造司。廠後井一。迤南曰蔥廠,井一。迤西抵下斜街回子營,舊有藍旗營分居於北,今廢。

司家阬（"司"或作"史"。井三）

有菜園,井一。

廣慧寺夾道

廣慧寺,"慧"今作"惠"。

車子營（井三）

有黃梅會館。北小衚衕曰三合店,井一。

---

① 問,查慎行《顧俠君庶常招飲晚翠閣次東坡韵》作"閒"。

梯子店（"梯"或訛"獅"。井二）

迤北曰趙家園。

罐兒衚衕

北有小石橋一。又西曰過街溝、曰瓜市。

玉虛觀

地以觀名，比丕尼居之。

《元一統志》："玉虛觀在仙露坊。"《元史·文宗紀》："天厤二年十一月，命道士建醮於玉虛、天寶、大一、萬壽四宮。"明胡濙《玉虛觀碑記》："觀自昔奉佑聖之所。歲久，爲風雨所壞。遺阯爲錦衣千户吕儀別墅。正統丁巳秋，吕偕法師吳元真、處士劉泰游其地。泰年老，能言其舊蹟。法師欲復之，吕慨然捨其地。總戎石亨弟石貴捐貲以建。"［案：《析津日記》疑玉虛觀即玉虛宮。考《析津志》："玉虛宮在析津府都總管署西。"元李蓘《玉虛宮詞》有"金水河邊蓮欲花"之語，則地當在今德勝門内，與玉虛觀無涉也。《元一統志》言觀中有梁忠烈王宗弼祠，今遺阯不可問矣。］

四眼井（井一）

祁寯藻《馽欨亭集·自園還城》詩："斜街老屋孰爲鄰？井冽泉甘意倍親。東海到今誇戚里，西山隨我入城闉。退朝且喜寒窗共，送客無端別緒新。惜取圍鑪好時節，天寒還待欲歸人。"自注："城居下斜街四眼井，舊題曰東海戚里。"何紹基《東洲草堂集·壽陽相國招集慈仁寺出長夏勘書圖命題》詩："草堂小秀野，花市下斜街。涼院雙藤合，奇書萬軸排。雲煙看世事，風雨記吾齋。難得清尊滿，論詩四叟偕。"自注："壽陽相國所居四眼井屋，先文安曾寓此，今日客屋即余讀書處也。首二句公昔年自占語，屬余篆書懸壁閒。"

下斜街

亦稱槐樹斜街，俗稱土地廟斜街，井一。毛廠，井二。廠西南菜園，井三。都土地廟在西，《坊巷衚衕集》之老君堂也。廟前，井一。旬三日有廟市。少北爲長椿寺，又有畿輔先哲祠、全浙會館。迤北曰興隆街。迤西曰竇家阬，俗訛鬥雞阬。又西曰黃土阬，井一。

《人海記》："槐樹斜街舊時古樹夾路。今每月逢三日爲市集，槐亦僅有存者。"馮勖《六街花事》："豐臺種花人，都中目爲花兒匠。每月初三、十三、二十三日，以車載雜花至槐樹斜街市之。"《橋西雜記》："自首善書院廢，七八十年，京師無復立有書院。康熙庚辰，錢京兆晉錫設大、宛二義學。宛平寄宣武門外長椿寺，大興僦屋於洪莊。"張怡《謏聞續筆》："長椿寺，孝慈皇后建，以居水齋禪師。其大弟子爲神廟替僧，賜千佛衣及姑絨衣各八百件，米、麥等物動千石。有二庫，監以二中官，專貯三宮布施金錢。"王士禎《居易錄》："予過長椿寺，見慈聖李太后及田妃像，皆白晳豐美。田像有怨容。"〔案：周在浚《燕舟客話》但言寺藏像二，一爲明神宗母李太后，一爲烈皇生母劉太后，未聞有妃像也。徐嘉炎亦有《展田妃像》詩，云"先攜茂陵盎，後傍鼎湖弓"。然考《舊聞考》，言今止存其一，無"九蓮菩薩"字，亦無崇禎年標題，與《燕舟客話》所記又異。豈王氏、徐氏所見即此歟？蔣士銓有詩專詠李太后，似未深考。〕《藤陰雜記》："寄園爲高陽李文勤公別墅，其西墅又名李園。狄立人億於此設宴（見姜西溟詩）。其後歸趙恆夫給諫吉士，改名寄園。沈心齋、胡南苕、查他山皆有詩。給諫休寧人，子占浙籍中式被劾，謫助教，久住京師。以園捐作全浙會館。孫宮允人龍《記》稱爲明冉駙馬月張園故阯，後捐作會館。浙人建景賢祠以祀，張匠門大受有《同顧俠君王玉衡上巳載酒月張園》詩，王樓村有《匠門邀過寄園小集》詩，是匠門曾寓於此。園有梨一株，踰常味，高陽居時嗜之。後艾司寇元徵、徐漕帥齡及恆夫接住，餽以爲常。癸亥，梨大熟。甲子，高陽毙,棃隨枯(事見《寄園寄所寄》)。"[案:館旁有紫藤精舍。]端木國瑚《太鶴山人集·住寄園精舍》詩:"朝隱頻年未放還,寄園今寄我清閒。看花西寺逢三市,視草東垣隔八班。官焙茶香人短榻,佛鐙書味夜空山。紫藤老惜生涯薄,每倚春風借酒顏。"自注:"中供觀音佛龕。"又有《宣南藤舍注易成夜坐》詩。吴錫麒亦常寓此(見《有正味齋日記》)。月張園見內城西城,《燕都游覽志》載其地甚明。孫《記》所稱,蓋傳聞之誤。教子衚衕亦有寄園遺阯(互詳後)。《曝書亭集·自古藤書屋移寓槐市斜街》詩:"莎衫桐帽海椶鞾,隨分琴書占小齋。老去逢春心倍惜,爲貪花市駐斜街。屠門菜市費贏驂,地僻長稀過客談。一事新來差勝舊,昊天寺近井泉甘。"查慎行《飲朱竹垞槐市斜街新寓》詩:"槐街舊與一峰鄰,酒甕重開爲洗塵。最愛今年春帶閏,遲來猶作看花人。"《藤陰雜記》:"沈心齋閣學涵《避暑阮氏園亭用少陵游何將軍山林十首韻》詩:'莓苔行①匝帀,紺宇聳雲霄。'自注:'園在長椿寺左。'今則荒塋空地,盡蓋官房。阮氏未識何人。"《道古堂集》:"金文濘《十五日復雪再過紅泉館呈董浦先生》詩:'先生招我飲羊羔,滑澾斜街屐齒折。三分著樹眼乍明,一尺平階路幾滅。'"《吳興詩話》:"戴潞復堂住槐市斜街,有石鼓齋。"鮑桂星《覺生詩鈔·光栗園聰諧移居有作和》詩:"計日趁墟花滿市,賣花聲裡泮春冰。"注:"地有花市,旬日一集。"《法梧門集·下斜街訪汪雲壑如洋》詩:"萬里新持節,三年暫啓樽。斜陽下山背,春雪在城根。書卷買無市(君寓與長椿寺對門,舊有書市),佛花香到門。相期借禪榻,好句爲重論。"吳嵩梁《香蘇山館詩·家人將至移居下斜街作》:"古寺清游徧,幽居此閉關。春愁無著處,獨夜不勝閒。出谷鶯聲暖,營巢燕力孱。杜鵑紅十里,作夢又京山。"[案:

---

① 莓苔行,《藤陰雜記》原文作"莓牆紆"。

集中《簡比鄰同好》詩，爲錢金粟學士林、顧南雅編修蒓、潘芸閣侍講錫恩、謝向亭學士階樹諸人。詩中有"移家同住寺門前"句，是諸人均寓斜街。吳清皋《壺園》詩"憶昔曾夫子，斜街有草堂"，指曾賓谷先生也。]曹金籀《蟬蛻集・龔定盦招集項楳侶孫鏡生朱二泉餞余寓齋》詩："引手親斟酒一尊，良宵分別悄無言。明朝又是通州道，夢繞京華宣武門。"注："定盦寓居宣武門外土地廟斜街。"《元史・劉秉忠傳》："賜第奉先坊。"《秋澗集》："真常真人李居壽召赴闕下，特旨於奉先坊剏太乙廣福萬壽宫①，中建齋壇，繼太保劉秉忠，禋六丁神將。"[案：《析津志》言都土地廟在奉先坊，坊在南城清怡門。《明北平圖經》則云奉先坊在舊城通元門內。通元，金之北門也（見《大金國志》）。"清怡"當即"通元"之別稱。劉秉忠第及廣福宮，皆近今下斜街，然無可考矣。]

長椿寺南夾道

龔鼎孳《定山堂集・清明同古古伯紫仲調兔牀諸子登妙光閣詩二律》自注："閣爲善持君所建。"[案：陳廷敬、馮溥、湯右曾、陳維崧、張大受、徐嘉炎皆有游妙光閣詩。王士禎有《與鄭山公登九蓮閣》詩。查慎行有《步入一莖庵登妙光閣》詩、《過一莖庵飲香林亭下》詩，自注："亭爲合肥宗伯所葺，蓋皆在長椿寺後。"今盡圮，惟妙光閣圮而復建，爲浙人旅殯之所，其北浙江義園也。]

新開路

大、小合道口（"合"或訛"火"。井二）

迤西曠地，井六。廣西義園，井一。

大耳衚衕（井一）

南接下斜街，北抵城根，居民寥落。

---

① 原無"宮"，疑脱。茲補。

孔雀衚衕

舊有孔雀寺，故名。今亦稱二廟衚衕。關帝廟已頹敝，中祀三皇，門額書"古蹟軒轅"。關帝廟無碑碣可考。

筆管衚衕（井一）

舊有法林寺，金之竹林寺也。今廢爲菜園。

《舊聞考》："竹林寺在筆管衚衕。"《宛平王志》云在長營。《金臺集·竹林寺》詩："城南天尺五，祇樹給孤園。甲第王侯去，精藍帝釋尊。老僧誇塔影，稚子躋松根。何日天台路，相從一問源？"自注："竹林寺，金熙宗駙馬宮也。寺僧云一塔無影。"[案：寺建於遼道宗清寧八年，楚國大長公主捨第爲寺（見《日下舊聞》引《奉佛寺尊勝陀羅尼幢》）。]又明呂原《法林寺記》："宣武門西南二里有故阯焉，其先竹林禪寺也。正統中，釋惠灝訪得其地。景泰中，司禮太監興覺滿等修之，賜今額。"趙子砥《燕雲錄》："戊申三月，劉彥宗搜索舉人，赴燕山就試，於竹林寺作試院，南北同院異場引試。二月十七日，引試北人詩賦一場。二十八日，引試南人三場。至三月二十七日開院，北四百人取六分，南六千人取五百七十一人。彥宗云：'第一番進士須寬取誘之。'"《西河詩話》："竹林寺旁有酒家名頂泉居，酒名薊酒。嘗騎馬詣益都相公第，必造飲。同官張毅文鴻烈往酤，詩云'竹林寺旁頂泉居，井洌泉甘新醅餘'。"[案：益都謂馮溥也，時居下斜街。今筆管衚衕寥寥數家，土人幾不能舉其名，何論酒肆？惟竹林寺名猶著。]

東、西長營

東南距下斜街里許，井一。廣西義園，井一。迤西曰蝸脖樹，井一。迤南曰悶葫蘆罐。

范家衚衕

東距下斜街半里許，有西晉會館。

報國寺東、西夾道

寺在廣寧門街北百餘武，寺西偏有顧先生炎武祠，井二。

《析津日記》："慈仁寺亦呼報國寺，蓋先有報國寺（在寺之西北隅也）。僧院中尚存遼乾統三年《尊勝陀羅尼石幢》。"《舊聞考》："今報國寺西北隅有寺無額，土人呼小報國寺，遼幢今無之。"程世楷《排悶錄》："慈仁寺本爲周太后弟吉祥建。而寺有成化二年御製碑，止云爲太后祝釐，不及吉祥，蓋當時尚諱言其事。唐應德詩云：'同行更說前朝事，繡蟒銀魚有故僧。'至歸熙甫作記，始詳言之。"《春明夢餘錄》引蔣德璟《記》："初入東廊，憩禪悅庵。少遲，入寺後總聖門，兩旁名畫百二十軸，皆天堂地域變相，僧云宮內送至寺者。登大毘盧閣三十六級，閣外通廊，環行一周，俯視西山若在襟袖。"〔案：毘盧閣自明以來，題詠甚夥。嘉慶間，拆修乾清宮。今小閣三間，非其舊矣。畫軸久佚，惟傅雯指畫阿羅漢像，寺僧時出以示人。〕王世禎《香祖筆記》："每月朔望及下浣五日，百貨集慈仁寺。書攤只五六，往間有祕本，二十年來絕無之。"《池北偶談》："己亥，於慈仁市上見'客氏拜'三字敝刺，朱克生以三錢得之，賦《客氏行》。"《人海記》："報國寺舊有矮松二株，其右尤奇，榦長不過數尺，而枝橫數丈，人往往觴詠其旁。自內城城隍廟市移於此，每月三度爲繫馬之具，數年無復存矣。"《藤陰雜記》："廟市久廢，前歲復興，未幾仍止。蓋百貨全資城中大户，寺距城遠，鮮有至者。國初諸大第宅皆在城西，往游甚便。自地震後，六十年來荒涼已極。"〔案：慈仁廟市，國初最盛，屢見名流篇詠。《六街花事》言寺有花市，今亦無之。雙松後竟畀入木廠（見《茶餘客話》），今所存僅孫枝耳。〕《居易錄》："戊戌，觀政兵部，寓慈仁寺。梁曰繹熙爲乙未同年，本不相識。時以咸寧令行取入都，亦寓寺中，遂與定交。"〔案：《漁洋蠶尾集》有《詢劉公㦸慈仁寺寓》詩，蓋體仁嘗寓此也。高念東珩亦寓此,有詩。]張穆《顧亭林年譜》:"康熙七年,先生在都,寓慈仁寺。聞萊州黃培詩獄牽連,即星馳赴鞫。三月,下濟南府獄。十月,獄解得釋。考李因篤《受祺堂集‧莕先生贈詩》有云:'憶折前津柳,同炊古寺羹。'自注:'前年與先生同客慈仁寺,予先別夫。'蓋即此年春事也。道光二十三年夏,何太史紹基句貲爲先生建祠於寺西偏,隙地一區,架屋三楹,几筵禮器悉備,歲春秋致饗祀焉。"[案:何紹基《顧祠》詩云:"亭林先生祠,小子始營繕。繫維城西偏,慈仁森佛殿。"又有春禊、秋禊二圖(見《東洲草堂詞》自注)。同治時復祠閣潛止若璩於寺中,今移皮庫營太原會館。]《曾文正年譜》:"道光二十六年夏秋之交,病肺熱,僦居報國寺。閉門靜坐,攜金壇段氏所注《說文解字》一書,以供披覽。漢陽劉傳瑩精考據之學,每從於寺舍,兀坐相對竟日。"《燕都游覽志》:"槐樓在報國寺左,武清侯李偉別業。置三層閣於上,層級升之。碧梯赤欄,隱見蒼霞露間,望之勝於登焉。([案:今無考。])"《藤陰雜記》:"宋牧仲犖《登毘廬閣飲樵沙道院》詩:'更從別巷訪樵沙,道院幽幽愜微尚。'院似在西城。"[案:敬業堂亦有詩:"樵沙古道院,風氣清瀏瀏。入門樹干霄,檜柏榆槐楸。"云云。今遺阯無考。]

善果寺東、西夾道

西距北燕角少半里。寺内,井一。菜園,井六。迤西勉善堂,井一。善果寺,歲以六月六日作齋,有廟市。寺之西爲明瑞塋地(俗稱老公墳),今尚存内官監劉成等四碑。

東舊有紫金寺,宋遺刹也。西有歸義寺,唐遺刹也。(皆久廢。歸義寺之名猶著,俗訛"歸依"。)北曰核桃園。

《潛研堂集‧游善果寺》詩:"白紙坊前青豆房,當年賜額乞貂璫。修廊搏換鬚眉古,老榦支離柏檜涼。豐碣未磨禮部剳,荒原誰認故侯牆?山桃一樹開旋落,瞥眼春光有底忙?"自注:"東西廊塑五百羅漢，明孝宗時內官監太監姚訓所造。"又："碑載四至：東至官路，西至歸依寺，南至慈仁牆，北至太平侯牆。"〔案：太平侯第今無考。歸義之訛歸依，蓋自明已然矣。〕《人海記》："紫金寺，寺門西向，有嘉靖二十三年尚寶卿《河間李圻碑記》。"《析津志》："歸義寺在舊城時和坊。《舊聞考》：'善果寺西半里許菜園中，有遼彌陀邑特建起院碑。'《倚晴閣雜鈔》謂其地即歸義寺。以碑考之，似別為一寺，而歸義寺乃其寺之北至也。又有遼幢二，移置善果寺，今僅存其一。《幢記》言：'建法幢於灄村之墳，京東之墓。'考歸義寺近燕角，在遼都城東北隅，此幢從他處移置，非歸義寺中舊物。第灄村既在京東，要去歸義不遠，蓋亦今南城內之地。"錢大昕《過歸義廢寺》詩："一泓古井兩株槐，券尾比鄰署字皆。頓橙模黏薤碧蘚，古幢剝落臥空階。老僧持鉢身全病，過客尋碑眼獨揩。聽話閒坊宣化事，剎那興廢漫牽懷。"自注："寺有彌陀邑特建起院碑，載咸雍元年賣地券云：'今賣自己在京宣化坊門裏面街西小巷子內空閒地，內有井一眼，槐樹兩株。'末有東鄰、南鄰、西北鄰人姓名。又載寺所藏畫像大小硬橙九壇，頓橙四壇。云云。宣化坊當亦在元舊城中，其名不見於《元一統志》，蓋遼時舊名也。"

西便門大街（并二）

有華嚴庵。迤東四川義園，井一。

《藤陰雜記》："顧俠君嗣立寓有晚翠閣。查他山詩云：'依稀宣北坊西角，鴻爪留泥我亦曾。'似在西便門街。今無存。"《元一統志》："大昊天寺在舊城，寺建於遼。乾文閣待製孟初撰《妙行大師碑》言：'道宗清寧五年，秦越大長公主捨棠陰坊第為寺。道宗施五萬緡以助，額與碑皆御書。殿后建寶塔，高二百尺，有神光飛繞如火輪。清信施財者沓至。'又有咸雍三年翰林學士王觀撰《御筆寺碑》。王圻《續文獻通考》：'大定二十四年二月，大長公主降錢三百萬建昊天寺,給田百頃,歲度僧尼十人。中統三年十二月,作佛事於昊天寺七晝夜,賜銀一萬五千兩。'"《析津日記》:"昊天寺塔阯已爲居民所侵,寺門一井,泉特清冽,不減天壇夾道水也。"[案:寺故基在西便門街之西。宋徽、欽二帝曾會於此(見《燕雲錄》)。元郝經《陵川集》、王惲《秋澗集》皆有《登昊天寺寶嚴塔》詩。王士禎有《同施愚山陳藹公集王山史昊天寺寓觀唐子華水仙圖》詩,又有《柬陳藹公於昊天寺》詩自注"寺旁多古冢",知寺在國初尚未廢也。今徧爲菜圃,遺蹟不可問矣。]《元一統志》:"大開泰寺在昊天寺西北。寺之故基,遼統軍鄴王宅也。始於樞密史魏王漢寧所置,賜名聖壽。聖宗開泰六年,改名開泰。殿宇樓觀雄壯,冠於全燕。至金國又增之。後毀於兵,獨存大殿。壬子春,海雲諸大老請雲山珍公開堂演法,遂爲此寺之五代祖。憲宗彌加崇重,賜以金帛。"《遼史·游幸表》:"開泰八年十二月,幸開泰寺宴飲。"《興宗本紀》:"重熙二十三年冬,以開泰寺鑄銀佛像,曲赦在京囚。"《洪忠宣行狀》:"永祐陵諱聞,皓北鄉泣血,旦夕臨。後遇諱日,即開泰寺爲文以薦。有云:'故宮爲禾黍,改館徒饋於秦牢;新廟游衣冠,招魂徒歌於楚些。'故臣讀之,無不掩涕。"[案:寺在明時已廢。據《志》言在昊天寺西北。新城築後,其限於城外與否,莫可考也。]

南、中、北興隆街

西城吏目署在南。

染坊衚衕

前、後觀音堂(井一)

北燕角

燕角,遼舊名也,俗訛煙閣,煙或作綫(辨見後)。井四。迤東抵城根。菜園,井四。土坯阬,井一。四川義地,井五。羅家園(或稱"四維園"),井二。

寬街

西北距便門半里許，鑲藍旗營房在焉。順治十八年，改設該旗教場於此。中有頭條、二條、三條、四條、五條衚衕，各分東、西、南、北。凡小衚衕二十，僅存大半矣。迤東曰高八缸，井一；曰狗尾衚衕，井一。迤南里許曰土坯①阮，井一；五聖庵，井一。居民不過兩三家。

右在宣武門街西，廣寧門街北，其東與北城界。

---

① 坯，原文作"坏"。

京師坊巷志卷九

義烏朱一新、江陰繆荃孫　同撰
吳興劉承幹重訂

外城南城
廣寧門大街

俗稱彰義門大街（義或譌儀）。彰義，金之正西門也，井十一；韋馱庵，井一；老君廟，井一。迤東直宣武門街，有市曰菜市口（刑人之所），井一，菜市汛在焉。少西曰柴炭市，曰炭市，曰草市，曰糧食店。西城正指揮署、步軍統領所屬南營游擊署俱在南。北有增壽寺。西至斜街口，有廣恩寺，元之大悲閣也。又西爲廣德寺，有洪洞、西晉、河東、貴西、揚州諸會館。南小衚衕曰南馬道；曰雙馬市；曰鏟子衚衕；曰南胳膊園。北小衚衕曰北馬道；曰連連房；曰鈴璫衚衕；曰王子墳（明宗人塋地在其後），井二；曰觜巴衚衕，井一；曰靴子衚衕；曰北胳膊園，井一；曰口袋衚衕；曰石虎衚衕；曰增壽寺西夾道，井一；曰夾道居；曰活樹林；曰芝麻店，井一。

《藤陰雜記》："王樓村式丹《慈仁寺東揚州會館移居》詩：'大地鄰虛總一塵，冷宮隨處可容身。栽花樹柵閒中事，愛酒憐詩我輩人。桑下定惟三宿戀，槐陰也作兩家春。卻思舊雨東西路，千萬還應更買鄰。'揚館今在菜市口，離慈仁幾二里許。劉大山巖《贈樓村移居》詩：'碧山堂裏老尚書，二十年前此卜廬。'"［案：揚州館舊爲江甘儀館，徐乾學碧山堂（見北城）館蓋其舊宅也。］《萬厯沈志》："增壽寺在宣北坊，有敕建碑。"《藤陰雜記》："西城飯廠設增壽寺，錢飲光澄之《到京寓寺》詩：'一路風塵滿鬢華，解鞍便宿老僧家。房留官坐監施飯，店與人開帶賣茶。庭樹午餘時繫馬，鐘樓日落亂棲鴉。五更不睡騾車過，鐸響鈴聲枕畔譁。'知康熙初年，捨飯即在此寺。"《宸垣識略》："懺園在增壽寺夾道，貴撫王燕別業，今尚存。毛奇齡有《游王大中丞園林》詩。"［案：燕爲國初大學士王熙之弟。萬光泰《游懺園》詩："小巷大街東，園居近佛宮。殘蟬斜照後，獨鳥亂煙中。樹老藤全白，籬荒棗半紅。曲池無寸水，彈入雍門桐。"近更鞠爲茂草矣。］《析津志》："聖恩寺即大悲閣，閣祠大悲觀音菩薩。寺後有方石氍、八角塔。窮漢市在大悲閣東南巷內，蒸餅市在大悲閣後，披雲樓在大悲閣東南，臙粉市在披雲樓南。《金臺集》：'大悲閣榜，虞世南所書。'《遼史》：'太祖援石晉，自潞州迴，入幽州，幸大悲閣。指白衣觀音像曰："我夢神人令送石郎爲中國帝。"'即此也。因移木葉山建興王寺，春秋告賽，尊爲家神。"《金史·五行志》："大安二年十一月，大悲閣幡竿下石隙中火出，高二三尺，近之即滅，凡十餘日。自是，都城連夜燔爇二三十處。三月，閣災，延燒萬餘家，火五日不絕。"《春明夢餘錄》："披雲樓題額是金章宗手書，上有遠樹影，雖風雨晦冥，皆見。"［案：大悲閣在金、元時最爲名刹。宋張甫嘗使窩羅虎給元將俚笞奴飲於此，推使投閣，幾斃；又元至正間，京師大疫，宦官扑不花於此設醮，事各具本傳。《舊聞考》尚稱爲聖恩寺，近復改作廣恩門，額書"道光十一年重修"，或即其時改名也。寺已頹敝，舊碑無一存者，閣與塔皆久廢。披雲樓，據《志》言當在今右安門內，舊蹟無可徵矣。］蔡絛《北狩行錄》："太上北至燕京，寓延壽寺，嗣濮王仲理以下別居仙露僧舍。"《燕雲錄》："嗣濮王以下宗女等千八百口至燕山仙露寺，日給米一升半，月支鹽一升。二聖同聖眷起發中京，金人納絹萬匹，道君分賜百五十匹與仙露寺宗室作冬衣。"〔案：仙露寺在菜市西，諸《志》皆失載。國初，居民治地，得遼天祿三年藏舍利石匣，旁有釋志願記，始知此地即寺遺阯。《記》後"千人邑"三字，蓋社名也（事見《析津日記》）。〕又元王惲有《商鼎歌》，其序謂："仙露寺僧藏商鼎有年，燕士張文季好求古器，不惜百金，易而得之。"（見惲所著《秋澗集》）曹學佺《名勝志》："婆娑亭在彰儀門內，元馬文友別墅也。《春明夢餘錄》：'文友又築飲山亭。'《七人聯句詩集・陳一夔贈趙栗夫》詩：'菜市街西新卜居，豆棚瓜蔓共蕭疏。胸中富有書千卷，誰笑家無儋石儲！'"〔案：馬文友、趙栗夫故居，今皆無考。〕

爛麪衚衕（亦作"爛眠"。并一）

西有水月庵，并一。東有廣仁堂，乾隆間大學士史貽直故宅也，舊額猶存。有濟南、元寧、常昭諸會館。東小衚衕曰紅羅廠，并一。西小衚衕曰九間房，曰水月庵夾道。

《寄園寄所寄》錄："京師二月淘溝，穢氣觸人，爛麪衚衕尤甚。深、廣各二丈，開時不通車馬。此地在憫忠寺東，唐碑稱寺在燕城東南隅，疑爲幽州節度使城之故壕也。"〔案：唐采師倫書《重藏舍利記》稱："智泉寺在子城東門東百餘步，大衢之北。"智泉寺即大雲寺，今已廢。據《夢餘錄》言在憫忠寺前，此地有唐時故壕，說宜近是。〕《躬恥齋詩鈔》："道光二十年，始以山陰會稽別館爲越中忠義祠，建閣其上，曰正氣閣。明年春，稷辰始集同人春祭，爲詩紀事。"自注："閣在宣南坊孏眠衚衕。自建閣後，忠義之靈甚赫。有居之者，其人不潔，見古衣冠滿庭，斥令移出。人相戒不敢慢。"《藤陰雜記》："接葉亭在爛麪衚衕中間，湯西崖少宰居焉，賦詩云：'中丞宰木拱，大令宿草深。'注：'四十年前，傅雨臣感丁中丞居此，沈碼房大令嘗寓云。'西崖詠齋中草木至五十二首,可謂蕃矣。雍正時,張南華鵬翀居之,賦小集牛字韻八首。乾隆丙辰,鴻博徵士來京,若杭堇浦、周蘭坡、申笏珊,恆集於此。周送翁朗夫照詩:'孅眠古巷聯裙屐,接葉高亭發嘯歌。'丁巳,沈椒園侍郎寓。吳少司馬應棻招同人讌集,首倡徐恕齋以升《贈侍郎》詩:'牀休論上下,廨各占西東。'又有《感懷次吳少司馬韻》詩。周西陂天度《感懷》云:'青棠如綫草如煙,閱世真成浩劫前。日下林皋皆若此,人間壇坫益淒然。蝸行蠹壁餘殘壘,蟲網疏窗罷輥弦。熟客不來賓從散,春風夜雨落苔錢。'極寫荒涼之景。後爲查中丞禮、祝芷塘德麟寓。稍葺治,請王蓬心宸繪圖徵詩、李羹堂調元八疊和韻,今歸吳漪園太史裕德。"《笏山詩集》自注:"丙辰秋冬之間,屬樊榭、沈東甫、沈幼牧、逯耕石、汪槐塘諸君同寓於接葉亭。"[案:蔣士銓有《查恂叔太守招飲接葉亭看丁香》詩。查氏《銅鼓書堂集》言:"移居宣南坊,庭多雜樹,古藤數本,蔭屋二三間,足供憩息。"復有《接葉亭》詩、《碧玉山房》詩,自注:"山房在東城。"今莫知其處矣。又《朱笋河集》有《書祝芷塘接葉亭卷後》詩,歷舉前後寓公,足補《藤陰雜記》之遺。《詩略》云:"前輩懷清公,掌院事初攝。文光果詩奏,宸什和密葉。黃公序其集,清絶心所愜。曰卉木竹石,所居勝洛鄴。嘗自詠齋中,五十二首捷。大椿歌頻見,嘉樹筆亦涉。感歎傅中丞,宰木隔郊堞。四十年儵去,彈指不堪捻。又云徐氏園,壬癸逐游屧。歲六十重居,旁舍新拓輒。如何華屋處,零落又在睫。人傳爛麪衖,即公跡所躡。後來張詹事,憩吟髯如鬣。寶愛著六吟,一亭笛更撅。松江張氏住,花樹手整攝。地古山精藏,黑夜人臥壓。妙正真人符,驅之行踥蹀。擲繩空中步,姍姍露珠袷。久之亦絶怪,懍慌疑電暈,少選查太守,丁香春卷絶。時從粵西歸,葉唱簪低接。工詩趙舍人,拈鬚坐妥帖。早歲翰林祝,渺焉停履屧。湖山繼前輩,香草此爭拾。煙雲忽無端，良會殊鶼鰈。翰林移居去，東鄰謝舊業。王住畢行行，分陝山之俠。迢迢查與趙，西南覷天脅。此圖又何常？過眼吹浩劫。"]畢沅《靈巖山人詩集》自注："祝芷塘移居接葉亭，距余廡樓相去數武。"翁方綱《復初齋集‧移居》詩："半幅寒林借鬱然，繩牀北際竈西偏。巢鶯漫報東橋訊，判乙曾來長史顛。四壁磬懸雙石在，比鄰茶話一甌緣。街坊爛麪名原好，不敢隨人作嬾眠。"注："王无咎書'水月庵'扁在嬾眠衚衕水月庵，予舊居在庵南也。"潘奕雋《三松堂集‧歲暮懷人》詩注："乙丑三月，與羅臺山有高同寓水月庵，七月別去。"《藤陰雜記》："接葉亭對門大宅，爲華亭王文恭頊齡舊第，堂曰錫壽。公孫祖庚以保定太守謁選，癸未宴丙辰同徵鴻博八人於此。劉文定綸詩：'人閒盛事傳衣鉢，天上榮光屬斗台。'謂太守繼文恭舉詞科時，惟朱稼翁稻孫亦繼竹垞而舉，海內惟此二人。錢宮庶載繪《七清圖》，太守補任宣州，袁隨園枚亦同舉者，因題尾云：'酒置平津閣，鐙明錫壽堂。風前懷祖德，雨後對花光。人老衣冠古，園深水石蒼。分箋廣白雪，還似詠霓裳。'"《復初齋集‧集習庵宮允新寓槐雲吟舫》詩："堂名錫壽舊傳聞，菊借深杯勸客醺。此夕團圞追舊雨，當年倡和並橫雲。"張雲璈《簡松草堂集‧都門過外舅嵇文恭公故第》詩有："嬾眠街裏幾逡巡，猶是當年落魄身。棲宿曾爲堂上燕，徘徊誰問路岐人？"注："時第已他屬。"《雙佩齋詩集‧芷塘招集留硯齋》詩注："乾隆己丑，僑廡嬾眠衚衕，與君對宇，始相過從。"王芑孫《淵雅堂集》："同年何工部道生割宅見處，其地在宣南坊之爛麪衚衕。"陳用光《雙藤書屋詩集序》："雙藤書屋者，余友蘭士顏其齋名也。"何道生《雙藤書屋集‧楊六士比部夢符移居巷南以詩賀之》。《亦有生齋集‧移居》詩注："六士近居雙槐堂，麓臺司農宅也。"《縵釳亭集‧和陶移居》詩："自我官京師，十年四徙宅。"自注："今移居嬾眠衚衕。"陳用光《太乙舟集‧移居》詩:"西頭有居計安便,壓擔書多策蹇先。吉宅從人誇故相,浮家笑我迫中年。詩吟家具孟東野,畫寫蘿雲葛稚川。菜圃花畦料理處,解嘲與客說芝田。"又詩注:"壬申,移居嬾眠衚衕,嵇文恭公故宅也。北鄰藤花甚盛,蓋地本在此。宅今已售爲濟南會館矣。"

七井衚衕（井一）

蓮花寺灣

有蓮花寺,井一。北曰七聖廟,有蘄州會館。

《洪北江年譜》:"嘉慶四年九月二十四日,移寓蓮花寺待罪,與知交相別。"[案:亮吉是時以上書下獄,謫戍伊犁。又庚子,北闈獲解,時亦厲此。]王芑孫《淵雅堂集·蓮花寺讀書圖記》:"予外弟宋廷弼試京兆,居蓮花寺,去余居數十武,步屨相過從,甚樂也。'"王蘇《試畯堂集·上元移居蓮花寺灣有作》。

箭杆衚衕

醋張衚衕（井一）

有弘衍庵。

王士禎《帶經堂集·周愚山侍講過弘衍庵看海棠柬梅耦長》詩:"韋杜城南十萬家,東風處處酒旗斜。不知冷節恩恩過,猶見僧樓一樹花。"又有《庚午重過感懷愚山》詩。《藤陰雜記》:"紀太僕復亨寓此,賦詩:'平陽池館亞枝紅,移入香匳便不同。莫爲叢殘自憐惜,梅家詩體擅江東。'"自注:"耦長先有三絕句。"

金井衚衕

西甎兒衚衕

有處州會館。西有法源寺,唐之憫忠寺也。明正統間改崇福,國朝雍正間賜今名,寺前門在白帽衚衕。

黃安濤《詩娛室詩集》:"戊寅八月,自八寶店移居西甎兒衚衕。齋前棗樹一株,接葉檐際。退閒輒吟詠其下,名其詩爲《棗檐集》。"

《尚絅堂集·秋日黃霽青編修偕潘農部移寓西甎衚衕宅奉訪占此以贈》:"秋至剛驚白露瀼,青騾載具鶴移裝。行來共說潘郞壁,徙後休嗤陸氏庄①。當院閉門先種竹,兩家埽徑合分楊。鯉魚風起無邊信,早晚鄕書自魏塘。"《池北偶談》:"愍忠寺有貫休畫羅漢十八軸。世祖末,吳人持以進御者。會崩,遂粥寺中。"(又見宋犖《筠廊偶筆》)翁方綱《復初齋集·過王述庵法源寺寓齋即送其南歸》詩注:"述庵昔居此,曰蒲褐山房。"又《錢湘舲移居聽鐘山房與法源寺比鄰》《訂今春看花小集》《和香樹老人舊韻》詩〔案:聽鐘山房,謝金圃先生故居〕。錢大昕《潛研堂集·移寓珠曹街》詩注:"乙亥二月,寓憫忠寺街。"黃景仁《兩當軒集·惱花篇》:"時寓法源寺。"《卷葹閣集·法源寺訪黃二景仁病因同看花》詩有"法源寺近稱海棠,崇效寺遠繁丁香"之句。今寺中丁香亦盛。又有《獨游法源寺值馮戶部敏昌同過寺旁亡友黃二寓室已傾圮不可入載賦》詩。朱方增《求聞過齋集》有《移居西甎衚衕》詩:"草木黃落霜滿庭,鯉魚風急鳴檐鈴。呼奴曉起理燕器,新居已卜西南坰。碌碌車轉兩輪籢,長塍短笻堆奇零。亦有束笥皮②巨篋,文淵閣本《開成經》。郊島寒瘦到家具,路人指點顏爲赬。蘆簾紙閣幸修潔,迴飆不使穿疏欞。晴窗無事弄柔翰,卷簾坐對西山青。況復法源寺最近,蕭槮古木環禪扃。明春儻値雨新霽,著屐探徧花冥冥。十萬買鄰計更得,東西屋住到與丁。偶然退食足談讌,莊諧雜起能忘形。客因考室索我飲,長鬚奴子攜瓦瓶。堆盤蔬果頗不惡,花豬肉膩魚嫌腥。仙仙屢舞樂未罄,無奈燭跋催客行。恩促送客出門去,仰頭瞥見昏中星。"《坊巷衚衕集》:"宣南坊在新城右安門裏東,宣武門大街南,

---

① "庄",原作"裝"。《尚絅堂集》卷五一作"莊"。
② "皮",原作"皮"。

五牌二十七鋪。有碧霞元君廟、新寺、憫忠寺。"〔案：廟今無考；新寺即靜寧寺。〕平致美《薊門紀亂》："史思明僭位於范陽，建元順天，國號大燕。六月，於開元寺造塔，改寺名爲順天。"〔案：憫忠寺東、西兩甎塔，安禄山、史思明所造（見文維簡《塞北事實》）。元納延《金臺集·題雙塔寺》："安史開元日，千金搆塔基。世尊寧妄福？天道自無私。寶鐸游絲冒，銅輪碧蘚滋。停驂指遺跡，含憤立多時。"塔在前明時已毁，或指爲慶壽寺之雙塔，誤也。而開元、順天之名不著，殆後人以安、史所更，諱言之歟？〕王偁《東都事略》："宋真宗崩，仁宗遣使告哀。遼主集蕃、漢臣舉哀，令燕京憫忠寺置真宗靈御，建道場百日。"《遼史·興宗紀》："重熙十一年十二月，以宣獻皇后忌日，上與太后素服飯僧於憫忠寺。"《燕雲録》："淵聖至自雲中，駐蹕憫忠寺。"岳珂《桯史》："徽祖上賓，洪忠宣皓嘗於憫忠寺建筵以奠。"張養浩《歸田類稿》："天會五年，迎旃檀①瑞像到燕京，奉安於憫忠寺。"《元一統志》："大延壽寺在舊城憫忠閣之東，起自東魏元象，幽州刺史尉長命爲大雲，後爲智泉，隋爲普覺，唐爲龍興，大中時賜額曰延壽，遼、金益加完葺，海陵天德三年爲宫。"《元史·泰定帝紀》："泰定四年正月，皇子雲丹藏布受佛戒於智泉寺。"《春明夢餘録》："尉使君寺，尉長命造。後改爲智泉，則天后時改大雲，開元中改龍興。寺在憫忠寺前，隋造塔藏舍利處。"〔案：智泉寺久廢。《夢餘録》之言，本諸唐會昌六年采師倫書《重藏舍利記》。《記》稱："寺在子城東門東百餘步，大衢之北面也。"舍利塔以是年移憫忠寺。景福元年，僧知常書《重藏舍利記》有云："大燕城内地東南隅有憫忠寺，門臨康衢。"知兹地爲唐幽州城之東南隅。少南有子城，其東北則限諸城外矣。遼、金都城因唐鎮城之舊（如琉璃

---

① "檀"，原文字左邊部件作"方"，疑受前面"旃"字影響所致，兹徑直改之。

廠)今隸北城。而遼《李內貞墓志》謂京東燕下鄉海王村聖安寺,在今右安門東,元時雖在舊城中,而地名東湖柳村,蓋已僻在城隅。今宣武門當元順承門南,而劉崧《送客》詩有"順承門外蕎麥花開"之語,其地限於舊城外可知。蓋遼、金都城在今城之西。明嘉靖時築入外羅城者,特其東南一隅也。延壽寺在金、元時爲名刹,《北狩行錄》《燕雲錄》皆云宋徽宗至燕,館於寺中。《析津日記》謂在今延壽寺街,以明正統六年開渠得斷碑上有"大金延壽寺"字爲據。考延壽寺街西鄰琉璃廠,遼、金時當爲海王村地。金人俘宋宗室置仙露寺,欽宗憫忠寺,徽、欽二宗相見於昊天寺,皆在城中,相去二三里許。而獨置道君於城外海王村之延壽寺,恐不若是之疏也。《燕雲錄》言:"鄭后體違和,淵聖諸后同來延壽寺候問。"其地當與憫忠寺相近。《元一統志》所云大延壽寺在憫忠寺之東者,疑即徽宗寓居之地。《析津日記》考之未審也。遼聖宗、興宗屢經臨幸(《遼史·本紀》及《游幸表》),今以遼、金遺事仍系諸北城,而著其辨於此。]《析津志》:"綵山寺在憫忠閣西,今已廢之甚矣。興禪寺在燕聖安寺之東,憫忠閣之西。"《元史·禮樂志》:"國史院進先朝實錄儀,命左三部、太常寺、少府監於興禪寺置局。"《元一統志》:"靈虛觀在憫忠寺前蝦蟆北岸,內有大古槐一株。"[案:寺與觀遺阯皆無考。蝦蟆北岸,今亦無是名。]

簪兒衚衕

北有謝文節祠,爲江西公所。

《宋史·謝枋得傳》:"福建行省參政魏天祐見時方以求才爲急,欲薦枋得爲功。枋得見天祐,傲岸不爲禮。與之言,坐而不對。天祐怒,強之而北。至元二十六年四月至京師,問謝太后攢所及瀛國公所在,向之再拜慟哭。已而病,遷憫忠寺,見壁間《曹娥碑》,泣曰:'小女子猶爾,吾豈不汝若哉?'不食而死。"《明景帝實錄》:"景泰七年九月,以巡撫江西右僉都御史韓雍之請,令原籍所司歲舉祀事,仍與文天祥同賜諡,天祥曰忠烈,枋得曰文節。"《藤陰雜記》:"近見《卜硯集》,知公建寧橋亭賣卜。一歙硯,程文海銘,永樂中出土,三百年流傳至天津,周月東焯寶藏,臨終贈查中丞禮。攜之至京,徧徵名輩題詠,畢秋帆制府爲刊行。"

扁擔衚衕

史家衚衕

小井衚衕

門樓衚衕

舊有青州會館,今廢。

《藤陰雜記》:"陳紫瀾宮詹浩《移居門樓衚衕》詩:'數卷殘書一酒瓢,移家東去尚西郊。略無根柢萍浮水,不費經營鵲有巢。知己忽成千里別,歸期久媿北山嘲。右安門近尋芳路,且喜春風上柳梢。'"張穆《使黔草序》:"道光二十八年四月,立夏節後一日,甫由上斜街移寓門樓衚衕,與子貞西甎老屋相近。"

紫兒衚衕

教子衚衕("教"或作"轎"。井三)

迤南石溝,小橋一。西有永慶寺,有甘肅、鄱陽會館。東小衚衕曰龍鳳阬,井一。東北有南營箭廠。迤西有米廠,乾隆三年設西城平糶局於此,今廠廢,而猶存其名。自教子衚衕以西,多回人所居。

《筠廊偶筆》:"永慶寺最爲卑陋。僧又然居祖師殿,余寓北鄰,時過訪。"《曝書亭集》:"趙恆夫所居寄園,潴池累石,分布亭館,種花木。海內名士入都,恆流連不忍去。"〔案:園在教子衚衕,今圮。〕沈德潛《歸愚詩鈔·移居寄園》詩:"屋角時聞噪晚鴉,土牆一帶任周遮。行人欲認詩人寓,老樹村邊第二家。""苔垣舊賸玲瓏句,土室新安曲盂牀。莫語寄園全盛事,酒旗歌扇已蒼涼。"《笥河文集》:"趙給事吉士居城西古憫忠寺側,爲寄園,嘗以名其所著説部。後園益圮剥,其一角,老樹十餘株尚存,前輩名流多居此。今爲余及門宣城張侍講燾慕青所僑寓,取古詩'庭中有奇樹'之義,以嘉樹名其屋。"《復初齋集・蔣香涇蓮花寺寓齋分飲》詩自注:"寺西爲寄園舊阯,吾師沈榕谿舊居也。"《翁氏家事紀略》:"乾隆二十六年,遷居宣武門西輔子衚衕。《復初齋集・心餘穀人瘦銅同日移居》詩自注:'趙氏寄園舊阯。庚辰、辛巳間,予與諸桐嶼、王述庵比鄰居,時有三家邨之目。穀人新居即張涵齋侍講舊居,其先王述庵居之,穀人齋名煙夢舫。'"《甌北詩集序》:"己①卯、庚辰,予與耘松鄰居寄園舊阯,日夕過從。"吳錫麒《有正味齋詩集》:"辛丑十月移居蒲褐山房,即趙天羽寄園故阯。"

麻刀衚衕(井一)

馬張家衚衕

熟肉衚衕(井二。"熟"亦作"瘦")

柵欄衚衕(或作"沙拉"。井二)

白帽衚衕

有雲南會館。大悲院在法源寺前,同治初建,井一。毛殿,井一。

《天問閣集・甲申諸臣傳》:"趙譔,字鎮所,昆明人,舉人,官御史。城陷被獲,大罵賊。賊憤極,諸賊齊奮刀亂斫。在白帽衚衕死。"《嘯亭雜錄》:"趙忠愍譔,崇禎時巡視南城,爲流賊害於白帽衚衕。時黨人氣盛,公以邊遠士未及攀躋清流,故南中祭享及本朝賜謚,皆未之及。乾隆初,同鄉侍御傅某爲之表白,始補謚忠愍,立專祠祀之。今爲雲南會館。"《藤陰雜記》:"憫忠寺旁,明末侍御趙譔殉節葬此。乾隆二年,御史傅爲訏奏請賜謚,建景忠庵。"[案:《甲

---

① "己",原文作"已"。

申傳信録》載趙忠愍事,與《天問閣集》略同。〕

小菜街（"菜"或作"寺"。井一）

聖安寺街

聖安寺,金遺刹也。井一。

《湛然居士集》:"聖安寺庭前有怪柏數株①。"《日下舊聞》:"宋顯夫《南城俚歌》十首,其四云:'停驂惆悵聖安寺,後堂空祀李宸妃。'則寺中留像,不獨世宗、章宗二帝也。"《析津日記》:"寺中金、元舊碑無一存者。殿前明碑二,怪柏已盡,惟有兩楸樹而已。其地名東柳湖村,匪獨湖湮,柳亦不見。"《西陂類稿·夏日柳湖僧舍》詩:"長楸落晚花。"又自注云:"寺在柳湖村,栴檀佛嘗飛至寺中。元學士程鉅夫有記。"《燕舟客話》:"聖安寺一名柳湖。中有佛像、諸天像四,以藤爲胎,泥金裝飾,瓔絡甲胄,俱嵌珊瑚、青金諸寶石。寺僧云崇禎時大内賜出。"《池北偶談》:"寺殿有商喜畫壁。"《藤陰雜記》:"聖安寺,竹垞在寺餞曹檢討,稱寺藏金元帝后及栴檀佛像,詩有'畫壁商喜留,吳裝何詭麗?絕筆追顧陸,纓絡雜佩璲'詩句。"田樂園需有《同孫子未過寺觀畫壁慧明上人出王文安所遺飲器貰酒相餉》詩。〔案:栴檀像自乾隆間移奉寧壽宮,諸像及楸柏皆無存矣。《茶餘客話》稱"聖恩寺舊有雙楸樹及古槐,乃金時物。馬櫻花一株,宋牧仲手植"。"聖恩"似即"聖安"之譌,今俗亦有是稱,非斜街口之聖恩寺也。《金臺集》有《聖安寺懷古》詩"蘭若城幽處,聯鑣八月來",知元時寺在舊城東南隅矣。〕《元史·世祖紀》:"中統三年十一月,敕聖安寺作佛頂輪會。"又《王磐傳》:"磐以年老乞骸骨,行之日,公卿百官皆設宴以餞。明日,皇太子賜宴聖安寺,公卿百官出送麗澤門外。"

---

① "株",原文作"此",疑訛誤。

牛街（井一）

南花園，井一。步軍統領所屬南營守備署在西。又南有回人禮拜寺。北小衚衕曰香兒衚衕。南小衚衕曰巴家衚衕、目家衚衕。迤南有吳家橋，舊有頭條、二條、三條衚衕，賈家衚衕，王老衚衕，今皆廢。其西南隙地，荒冢外多蔬圃。少東曰三間房，井一；曰大明園，井五。迤西曰老君地，井一。其北有峨眉禪林，康熙初建。西南曰道士觀院，元之長生觀也，井四；曰道士墳，明之官園也。又西南曰望遠村，城南道院在焉，國初游詠之地，今廢。

《敬業堂集·移寓城南道院納涼》詩："不信人間有鬱蒸，好風來處晚涼增。滿城鐘磬初生月，隔水簾櫳漸吐鐙。書少只宜高閣庋，牆低聊當曲欄憑。白鬚道士休相避，我己（已）身如退院僧。"《元一統志》："長生觀，長春丠仙翁門第崇德宋真人所刱建，在舊都豐宜關。有《崇德祠堂記》，長春宮元學講經宣義大師史志經撰。"〔案：長生觀爲元十四道觀之一，《日下舊聞》已不能指其處。今道士觀西有明道士單重亨碑，稱葬於長生觀之西南官園之原。旁又有朱升晹等三碑，俗稱其地爲道士墳。則今之道士觀爲長生觀遺阯無疑。《元一統志》言觀在舊都豐宜關。考豐宜門，金之正南門（見《大金國志》），茲地當城南關廂，與《憫忠寺記》"門臨康衢"之言，足資參證。〕

羊肉衚衕（井一）

饃房衚衕（井一）

乾麪衚衕（井一）

南有寶應寺，井二。寺旁爲明璫王安墓，其外山左義園也，井一。

雲兒衚衕

花枝衚衕（井一）

南燕角（俗訛"煙閣"。井二）

西有竹林寺，比丘尼居之。少南曰燕藁兒（"藁"即"角"之誤也）。迤東曰大門口，曰藁上，井三。

《坊巷衚衕集》："燕角兒在廣寧門、右安門內西南角。"《明一統志》："燕角樓在府西南一十五里，遼建。今其地猶名'燕角'。"《日下舊聞》："《遼史》言燕角樓在東北隅，不知何據。稱在府西南一十五里，未敢信也。"《舊聞考》："今土地廟西猶有燕角兒之名（'角'讀如'藁'）。"［按：燕角兒今在南燕閣東南，與《一統志》《坊巷衚衕集》所記地望正合。《舊聞考》云在土地廟西者，蓋約舉之辭。今南北煙閣徑三里許，皆以燕角樓得名。北煙閣直抵便門，正《遼史》所云東北隅也。朱彝尊據史言以駁《明一統志》，《舊聞》已辨其非矣。］

絨綫衚衕

大川淀

龍王廟，井一。朱處士野雲山人鶴年建閣其上，朱爲鬻榜之曰"涵秋"。迤南葦塘數十頃。何兆瀛《泥雪錄》："破被斷牆都入畫，野雲飛去復飛還。後來居者南田裔，明月兼葭不上關。"注："是當日洪北江、張船山諸老與山人讌集地。道光間，惲次山吏部曾居此。"東小衚衕曰小川淀，井一。

盆兒衚衕（井二）

華嚴寺俗稱聖賢庵，井一。南有玉皇廟，道光間重修，改名三教寺，井一。西爲天仙庵，比丘尼居之。迤南有關帝廟，俗稱金頂廟（已圮），井一。盆兒衚衕之西皆曠地也，舊有丁家穿店、鄒家穿店，今皆廢。南曰紅水阬，井二。前有火神廟，明宣德四年建，碑稱其地爲元之火燄營。近廟燬重建，僅三楹，碑亦毀。少西曰萬壽東宮，明之弘仁萬壽宮也；曰白馬寺阬，地以寺名：皆久廢。《宸垣識略》言寺在天官保，今罕能舉其名。又西曰雙槐樹，曰萬壽西宮，明萬厤間建，尚完整，額書"關帝廟"，有神宗御製封號碑，井一。廟旁舊有松樹頭條、二條、三條衚衕，今廢爲蔬圃，井二。

《藤陰雜記》："玉皇閣在盆兒衚衕。嚴宗伯我斯《登玉皇閣》詩：'雙闕煙生縹緲外，萬山青在有無中。'閣在盆兒衚衕。"《析津日記》："宣南坊白馬寺，隋刹也。殿後尊勝陀羅尼幢上列'仁壽四年正月上旬造'。寺重建於洪熙元年，正統八年賜額，有張元楨、張文憲二碑。其東僧塔前有古碑，爲侵占者所毀矣。"《曝書亭集·白馬寺》詩："仁壽千年寺，今存半畝宮。苔鐘橫道北，瓦塔限牆東。客至愁噑犬，僧寒似蟄蟲。夕陽留未去，雙樹鳥呼風。"《行國錄》："弘仁萬壽宮，萬厤四十三年敕建。中爲文昌殿，額曰'崇真保運'。左以祀諸葛孔明，封號曰天樞上相；右以祀文信國，封號曰天樞左相：皆目之曰真君。祀雷神於後殿，設禮斗臺。最後高閣十三楹，曰太極造運寶閣，以安昊天上帝。有神宗御製碑文。督工者司設監林潮。內官不學，神號無稽，知禮者當議輟也。"［案：萬壽宮久廢，神像移奉玉皇廟，今廟亦頽敝矣。］

里仁街

在右安門東北，距盆兒衚衕一里許，井九（《宛平王志》"仁"作"神"，云有寶塔寺，今圮）。迤西曰半步橋，井二。又西曰椿樹阬，井三。

右安門大街

右安門俗稱南西門，井一（《宛平王志》有右安寺，今圮）。旁小衚衕曰東馬道、西馬道，曰東衚衕、西衚衕。迤北有雙橋，歧分二道，橋之北曰極樂院（已圮），井凡十。又北曰高廟，祀關帝，今僅存土阜，井六。少西曰豆兒屯；少東曰櫻桃園，井四。右安門西半里許曰三聖觀，井一。又西南曰火藥局，工部所屬灌靈廠在焉，井一。廠地亘二里許，抵城根，其外多蔬圃，井凡十八。

《會典事例》："火藥局一在廣寧門南白紙坊西南。又灌靈廠在右安門内，收貯火藥、烘藥、鉛子。"

廟兒衚衕

在右安門東，迤北曰竇家阬。

毛家衚衕

此下皆在右安門西，迤西曠地，井九。

劉家衚衕

西南曰趙家井。

白紙坊

東南距右安門二里許，有呂仙祠、菜園，井十九。迤北崇效寺，井三。古林院祀關帝，蓋里社也，井六。又北有聖壽寺（傳云唐刹，無碑碣可考），井三。少西爲曇花寺（明建），井一。又西爲廣寧門中心臺，井九。

《坊巷衚衕集》："白紙坊在廣寧門内西南角，五牌①二十一鋪。有小聖安寺、大聖安寺、寶應寺、禮拜寺、相國寺、崇效寺。"張遠《隩志》："南城諸坊，白紙坊最大。元於此設稅副使，北自善果寺，南至萬壽宮，西極於天寧寺，皆是也。自嘉靖築新城，以城牆界之，坊劃而爲兩矣。"[案：小聖安寺、相國寺今無考。天寧寺在城外。白紙坊，元時在舊城中，而《元一統志》列舊城坊名六十二，獨無此名。《夢餘錄》載明南城坊名，亦無之。至《坊巷衚衕集》始列於宣南坊後。然考成化間嚴理安《重修善果寺碑》，已稱宣武關外三里許，地志曰白紙坊，則其名固沿元舊也。今居民尚以造紙爲業。]《析津日記》："元至正初，以唐貞觀元年所建佛寺賜額'崇效'。嘉靖辛亥，太監李朗於寺中央建藏經閣，閣東北有臺，臺後有僧塔三，環植棗樹千株。"[案：臺今圮。]《藤陰雜記》："寺在柳湖村西，名流競游。

---

① "牌"，原文作"碑"，當爲字形訛誤，兹徑直改之。

如朱竹垞、宋牧仲、陳澤州、王樓村式丹、吳荆山士玉，繆湘芷沅、郭于宮元釪皆有詩。王漁洋改名棗花寺。寺藏拙庵和尚《紅杏青松照》，時康熙庚午，漁洋、竹垞、王昊廬、查他山、陳香泉、孫松坪俱有題句。"［案：《紅杏青松卷》今尚存，藏經閣後臺已圮。《元一統志》言唐劉總捨宅爲崇孝寺，在《析津志》都總管公署左。或謂"崇孝"即"崇效"，以地望準之，其説近是。然無碑碣可證，未敢遽信也。］

明《北平圖經志書》："石經文碑在舊南城白紙坊，乃金舊國子學。殿堂門廡皆毁，惟餘石碑二通，上刻《春秋經傳》及《禮記》，文多磨滅不完。"［案：《明一統志》與《圖經志書》略同。《石經》舊在汴梁，金人移置於此。元王惲《秋澗集》有《修理大都南京石經事狀》。其後日就湮没，至明季已不復存矣。白紙坊自嘉靖築新城後，畫而爲兩，金國學之遺阯限於城外與否，亦莫可考也。］

棗林街

東距牛街半里許，井二。西有三官廟，井五。

《藤陰雜記》："張黄門維赤字螺浮，有新園在棗林街。龔合肥《過飲》詩：'柳市城闉百尺居，棗林街裏一囊香。'螺浮有'十年霜雪老黄門'之句，一時名流爭和。"

後營

東距牛街半里許，井二。

黑紙坊

北距南煙閣半里許。迤西曰萬人阬。東南曰四門口。北有千佛寺（明嘉靖間重建），井九。

右在廣寧門街南，大川淀、半截衚衕西，其東與北城界。

京師坊巷志卷十

義烏朱一新、江陰繆荃孫　同撰
吳興劉承幹重訂

外城北城

《城冊》："外城地阯隸北城者曰南坊。第一鋪：東至西河沿關帝廟前，與中城界；南至延壽寺街之中；西至西河沿響閘；北至護城河。二鋪：東至觀音寺街，寺前與中城界；南至觀音寺；西至琉璃廠橋；北至廊房頭條衚衕内之高家衚衕。三鋪：東至琉璃廠橋；南至東南園；西至永光寺中街；北至宣武門城根。四鋪：東至石頭衚衕之南，南至香廠永安橋之東，皆與中城界；西至菜市口。五鋪：東至大保吉巷，與中城界；南至南橫街迤南；西至果子巷；北至騾馬市。六鋪：東至閻王廟街之西；南至姚家井之西；西至半截衚衕，與西城界；北至菜市口。又靈椿坊來屬三鋪。第一鋪：東至陝西巷，南至虎坊橋，皆與四鋪界；西至山西街；北至臧家橋。二鋪：東至琉璃廠橋；南至沙土園；西至宣武門大街，與西城界；北至西南園之北。三鋪：東至臧家橋；南至魏染衚衕之北；西至菜市口，與西城界；北至南柳巷之北。"

五斗齋衚衕（"齋"或作"麴"）

大耳衚衕（井一）

有婺源會館二。

石猴街

汾州營

大弘廟

　　康熙三十六年,僧明泐重建,有大學士張玉書碑。

胰子巷

三眼井（井一）

取鐙衚衕

蝎子廟

　　七聖廟,俗稱蝎子廟。井一。

北火扇

南火扇

羊尾衚衕

羊肉衚衕

　　西有回人禮拜寺。有惠安會館。

柴兒衚衕（井一）

　　有鄱陽會館。

笤帚衚衕（井一）

　　《復初齋文集·跋班馬字類》:"曩日儗居琉璃①廠北笤帚衚衕,簹鐙②孜孜掇拾兩漢字義,今三十有二年矣。"

炭兒衚衕

　　東小衚衕曰穿堂門。

延壽寺街

　　延壽寺,《析津日記》言宋徽宗北來寓此,疑非也(詳西城)。有

---

① "琉璃",《跋班馬字類》原文作"瑠璃"。
② "簹鐙",《跋班馬字類》原文前有"破屋"二字。

平樂、潮州、長元吳諸會館。西小衚衕曰泰山巷。

《杜文端自訂年譜》："乙丑,移居延壽寺街。"《遼史·游幸表》："聖宗統和六年四月,幸延壽、延洪二寺。十五年四月,幸延壽寺。"宋洪皓《松漠紀聞》："燕京蘭若相望,大者三十有六,然皆律院。自南僧至,始立四禪寺:曰大覺、招提、竹林、瑞像。延壽院主有貲坊二十八所。僧職有正、副判錄,或呼司空。"

佘家衚衕（井一）

有襄陵會館。

東北園（井一）

有當塗會館。

百花園

櫻桃斜街（井一）

有貴州會館二。

《藤陰雜記》："櫻桃斜街,阮都諫應商寓。姪學浩入翰林,吳文簡襄贈詩:'斜街舊雨憶黃門,六十年來老弟昆。'"

皈子廟

李鐵拐斜街

有襄陵、延定會館。又有肇慶會館二。

《藤陰雜記》："靈椿坊李鐵拐斜街,黃侍郎叔琳父卜居,夢祖授以小鉞,侍郎果巡撫浙江。"韓泰華《無事爲福齋隨筆》："黃叔琳宅有萬卷樓。"彭定求《南畇老人自訂年譜》："康熙丁巳,寓李鐵拐斜街。冬,尤悔庵彭羨門方以薦舉應試,從弟寧求舉。丁巳,鄉試公車至,同住京寓。"

朱筠《笥河文鈔》："蔣編修秦樹爲余辛巳分校所得士,官中書。與余居同巷,余家在日南坊李鐵拐斜街之北,君居在南。"[案:宅中有椒華吟舫,屢招名流觴詠。其弟珪爲兄墓志言珪與公同官翰林、同車馬者七年。乙未,珪自山西歸,乃比鄰居。宅後可通往來,而伯兄居老屋對門,珪自名所居曰鄂不草廬。]《笥河詩集》:"壬申歲,王介眉先生住余宅,即今椒華吟舫。"程晉芳《三長物齋記》:"壬辰,居房師朱先生第。篋中有東井硯,項子京臧,鐫坡公名而不字;一爲北宋搨《聖教序》;一元人畫達摩像。錢籜石名之曰'三長物齋'。"魚門詩:"首冬旌節指江淮,特遣攜家宿舊齋。花事六時環近砌,市聲三面出斜街(南櫻桃斜街,北楊梅竹斜街)。先時已寓談詩客(謂梁午樓),小憩彌深望遠懷。是處皆公選吟地,步趨何術逮津涯?""安巢自哂鳩謀拙,過社行逢燕壘新。授鉢傳衣倘同例,複窗重幕不沾塵。風簷立雪曾叉手,月地看花又得鄰(謂曹光祿慕堂、孔農部荘谷、史儀部文量葷)。饘粥于斯感公甚,更無人覺貸租頻。"

燕家衚衕

陝西巷

大、小外廊營(并各一)

有潮州、瓊州會館。舊有涇陽、涼州、嚴州會館,今廢。

《藤陰雜記》:"外廊營,爲徐文穆本第,後歸王文莊際華,甫興作而賜第護國寺街,因售作全浙公產。'懷存堂'額尚在。"①《陳句山年譜》:"庚寅八月至京,借寓汪芍陂給諫新宅。九月秒,移歸外廊營舊宅。"

韓家潭

有上虞、廣州會館。

《宸垣識略》:"芥子園在韓家潭。康熙初,錢唐李笠翁寓居。

---

① 《藤陰雜記》原文:比鄰外郎營,爲徐文穆公本第,昔延文山先生課諸子,文莊隨侍。後徐氏以第歸文莊,甫興作,而賜第護國寺,因售作全浙公產。"懍存堂"額尚在。

今爲廣東會館。"《藤陰雜記》："王文莊初寓韓家潭,每於中秋前後張樂邸第,燕乙丑同年及門生。堂曰'寶言',書室曰'夢舫'。"《天咫偶聞》："符右魯所居韓家譚,牀幃之外,書籤畫卷、茗椀香鑪,列置左右。几案無纖塵,四時長供名花數盆。王述庵笑謂曰:'入君燕寢,已如在斷橋籬落間,使人不復憶西子湖矣!'咸、同間,優伶聚館於此,笙歌徹曉,車馬如雲。沈吏部錫晉寓此,門聯署'十載藤花署,三春芥子園',馬號聯云'老馬伏櫪,流鶯比鄰',人傳誦之。沈寓即李笠翁之芥子園。"

後河（井一）

百順衚衕（井一）

舊有太平、晉太會館,今廢。

李文藻《游琉璃廠記》："乾隆己丑,予以謁選至京師,寓百順衚衕。"

東、西皮條營

萬佛寺灣

臙脂衚衕

五道廟（井一）

自觀音寺前分櫻桃、李鐵拐二斜街,復并於五道廟。有三原、襄陵會館。

明王象乾《建玉帝殿碑記》："正陽門西,由臧家橋至宣武門,乃龍脈交通、車馬輻輳之地。舊有五道廟鎮焉,其阯廣不數武。天中羽士揭真誠者見而喟然曰:'衝衢應建玉帝行宮,率諸威神鎮之斯可也。'經始於萬厤三十五年七月,次年告成。乞言於余,文成,即以'交龍'名碑。"

梁家園（井二）

橋一,今已圮。壽佛寺設粥廠於此。有惜字會館。

《一統志》:"梁家園,明時都人梁氏建,今廢。"《春明夢餘錄》:"梁園在京城之西南廢城邊,引涼水河入其中,亭榭花木極一時之盛。"明劉定之《呆齋集》:"梁氏園外有舊城。舊城者,唐藩鎮,遼、金別都之城也。元遷都稍東,於是舊城東半遂入於朝市間,全無跡可見;而西半猶存,號爲'蕭太后城',即梁氏園所在。或謂此雖遼、金都城,而非唐藩鎮城,不然也。唐時此爲范陽藩鎮,安、史反後改名'盧龍',而所治幽州、薊縣不改,惡得非唐藩鎮舊城乎?遼、金不因藩鎮以爲都而曷因乎?且稽諸載記,遼、金亦何嘗剏建都城乎?今其城僅存土耳,甓皆爲人取去。其土皆真黄土,人取之和煤炭以燒,亦有即之作墓者,以其高堅也。"[案:涼水河,今流徑南苑,由張家灣入白河。《夢餘錄》所稱梁園引水故道,久湮廢矣。考明正統間以劉忠愍球言,命欽天監正皇甫仲和審視宣武門西作減水河利否。仲和言:"門西舊有涼水河,可疏通以洩水勢。"此明時河水徑宣武門外之確證也。嘉靖築新城後,並未斷流,故梁園得引入其中。今虎坊橋下有枯渠直抵南下窪,蓋其故道之僅存者,餘皆不可考矣。元築新城於遼、金故都東北,而以故都城爲舊城。《元一統志》載舊城坊名頗悉,似新、舊兩城本不相屬。《呆齋集》言東半入朝市間,以梁園廢城爲西半遺蹟者,核其地望,疑未足據。]《茶餘客話》:"黃蘭巖民部寓梁家園。積水到門,顏其堂曰'半房'。山後有疑野亭、朝爽樓,前對西山,後繞清波,極亭臺花木之盛。池之南北,旗亭歌榭不斷,游人泛舟,竟夜忘返,賦詩者甚多,惟張文端一首尤傳誦。"《藤陰雜記》:"康熙中,龔尚書鼎孳《招董玉虬文驥梁園李家莊泛舟觀鐙》詩云:'此地足煙水,當年幾溯游?'王橫雲有《宋荔裳招飲梁家園》詩:'半頃湖光搖畫艇,一簾香氣撲新荷。'沈心齋有《陳以樹招飲梁家園警露軒》詩:'野曠天高啟八窗,門前一碧響淙淙。'《舊聞考》稱南極於魏村，似在右安門①外。今莫知其阯，但知北城有梁家園，空曠平原，並無煙水。余己卯入都，但見堆積糞土。後築宮房，李吏部調元寓焉，築看雲樓，有'檻外遠山排闥繞，樓前積水當湖看'之聯。今有僧募蓋壽佛寺、設義學。"《有正味齋日記》："二十七日過候羅碧泉，修禊於梁家園。昔王阮亭與宋荔裳諸君曾泛舟於此。"明程敏政《篁墩集》："京師賣花人聯住小南城，古遼城之麓，其中最盛者曰梁氏園。園之牡丹、芍藥幾十畝，花時雲錦布地，香冉冉聞里餘。"《匏翁家藏集》："小南城梁家園，往時芍藥最盛，人多攜酒賞之。後其家廢，無一本在者。"

梁家園東、西夾道

麻綫衚衕（井一）

有淮安、陸安、鄆中諸會館。

鐵老鸛廟

廟祀關帝。鴟吻上安鐵鸛，隨風旋轉以驅鳥雀，故名。井一。有大荔、蒲城會館。

《陳句山年譜》："乾隆辛未十二月，移居鐵老鸛廟。"

十間房

有沔陽會館。

姚元之《竹葉亭雜記》："步軍統領俗稱九門提督，舊秩三品。嘉慶己未六月二日，皇后關防出神武門。有恆謹者不之避，兵部罪步軍統領不能稽察。時爲定親王攝此職，上以布彥達賚代之，定職從一品，設左、右總兵，秩正二品。其巡撫五營，改中營爲提標、副將爲提督，南、左二營參將以下竝所轄之十汛，歸左翼總兵管。是年十月，定總兵每人在南城外輪住半月，以十間房鄭源燾鈔沒官房

---

① 右安門，《藤陰雜記》原文作"左安門"。

爲公所。六年,改左翼總兵駐城外,右翼總兵駐圓明園。"

前孫公園

有錫金、泉郡、廣州七邑會館。

查慎行《敬業堂集》:"宮友鹿寓孫公園,與唐實君、趙蒙泉、楊崙木同巷,僕及姜西溟、家聲山相距稍遠。友鹿作《比鄰》詩索和:'便與中央成鼎足,姜居西舍我東鄰。'自注:'時余居琉璃廠東。'"董潮《東皋雜鈔》:"錢唐洪昉思昇著《長生殿傳奇》,一時名士張酒治具,大會生公園,名優内聚班演是劇。主者爲真定梁相國清標,具柬者爲益都趙贊善執信。虞山趙星瞻徵介館給諫王某所,不得與會,因怒,乃促給諫入奏,謂是日皇太后忌辰,爲大不敬。上先發刑部挐人,賴相國挽回。後發吏部,除名者五十餘人。"[案:劾趙者爲黃給事六鴻,是時值孝懿仁皇后國卹,非忌辰也,董說多誤。生公園即孫公園。]翁方綱《復初齋集》:"壬辰春,還都,賃孫公園。屋以居中有合歡一株,因名'青棠書屋'。《孫淵如年譜》:"癸丑,移居孫公園,宅故多變怪,扃户數年,無人敢居者。君與主人約,減租改宅。君以天罡塞鬼户,時杜寅方後户,宅遂寧。有枯松復生,同人繪圖爲詩,以紀其事。"

興勝寺 (并一)

《大興張志》作"興聖",誤。

《行國錄》:"永興寺折而東有興仁寺,南向。其建置年月無考。"《宸垣識略》:"今十間房有興勝寺(疑爲'興仁'之譌),寺有明天啓二年銅鐘。康熙辛巳,長洲汪士鋐書'禪林清閟'額。"《藤陰雜記》:"興聖寺在琉璃廠南。胡南苕會恩有《大雪步至興聖寺訪沈存田一揆》詩,用東坡《聚星堂雪》韻。近潘榕堂司馬汝誠寓寺,雪中召客,亦用《聚星堂》韻。"

後孫公園

有台州、安徽、如泰諸會館。

《藤陰雜記》："孫公園後相傳爲孫退谷別業。前爲安州陳尚書第；後有晚紅堂，吳白華官翰林時賃住，爲茶陵彭大司馬維新舊宅。宅後一第，有林木亭樹，沈雲椒侍郎寓焉，有《蘭韻堂》詩云：'币地清陰三伏候，參天老樹百年餘。'"葉繼雯《峪林館詩集・移居》詩注："庚申冬，移居後孫公園，即退谷研山堂也。"吳清鵬《笏庵集・李氏園》詩注："即孫少宰承澤故園之一隅也。"[案：孫氏別業，今爲安徽會館。《曝書亭集》有《集孫侍郎研山齋》詩。其旁餘屋，道光時劉侍御位坦居之，《東洲集》有宴集詩。]

玉皇廟（井一）

有富平東、西二會館。

臧家橋

有渭南、朝邑會館。

《日下舊聞》："海波寺街南有清廠潭，上有龍王堂。又南東爲章家橋。又南爲虎坊橋，西南爲潘家河沿。計新城未築時無地無水，今故道皆不可考矣。"

大、小安南營

小安南營，井一。

東南園（井一）

桶子衖衖

大沙土園

《杜文端自訂年譜》："壬辰，授編修，居沙土園。"

小沙土園

有崑新會館。

琉璃廠南夾道（井一）

吳玉綸《香亭文稿》："壬午夏，遷於琉璃廠南夾道王漁洋之舊寓，藤爲漁洋手植。"《潛研堂集・題吳香亭鴻臚古藤詩思圖》："海王之村近書市,新城尚書曾卜廬。藤花一本手所植,歲久翦敗惟枯株。"又云:"比鄰更續程舍人。"自注:"謂程魚門。"〔案:漁洋舊寓,《宸垣識略》言在火神廟西夾道,與《藤陰雜記》合。吳氏所云,疑傳聞之誤。〕

八角琉璃井（井一）

有渭南會館。

《洪北江年譜》:"嘉慶元年八月,移居八角琉璃井官房,有亭池樹石之勝。"趙懷玉《亦有生齋集》:"方比部體移居八角琉璃井,招集蒭園祭詩,即洪大舊居也。"

西南園

琉璃廠

橋一。工部所屬琉璃窰在北。窰前隙地曰廠甸,有呂仙祠。廠東門有觀音閣;北爲火神廟,歲正有廟市。迤西有仁威觀、真武廟、延壽庵。南小衚衕曰鐵胳膊衚衕;北小衚衕曰火神廟西夾道,曰雙魚衚衕（亦稱門牙衚衕）,曰仁威觀夾道,曰小香殿。

《會典事例》:"康熙四十年,議琉璃亮瓦廠房屋例徵地租（今改爲按間收租）,交大興縣徵解户部。凡官員有力之家徵銀,貧窮小民准按季徵錢。四十一年,議徵錢者量免其半,隻身貧寒之人免徵房租,仍以官地起租。雍正三年諭:嗣後止徵地租,免其按間計檩,逐月輸納。"《藤陰雜記》:"廠東門內一宇,相傳王漁洋曾寓,手植藤花尚存。近程魚門晉芳移居,以詩寄袁太史枚,有'勢家歇馬評珍玩,冷客攤錢問故書'之句,笑曰:'此必琉璃廠也。'"《孫淵如年譜》:"歲己酉,居琉璃廠,校刊《晏子春秋》。高麗使臣朴齊家爲書'問字堂'額。"《洪北江年譜》:"乾隆五十四年二月,應禮部試,居孫君星衍琉璃廠寓齋。"《復初齋詩集》自注:"乾隆癸巳,開四庫館,即於翰林院藏書之所分三處:凡內府祕書發出到院爲一處,院中舊藏《永樂大典》內有摘鈔成卷、彙編成部者爲一處，各省采進民間藏書爲一處。每日清晨，諸臣入院，設大廚，供茶飯。午後歸寓，各以所校閱某書應考某典，詳列書目，至琉璃廠書肆訪之。是時，江浙書賈奔輳輦下。書坊以五柳居、文粹堂爲最。"李文藻《琉璃廠書肆記略》："廠東、西可二里許，廠東書肆凡二十家，中有二酉堂，或曰前明即有之，謂之老二酉。其略有舊書者惟京兆堂、積秀堂二家。又西而南，轉沙土園北口，路西有文粹堂，肆賈謝姓，頗深於書。又北轉至正街，有橋。橋居廠中間，北與窯對。橋以東路狹，多參以賣眼鏡、煙筒、日用雜物者。橋西街闊，書肆外惟骨董、法帖、裝潢字畫，鐫刻碑版耳。橋西賣書者才七家。五柳居在路北，舊書甚多，多潢川吳舍人企晉家藏書。又西爲延慶堂，肆賈韋姓，頗曉事而好持高價，有曹楝亭家書數十部，多宋槧本。又西爲廠西門，門外無鬻書者。"〔案：琉璃廠書肆蓋盛自雍、乾以後。李氏所舉諸肆，今皆易名矣。兹錄其著者。〕《宸垣識略》："鐙市向在東安門外，今散置正陽門外、花兒市、琉璃廠、豬市、菜市諸處，而琉璃廠尤盛。廠前陳設雜技，鉦鼓聒耳，游人雜沓。市肆玩好、書畫、時果、耍具無不畢集。自正月十四五至十六七而罷，名曰逛廠。"《有正味齋日記》："新年朝元會罷，士大夫聯裾接襼以縱游觀，至收鐙而止，謂之光廠。百戲之屬，則有演書、跳鞭、料虎、馴熊、幻技、喬妝，窮變盡巧。"《倚晴閣雜鈔》："琉璃廠瓦有黃、碧二種，明代各廠俱有內官司之。殿瓦之外所置，一曰魚瓶，貯紅魚，雜翠藻於中；一曰琉璃片，以五色渲染人物花草煉成，嵌入窗戶；一曰葫蘆，大或至徑尺，其色紫者居多；一曰響葫蘆，小兒口銜，噓吸成聲，俗名倒掖氣；一曰鐵馬，懸之簷，以受風戞者也。"鮑鉁《春游詞》："車駐雕輪馬駐鞭，手拈瓜子步差肩。排門盡啟君平肆，趁賺癡兒問福錢。叢胮書多卷帙殘，幾人著眼笑寒酸。南沙畫片香泉字，幅幅裝他骨董攤。料絲羊角燦成行,簇帛堆紗錦繡裝。歲歲鐙棚變新式,鼇山結撰到西洋。像生花草捻泥人,鼓板笙簫小店陳。風景不殊笑語雜,句人情緒武圵春。"《明水軒日記》:"工部設五大廠。其一曰琉璃廠,燒作甋瓦及内府器用。"[案:吳偉業《讀史偶述》詩:"琉璃舊廠虎房西,月斧修成五色泥。徧插御花安鳳吻,絳繩扶上廣寒梯。"]《潛研堂集》:"乾隆庚寅三月,琉璃廠窰户掘土得古墓,棺槨不具而骨節異常人。旁有一石,眎其文,則'遼銀青崇禄大夫檢校司空行太子左衛率府率兼御史大夫上柱國隴西李公墓誌銘'也。督廠工部郎中孟澔募人改葬於故兆東二十步,別買石,書李公官位表於道,而誌石則仍瘞之。其文駢麗,頗可誦。略云:公諱内貞,字吉美,嫣泅人。以保寧十年六月一日薨於盧龍坊私第,以八月八日葬於京東燕下鄉海王村。"[案:此石當時仍瘞墓中,世無拓本。《潛研堂集》《笥河文鈔》均有記,具録世系官閥,而錢記加詳。《舊聞考》所録與《笥河文鈔》同。錢又有詩見本集。]

南柳巷

有建寧、晉江、華州諸會館。舊有江震會館,今廢。

《行國録》:"永興寺在宣北坊柳巷之南。寺東向。"[案:寺今尚存,有正德十五年鐘一。]《藤陰雜記》:"廠西門外爲南、北柳巷。徐憺園出都,韓慕廬、王橫雲送至柳巷,口占賦贈:'柳市涼吹送客颿,高談二妙有新辭。'二公乃司寇壬子所取士。"

北柳巷

有南豐、廣西會館。

西北園（并一）

鐵廠

南小衚衕曰鬼門關。

《洪北江年譜》:"嘉慶四年三月抵都,寓同年戴刑院敦元鐵廠寓齋。"

前鐵廠

步軍統領所屬南營守備署在北。

後鐵廠

有敘州會館。北抵西河沿,有大隱庵(餘姚鄉祠也,明嘉靖間建),有康熙六十年重修碑。

《亦有生齋集・自海波寺街移寓鐵廠用竹垞韻》詩:"閉門隨意著巾鞾,出擁陳編蕭字齋。絕似三家村裏住,寺鐘隱隱出前街。"注:"巷内居人只三家,前爲大隱禪林。"《天咫偶聞》:"後鐵廠義學,相傳爲張文敏公照之故居。余友人王逸珊寶田居此。逸珊欲倩余補書法華庵額,未果而移去。"

大溝沿

南河沿（井一）

迤東屬中城。踰河爲北河沿、宣武門外東城根也,橋一。内城東溝水出水關後,徑橋下入護城河,橋西井四,有響閘。

湯右曾《懷清堂集・宣武門東城下曉行》詩:"老去應官有底忙,未明先起攬衣裳。人從鴉鵲聲中出,路入輪蹴影裏長。桶下已添秋水勢,城陰初散曉煙光。隔河樓上花枝好,尚護重衾半篆香。"

香鑪營頭條衚衕

有撫州會館。舊有江山會館,今廢。

《三松自訂年譜》:"嘉慶丙辰三月到都,寓香鑪營。韓桂舲、吳槐江時相過從。"王友亮《雙佩齋集・秋日書懷次桐嶼韻》:"飄零我亦惜秋殘,賴有深杯取次乾。已逝年華彈指易,未來事業稱心難。徙居兩處仍爲客,卧病兼旬可罷官。攬鏡不須嘲飯顆,天生骨相本多寒。"注:"時移寓香鑪營頭條衚衕。"商盤《質園詩集》:"我從弱冠游神京,僦居曾記香鑪營。密通往還潘太史,詼諧跌宕倪先生。"自

注:"潘謂允敏。"

香鑪營上、下二條衚衕（并一）

上、下三條衚衕

上、下四條衚衕

梅曾亮《柏梘山房文集》:"與王叔原札啓者,峻生舊宅。曾亮僦居名四條衚衕,在宣武門左。"

上、下五條衚衕

有廣西會館。

茶食衚衕

六條衚衕

香鑪營夾道

海波寺街（并一）

海波寺（見《坊巷衚衕集》）,久廢。有廣西、潁州、澧州、順德、潮州會館。

《曝書亭集》:"僦宅宣武門外,庭有藤二本,檉柳一株,旁帖湖石三五,可以坐客賦詩。"又《自禁垣移居宣武門外》詩:"詔許移家具,書難定客蹤。誰憐春夢斷？猶聽隔城鐘。"[案：此康熙甲子彝尊初罷禁職自黃瓦門移居詩也。在此纂《日下舊聞》（見《自敘》）。集中如《古藤書屋送人》詩云:"我攜家具海波寺,九月未槀青藤苗。夕陽倒景射檉柳,此時孤坐不自聊。"《遲湯右曾》詩云:"檉葉綠如繖,藤花紅滿擔。"復有《紫藤花下作花下醉歌》《送吳魏二子聯句》《檉柳聯句》《坐青藤下燒竹火鑪試武彝茶聯句》。己巳二月,乃移下斜街,詩云:"不道衰翁無倚著,藤花又讓別人看。"當移居時,查慎行贈詩,有"僦居會向春明宅,好借君家善本書"之句。又有《閏夏共飲古藤書屋限藤檉二字》詩。王士禎有《戊辰來京竹垞邀飯古藤書屋食鮑魚半翅觀米海岳研山圖》詩。]趙吉士《寄園集·甲戌元夕飲於章雲中翰漢翔古藤書屋》詩：" 坐嘯三休叢桂老，居停五易古藤留。"自注："寓爲金文通之俊甲午舊邸，遞傳龔芝麓、何蕤音、朱竹垞以及中翰，五易主矣。"《藤陰雜記》："何蕤音元英寓此，名丹臺書屋。王横雲未遇時飲屋中，詩云：'龍門百尺邈難登，喜到高齋對古藤。'汪蛟門詩：'護持勞太傅，燕賞愜尚書。留得清陰在，重爲水部居。'康熙丙辰，竹垞有《飲何少卿藤花下》詩。"《東舍詩評》："曲阜孔東塘尚任《燕臺雜興》詩：'藤花不是梧桐樹，卻得年年引鳳皇。'自箋：'宜興蔣京少景祁寓古藤書屋，予與阮亭先生數過談。朱竹垞、黄俞邰、周青士諸公先後寓此。'"《藤陰雜記》："孫松坪致彌《移居》詩：'一枝許借即吾廬，莫笑生涯瑣琂如。'時與王雲岡同寓。管青村棆詩：'王猷與共孫登嘯，宋玉堂爲庾信居。'是爲康熙庚辰。今古藤靠壁，鐵幹蒼堅，古色斑剥，洵百餘年物。特屋未弘敞，大第已析爲三四。宅西偏賃施小鐵同卿朝幹，移居時，余贈有'依稀詩老留題處，想像賓筵載酒餘'之句。繼而知古藤在東鄰。余往屋内訪之，主人繪圖示客。① 又閲《竹垞集》，有馮檢討勗《招諸同年集六柹園對菊》詩'可怪南鄰馮檢討'，則其地亦似在海波寺街。"趙懷玉《亦有生齋集·移居》詩小序："癸丑八月，自青廠移居海波寺之古藤書屋，朱竹垞檢討舊寓也。"[再案：《騰笑集序》："庭有藤二本，檉柳一株，旁帖湖石三五，可以坐客賦詩。"余寓舍藤止一本，而檉柳、湖石皆在。右鄰余氏有藤一本，而距此頗遠。豈余氏别一本？所謂二本者，僅存其一耶？既屬李君秉德作圖，且乞同人賦詩紀事。]

永光寺中街

永光寺，元爲萬壽寺。國初設粥廠於此，今仍之。有重慶、永

---

① 《藤陰雜記》原文：繼而知古藤在東鄰余姓屋内。訪之，主人繪圖示客。

靖會館。

《藤陰雜記》:"梁藥亭佩蘭寓永光寺,與朱悔人、宋山言醉後放歌。吳鑒南璜隨父璞庭寓寺側。生子,商寶意盤寄詩:'原是釋迦親抱送,永光古寺翠微僧。'庚辰成進士,由農部任知州,殉木果木難。吳超亭興宗題其遺集云:'朱邸賜蓮宵禁肅,永光擊鉢曉鐘寒。'"元納延《金臺集·萬壽寺懷古》詩:"皇唐開寶搆,歷劫抵金時。絕妙青松幛,清涼白玉池。長廊秋屧響,高閣夜鐘遲。獨有乘閒客,扶藜讀古碑。"自注:"寺有許道寧畫屏。"

方壺齋

乾隆三年,置北城平糶局於此,今廢。

《藤陰雜記》:"傅謹齋副憲移寓方壺齋,相傳爲田山薑故寓。吳白華贈詩云:'夾巷笙歌喧北里,殘年冰雪愛南榮。詩翁例作鴻臚長,乾餺論才價未豐。'田時官大鴻臚,傅爾時亦長鴻臚云。"《亞谷叢書》言:"京師戲館比年如方壺齋、蓬萊軒、升平軒最著。今諸園皆廢,惟方壺齋屢易新名,人尚稱方壺齋。城西僅此一館,春初尚盛,在永光寺西街。"[案:今亦廢,其地猶仍舊稱。]

永光寺西街

有四川、新會、順德諸會館。西小衚衕曰八寶旬、曰棗林。

黃安濤《詩娛室詩集》:"丙子仲冬,自黔回京,僦屋宣武門外八寶店,以八寶名其集。"

北極庵

庵祀元帝。有明萬厤間朱之蕃碑。有鳳翔會館。

前、後清廠 ("清"或作"青")

前清廠,井一。有武陽、四川、廣西、鳳翔、漢中、榆林諸會館。舊有順德會館,今廢。迤西曰鹿角衚衕。

《日下舊聞》:"永光寺東清廠有巨潭。元果洛易之《萬壽寺懷古》詩云'清涼白玉池',疑即是也。"《孫淵如年譜》:"乾隆五十二年丁未,會試中式。授編修時寓清廠,即今武陽會館。"張問陶《船山詩草》有《過清廠舊宅》詩。

椿樹衚衕

小椿樹衚衕

汪沆《小眠齋稿・集葷浦寓齋看丁香》詩:"頗憶前年上巳後,小椿樹巷經旬棲。殿春花好壓擔買,花光浮動銀留犂。"

椿樹上、下頭條衚衕(井一)

有績谿、龍谿、新城諸會館。

《錢辛楣年譜》:"乾隆癸酉秋,移寓椿樹頭條衚衕。"張祥河《小重山房集・移居椿樹衚衕》詩:"聊從後巷遷前巷,爲卜今年勝舊年。"

上、下二條衚衕(井一)

有永春、郘陽會館。

《太乙舟詩集》:"先君官京師時,買宅椿樹衚衕,庭中植藤花甚盛。及余來居,而藤無存,因買藤種之,作《補藤篇》以記其事。又家大人以椿樹二條衚衕宅作黎川新館。所供像及記文,自家大人出守後皆佚去。予既補作後記,又購得聖像供奉前堂,敬題絕句。"

上、下三條衚衕

北城吏目署在下三條衚衕北。又有絳山、長沙會館。

《藤陰雜記》:"椿樹三條衚衕,汪文端由敦寓。以所藏《快雪時晴帖》顔齋曰'時晴'。公後賜第東城,申拂珊副憲甫接住,賦詩。沈雲椒初和作,有'小齋數典紀時晴'之句。"申甫《笏山詩集》注:"椿樹寓舍本汪文端公別宅。西偏屋數楹,雅有樹石,公自署曰'時晴齋'。舊割以居他姓,近始併儓之。"又《題吳香亭銀臺古藤詩思圖》注:"我時儓居時晴齋,花前置酒招朋儕。紫藤傳是匠門植,晴香撲撲縈襟懷。"注:"舊爲張匠門先生寓居。紫藤一株即其手植,花時甚盛。"

大椿樹衚衕

西草廠衚衕（井一）

有正覺庵。有安福會館。

《藤陰雜記》:"姜西溟《湯西厓移居》詩:'椿樹前頭巷,先生卜宅成。'似今之西草廠衚衕。又'吳突煙通舍,查溝水過灣',謂吳元朗璟、查聲山昇皆鄰。並又云:'吾老欣同巷,歸休願息關。'"《潛研堂集·移寓》詩自注:"壬申十二月,寓草廠衚衕僧舍。"

魏染衚衕（井一）

有南城會館。

畢沅《靈巖山人詩集·梁瑤峰移居魏染衚衕相傳爲吳梅村舊寓》詩:"清華江右盡聞聲,祭酒當年最擅名。故國鵑嗁餘舊痛,畫梁燕壘又新營。敦槃乍啟思前輩,花木重栽悵隔生。我是婁東吟社客,瓣香私淑不勝情。"《敬業堂集》:"庚寅秋,以槐蔭湫隘不能容,遷居魏染衚衕。西鄰棗樹一本,已纍纍垂實矣。余下榻於東偏,故名棗東書屋。"《藤陰雜記》:"張匠門、繆湘芷於此餞飲。又吳文簡襄舊宅,賜額'蘭藻'尚存。沈東田方伯寓此,東有飼鶴軒。後祝芷堂德麟、曹劍亭錫寶俱居之。湯西厓亦寓此,有'旁人錯比揚雄宅,異代應教庾信居'之聯。迤南大宅,金檜門總憲瑛第,有一經齋。"《復初齋集》:"史胄司奭亦曾寓此。"[案:前明吳梅村故宅,吳文簡居之,史胄司亦居之。]

四川營（井一）

有延安、四川諸會館。

《藤陰雜記》:"四川營四川會館,相傳秦良玉勤王至京,駐師於此。後改石芝庵,旋作會館。《王樓村集》有《石芝庵》四律而不及秦事，京師亦別無石芝庵也。"

殷家阬（井一）

有海昌、正定會館。

棉花頭條衚衕

步軍統領所屬南營都司署在北。有川東會館。

上、下二條、三條衚衕

上、下四條衚衕

有惜字會館。

上、下五條衚衕

有圓通庵。

六條衚衕

《曾文正年譜》："道光二十年十二月，移寓棉花六條衚衕路北。"

上、下七條衚衕

有貴州會館。

《蔣祥墀自訂年譜》："壬戌，寓棉花七條衚衕。"

八條衚衕

《鄭梁寒邨年譜》："康熙三十年十月，移居棉花八條衚衕，時官户部湖廣司主事。"

九條衚衕

有天仙庵。

裘家街（"裘"或作"仇"。井一）

有臨川、雷陽會館。

《甌北集》："歲暮，移寓裘家街，贈諸桐嶼，有'與君迭代尋常事，誰定蘧廬作主人'。注：'桐嶼曾寓此。'"

山西街（"山"或作"陝"）

有地藏庵。有甘肅、夔州會館。

鐵門（井一）

北城正指揮署在東。有宣城、廣信會館。

程迓亭《箕城雜綴》："虎坊橋在琉璃廠東南，其西有鐵門，前朝虎圈地也。"《漁洋詩集·過宣城館有感》詩："暮天黃葉落，一過西州門。無復高人跡，空聞宿鳥喧。新阡思挂劍，舊館憶開尊。南望澄江水，誰招屈宋魂？"自注："施愚山故居。"《愚山集·移寓寄宋牧仲》詩："書聲不敵市聲喧，恨少蓬蒿且閉門。此地棲遲曾宋玉，蘚牆零落舊題痕。"姚文田《邃雅堂集·乙丑正月卜居鐵門》詩自注："宅南爲北城指揮宅。"《開有益齋讀書志》："緒曾壬午舉於鄉，癸未謁師於鐵門之第。"《㩗瓻亭集·和陶移居》詩自注："嘉慶己卯，居鐵門，先君舊寓也。余生於是，年十三始歸里。"

右在宣武門街東，煤市橋、觀音寺街、石頭衚衕西，虎坊橋、騾馬市街北，其東與中城界，西與西城界。

外城北城

騾馬市大街

即南大街，井一。黎明市曰西小市。元帝廟，明建，前室祀馬神，亦稱馬神廟。有王熙、劉廷玉二碑。設騾馬稅局於此。有直隸、三晉、中州諸會館。迤東有橋曰虎坊橋，明虎房遺阯也，今橋北小巷猶有是名，井一。有天仙庵。有福州、湖廣、宜昌、三原、襄陵、曲沃、杭州諸會館。南小衚衕曰九道門檻。北小衚衕曰磨臍衚衕，曰虎房，在魏染衚衕西。

《藤陰雜記》："竹垞己未同徐檢討釚移寓虎坊橋，輯《瀛州道古錄》。查他山《別譚都諫瑄》詩：'宣武門東舊宅，虎坊橋畔憑欄。可惜手栽紅杏，花開又讓人看。'似皆橋西賃宅。閻恭定循琦廊而大之。繼居者王韓城、趙副憲。陳無軒焯肄業成均，館韓城邸中。宋芝山葆湻作《湘管齋圖題屋字韻》七古，和者甚眾。朱笠亭炎諸君又合作一圖，無軒苕詩，後録爲《湘管聯吟》。又毛西河會鴻博同年於衆春園，各賦一詩。始①未知其地，偶見筆肆招帖，乃即今虎坊橋西炭厰也。"邵齊燾《玉芝堂詩集·虎坊橋新寓有作》。《潛研堂集·移寓》詩："客居燕臺兩寒暑，有似澤雉游樊籠。虎坊菜市三易寓，去住蹤跡風轉蓬。"紀昀《姑妄聽之》："余虎坊橋宅爲岳威信公故第，廳事東偏一石高七八尺，云是雍正中初造宅時所賜，移自兔兒山者。余又號孤石老人以此。宅有青桐，數百年物也。惜蟲蛀一孔，雨漬久而中朽，遂枯。"黄安濤《真有益齋文編》："癸酉秋仲，始偕舍人曾君崑圃僦屋於宣武門外虎坊橋之側。屋爲前大宗伯紀文達公故居，乾隆間大將軍岳威信公剏築者也。文達裔孫割半見賃，中有室類舫者曰'岸舟'，有若堂者曰'閲微草堂'。履聲已遥，題署可識。蓋文達昔年燕閒撰著之所，於斯在焉。"紀昀《如是我聞》："虎坊橋西一宅，南皮張子畏故居也。今劉雲房副憲居之。中有井，子、午二時汲則甘，餘則否。"《太乙舟詩集·和葉雲素移居》詩："相公舊第亦前緣，廉讓風高願執鞭。朝典夙諳原望重，楹書誰讀況兒賢。長齋自守庚申夜，修綆誰爭子午泉？一笑元龍樓百尺，也辭故宅賦新編。"注："宅爲王文端舊居，有子午泉。"［案：此即《如是我聞》所紀之宅。許宗衡《玉井山館詩餘》："漢陽葉名澧作《橋西老屋卷子》，著《橋西雜志》内，有'風雨懷人館'，亦見詩集。"］《陳句山年譜》："庚辰二月，自棉花衚衕移居虎坊橋。"莫友芝《邵亭詩鈔·國子學正劉茮雲傳瑩招同曾學士國藩小飲虎坊橋寓宅歌以爲别》。又有"歸來素居過三載，憶予②往往夢虎坊"之句。

鐵香鑪

---

① 始，《藤陰雜記》原文無，當爲衍文。
② "予"，或以爲"子"。

雙五老廟

大、小保吉巷（"保吉"亦作"包家"。井一）

穿心衚衕

阡兒衚衕（"阡"或作"拴"）

蠟燭心衚衕

東甎兒衚衕

　　有竈王廟。有福清會館。舊有蒲城會館，今廢。

塔兒店

高廟

香廠（井一）

　　有永安橋，橋東隸中城。廠北有萬明寺，元之水淅庵也，其後門亦在虎坊橋大街。

羊毛衚衕

南下窪

　　亦稱窯窪。有東嶽廟、都城隍廟。歲清明、中元、十月朔，都人祭賽，有廟市。自左安門迤西至永定門，亘十餘里，其曠地皆下窪也，蔬圃外多荒冢。康熙五十九年，曾禁城內叢葬，乾隆後乃漸弛（見《會典事例》）。

　　徐乾學《憺園集・邀陳說嚴太常同姜朱二翰林虎坊別墅宴集》詩："市南虎坊園，幽居帶林薄。雅堪延野色，憑眺有菌閣。極望郊壇樹，微風韻遙鐸。"［案：《曝書亭集》亦有《徐尚書載酒虎坊南園聯句》詩。康熙二十七年，戊辰歲也。考說嚴於二十六年由戶部尚書轉吏部，平生未歷官卿寺（"太常"系"太宰"之訛）。至姜湛園以諸生入直史館，食七品俸，故聯句詩稱著作。閱九年，丁丑科始舉一甲進士，改官翰林，是時不應與竹垞同稱翰林。《憺園集》或後人標錄之疏也。］［案：其地當近下窪，今無考。］

羅家井（井一）

趙家井（井一）

膠房

崇興寺衚衕

有福州、福清、莆陽、理化諸會館。舊有鄞縣會館。

《坊巷衚衕集》："正南坊有保安寺、響鼓廟、崇興寺。"《行國錄》："崇興寺，明天順四年敕建。"《大興張志》："寺在粉房劉家。"

響鼓廟

《舊聞考》："廟北距崇興寺數十步，踞高阜，前後神宇各三楹，縱橫不踰半畝。僧云廟舊制如此。有萬厤癸未鐵磬一。"［案：廟今尚存，比丘尼居之。］

粉房琉璃街

《大興張志》作"粉房劉家"是也。有汾水、延平、晉江、廉州、解梁、萍鄉、萬載、河南、懷寧、新會、天津諸會館。

田雯《古懽堂詩話》："己未，余領冬曹節慎庫。七月，自橫街移居粉房巷。先至其處，督奴子搬家具。悶坐久，作詩題壁，有'東野家具少於車，牆角特立山薑花'之句。俄而，漁洋至，見而和之。次日徧傳都下，和者百人。"陳兆崙《紫竹山房集‧移居和阮裴園學浩韻時與阮同日移寓梁新居即僕舊賃也》詩有云："'鐙原無盡傳何代？粉已成灰贗有坊。'自注：'近寓粉坊琉璃街。'"齊召南《賜硯堂集‧句山移住粉坊疊韻》詩："兩髯公據東西壘，三館人聯遠近坊。"自注："張南華鵬翀、周石帆長發寓占東西。"舒位《瓶水齋‧別宋于庭》詩云："未必著書真覆醬，定知得句不稱鹽。"注："于庭寓其妹壻繆薇初中翰玉銘粉坊街寓。妹能詩。"①

---

① 《瓶水齋詩集》卷十四原注："宋于庭昨自冀州還，寓妹壻繆薇初中書宅。其妹能詩。"引文或有誤。

潘家河沿（井一）

西有彌陀庵、晉陽庵（舊供古銅大士像於此，後移眼藥庵）。有懷慶、吉安、黃陂、餘姚、淮山諸會館。舊有江南、江西、齊魯、渭南會館，今廢。〔案：明時曾引涼水河入城，徑虎坊橋以達於下窪。疑此並河之地也（説見前）。〕

《錢辛楣年譜》："乾隆十七年秋，移寓潘家河沿，仍與褚鶴侣同居。次年，偕鶴侣及吴杉亭習算術，得宣城梅氏書，讀之寢食幾廢。"《復初齋集》："壬辰九月，移居潘家河沿，置所刻蘇題'英德南山'、米題'藥洲'二石於齋壁，邀同人作《蘇米齋》詩。"《崇百藥齋集·移寓彌陀庵》詩自注："院中有古槐二株，數百年物也。"《鐵槎山房見聞錄》："寓潘家河沿內，室後一層有槐樹一株，大不能合抱，蓋數百年物。蓮亭，名克襄，文登人。"

堂子衚衕

賈家衚衕

有歸德、高州、高郡、開封、蘄水、永州、江震諸會館。

《顧嗣立自訂年譜》："康熙三十八年六月抵京，寓賈家衚衕。"《賜硯堂集·夏日從橫街移居賈家巷即句山舊宅原宅又爲余接居疊韻》八首，有"晨夕好趨前輩召①"句，自注謂："張月楂漢、沈勉之榮仁、張南華鵬翀、李玉洲重華、彭芝庭啓豐寓皆鄰近。"《尚絅堂集·偕謝向亭移居宣武坊之賈家衚衕》。《駱文忠年譜》："戊戌，移寓賈家衚衕。"《曾文正年譜》："道光三十年四月，移寓賈家衚衕路西。"

放生園

韃子營（井一）

《曾文正年譜》："道光三十年十月，移寓韃子營關侯廟，與同年

---

① 原文"晨夕好趨前輩"，似脱"召"。兹據《藤陰雜記》有"召"徑直補之。

錢振倫同寓。"

閻王廟街（俗訛"延旺"。井一）

有瀘州、懷寧會館。迤南曰張相公廟,有雲南會館。舊有壽張會館,今廢。

《宸垣識略》:"張相公廟在延旺廟街,舊爲關帝廟。康熙二十二年,蕭山紳士重建,祀文、武二帝,暨宋封浙江潮神靖江王張公。有少詹事周之麟碑。"《師小友傳》:"汪尚書守和邸第在張相公廟。"《皇朝通典》:"雍正三年,浙撫疏請廟祀江海保障諸神,乃封宋張夏爲靜安公,廟祀蕭山縣。"

驢駒衚衕（或作"驪珠"）

有河間、奉新、廣西會館。

《駱文忠年譜》:"乙未,移寓驢駒衚衕。"

果子巷（井一）

程庭《停驂隨筆》:"四日,余肩輿入彰義門,至汪子周士寓。余因曹師暨汪、許二子不便分住,乃改寓果子巷口李氏之館。"劉鴻翺《綠野齋記》:"余官京師,寓居果子巷之西偏,房十七間。内別一院,精治爲書室,額之曰'綠野齋'。"《胡書農年譜》:"乙丑五月,移寓果子巷内族叔曾祖文恪公高望宅。時叔祖祖福官刑部,招同陳丈扶雅同居。集中有《重過嘉樹堂感事》詩,指此。"《曾文正年譜》:"道光二十年六月,移寓果子巷客舍。病熱危劇,幾不救,九月乃愈。"

大吉巷（井一）

有撫州會館。

《三松自訂年譜》:"乾隆癸未,與同年胡士震賃屋,同寓大吉巷。"

羊肉衚衕

有奉新、旌德、惠安諸會館。

關帝廟夾道

保安寺街（并二）

保安寺少東有玉皇廟，明崇禎二年建。有三水會館，豐城新、舊會館。

成克鞏《重修玉皇廟碑》："余所居之右，有玉皇廟。"《青門旅稿・小序》："己未，客都門，寓保安寺街。與阮亭衡宇相對，愚山相距數十武，冰修僅隔一牆，其年寓稍遠，隔日輒相見。常月夜偕諸君扣阮亭門，坐梧桐下，茗椀清談達曙。愚山《贈行》詩'踏月夜敲門，貽詩朝滿扇'，蓋紀實也。又《與阮亭尚書書》：'奉別將十年，固憶寓保安寺街，踏月敲門，諸君箕坐桐陰下，清談竟夕，怳然如隔世事。'"王士禎《香祖筆記》："海寧陸冰修嘉淑，昔在京師，與施愚山、梅耦長每夕必過予邸，縱談至夜分始別。陸有絕句紀事'科跣到門衣不船'，蓋方言也。"查慎行《直廬集・王學庵給諫移寓保安寺街寄詩次荅》："轆轤便轉石欄邊，僦屋曾棲蒲褐禪。古井再經愁雨塌，舊交重聚得天憐。明鐙照壁何愁蠍？綠樹當門定有蟬。稍待泥乾走相覓，看君新竈起茶煙。"自注："余壬午、癸未間曾僦居此街。"《藤陰雜記》："陳黃門台孫寓保安寺，旁有雙槐軒。又寺有奇石，梁少司空敦書寓寺前，移置庭院，名曰垂雲，作歌。阮吾山司寇《和移居》云'曾有詩翁屐齒經'，自注：'此地為漁洋舊居。'漁洋《自題得樹堂》詩'老樹空庭得，堂因老樹名'，未審即此宅否？又《孫松坪集》：'徐虹亭釓寓齋，阮亭舊寓也。庭中老椿二株，近百年物，招飲賦詩：'憑將盡取藍田墅，古木城拗共盍簪。'似又一宅，非保安寺街。"《翁氏家事紀略》："乾隆五十四年，移居保安寺街。"《亦有生齋集・移居古藤書屋胡學士長齡用竹垞得要字韻見贈次韻奉荅》詩注："君時寓保安寺。"

包頭章衚衕

《翁氏家事紀略》："乾隆十八年十月，婦韓氏來歸，時遷居包頭章銜銜。"

兵馬司前街

明南城兵馬司在正陽門街，其屬署疑當在此。井一。

《有正味齋日記》："乾隆癸丑十月，徙兵馬司前街。"《洪北江年譜》："嘉慶元年二月，僦兵馬司前街。"劉嗣綰《圍鑪集序》："時寓宣武坊兵馬司前街。"

中街

有南城、慈谿、望江諸會館。

《尚絧堂集·留別兵馬司中街寓即題壁間》。

後街

王友亮《雙佩齋詩集·移居兵馬司後街》詩："寂寥深巷戶長扃，朱轂頻過莫暫停。下第心情同槁木，倦游蹤跡類浮萍。地連蔬圃偏宜雨，人接薇垣小聚星。獨有歸思袪未得，北窗欹枕夢漁汀。"注："同年周青原、張瘦桐、金蘭畦皆鄰也。"

箭杆銜銜

扁擔銜銜

米市銜銜（井二）

東有關帝廟。有中州、江陰、光州、六安、重慶、南海諸會館。

《池北偶談》："康熙丁未上元夜，於禮部尚書王公崇簡青箱堂，恭覲世祖章皇帝御畫山水小幅。"《藤陰雜記》："王文貞崇簡有青箱堂。沈白漊①受弘詩：'西園地接紅塵陌，東第門開白玉京。'容園見孫松坪詩。"《宸垣識略》："青箱堂在米市銜銜關帝廟北，今歸胡大司寇。"《藤陰雜記》："曹文恪秀先第在米市銜銜。癸巳，仿真率

---

① "沈白漊"，原文作"沈曰漊"，疑訛誤。茲據《藤陰雜記》作"沈白漊"逕直改之。又"受弘"，《藤陰雜記》作"受宏"。

會,邀程文恭、嵇文恭、吳恭宣紹詩、張總憲若溎、崔司寇應階、蔣少司馬元益。戊戌再集,易以蔡漳浦、周文恭煌、羅總憲源漢,有'七人元旦五百歲'之句,朱石君以'二老同年十九科'爲對,指蔡公也。"程晉芳《三長物齋後記》:"壬辰,余寓房師朱竹君先生齋中,作《三長物齋記》。閱十年壬寅①,蓋長住米市九載矣。昔之東井研、古墨、《聖教序》皆爲他人有。檢點故篋,尚有宣和哥窯鑪、端石圭硯一、靈璧脱砂硯山一,復顔屋之南軒曰'三長物齋'。"《研經室四集》:"屠琴隖庶常倬將出爲縣令,所寓米市衚衕有古藤二株,自繪書屋圖卷,索題。"《尚絅堂集》:"移居米市衚衕,即琴隖之雙藤書屋也。"《躬恥齋詩鈔·小序》:"辛卯夏,入都,居宣南米市衚衕,用《荀子·儒效篇》'枅枅自足'之意,以名寓齋。"錢儀吉《衍石齋記事稿》:"兄子昌齡補官至京師,予方假館繆氏澄觀之居,即今潘相國世恩米市大宅也,遂同居。"《求聞過齋集》:"道光甲申,余移寓京師米市衚衕亦園,爲王宛平相國故宅。乙酉,寓廬槐生五芝姪昌頤聯捷,得殿撰。"許宗衡《玉井山館集·壺園》詩:"朱坊紫陌宣南路,舊井秋槐尚夕陽。當日園林盛賓客,一時文讌有滄桑。"自注:"地在米市衚衕,有井,又老槐一株。道光乙未、丙申間,徐廉峰寶善居此,名曰壺園。"

繩匠衚衕(或作"丞相"。井一)

北有伏魔寺。有中州、休寧、潮州諸會館。小衚衕西曰小井衚衕,井一;東曰口袋衚衕。

《宸垣識略》:"大學士陳文簡元龍邸在繩匠衚衕,聖祖御書'愛日堂'額。西有園亭,通北半截衚衕。《藤陰雜記》云:'似是錢少司

---

① "壬寅",原文作"壬辰",疑似有誤。前文已言"壬辰",按干支推算,"閱十年"當是"壬寅"。兹徑直改之。

寇維城宅,今歸查氏。'又徐憺園司寇《碧山堂雨中宴同館諸公》詩:'積雨衝泥會故人,高齋當暑似蕭晨。十年冉冉存雙鬢,百載茫茫集一身。緱嶺仙人曾憩洛,高陽才子正游秦。今朝佳宴逢休暇,莫厭當筵酒琖頻。'時孫屺瞻同作堂在繩匠衚衕,今改作休寧會館,屋宇軒敞,爲京師會館之最。其南其北,昔爲秦文恭、姜司寇、劉司農宅,當日自合而爲一,故能容滿堂珠履。漁洋假歸,門人黃叔琳、李先復、胡閏餕於碧山堂。查他山《飲徐尚書碧山堂花下》詩:'謝公別墅近城壕,載清曾陪飲興豪。'孫松坪有《冠山堂呈健庵先生》詩:'宣武門前卜築寬,過從忘卻在長安。'冠山,或即碧山。"《籜石齋文集·紀心齋楚游集序》:"乾隆壬午春,正書于丞相衚衕之寓廬。"《潛研堂詩集》自注:"予以壬申六月入都,寓繩匠衚衕。《年譜》云'與褚鶴侶同寓'。"《洪北江年譜》:"乾隆丁未,偕孫君入都,寓繩匠衚衕。"吳蔚光《素修堂詩集》有《遷居繩匠衚衕》詩,用厲樊榭《續集》中《移居》詩韻。《曾文正年譜》:"道光二十一年八月,移寓繩匠衚衕北路東。"戴熙《習苦齋集》:"丁未春,予寓居繩匠衚衕之南,余女歸吳氏者,在其北相望也。"又《偕邵蕙西訪曾滌生學士》詩:"冷官如僧舍如剎,入門但少孤磬戛。巷北樞曹肯相過,高論汨汨奮頣滑。爲語巷南有閣長,濯濯麋羣彼尤黠。"

庫堆衚衕("堆"或作"骸")

有瀏陽會館。

大井衚衕(井一)

《崇百藥齋三集·星齋藤花書屋填詞圖》自注:"度香尚書大井衚衕藤花甚盛,今盛五洲光少居之。"

南、北半截衚衕

巷東隸北城,西隸西城。南衚衕,井一。有江寧、黟縣、山會諸會館。西小衚衕曰七間樓。北有吳興、潼川兩會館。

《宸垣識略》：" 七間樓在南橫街南半截衚衕口，即怡園也。康熙中，大學士王熙別業，相傳爲嚴分宜別墅。北半截衚衕有聽雨樓，則東樓別墅，今歸查氏。樓於道光庚戌拆，修正陽城樓。"《顧嗣立年譜》："康熙五十年三月，移寓北半截衚衕，顔其居曰'宣南一廛'。"王士禎《居易録》："怡園水石之妙有若天然，華亭張然所造。然字陶庵，其父號南園。以意剙爲假山，以營丘、北苑、大癡、黄鶴畫法爲之。峰壑湍瀨，曲折平遠，經營慘澹，巧奪畫工。"《茶餘客話》："華亭張漣能以意疊石爲假山，子然繼之。游京師，如瀛臺、玉泉、暢春苑，皆其所布置。王宛平怡園，亦然所作。"王崇簡《青箱堂集·正月十六夜兒熙張鐙怡園侍飲》詩："閒園暮靄映簾櫳，秉燭游觀與衆同。月上空明穿徑白，鐙懸高下滿杯紅。承歡春酒煙霞窟，逐隊銀花鼓吹中。共羨風光今歲好，昇平惟願祝年豐。"《藤陰雜記》："怡園跨西、北二城，賓朋觴詠之盛，諸名家詩幾充棟。胡南苕會恩《牡丹》十首，鋪張盡致。《查查浦集》有《公孫枚孫景曾庚辰招集怡園》詩，已非全盛。湯西崖《怡園感舊》詩：'今日城南韋杜少，舊時池上管弦多。'汪文端《感宛平酒器》詩注：'園已毀廢數年。'是爲乾隆戊午。此後房屋拆賣殆盡，尚存奇石老樹，其席寵堂'曲江風度'賜匾委之荒榛中。今空地悉蓋官房。相傳吾鄉沈崙翁太史少游京師，被酒過橫街，値怡園諸姬歸院，失避，以爆竹炙面而歸。故先君《上元》絶句云：'宣南坊裏説遺聞，丞相園林步障分。猶記笙歌歸院落，一時憔悴沈休文。'［案：毛奇齡《集宛平相公園林》詩有'纔到射堂門啟處，門紗映出一山藍。行過摘星巖畔望，紅亭高出碧雲間'之句。知園中有射堂、摘星巖也。］又聽雨樓相傳爲嚴分宜東樓，前後即其舊阯。汪荇洲侍郎曾寓（見《王樓村集》）。近韋約軒謙恆自四松亭移居，有醉經堂、古藤書屋、得石軒、松石間精舍、槐蔭館、緑天小舫、桐華書塾，同人分體賦詩；今歸查氏。其旁爲吳興會館,自是樓旁餘屋。"[案:查愼行《敬業堂集》有《集聽雨樓》詩。]《弇山年譜》:"甲申十月,移居宣武門外聽雨樓。樓後二小軒,湯少宰右曾書額曰'得石'。有《聽雨樓存稿》四卷。"《查浦詩鈔》:"《同楊尚木中訥移寓半截弄》詩:'衣篋書囊不滿車,傍誰池館覓新華?雲離翠岫原無主,燕值雕梁便是家。隨地可賒邀月酒,有錢先買探春花。故園不是無茅屋,夢裏寒梅一徑斜。'癸巳,使廣東還京,仍移半截舊寓,呈湯西崖院長、周桐埜宮端。湯則南鄰,周則舊寓此宅。詩云'縷絡藤梢架未蕪',自注:'中庭紫藤係宮端手植(名起渭,貴筑人)。'"《藤陰雜記》:"秦鑑泉大士寓半截衚衕。庚辰,庭產芝草,長君承恩中式,作《瑞芝》詩;庚寅,又茁一芝,次子承業中式,賦《後瑞芝》詩。又齊次風召南移寓半截衚衕,賦詩八首,阮裴園檢討學浩與弟學濬和韻。巷南迫近橫街。《船山詩草·自官菜園上街移居北半截衚衕》詩有'菜園屋券價已昂,我寧扣俸租官房'之句。今改江蘇會館。"

右在半截衚衕東,騾馬市、虎坊橋街南,板章衚衕西,橫街北,與中城、西城界。

南橫街(井一)

迤西隸西城,井四。舊有禮部所屬會同館,今廢。有千佛庵、圓通觀,又有華嚴庵。有祥符、嘉興、全浙、淮安、孟縣、涇縣、粤東諸會館。南小衚衕曰椅子圈、荷葉廠。

《雙佩齋詩集·八月初一移居橫街用元遺山長壽新居韻》:"車響轔轔駐,厨煙縷縷斜。陰雲初解駁,淡月已生芽。載具知無幾,隨緣信有涯。囊中詩帳在,一紀五移家。"《宸垣識略》:"王文貞家廟在繩匠衚衕南,析爲民居,有'王氏宗祠'四字甎刻尚存。"《藤陰雜記》:"橫街有第,乃怡園之一隅。向爲王氏世守,後賃張總憲若淮、吳少宰嗣爵。韋約軒謙恆自黔回京，再入詞館，賃住怡園。廢阯尚賸四松，乃構亭於松石間，顏曰'四松'，栽花樹二十餘本。又購'有椒書屋'，方桃杏盛開，屋又轉售，賦留別詩。"[案：今粵東會館當即其地。]又劉文定綸《初寓橫街移居》詩："僕夫忽報趨朝早，小樹鬅鬙夜氣濃。此去天街多半里，驚心幾杵丑時鐘。"又程文恭景伊第在橫街，有綠雲書屋，文定題云："仙雲童童覆瑤席，仙人展坐春無跡。笑認窺檐老樹枝，此是吾家道南宅。"《錢辛楣年譜》："乾隆甲戌，移寓橫街，讀《漢書》，撰次《三統厤衍》①四卷。秦文恭邀余商訂《五禮通考》。休寧戴東原初入都，造居士寓，談竟日，歎其學精博。明日言於文恭，文恭欣然與居士同車訪之，爲延譽，由是知名。"《曾文正年譜》："道光二十年正月，入都，寓千佛庵。二十七年三月，復寓南橫街北。"查禮《銅鼓堂集②・移居橫街》詩："碧玉山房春落花，春風催我更移家。此身萬歲歸何著？兩歲三遷似泛槎。檢點詩書攜作伴，街鄰酒肆說堪賒。據經作竈仍無突，愛聽松聲日煮茶。"

官菜園上街（井一）

有光州、鎮江、四川、香山諸會館。浮梁會館已廢。迤南二里許近城根曰姚家阬，與西城界。井水清冽，曰姚家井，其旁又有三井。迤東至農壇，井凡八。街西里許曰大明園，又西曰官園，皆明時蔬圃也，街疑以是得名。官園俗稱道士墳（詳西城）。

《卷葹閣集・葉舍人雯移居官菜園上街東作圖索詩》："揭來都門三易居，菜圃開處眞吾廬。盤盤老樹橫街後，分半貯書嫌不殼。鎖廳退直事亦忙，日力苦短書聲長。談心時接北街李，聯句尚有南

---

① 《三統厤衍》，當爲《三統術衍》。
② 《銅鼓堂集》，即《銅鼓書堂集》。

頭王。"自注:"謂李小松編修、王惕夫孝廉。"《錢辛楣年譜》:"乾隆己丑秋,再入都,仍寓官菜園上街。"《船山詩草·官菜園寓齋即事》:"官園菜把亦虛名,白草黃蘆接地生。屋後遠山時露影,窗前細雨乍聞聲。"

興隆街

《錢警石年譜》:"嘉慶六年辛酉,侍沈太恭人移寓外城興隆寺。"錢儀吉《衍石齋記事稿》:"杭大宗《蒜市雜記序》:'余居興隆街,東去蒜市蓋十里。'"[案:今興隆街居民寥落,絕無邸舍矣。]

珠巢街

有揚州、雲南、成都諸會館。迤南有觀音院。

《潛研堂集·移寓珠巢街與王禮堂夜話》詩:"積潦晴餘聚白沙,新晴雨後避青芽。荊高酒伴如相訪,白紙坊南第一家。刻燭論心水乳投,廿年親串意綢繆。前身兄弟機雲侶,分占東西屋兩頭。"《如是我聞》:"辛卯夏,余自烏魯木齊從軍歸,僦居珠巢街路東宅。"蔣士銓《忠雅堂詩鈔·吳蒻圃舍人璟移寓珠巢街與余隔巷作詩柬之》。《尚絅堂集·周稺圭同年自粉坊琉璃街移寓珠巢街步行特訪》。《饅飢亭集·和陶移居》詩自注:"嘉慶庚辰,移居珠巢街。"

南堂子衚衕

有法華寺。迤南曰板井,井一。東有關帝廟(明剎也),井一。又南半里許曰東珠營、西珠營,井四。有龍泉寺、龍樹寺。西有太清觀,明萬厤間建,今重修。

《茶餘客話》:"城南舊有龍爪槐,僧言三百年物,前輩集中不多見。"徐電發釚《菊莊詞話》:"白門紀伯紫云:'壬子季夏,與合肥龔宗伯、山陽陳階六黃門台孫同飲龍爪槐下填詞。此地在國初亦名流屐齒所常到也。"[案:寺前老屋三楹,額曰"蒹葭簃"。《東洲草堂集》有《題龍樹寺蒹葭簃圖》詩。]《茶餘客話》:"封氏園,一作風氏，與龍泉寺相近。《楊禹江集》有《丙戌夏陪宋商丘過龍泉寺觀風氏園古松》之作。"《藤陰雜記》："風氏松見諸家題詠。宋牧仲偕諸名輩倡和詩，皆長篇。王樓村、宮友鹿尤擅場，後高文良其倬賦長歌：'濃陰數畝自周遮，橫列十人容坐語。'至雍正時，鮑西岡有《悼松》詩，已無存矣。"《繆湘芷沅集》："風氏園旁數武，有武家窯，與黑龍潭相對。水木清華，渚漵環互，風日澄霽，宛似江南。李總憲枏將於此移築廣陵館，仙去不果。丙戌重過，賦五古一章。今黑龍潭左右，一望黃沙，夏秋茭蘆叢薄，誰復知有風氏園者？"《宸垣識略》："封氏松，相傳金、元時物。查慎行有《過園飲矮松下》詩。"胡承珙《求是齋詩集·偕同人游城南多氏園林》詩。〔案：多氏園，今亦無考。〕《藤陰雜記》："城南刺梅園，士大夫休休餘暇，往往攜壺榼班坐古松下，觴詠閒作。譚舍人吉璁佐郡延安，同官於此祖餞，聯句五十韻。高太常層雲繪以爲圖，詩載《朱竹垞集》。竹垞《同何侍御元英飲松下》詩：'禁煙高柳徧龍潭，未得同游衹自慚。'又《刺梅園餞陸進》詩：'刺梅園裏青松樹，笑我重來竟白頭。'孫松坪致彌詩：'好覓南鄰朱檢討，典衣還醉刺梅園。'"〔案：曹貞吉《游黑龍潭還過刺梅園》詩："刺梅花未發，有約故人來。落葉紛如夢，松風對舉杯。"園當在黑龍潭北，今悉爲葦蕩。其旁又有祖園。陳維崧詩："誰割龍潭景，添成物外游。"徐乾學《飲禊祖園》詩："舊游農壇西，紫閣鬱連畛。"《宸垣識略》謂爲左都御史祝氏別業。考《西河詩話》，祝家園在安定關西，關左祝御史別業，梁清標《桂枝香》詞所謂"賞心樂事祝家園裏"也。"祖""祝"音近，方言固易混淆。然準諸地望，參以舊聞，吳氏之言殊未足據。又右安門外亦有祖園。〕

四屏園（"屏"俗訛"平"）

《藤陰雜記》："毛西河四屏園送吳郎中歸里，賦詩。園在橫街口，荒冢纍然。"

紅土子店
黑陰溝

東有三聖庵。迤南有火神廟。又南里許曰黑窯廠,明工部五大廠之一也,亦曰南廠。國初設滿漢監督,後裁,并一。其東半里許曰黑龍潭,舊爲禱雨之地,有龍王亭,今圮。西南里許曰陶然亭。

《舊聞考》:"黑窯廠,明時製造甎瓦之地。康熙三十三年,奉旨交窯户備辦,此廠遂廢。其地坡隴高下,蒲渚參差,都人士登眺,往往而集焉。"《宸垣識略》:"廠今廢。窯上建真武殿三楹,翼以小屋,道人居之。路口有靈官閣,坡徑迂迴,盤折而上,名曰窯臺。閒搭涼蓬,設茶具。重陽後葦花搖白,一望瀰漫,可稱秋雪。沈德潛有《登高》詩。"《藤陰雜記》:"黑窯廠登高詩充棟。惟漁洋四律,蒼涼沈鬱。龔芝麓花朝讌集,又招汪苕文、王阮亭、李湘北、陳其年餞董玉虬,以《秦州雜詩》分韻。徐憺園有《陳悦巖太宰招同竹垞西溟黑窯廠最高處燕集》詩:'張幄以禦風,重氈覆青油。芳茵藉促坐,曲几羅庶羞。'似支搭帳幄,未有亭閣。"[案:鮑桂星《覺生詩鈔》:"黑龍潭,康熙中爲讌游之地。"徐憺園、王橫雲集俱有詩。胡南苕《九日集潭》詩:"北王雲霞雙闕迥,西來紫翠萬峰攢。"張匠門大受《游黑龍潭地爲新城尚書游讌處賦詩》。又《春日瑤臺看雪》詩,又有《雪後登瑤臺》詩,改"窯"爲"瑤"。]

萬光泰《柘坡居士集》:"陶然亭,康熙乙亥江郎中藻所建,取白居易'更待菊黃新釀熟,共君一醉一陶然'。"《藤陰雜記》:"陶然亭,又名江亭,有記勒石,百餘年來遂爲城南觴詠之地。春秋佳日,宴會無虛。亭前廊以軒檻,可容小部。名家集中多有登覽之作。查他山詩:'望遠村東緩轡游,忽從飲馬得清流。'自注:'余寓城南道院,在望遠村,去亭二里。'近人詩以曹習庵仁虎'穿荻小車疑坐艇,出林高閣當登山'爲絶唱。"《東洲草堂集》自注:"舊亭有王孟津書大字扁。"[案：亭在觀音庵西偏。壁嵌江藻《陶然吟》，其《序》稱京東南隅有慈悲庵。又《大興張志》："觀音堂在珠營。"湯右曾有《秋日登大悲庵後亭》詩，皆即今觀音庵也。庵有遼壽昌中慈智大師石幢，稱茲地爲京東，證以長生觀之在豐宜關，智泉寺之在子城東門外，憫忠寺之門臨康衢，地望悉合。舊城東南遺阯約略可知矣（長生觀、智泉寺，俱詳西城）。]

右在半截衕衕、官菜園上街東，虎坊橋、騾馬市街南，板章衕衕西，其東與中城界，西與西城界。

舊坊考

南城在今城西南，唐幽州藩鎮城及遼、金故都城也。（孫承澤《春明夢餘錄》。）

幽州城周二十五里，城中凡二十八坊，坊有門樓。有罽賓、肅慎、盧龍等坊，竝唐時舊名。（宋路振《乘軺錄》。[案：南城亦謂舊城，唐幽州鎮城，有薊北坊，見《濮陽卞氏墓誌》，詳前］。）

元初設左、右二院。右院領舊城西南、西北二隅。坊門之名四十有二：西開陽坊、南開遠坊、北開遠坊、清平坊、美俗坊、廣源坊、廣樂坊、西曲河坊、宜中坊、南永平坊、北永平坊、北揖樓坊、西縣西坊、棠陰坊、薊賓坊、永樂坊、西甘泉坊、東甘泉坊、衣錦坊、延慶坊、廣陽坊、顯忠坊、歸厚坊、常寧坊、常清坊、西孝慈坊、東孝慈坊、玉田坊、定功坊、辛市坊、會仙坊、時和坊、奉先坊、富義坊、來遠坊、通樂坊、親仁坊、招商坊、餘慶坊、郁鄒坊、通和坊。左院領舊城東南、東北二隅。舊坊門之名二十：東曲河坊、東開陽坊、咸寧坊、東縣西坊、石幢前坊、銅馬坊、南薊寧坊、北薊寧坊、啄木坊、康樂坊、齊禮坊、爲美坊、南盧龍坊、北盧龍坊、安仁坊、鐵牛坊、敬客坊、南春臺坊、北春臺坊、仙露坊。
(《元一統志》。《舊聞考》:"此具錄金時坊名。其坊位界至,久已湮沒。今以《析津志》《元一統志》《五城坊巷衚衕集》所載寺院基阯考之,則歸義廢寺在今彰儀門大街北,當爲時和坊;都土地廟在今土地廟斜街,當爲奉先坊;天王寺即今天寧寺,在廣寧門外,當爲延慶坊;宣武門外菜市西,嘗發地得仙露寺舍利石匣,當爲仙露坊;昊天寺當爲棠陰坊;竹林寺當爲顯忠坊;紫金寺當爲北開遠坊:大約皆在宣武、廣寧二門之間。"[案:銅馬坊以銅馬門得名。酈道元《水經注·灅水篇》:"東掖門下,舊慕容儁立銅馬象處。昔慕容廆有駿馬赭白,有奇相逸力。至儁光壽元年,歲四十九矣,而駿逸不虧。儁奇之,比鮑氏驄,命鑄銅以圖其象,親爲銘贊,鐫頌其奇。象成而馬死矣。"《元一統志》《析津志》皆云門在舊城東南隅。《日下舊聞》謂當在今德勝門外八里土城關。考舊城在外城西南隅,銅馬門又在舊城東南隅,則今廣寧、右安二門之間是其舊蹟也。德勝門外土城關,乃元新城遺阯,明徐達改築北平時,限諸城外,朱說似未核。鐵牛坊以鐵牛廟得名。《元一統志》云:"廟在舊城東南、近東城路北,土甕鐵牛露脊,人因祀之。"《析津志》謂鐵牛,大力神,廟在南城施仁門內東南。玉田坊當以玉田觀得名。《南爐紀聞》謂少帝到燕京,居安普寺,後徙居城東玉田觀。《紀聞》雖僞書,要其所記寺觀自足據也。今遺阯皆無考。又春臺坊有天寶宮;甘泉坊黃土坡有玉清觀;開遠坊有元禧觀;玉田坊有崇仁寺;歸厚坊有薦福寺;康樂坊有圓明寺,舊名三學寺;咸寧坊有崇聖寺:皆見《元一統志》,今亦無考。其故蹟有可稽者,具見後篇。王惲《秋澗集》言:"大都玉馬坊耿氏石獅,水猛出如霧。"考元時新舊兩城,皆無玉馬坊,或其後改名,未可知也。朱彝尊謂元宋聚爲其兄作行狀,稱學士生於大都爲美坊,今《五城坊巷》無此名,蓋未審聚所舉者舊城坊名耳。])

　　元初設大都警巡院,領京師坊巷事,建置於至元十二年。至二十四年省併,止設左、右二院,分領京師城市民事。二十五年,分定街道坊門,翰林院擬定名號:福田坊、阜財坊近庫藏。金城坊、玉鉉坊近中書省。保大坊近樞密院。靈椿坊、丹桂坊、明時坊近太史院。鳳池坊近海子，在舊省前。懷遠坊在西北隅。安富坊、太平坊、大同坊、文德坊、金臺坊、穆清坊近太廟。五福坊在中地。泰亨坊在東北寅方。八政坊近萬斯倉八作司。乾寧坊在西北乾位。時雍坊、咸寧坊、同樂坊、壽域坊、宜民坊、析津坊近海子。康衢坊、進賢坊、嘉會坊在南方。平在坊在北方。和寧坊、智樂坊地近流水。鄰德坊、有慶坊、清遠坊在西北隅。日中坊地當市中。寅賓坊在正東。西成坊在正西。由義坊在西市，屬義。居仁坊在東市東，屬仁。睦親坊近諸王府。仁壽坊近御藥院。萬寶坊大内前右千步廊，坊門在西。豫順坊、甘棠坊、五雲坊大内前左千步廊，坊門在東，與萬寶對立。湛露坊近官酒庫。樂善坊近諸王府。澄清坊近御史臺(《元一統志》)。

　　坊名元五十，乃翰林院侍書學士虞集所立。外有數坊，為大都路教授時所立。里仁坊在鐘樓西北。發祥坊在永錫坊西。發祥坊西北大街甎斗拱、扁"溥光"，最為年遠。三相公寺前善利坊、樂道坊、好德坊。招賢坊在翰林院西北。善俗坊在建德門。昭回坊，都府南。居賢坊，國學東，監官多居之。鳴玉坊在羊市北。展親坊、惠文坊，草市橋西。請茶坊，海子橋北。訓禮坊、咸宜坊，順承門裏倒鈔庫北。思誠坊、東皇華坊、明照坊，與上相對。蓬萊坊，天師宮前。南薰坊，光禄寺東。遷善坊、可封坊在健德門。豐儲坊在西倉西。(《析津志》)。〔案：里仁坊以下不列虞集五十坊名之内，其名或起於元末。《析津志》言煤市在修文坊前。修文坊亦未見，或即文德坊之别名。《志》又言："拱木市在城西，柴炭市集市在千斯倉，鵓鴿市在喜雲樓下。"其遺阯今無考矣。餘俱見前。]）

北平府設坊三十三：五雲坊、保大坊、南薰坊、澄清坊、皇華坊、賢良坊、明時坊、仁壽坊、思誠坊、明照坊、蓬萊坊、湛露坊、昭回坊、靖恭坊、金臺坊、靈椿坊、教忠坊、居賢坊、寅賓坊、崇教坊，凡二十坊屬大興縣。萬寶坊、時雍坊、阜財坊、金城坊、咸宜坊、安富坊、鳴玉坊、太平坊、豐儲坊、發祥坊、日中坊、西城坊，凡十三坊屬宛平縣。（《明北平圖經志書》。[按：此明初未建都城之制。]）

京師雖設順天府兩縣，而地方分屬五城，每城有坊。中城曰南薰坊、澄清坊、仁壽坊、明照坊、保泰坊、大時雍坊、小時雍坊、安福坊、積慶坊；東城曰明時坊、黃華坊、思誠坊、居賢坊、朝陽坊；南城曰正東坊、正西坊、正南坊、宣南坊①、宣北坊、崇南坊、崇北坊；西城曰阜財坊、金城坊、鳴玉坊、朝天坊、河漕西坊、關外坊；北城曰崇教坊、昭回坊、靖恭坊、靈椿坊、發祥坊、金臺坊、教忠坊、日中坊、關外坊。每城設御史巡視。所轄有兵馬指揮使司，設都指揮、副都指揮。後改兵馬指揮使，設指揮、副指揮，革知事，增吏目。（《春明夢餘錄》）。[案：明代坊名多沿元舊，其地今尚可稽（散見於前）。又《夢餘錄》之"保泰"即"保太"，"安福"即"安富"，河漕西坊即西城坊，自建朝天宮後又分爲朝天坊。明制以今外城爲南城。《夢餘錄》所舉南城七坊，皆今外城地也。其東城之朝陽坊，西城、北城之關外坊，所轄皆外廂地，然

---

① "宣南坊"，原文作"宣南方"，誤。兹徑直改之。

此亦嘉靖以後之制。若羅城未築以前,其詳不可得聞矣。考明《天順一統志》,彭城衛在萬寶坊。萬寶之名始於元,至天順間尚存,後改稱小時雍坊者,當即其地。《志》又云刑部在貫城坊,大興左衛在日照坊,則諸錄皆無之,足徵其前後改并不一也。])

《京師坊巷志》索引

【A】

安成衚衕　130
安達公街　56
安定門大街　150
安兒衚衕　48
安福衚衕　49
安國寺中街　197
安樂堂衚衕　19
安元衚衕　111
鞍匠營　130
按院衚衕　117
昂邦章京衚衕　158

【B】

八寶衚衕　71,77,81,87,103
八步口　146,149
八大人衚衕　91
八根旗杆　83
八角衚衕　192
八角琉璃井　242
八聖廟　186
八條衚衕　103,193,251
八條灣　97,124,146
八王子衚衕　134
巴兒衚衕　99
白家大門　40
白家柵欄　40
白帽衚衕　226
白米倉　99
白米斜街　75
白紙坊　231
百花深處衚衕　135
百花園　235
百順衚衕　237

柏林寺衚衕　156
柏興衚衕　175
拜斗殿　24
班大人衚衕　102
般若寺衚衕　177
板廠　187
板廠衚衕　64,71
板井衚衕　192
板橋　46,89,103
板橋衚衕　105
板橋頭條、二條、三條衚衕　136
板章衚衕　176
半壁街　129,146,186,195
半步街　185
半道衚衕　103
半箭衚衕　118

半截衚衕　119,136
包頭章衚衕　258
雹子衚衕　123
保安寺街　56,258
寶禪寺衚衕　124
寶鈔衚衕　149
寶泉局衚衕　100
寶子衚衕　184
報恩寺衚衕　156
報國寺東、西夾道　211
報子街　57
鮑家街　54
北兵馬司衚衕　152
北草廠口　134
北城根　158
北醋兒衚衕　148
北釣魚臺　106
北嘎嘎衚衕　135
北弓匠營　107
北官園　192
北河漕　183
北河沿　14
北花園　21,97
北花園衚衕　150
北火扇　234
北極庵　248
北極閣　82

北夾道　40
北蔳子巷　99
北箭亭　15
北口袋衚衕　128
北柳巷　244
北蘆草園　169
北鑼鼓巷　150
北鬧市口　111
北橋灣　170
北水關　106,158
北衛兒衚衕　128
北五老衚衕　194
北小市口　181
北煙筒衚衕　120
北燕角　214
北羊肉口　180
北藥王廟　146
北銀盆衚衕　82
北月偃　19
北柵欄　133
背陰衚衕　48,69,71
本司衚衕　87
筆管衚衕　57,84,96,210
鞭子衚衕　108
鞭子巷頭條衚衕　197
扁擔廠　150
扁擔衚衕　28,45,48,

54,60,82,89,91,98,100,107,116,140,153,168,184,225,259
扁方衚衕　118
變驢衚衕　111
標杆衚衕　185
裱褙衚衕　81
冰窖　10,31
冰窖廠　171
冰窖衚衕　12,130,170
冰盞衚衕　92
兵部街　37
兵部窪　45
兵部窪中街　46
兵將局衚衕　64
兵馬司衚衕　114
兵馬司前街　259
波羅廠　135
餑餑房　25
布巷　167

【C】

財神廟　42,105,150
菜幫衚衕　111
菜廠衚衕　59
菜園　25,30,127

《京師坊巷志》索引　277

蔡家衚衕　173
鹽池口　23
倉北夾道　107
倉東、西夾道　90
倉東門　107
草廠　23,53,125,129
草廠大阬　135
草廠衚衕　62,84,
　　129,156
草廠頭條衚衕　192
草垛衚衕　15
草帽店　195
草帽衚衕　44
草市　195
叉子衚衕　64
茶食衚衕　195,246
茶葉衚衕　68,126
察院衚衕　56
柴兒衚衕　234
柴火闌　40
柴竹林　195
闡福寺西夾道　29
菖蒲河　10
長椿寺南夾道　209
長巷上、下頭條衚衕
　　168
鈔手衚衕　51,136,
　　167

朝陽坊　8
朝陽河　23
朝陽門北小街　106
朝陽門大街　101
朝陽門南小街　88
朝陽門內南城根　91
炒豆衚衕　63
車輦店　173
車子營　205
成公府夾道　49
成賢街　154
承恩寺街　52
城隍廟衚衕　89
城隍廟夾道　117
城隍廟街　117
翅膀衚衕　168
崇南坊　8
崇文門大街　76
崇文門東夾道　179
崇文門內東城根　77
崇文門內西城根　39
崇文門外大街　190
崇文門西夾道　191
崇興衚衕　47
崇興寺衚衕　255
抽分廠　184
臭溝沿　152
臭皮廠　153

臭皮衚衕　123
臭水河　55
廚子營　178
穿堂衚衕　48
穿心衚衕　254
船板衚衕　77,105
闖道衚衕　19
椿樹衚衕　15,93,
　　104,113,130,157,
　　249
椿樹上、下頭條衚衕
　　249
瓷器庫　13
慈悲衚衕　155
慈慧殿　19
磁器口　199
醋張衚衕　221
崔府夾道　96
翠花橫街　127
翠花衚衕　61
翠花街　48
翠珠衚衕　43

【D】

褡連阬　105
鞾子館　37
鞾子廟　119
鞾子營　25,256

打狗巷　191
打磨廠　191
打雀衚衕　192
大、小安南營　241
大、小保吉巷　254
大、小報房衚衕　94
大、小鵓鴿市　94
大、小草場衚衕　61
大、小陳綫衚衕　128
大、小秤鉤衚衕　68
大、小崇真觀　169
大、小東嶽廟　66
大、小豆腐巷　95
大、小方家衚衕　90
大、小方甎廠　151
大、小枴棒衚衕　72
大、小灌腸衚衕　92
大、小合道口　209
大、小紅羅廠　72
大、小經廠　150
大、小局兒衚衕　152
大、小喇叭衚衕　178
大、小六部口　49
大、小羅圈衚衕　122
大、小麻綫衚衕　116
大、小帽兒衚衕　124
大、小盆兒衚衕　119
大、小取鐙衚衕　62

大、小絨綫衚衕　123
大、小阮兒衚衕　114
大、小阮府衚衕　59
大、小沙鍋琉璃衚衕　111
大、小紗帽衚衕　58
大、小始興衚衕　169
大、小饊坊衚衕　72
大、小土地廟　82
大、小外廊營　236
大、小西竺庵　170
大、小席兒衚衕　170
大、小翔鳳衚衕　141
大、小雅寶衚衕　89
大、小燕翦衚衕　177
大、小羊角鐙衚衕　74
大、小羊毛衚衕　79
大、小羊儀賓衚衕　88
大、小中府衚衕　42
大成寺衚衕　120
大川淀　45
大椿樹衚衕　250
大耳衚衕　209,233
大佛寺後　97
大佛寺衚衕　150
大溝巷　96,154
大溝沿　22,245
大弘廟　234

大吉巷　257
大蔣家衚衕　171
大角衚衕　128
大井衚衕　261
大覺、小覺衚衕　62
大口袋衚衕　111
大李紗帽衚衕　175
大馬神廟　175
大廟後　105
大廟衚衕　105
大木廠　112
大牌坊衚衕　84
大齊家衚衕　173
大沙土園　241
大石槽　23
大石橋　146
大甜水井　59
大銅井　132
大小石作　31
大興縣署衚衕　100
大煙洞衚衕　21
大營房　186
大園衚衕　126
大柵欄　49,67,173
擔杖衚衕　69
倒鈔衚衕　148
德勝門大街　138
戥子市　167

《京師坊巷志》索引 279

鐙草衚衕 88
鐙籠衚衕 48
鐙籠庫 12
鐙市口大街 93
地安門東夾道 19
地安門外大街 64
地安門外東城根 63
地安門外西城根 73
地安門西夾道 31
地藏庵 154
地藏寺街 185
帝王廟東、西夾道 122
貂皮巷 36
弔打衚衕 171
釣兒衚衕 78
疊道衚衕 196
丁家井 128
丁香衚衕 77
丁章衚衕 116
丁字街 112
頂銀衚衕 84
定府大街 140
東、西草廠衚衕 149
東、西長營 210
東、西翰林街 22
東、西河沿 37
東、西吉祥衚衕 19

東、西寬街 158
東、西利市營 185
東、西龍鳳口 89
東、西羅圈衚衕 86
東、西馬尾衚衕 185
東、西煤廠衚衕 142
東、西皮條營 237
東、西燒酒衚衕 106
東、西石槽衚衕 86
東、西石駙馬大街 55
東、西水車衚衕 120
東、西宋姑娘衚衕 107
東、西頭條、二條、三條、四條衚衕 29
東、西椅子衚衕 23
東、中、西鐵匠衚衕 56
東安門大街 13
東安門外北夾道 60
東安門外大街 59
東安門外南夾道 58
東板橋 19
東北園 235
東便門大街 182
東裱褙衚衕 83
東長安街 38
東廠衚衕 61,102,161

東大市街 100
東豆腐巷衚衕 191
東高房衚衕 17
東溝沿 21,46
東觀音寺衚衕 128
東河漕 183
東河沿 10,166
東華門外北長街 14
東華門外南長街 10
東黃瓦門 17
東江米巷 36
東教場 133
東褲子衚衕 79
東廊下 96,126
東老衚衕 17
東蘆草園 169
東馬市街 95
東南坊 8
東南園 241
東沙灘 16
東條兒衚衕 147
東小市 197
東直門大街 153
東直門南小街 106
東直門內北小街 157
東珠市口大街 171
東甄兒衚衕 254

東總鋪衚衕　85
都統署夾道　55
都土地廟　57
斗姥宮　178
豆腐池衚衕　149
豆腐巷　83,136,171
豆芽菜衚衕　113
鬭雞阮　15
緞匹庫　12
堆子衚衕　111

【E】

耳朵眼　44
二甲巷　41
二里溝　22
二神廟　91
二條、三條、四條衚衕　132
二條衚衕　92,102,129,153,173,193,197
二眼井　17,78,118

【F】

法通寺衚衕　149
范家衚衕　210
范子平衚衕　77
飯瓶衚衕　80

方壺齋　248
方家衚衕　153
方巾巷　83
放生園　256
飛虹橋　11
分司廳衚衕　150
汾州營　234
粉房琉璃街　255
粉綫衚衕　191
粉子衚衕　114
豐盛衚衕　114
豐順衚衕　60
福建司營　84
福祥寺衚衕　64
府學衚衕　98
阜成門大街　121

【G】

伽藍殿衚衕　150
嘎嘎衚衕　98
噶禮兒衚衕　49
甘井衚衕　65,173
高碑衚衕　45
高低衚衕　48
高方衚衕　118
高公庵衚衕　149
高家衚衕　194
高井　42,89

高井衚衕　111,134,169
高爵街　177
高廟　136,169,254
高跳衚衕　171
胳膊肘衚衕　103
鴿子房　26
弓背衚衕　130
弓箭大院　94
弓匠營　106,130
弓弦衚衕　61,130
公儀衚衕　72
宮門口　125
鉤兒衚衕　128
溝頭　110
溝沿　196
溝沿頭　78
狗尾衚衕　55,68,95,114,118,127,135,181,195
狗鷹衚衕　32
估衣市　196
姑姑寺衚衕　150
鼓樓大街　148
鼓樓東大街　34,151,153
鼓樓西斜街　34,145
鼓手衚衕　155

《京師坊巷志》索引　281

瓜子店　171
拐棒衚衕　150
栁棒衚衕　64，150，
　　186
官菜園上街　264
官豆腐房　11
官房　16
官房大院　106
官馬市　67
官帽衚衕　81
官帽司　78
官書院衚衕　155
官園　126
關帝廟　158
關帝廟夾道　257
關外坊　8
關王廟街　186
觀象臺　83
觀音庵　125
觀音庵衚衕　134
觀音寺衚衕　81，130，
　　156
觀音堂　23，78
管家樓　185
灌腸衚衕　60
罐兒衚衕　206
光彩衚衕　52
光禄寺後　14

光明殿衚衕　25
廣慧寺夾道　205
廣寧伯街　118
廣寧門大街　216
廣渠門大街　184
飯子廟　235
鬼門關　74
國祥衚衕　149
果子觀　146
果子市　171
果子巷　257
過街樓　195

【H】

海波寺街　246
韓家潭　236
何家口　107
何家莊　199
河坻下　182
河沿　144
荷包巷　65
核桃釀衚衕　115
盒子衚衕　30
黑塔寺衚衕　134
黑陰溝　267
黑芝麻衚衕　152
黑紙坊　232
橫街　46

弘道寺　88
弘善寺街　141
洪廠衚衕　161
紅佛寺　169
紅井衚衕　45
紅門　25
紅橋　199
紅土子店　267
猴兒衚衕　80
猴尾衚衕　144
後倉　129
後池　199
後大阮　25
後府衚衕　42
後阬　77
後河　237
後河沿　191
後紅井　45
後街　259
後井兒衚衕　78，156
後局衚衕　19
後樓　119
後毛家灣　73
後泥窪　103
後水泡　49
後孫公園　240
後鐵廠　245
後細瓦廠　46

後營　171,232
胡家圈　158
胡家灣　110
虎城　30
戶部北夾道　37
戶部街　37
戶部拉口　181
護國寺街　73
花兒市大街　182
花椒營　177
花圈衚衕　44
花廳衚衕　88
花園　169
花園衚衕　106
花鍼衚衕　171
花枝衚衕　100,113,228
花枝營　40,61
華嘉寺衚衕　119
化成寺夾道　41
化皮廠　158
樺皮廠衚衕　134
槐抱椿庵　54
槐樹衚衕　24,133
皇城東　10
皇城西　20
皇城西城根　65
黃寶蓋　89

黃河沿　185
黃米衚衕　62
黃夠衚衕　61
黃壽醫衚衕　82
黃土阬　40,61,97
灰廠　66
回子營　56,125
慧照寺衚衕　104
火神廟　78,82,125
火神廟夾道　175
火神廟街　187
火神廟下坡　81
火藥局　25
火藥局衚衕　19
霍家橋　186

【J】

機織衛衚衕　118
雞鵝館　37
雞爪衚衕　106
吉祥衚衕　126
吉祥所　17
極樂庵　157
極樂寺　155
賈家衚衕　256
賈家花園　192
揀果廠衚衕　127
鞫子衚衕　29

鞫子巷　41,98
建昌衚衕　77
箭廠　155
箭廠衚衕　12,94
箭道　106
箭桿白衚衕　78
箭桿衚衕　14,74,83,96,221,259
江擦衚衕　78
漿家房　22
漿家房衚衕　135
蔣家衚衕　107
將軍教場衚衕　204
膠房　255
教場　30
教場口　204
教場六條衚衕　205
教場上、下頭條衚衕　204
教場五條衚衕　205
教場中街　133
教子衚衕　133
轎子衚衕　96
巾帽衚衕　36,191
巾帽局衚衕　19
金鉤衚衕　78
金井衚衕　205,221
金絲套衚衕　143

《京師坊巷志》索引　283

金臺書院夾道　197
金太監寺衚衕　155
金魚衚衕　92,197
錦什坊街　116
錦衣營　84
京畿道　43
京畿道衚衕　110
經板庫　28,40
精忠廟　195
井兒衚衕　15,23,71,
　　72,86,114,123,
　　130,143,146,152,
　　184,186
淨土寺衚衕　149
九曲灣　177
九條衚衕　104,193,
　　251
九條灣　21,105
韭菜衚衕　178
酒醋局　28
酒醋局衚衕　18,147
就日坊北大街　91
舊鼓樓街　147
舊簾子衚衕　46
舊太倉街　107
舊刑部街　109
舊衙門　40
鷲峰寺街　116

局章衚衕　185
舉場東西夾道　84
舉場南夾道　83
句闌衚衕　87

【K】

康家衚衕　59
康熙橋　88
擷房衚衕　52
炕洞衚衕　171
炕兒衚衕　183
炕沿井　57
靠山衚衕　170
空府夾道　58
孔雀衚衕　210
口袋衚衕　29,56,59,
　　61,69,73,107,112,
　　134,141,155
口條衚衕　48,114
苦水井　48,90
庫堆衚衕　261
褲骸衚衕　196
褲子衚衕　57,107,
　　113,114
跨車衚衕　113
快子衚衕　79
寬街　63,67,83,133,
　　215

盔甲廠　79
盔頭作　22

【L】

喇叭衚衕　130
喇叭營　97
蠟庫衚衕　18
蠟燭心衚衕　254
藍旗小營房　186
爛麪衚衕　218
郎家衚衕　149
廊房衚衕　71,135
廊房頭條衚衕　172
老虎廟　129
老君堂　91,104
老萊街　54
老牆根　205
烙鐵衚衕　116
雷家衚衕　183
李閣老衚衕　65
李廣橋　141
李鐵拐斜街　235
里仁街　230
理藩院東夾道　58
禮敬衚衕　92
鯉魚衚衕　84
蓮花寺灣　221
蓮花玉河　177

蓮子衚衕 191	柳巷 128	駱駝脖衚衕 155
簾子庫衚衕 19	六條、七條衚衕 132	駱駝衚衕 105
梁家灣 153	六條衚衕 103,193,	駱駝圈 158
梁家園 237	246,251	駱駝灣 118
梁家園東、西夾道 239	隆福寺街 95	麻刀衚衕 226
	龍泉庵 107	麻花衚衕 135
糧食店 174	龍頭井 141	麻綫衚衕 44,80,239
晾果廠 62	龍王廟 22	馬杓衚衕 113
林駙馬衚衕 91	龍王廟衚衕 156	馬大人衚衕 97
林檀衚衕 78	樓灣 183	馬糞觜 195
鈴璫衚衕 148	鑪聖庵 185	馬館 67
靈椿坊 9	禄米倉 89	馬將軍衚衕 100
靈官廟 79,150	轆轤把衚衕 116	馬棚衚衕 158
靈清宮 70	驢駒衚衕 257	馬匹廠 78
靈佑宮 177	驢肉衚衕 122	馬神廟 16,45
留守衛 175	驢市衚衕 88	馬神廟斜街 74
流水溝 103	驢蹏衚衕 84,102, 120	馬尾衚衕 70
琉璃廠 242		馬尾斜街 64
琉璃廠南夾道 241	驢尾衚衕 170	馬香衚衕 134
琉璃井 23	呂公堂上坡 80	馬張家衚衕 226
琉璃門 29	律例館 44	馬狀元衚衕 74
琉璃寺衚衕 149	鑾儀衛夾道 44	嗎噶喇廟 13
劉海衚衕 135,141	鸞慶衚衕 169	賣羊肉衚衕 40
劉家衚衕 231	羅家井 171,255	
劉鑾塑 27	羅圈衚衕 55,66,135	【M】
柳罐衚衕 78	羅篩衚衕 168	毛家衚衕 231
柳樹大門 133	騾馬市大街 252	毛家灣 24,78
柳樹井 57,117,128	騾圈 15	毛窩衚衕 29

帽兒衚衕 152
煤市街 174
煤市橋 174
煤渣衚衕 92
門樓衚衕 128,135,225
門神庫 12
孟端衚衕 119
彌陀寺溝 199
米糧庫 33
米市衚衕 259
米市口 187
棉花衚衕 64,135
棉花頭條衚衕 251
妙緣觀衚衕 146
廟兒衚衕 15,231
明因寺街 199
磨豆腐坊 111
牟家園 199
母豬衚衕 60
木廠衚衕 194
嬭子府 60

【N】

南、北半截衚衕 261
南、北倉夾道 108
南、北褡連衚衕 115
南、北豆芽菜衚衕 107
南、北宮房 143
南、北火扇衚衕 180
南、北庫司衚衕 11
南、北駱駝灣 113
南、北錢串衚衕 114
南、北孝順衚衕 168
南、北養馬營 119
南、中、北扒兒衚衕 131
南、中、北半壁街 113
南、中、北醬房衚衕 71
南、中、北寬街 113
南、中、北千張衚衕 113
南、中、北沈笆子衚衕 113
南、中、北太常寺 113
南、中、北興隆街 214
南八步口 144
南兵馬司衚衕 96
南草廠口 129
南醋兒衚衕 151
南釣魚臺 105
南府 21
南岡子頭 187
南官園衚衕 194

南河漕 186
南河沿 10,245
南橫街 263
南花園 20,96
南火扇 234
南箭亭 11
南井兒衚衕 12
南跌子衚衕 170
南柳巷 244
南蘆草園 170
南鑼鼓巷 152
南鬧市口 55,83
南橋灣 197
南水關 91,108
南順城街 121
南堂子衚衕 265
南灣子 11
南五老衚衕 194
南下窪 254
南小口市 183
南煙筒衚衕 118
南燕角 229
南羊肉口 183
南銀錠衚衕 81
南月偃 19
南柵欄 133
鬧營衚衕 150
內城北城 140

內城東城　76
內城南城　34
內城西城　109
內城中城　57
內府庫　18
內官監衚衕　32
能仁寺衚衕　115
碾兒衚衕　17,42,149
娘娘廟　82,103,147
鳥鎗衚衕　96
妞妞房　14,18,22,30
牛八寶衚衕　119
牛犄角衚衕　114
牛角衚衕　69,97,113
牛角灣　40,83,84,
　　89,182
牛街　228
牛郎橋　10
牛排子衚衕　62
牛圈　103
牛圈衚衕　37
牛肉灣　49
牛蹓衚衕　126
牛血衚衕　177
煖閣廠衚衕　15

【P】

排子衚衕　172

潘家河沿　256
泡子河　79
礮廠　79
礮廠衚衕　117
盆兒衚衕　229
彭家樓衚衕　133
劈柴衚衕　112
皮庫衚衕　112
皮庫營　205
平樂園　194
破大門　117
破府　40
葡萄園　13,125

【Q】

七井衚衕　221
七條衚衕　103,205
棲鳳樓　82
棋盤街　35
旗手衛　44
騎河樓　14
千佛寺衚衕　149
阡兒衚衕　254
前、後百戶廟　55
前、後鈔手衚衕　126
前、後炒麪衚衕　88
前、後車兒衚衕　124
前、後宮衣庫　124

前、後鼓樓院　151
前、後枴棒衚衕　88
前、後觀音堂　214
前、後廣平庫衚衕
　　127
前、後馬家廠　146
前、後馬圈衚衕　152
前、後泥窪　114
前、後牛犄角衚衕
　　134
前、後清廠　248
前、後桃園　134
前、後王恭廠　52
前、後王爺廟　66
前、後吳公衛衚衕　67
前、後蕭家衚衕　155
前、後纓子衚衕　114
前、後營房　134
前、後永康衚衕　156
前、後圓恩寺衚衕
　　152
前、中、後毛家灣　129
前、中、後秀才衚衕
　　130
前、中、後椅子衚衕
　　84
前大阮　25
前府衚衕　42

《京師坊巷志》索引　　287

前後京畿道夾道　110
前後校尉營　177
前毛家灣　73
前孫公園　240
前鐵廠　245
前細瓦廠　46
前營　170
前椿子衚衕　133
乾麪衚衕　86,228
乾石橋　85
乾石橋東斜街　71
乾石橋西斜街　112
乾魚衚衕　93
錢局阬　99
錢局後　78
錢糧衚衕　96
錢椿衚衕　65
鎗廠　73
牆兒衚衕　97
巧機營　24
茄子衚衕　53,77
秦老衚衕　152
青塔寺衚衕　129
清風巷　175
清風營　191
清化寺街　199
清涼庵　158
慶雲庵　169

窮漢市　178
𠀤子衚衕　57
裘家街　251
取鐙衚衕　42,55,234
泉水塘　191

【R】
染坊衚衕　214
任家頭衚衕　178
日南坊　9
絨綫衚衕　49,229
肉市　167

【S】
撒袋衚衕　119
三不老衚衕　135
三川柳　192
三道栅欄　114
三府菜園　172
三府衚衕　66
三官廟　133,148
三甲巷　41
三里河大街　199
三條衚衕　92,102,
　129,153,158,173,
　193,197
三眼井　17,22,234
三義庵　40

三元庵　77,80
三轉橋　185
三座橋　143
三座廂　32
鐵子衚衕　68,141
臊達子衚衕　78
臊達子營　111
埽帚衚衕　43
沙井衚衕　114,152
沙拉衚衕　150
沙喇衚衕　127
殺豬營　195
紗帽翅衚衕　78
山澗口　195
山老兒衚衕　97
山西街　251
陝西巷　236
扇子市　107
善果寺東、西夾道
　212
上、下二條、三條衚衕
　251
上、下二條衚衕　168,
　249
上、下七條衚衕　193,
　251
上、下三條衚衕　168,
　204,246,249

上、下四條衚衕　169，
　204，246，251
上、下五條衚衕　246，
　251
上、中、下河沿　180
上寶慶衚衕　183
上二條衚衕　180
上岡　111
上鍋腔衚衕　183
上坡　110
上三條衚衕　180
上四條衚衕　180
上馴院馬圈　15
上堂子衚衕　183
上鐯刀衚衕　183
上頭條衚衕　180
上斜街　202
燒酒衚衕　60
佘家衚衕　235
捨飯寺　42
捨飯寺衚衕　111
捨飯堂　134
深溝口　169
神路街　95
神路街二條衚衕　199
繩匠衚衕　260
繩子庫　30
聖安寺街　227

施家衚衕　173
獅子府　126
獅子口　45
溼井衚衕　173
十八半截　113
十方院　89
十根旗杆　158
十間房　239
十間樓　171
十景花園　97
十條衚衕　104，193
十一條、十二條衚衕
　104
石板房　25
石板衚衕　185，195
石碑大院　134
石碑衚衕　45，88，
　124，144
石槽衚衕　102
石大人衚衕　85
石鐙庵　53
石駙馬後宅　56
石缸衚衕　114
石猴街　234
石虎衚衕　68，141，
　194
石老娘衚衕　48，123
石雀衚衕　105

石頭縫衚衕　12
石頭衚衕　175
史家衚衕　37，86，
　182，225
史家樓　144
柿子店　206
手帕衚衕　56，157，
　184
熟肉衚衕　226
刷子市　195
帥府庵　123
帥府衚衕　92，122
帥府園　92
拴馬椿　45
雙碾衚衕　61
雙五老廟　254
雙柵欄　83，105，119，
　127，133
水車衚衕　102
水罐兒衚衕　136
水磨衚衕　83
水獺衚衕　39，100
水仙庵　53
司家阬　205
司禮監　17
四川營　250
四根柏衚衕　124
四根旗杆　23

《京師坊巷志》索引　289

四棵樹衚衕　182
四屏園　266
四條、五條衚衕　129
四條衚衕　102,193
四王柵欄　41
四眼井　43,53,78,
　　119,145,206
四眼井衚衕　115,157
松鶴衚衕　118
松樹庵　133
松樹衚衕　48,66
松樹街　141
嵩桂衚衕　83
嵩祝寺衚衕　16
送姑娘衚衕　191
酥蘿葡衚衕　125
蘇家坡　196
蘇州衚衕　80
蘇州衚衕下坡　83
蕭寧府　152
遂安伯衚衕　86
孫家頭　96
蓑衣衚衕　64

【T】

塔兒店　254
抬頭庵　37
臺基廠　39

太保街　157
太平倉　73
太平湖　54
太平衚衕　61
太平街　33,52
太僕寺街　68
泰安侯衚衕　124
罎子衚衕　53
炭廠　26
炭兒衚衕　234
炭礟庫　205
湯鍋衚衕　148
湯家衚衕　155
唐帽衚衕　119
堂子大院　169
堂子衚衕　68,85,
　　107,140,256
餹坊衚衕　48
餹房衚衕　228
條作　28
桃條衚衕　99
陶家衚衕　53
藤牌營　117
梯子衚衕　59,80,99,
　　112,168
天仙庵　55,137
笤帚衚衕　40,234
鐵廠　244

鐵箭營　56
鐵匠營　18,62,73,
　　83,103,117
鐵老鸛廟　239
鐵轆轤把　182
鐵門　40,252
鐵獅子衚衕　98
鐵香鑪　185,197
鐵影背衚衕　146
廳兒衚衕　186
通條衚衕　55
佟府夾道　94
銅叉衚衕　96
銅廠　78,157
銅鐵廠　140
銅鐘衚衕　96
桶子衚衕　241
頭髮衚衕　48,51
頭甲巷　41
頭條、二條、三條、四
　　條、五條、六條、七條
　　衚衕　157
頭條、二條、三條、四
　　條、五條、六條衚衕
　　112
頭條、二條、三條、四條
　　衚衕　22,24
頭條、二條、三條衚衕

14,67
頭條、二條衚衕 158
頭條衚衕 91,102,129,132,153
土地廟 45,91
土地廟下坡 81
土兒衚衕 100
兔兒山 24
屯絹衚衕 118

【W】

瓦叉衚衕 119
外城北城 233,252
外城東城 179
外城南城 190,216
外城西城 200
外城中城 165
萬佛寺灣 237
萬麻橋 88
汪家衚衕 104
汪太醫衚衕 184
汪芝麻衚衕 98
王大人衚衕 156
王府倉衚衕 120
王府大街 57
王府東夾道 65
王府東西夾道 112
王府夾道 119,127

王駙馬衚衕 107
王姑園衚衕 103
王廣福斜街 175
王皮衚衕 173
王院衚衕 157
王佐衚衕 149
衛兒衚衕 124
緯纓衚衕 48
魏家衚衕 31,98
魏染衚衕 250
溫家街 52
文昌閣 45
卧牛衚衕 196
無量庵 95
無量大衚衕 85
五道廟 237
五道營 155
五斗齋衚衕 233
五老衚衕 78
五石井衚衕 95
五所衚衕 15
五條衚衕 102,132
五王侯衚衕 124
五顯廟 45,105
五岳觀 158
武定侯衚衕 119
武學衚衕 90
武衣庫 120

【X】

西安門大街 26
西安門外北夾道 72
西安門外大街 71
西安門外南夾道 70
西板橋 32
西北園 244
西便門大街 213
西草廠衚衕 250
西長安街 43
西大市街 121
西高房衚衕 17
西溝沿 51,115,124
西枴棒衚衕 72
西官園口 127
西河沿 172
西河營 171
西花園 87
西華門外北長街 22
西華門外南長街 20
西黃瓦門 33
西夾道 66
西江米巷 42
西教場 134
西廊下 96,126
西老衚衕 17
西馬市街 72
西南園 242

《京師坊巷志》索引　291

西皮市　42
西沙灘　16
西十庫衚衕　27
西拴馬樁　48
西水關　137
西太平街　54
西堂子衚衕　93
西條兒衚衕　146
西閘口　21
西直門北城根　134
西直門北順城街　134
西直門大街　131
西直門南順城街　131
西直門南小街　131
西珠市口大街　175
西甄兒衚衕　221
惜薪司衚衕　26
錫蠟衚衕　60
喜春衚衕　41
喜雀衚衕　120
喜鵲衚衕　81,191
細罐衚衕　99
細米廠　187
細米衚衕　70
細米巷　192
戲館衚衕　97
瞎子衚衕　114
霞公府　58

下寶慶衚衕　183
下二條衚衕　181,204
下岡　110
下鍋腔衚衕　183
下坡　16,110,127
下三條衚衕　181,249
下四條衚衕　181
下堂子衚衕　89,183
下鐥刀衚衕　183
下頭條衚衕　181
下窪　47
下窪衚衕　124
下窪子　88
下下二條衚衕　181
下下三條衚衕　181
下下四條衚衕　182
下下頭條衚衕　181
下斜街　206
鮮魚口　167
鮮魚巷　77
賢孝牌　46,114,156
顯靈宮　115
香廠　254
香串衚衕　194
香兒衚衕　100
香鑪營夾道　246
香鑪營上、下二條衚衕　246

香鑪營頭條衚衕　245
香條衚衕　133
翔鳳衚衕　169
響鼓廟　255
向家園　120
象鼻子阬　82
象來街　53
象牙衚衕　48
小半壁街　126
小報房衚衕　77
小菜街　227
小城隍廟　89
小椿樹衚衕　89,175,249
小翠花街　126
小護國寺　54
小蔣家衚衕　171
小井衚衕　133,225
小局衚衕　105
小口袋衚衕　111
小李紗帽衚衕　174
小六條、七條衚衕　133
小麻綫衚衕　52
小馬圈　29
小馬神廟　175
小牌坊衚衕　89
小齊家衚衕　173
小橋南　198

小三條衚衕 153
小沙土園 241
小石橋 146
小四條、五條衚衕 133
小四眼井 45
小蘇州衚衕 63
小塔院 125
小太平街 126
小甜水井 59
小銅井 137
小頭條、二條、三條衚衕 82
小頭條、二條衚衕 40
小五條衚衕 205
小香廟 96
小栴檀寺衚衕 72
孝順衚衕 77
校尉營 92
蝎虎衚衕 85
蝎子廟 234
謝家衚衕 150
心尖衚衕 69
新店 196
新房口 195
新豐衚衕 66
新開路 24,49,66,82,92,106,133,141,190,192,209

新簾子衚衕 46
新寺衚衕 104
新太倉衚衕 105
新鮮衚衕 90
興化寺街 74
興隆街 126,187,192,265
興盛街 29
興勝寺 240
刑部後衚衕 43
刑部街 43
秀女衚衕 66
宣南坊 9
宣武門大街 50
宣武門內東城根 47
宣武門內西城根 51
宣武門外大街 200
旋馬上灣 183
旋磨臺 24
薛家衚衕 40
薛家灣 194
學院衚衕 118
雪池衚衕 31
巡捕廳衚衕 120

【Y】
鴨兒衚衕 144
鴨子廟 116

煙袋斜街 144
煙兒衚衕 144
煙筒衚衕 66,88
臙脂衚衕 237
延壽庵 80
延壽寺街 234
閻王廟街 257
閻王廟前後街 194
演樂衚衕 88
演象所 67
宴樂衚衕 71
燕家衚衕 236
羊腸衚衕 120
羊牀衚衕 133
羊房衚衕 141
羊房夾道 28
羊館衚衕 157
羊毛衚衕 45,254
羊圈 21
羊圈衚衕 89
羊肉衚衕 81,115,228,234,257
羊尾衚衕 89,96,234
楊梅竹斜街 174
養羊衚衕 177
姚斌廟 56
姚家衚衕 122
藥庫 37

《京師坊巷志》索引　293

藥王廟街　199
鷂兒衚衕　130,177
鑰匙衚衕　130
衣包衚衕　82
胰子巷　234
椅子衚衕　17
翊教寺衚衕　127
義留衚衕　144
殷家阮　251
陰涼衚衕　113,115,130
銀錠橋　143
銀絲衚衕　78
銀閘　15
櫻桃斜街　235
纓子衚衕　184
永定門大街　178
永光寺西街　248
永光寺中街　247
永寧衚衕　53
永寧寺衚衕　105
永清寺衚衕　130
永慶庵　134
永順衚衕　49
永祥寺　129
永佑廟　24
尤家寺衚衕　118
油坊衚衕　48,94

油房衚衕　67,113
油漆作　21,33
油勺衚衕　95
遊擊衚衕　118
右安門大街　230
右府衚衕　42
魚眼衚衕　130
榆錢衚衕　113
榆樹井　30
雨兒衚衕　64
玉帶衚衕　113,114
玉皇閣　113,126
玉皇閣衚衕　147
玉皇廟　133,136,241
玉虛觀　206
御馬圈　13
元寶衚衕　114
元帝廟　169
元真寺　194
圓洪寺街　53
月牙衚衕　103,120
雲兒衚衕　228
雲居寺衚衕　173

【Z】

簪兒衚衕　144,224
臧家橋　241
贓罰庫　30

棗林　22
棗林街　118,232
棗子營　183
柵欄衚衕　226
炸子橋　203
翟家口　191
栴檀寺後　29
栴檀寺西夾道　29
瞻雲坊北大街　109
張公園　133
張皇親衚衕　141
張帽衚衕　147
張禿子衚衕　133
張相公廟　46
掌扇衚衕　173
趙府街　149
趙家井　255
趙家樓　89
趙家莊　186
趙錐子衚衕　177
真如境　27
真武廟　77,115,118
真武廟衚衕　152
榛子所　112
鍼工局衚衕　18
鍼綫衚衕　158
鎮江衚衕　77
正東坊　8

正覺寺衚衕　135	中毛家灣　73	豬尾阮　53
正陽門內東城根　36	中三條衚衕　181	豬尾衚衕　114,175
正陽門內西城根　41	中受水塘　45	竹竿巷　91
正陽門外大街　166	中四條、五條、六條、七	鑄鐘廠　146
芝麻衚衕　81	條衚衕　133	甎兒衚衕　155
芝蔴街　205	中四條衚衕　181	甎塔衚衕　115
織女橋　21	中頭條衚衕　180	甎瓦衚衕　133
織染局衚衕　18	中西坊　8,10	錐子衚衕　120
製礠局後　140	鐘鼓司衚衕　16	紫兒衚衕　225
製鈔局　78	朱家衚衕　174	宗人府後衚衕　37
中東坊　8,20	朱家營　184	椶帽衚衕　130
中二條衚衕　181	珠寶市　172	椶帽頭條、二條、三條、
中剪子巷　98	珠巢街　265	四條衚衕　56
中街　41,54,259	珠子街　127	總鋪衚衕　82
中廊下　126	豬毛廠　127	祖家街　127
中老衚衕　17	豬毛衚衕　155	左安門大街　187
中蘆草園　170	豬頭衚衕　199	左府衚衕　42

同音集釋要

侍御公蓉生表叔早歲即精於學業，孜孜不倦，無論晝夜。是集乃其芸窗課餘之製，揣摩縝慎，絲毫不苟。
　　宣統紀元新秋，尚庸內侄行將晉省就學，來舍道辭。祖餞之餘，持此爲贈。俾知先輩爲學之苦，勛業之成原非易易耳。其勉之。　　　用示
　　尚庸賢侄
　　　　　　　　　　　　　　　爽秋丁氏

同音集釋要目錄[1]

東$_1$ 通$_2$ 蓬$_3$ 蒙$_4$ 葱$_5$ 戎$_6$ 宗$_7$ 容$_8$ 農$_9$ 翁$_{10}$ 馮$_{11}$
公$_{12}$ 窮$_{13}$ 空$_{14}$ 中$_{15}$ 迥$_{16}$ 松$_{17}$ 風$_{18}$ 穹$_{19}$ 充$_{20}$ 兄$_{21}$ 洪$_{22}$
烘$_{23}$ 龍$_{24}$ 同$_{25}$ 永$_{26}$ 昂$_{27}$ 剛$_{28}$ 黃$_{29}$ 粧$_{30}$ 忙$_{31}$ 雙$_{32}$ 桑$_{33}$
房$_{34}$ 常$_{35}$ 昌$_{36}$ 汪$_{37}$ 康$_{38}$ 蒼$_{39}$ 當$_{40}$ 龐$_{41}$ 滂$_{42}$ 藏$_{43}$ 狂$_{44}$
方$_{45}$ 囊$_{46}$ 堂$_{47}$ 湯$_{48}$ 邦$_{49}$[2] 上$_{50}$ 光$_{51}$ 益$_{52}$ 降$_{53}$ 郎$_{54}$ 荒$_{55}$
杭$_{56}$ 匡$_{57}$ 【附】夯 起屋動～。
姜$_{58}$ 香$_{59}$ 楊$_{60}$ 長$_{61}$ 娘$_{62}$ 強$_{63}$ 鎗$_{64}$ 央$_{65}$ 祥$_{66}$ 良$_{67}$ 相$_{68}$
羌$_{69}$ 張$_{70}$ 暢$_{71}$ 將$_{72}$ 【附】打 以物擊也。又～聽、～扮。本音所。
支$_{73}$ 痴$_{74}$ 池$_{75}$ 詩$_{76}$ 世$_{77}$ 知$_{78}$ 時$_{79}$ 次$_{80}$ 而$_{81}$ 夷$_{82}$ 皮$_{83}$
批$_{84}$ 基$_{85}$ 其$_{86}$ 微$_{87}$ 黎$_{88}$ 飛$_{89}$ 妻$_{90}$ 希$_{91}$ 衣$_{92}$ 西$_{93}$ 齊$_{94}$
迷$_{95}$ 低$_{96}$ 溪$_{97}$ 宜$_{98}$ 地$_{99}$ 剃$_{100}$ 閉$_{101}$ 濟$_{102}$ 書$_{103}$ 須$_{104}$ 於$_{105}$
居$_{106}$ 疽$_{107}$ 巨$_{108}$ 區$_{109}$ 雨$_{110}$ 語$_{111}$ 汝$_{112}$ 呂$_{113}$
〇
拿$_{114}$ 誇$_{115}$ 义$_{116}$ 沙$_{117}$ 蛙$_{118}$ 蝦$_{119}$ 花$_{120}$ 婆$_{121}$ 鴑$_{122}$ 阿$_{123}$ 呵$_{124}$
波$_{125}$ 戈$_{126}$ 羅$_{127}$ 何$_{128}$ 陀$_{129}$ 多$_{130}$ 可$_{131}$ 妥$_{132}$ 坐$_{133}$ 馬$_{134}$ 鴉$_{135}$
家$_{136}$ 瓜$_{137}$[3] 華$_{138}$ 做$_{139}$ 夏$_{140}$ 破$_{141}$

---

[1] 原手稿本中的字目標序符號不便於輸入，這裏逐一轉換成相應的通用阿拉伯數字。
[2] "邦"，原手稿多寫作"邠"。
[3] "瓜"，原手稿多寫作"苽"。

為$_{142}$ 威$_{143}$ 魁$_{144}$ 梅$_{145}$ 賠$_{146}$ 退$_{147}$ 追$_{148}$ 輝$_{149}$ 垂$_{150}$ 雖$_{151}$ 內$_{152}$
圭$_{153}$ 雷$_{154}$ 迯$_{155}$ 催$_{156}$ 對$_{157}$ 兌$_{158}$ 配$_{159}$ 悲$_{160}$ 【附】戡 以物押錢曰～。
輕$_{161}$ 琴$_{162}$ 興$_{163}$ 應$_{164}$ 盈$_{165}$ 心$_{166}$ 金$_{167}$ 林$_{168}$ 亭$_{169}$ 明$_{170}$ 平$_{171}$
賓$_{172}$ 秦$_{173}$ 銀$_{174}$ 精$_{175}$ 親$_{176}$ 丁$_{177}$ 廳$_{178}$ 聘$_{179}$
成$_{180}$ 生$_{181}$ 滕$_{182}$ 眞$_{183}$ 文$_{184}$ 登$_{185}$ 萌$_{186}$ 崩$_{187}$ 更$_{188}$ 朋$_{189}$ 春$_{190}$
棱$_{191}$ 增$_{192}$ 撐$_{193}$ 升$_{194}$ 能$_{195}$ 烹$_{196}$ 恆$_{197}$ 亨$_{198}$ 人$_{199}$ 分$_{200}$ 肯$_{201}$
贈$_{202}$ 恩$_{203}$ 【附】硬 堅也，強也，即石～。
天$_{204}$ 連$_{205}$ 言$_{206}$ 田$_{207}$ 全$_{208}$ 千$_{209}$ 軒$_{210}$ 邊$_{211}$ 乾$_{212}$ 先$_{213}$ 辨$_{214}$
免$_{215}$ 燕$_{216}$ 年$_{217}$ 尖$_{218}$ 片$_{219}$ 堅$_{220}$ 店$_{221}$ 欠$_{222}$
寒$_{223}$ 南$_{224}$ 譚$_{225}$ 參$_{226}$ 端$_{227}$ 員$_{228}$ 元$_{229}$ 樂$_{230}$ 酸$_{231}$ 攢$_{232}$ 罍$_{233}$
誼$_{234}$ 盤$_{235}$ 淵$_{236}$ 權$_{237}$ 完$_{238}$ 寬$_{239}$ 貪$_{240}$ 煥$_{241}$ 絹$_{242}$ 泮$_{243}$ 半$_{244}$
觀$_{245}$ 安$_{246}$ 巖$_{247}$ 看$_{248}$ 占$_{249}$ 傳$_{250}$ 管$_{251}$ 川$_{252}$ 甘$_{253}$ 善$_{254}$ 碗$_{255}$
管$_{256}$ 滿$_{257}$ 漢$_{258}$ 扇$_{259}$
談$_{260}$ 丹$_{261}$ 凡$_{262}$ 環$_{263}$ 班$_{264}$ 關$_{265}$ 蘭$_{266}$ 嵐$_{267}$ 難$_{268}$ 灘$_{269}$ 產$_{270}$
反$_{271}$ 挽$_{272}$ 散$_{273}$ 盼$_{274}$ 片$_{275}$ 慢$_{276}$ 暫$_{277}$ 贊$_{278}$
桃$_{279}$ 高$_{280}$ 遭$_{281}$ 庖$_{282}$ 毛$_{283}$ 曹$_{284}$ 叨$_{285}$ 韶$_{286}$ 熬$_{287}$ 刀$_{288}$ 超$_{289}$
燒$_{290}$ 蒿$_{291}$ 毫$_{292}$ 寶$_{293}$ 考$_{294}$ 草$_{295}$ 趙$_{296}$ 老$_{297}$ 奧$_{298}$ 砲$_{299}$ 燥$_{300}$
鬧$_{301}$ 照$_{302}$ 敲$_{303}$ 巢$_{304}$ 鏊$_{305}$ 姚$_{306}$ 橋$_{307}$ 標$_{308}$ 調$_{309}$ 焦$_{310}$ 刁$_{311}$
瓢$_{312}$ 票$_{313}$ 小$_{314}$ 苗$_{315}$ 鳥$_{316}$ 腰$_{317}$ 教$_{318}$ 料$_{319}$ 耀$_{320}$ 孝$_{321}$
求$_{322}$ 憂$_{323}$ 周$_{324}$ 紬$_{325}$ 謀$_{326}$ 勾$_{327}$ 牛$_{328}$ 搜$_{329}$ 樓$_{330}$ 謳$_{331}$ 劉$_{332}$
猶$_{333}$ 秋$_{334}$ 浮$_{335}$ 鄒$_{336}$ 修$_{337}$ 邱$_{338}$ 休$_{339}$ 頭$_{340}$ 愁$_{341}$ 哀$_{342}$ 繆$_{343}$
藕$_{344}$ 斗$_{345}$ 九$_{346}$ 口$_{347}$ 手$_{348}$ 丑$_{349}$ 酒$_{350}$ 厚$_{351}$ 否$_{352}$ 袖$_{353}$ 耨$_{354}$
吼$_{355}$ 湊$_{356}$ 授$_{357}$ 偷$_{358}$
夫$_{359}$ 圖$_{360}$ 無$_{361}$ 蒲$_{362}$ 奴$_{363}$ 粗$_{364}$ 吾$_{365}$ 蘇$_{366}$ 助$_{367}$ 烏$_{368}$ 古$_{369}$
火$_{370}$ 普$_{371}$ 魯$_{372}$ 苦$_{373}$ 祖$_{374}$ 土$_{375}$ 都$_{376}$ 布$_{377}$
雲$_{378}$ 輪$_{379}$ 尊$_{380}$ 君$_{381}$ 困$_{382}$ 薰$_{383}$ 吞$_{384}$ 昆$_{385}$ 敦$_{386}$ 渾$_{387}$ 存$_{388}$
婚$_{389}$ 裙$_{390}$ 溫$_{391}$ 坤$_{392}$ 慍$_{393}$ 寸$_{394}$ 孫$_{395}$ 嫩$_{396}$ 鈍$_{397}$
該$_{398}$ 挨$_{399}$ 災$_{400}$ 崖$_{401}$ 柴$_{402}$ 衰$_{403}$ 牌$_{404}$ 歪$_{405}$ 揩$_{406}$ 寫$_{407}$ 皆$_{408}$

買$_{409}$ 派$_{410}$ 蟹$_{411}$ 怪$_{412}$ 奈$_{413}$ 太$_{414}$ 賴$_{415}$ 怠$_{416}$ 快$_{417}$ 外$_{418}$ 懈$_{419}$
拜$_{420}$ 帶$_{421}$① 謝$_{422}$ 借$_{423}$ 差$_{424}$ 【附】且助語辭。又苟~。
代$_{425}$ 采$_{426}$ 開$_{427}$ 海$_{428}$ 亥$_{429}$ 艾$_{430}$ 愛$_{431}$
者$_{432}$ 也$_{433}$ 奢$_{434}$ 揸$_{435}$ 射$_{436}$

以下皆入聲

屋$_{437}$ 卜$_{438}$ 六$_{439}$ 讀$_{440}$ 宿$_{441}$ 國$_{442}$ 玉$_{443}$ 木$_{444}$ 竹$_{445}$ 促$_{446}$ 篤$_{447}$
福$_{448}$ 或$_{449}$ 曲$_{450}$ 叔$_{451}$ 伏$_{452}$ 若$_{453}$ 樸$_{454}$ 郁$_{455}$ 俗$_{456}$ 欲$_{457}$ 局$_{458}$
哭$_{459}$ 足$_{460}$ 恪$_{461}$ 托$_{462}$ 僕$_{463}$ 鶴$_{464}$ 諤$_{465}$ 各$_{466}$ 鑿$_{467}$ 惡$_{468}$ 諾$_{469}$
○
席$_{470}$ 笛$_{471}$ 剔$_{472}$ 逆$_{473}$ 極$_{474}$ 力$_{475}$ 必$_{476}$ 的$_{477}$ 雪$_{478}$ 僉$_{479}$ 乙$_{480}$
節$_{481}$ 滅$_{482}$ 吉$_{483}$ 喫$_{484}$ 七$_{485}$ 匹$_{486}$ 亦$_{487}$ 闥$_{488}$
麥$_{489}$ 革$_{490}$ 客$_{491}$ 魄$_{492}$ 白$_{493}$ 雜$_{494}$ 澤$_{495}$ 色$_{496}$ 失$_{497}$ 勒$_{498}$ 弗$_{499}$
姪$_{500}$ 實$_{501}$ 尺$_{502}$ 不$_{503}$ 冊$_{504}$ 遏$_{505}$ 合$_{506}$ 織$_{507}$ 德$_{508}$ 額$_{509}$ 吶$_{510}$
則$_{511}$ 黑$_{512}$ 闊$_{513}$ 物$_{514}$ 忽$_{515}$ 活$_{516}$ 兀$_{517}$ 骨$_{518}$ 沃$_{519}$
爵$_{520}$ 鵲$_{521}$ 綽$_{522}$ 柵$_{523}$ 郤$_{524}$ 虐$_{525}$ 藥$_{526}$ 獵$_{527}$ 略$_{528}$ 鑠$_{529}$ 勺$_{530}$
躇$_{531}$ 【附】削刮。 謔戲~。 約~束、~信、~日期、大~、儉~。又繩也。
發$_{532}$ 豁$_{533}$ 甲$_{534}$ 達$_{535}$ 狹$_{536}$ 札$_{537}$ 塔$_{538}$ 滑$_{539}$ 察$_{540}$ 鑞$_{541}$ 伐$_{542}$
答$_{543}$ 聞$_{544}$ 殺$_{545}$ 八$_{546}$ 鴨$_{547}$ 拔$_{548}$ 乞$_{549}$ 刮$_{550}$ 【附】瞎目盲也、即~子。
特$_{551}$ 忒$_{552}$ 掇$_{553}$ 血$_{554}$ 決$_{555}$ 鬱$_{556}$ 掘$_{557}$ 率$_{558}$ 卒$_{559}$ 缺$_{560}$② 撮$_{561}$
月$_{562}$

---

① "帶",即"帶",原手稿中多作此寫。
② "缺",原手稿左邊偏旁"缶"下面的"山"形多寫作"止"形。

同音集釋要

一集

同音集釋要   平上去三声同韻，入声另建。

第一號

【平】

東 ~①方甲乙木②。
冬 四季尽也。
瘬 惡氣所傷曰~。
倲 儱~,儜劣貌。
錬 ~鐧,車轄貌也。
蕫 東風菜。
夆 獸似豹有角。
霒 雨貌。
苳 草名。
崠 上~,地名。
倲 行貌。
㜷 國名。又去女字。
蝀 虹也。

涷 暴雨謂之~。
笗 竹也。
鶇 ~鶊,鳥名。
鶏 鳥名,似鳧而小。

【上】

㖦 多言也。
董 督也；正也；固也；姓也。
懂 懵~。
瀧 物墮水声③。
碀 石墜声。
蕫 ~~,鼓声。
㯫 攏~,不上之意。

【去】

涷 冰~。
棟 ~梁。

---
① "~"原手稿均寫作"丨",今均改爲此類同行的符號。
② "甲乙木",原手稿作"甲一木"。乙、一同音。
③ "声",原手稿中多處寫成"聲"之簡體。

第二號

【平】

通 達也。

浵 水声。

烔 以火煖物。

桐 木名。

筒 竹名。

蓪 ~草。

侗 無知也。㊤直也；長大也。○同。

【上】

統 總也。或作綂。

桶 水~、米~。○永。斛也。

胴 朧~,身不正也。

【去】

痛 病~、悲~。

捅 進前也。

挏 㨉~,直行貌。

第三號

【平】

蓬 ~蒿。

芃 ~~,盛貌。又稻~。

髼 ~鬆,髪乱貌。

埄 ~塵。

錊 首著兜~。

䒳 ~~,鼓声。

篷 船~。

逢 鼉鼓~~。

【上】

䓬 香氣盛也。

熢 ~埻,烟塵雜起貌。㊎同。

㊎
築 荳~、竹~。

第四號　夢、蒙並叶音孟

【平】

蒙 ~童；承~。又冒也；欺也。

濛 細雨~~。

幪 䍝也。㊤茂密貌。

懵 昏~,無知。㊤乱也。

懞 同上。

朦 ~朧,月將入。

䑃 大也。与月部不同。

曚 日昏貌。

矇 青盲眼。○叶音龙。

艨 ~艟,戰船。

䝉 乱絲。

䮽 驢子。

䁁 言不明也。

䉵 盛器滿貌。

鸏 ~鸏,水鳥。

蠓 瀸生衣貌。
曚 同上。
冢 覆也；冒也。
巏 山也。
曚 物上白饛。

【上】
蠓 小飛蟲。
顭 ～類,頭昏。

【去】
夢 睡～。㊅不明也。
梦 俗同上。
㊜
鎛 鏻～,鑿也。一曰鑿刃。

第五號

【平】
聰 ～明。
怱 ～～,急遽也。俗作匆。
忩 同上。又同聰。
囪 烟～。○同牕。
葱 葷菜。又蔥同。
璁 石似玉。
驄 青～馬。
從 ～容,舒緩貌。
熜 火～,溫器。又熜同。
曶 日欲出也。

瑽 玉佩行声。

【去】
愡 ～詷,言急貌。
㊜
鏓 鎗～也。

第六號

【平】
戎 軍器。又姓。又～狄。
從 順～。㊋隨行也。
从 古同上。
潀 小水入大水。又水會也。
崇 尊也。又高峻也。
叢 ～襍。
茸 乱貌;聚貌;草生貌。㊤闒～。
漎 水声。
狨 獸名,毛可為布。
毧 鳥獸細毛。㊤同。
惊 樂也;慮也。
絨 ～線。

【上】
宂 忙也;雜也。

【去】
誦 ～讀。
訟 爭～。
頌 經～、德～。○同容。

第七號
【平】
宗 祖~。又主也。
夋 鳥飛斂足。
騣 馬鬣。又騌同。
豵 犬生三子。
鬆 髮乱也。
鬷 釜属。又衆也。㊤草名。
椶 ~梨樹。又棕同。
豵 一歲豕也。
鏾 車輪。
【上】
鬉 馬~。又~角。
穗 禾聚束。
㩳 鳥飛竦翼上下也。
總 統也。㊤縫也。
摠 同上。
【去】
從 ~~,高貌。○葱。
蹤 ~跡。㊤直也。
縱 放~。㊤直也。
綜 机縷。
糉 角黍也。又粽同。
豵 牡豕。又豵同。
㊢
鍐 馬冠。

第八號
【平】
容 ~貌。又寬~。
融 ~和。
傭 ~工,役人。○充。直也。
溶 水盛也。○勇。鴻~,竦踴貌。
榮 ~華。○盈。正音,義同。
熒 灯烛之光也。又~惑。
熊 獸名。又姓。
螢 ~火虫。○盈。義同。
庸 平常也。
雄 英~;雌~。
瑩 石似玉。○英。
鏞 大鐘。
鎔 銷也。又鑄器模範。
墉 城也。
鄘 姓也。又國名。
瑢 瑽~,佩玉行声。
瀜 水深廣貌。
輬 車行貌。
蓉 芙~。
犩 獸似牛,領有肉。
楅 檽~,可為箭笴。
嵱 ~山,在建州。
浦 水名。
鸏 ~渠,似鶩。

犝 牛名。
獶 猛獸。
甋 大罌。
蝽 蚣~,水虫名。
營 辯解也。○幸。~寨。
滎 水名。又衛地。

【去】
用 使~。

第九號

絨 ~線、~領。本音戎。

【平】
濃 厚也。
醲 同上。又厚酒。
膿 ~血。
儂 渠~,他也。我~,己也。
顒① 頭大也;仰也。廟諱宜避。
農 ~夫。
噥 多言不中。
憹 憂悶意。
穠 華木稠多貌。
霙 露多曰~。
蕽 蓬~,蘆華。
喁 喁~,魚口上見貌。○魚。
檂 木名。

鬞 髮亂也。
【上】
禯 ~~,多也。
襛 紛~,不善也。
【去】
齈 多涕,鼻疾。
濃 凍~。

第十號

【平】
翁 老人之稱。又姓。
䲻 鳥名。
胦 ~肛,不伏人。○䏶。脬~,臍也。
豵 豬也。
鞠 靴~。
鎓 鍬也。
【上】
㨢 ~力,屈强貌。
䢔 大声也。
瑽 ~~,耳声也。
䑋 ~臭。
【去】
齆 鼻塞曰~。
甕 汲水瓶。○永。

---

① "顒",原手稿避諱缺筆,偏旁"頁"最下兩筆省去。

㈥

塕 埲~,塵起貌。

翁 ~鬱,草木盛貌。㈧義同。○汪。盛也。

十一號

【平】

馮 姓也。○平。

逢 遇也;迎也。○風。

縫 ~衣。㈤衣会也。

【上】

奉 承也;獻也。

【去】

鳳 瑞鳥,羽虫之長。

十二號

【平】

公 ~私。又祖也。

弓 ~箭。

龔 姓也;給也;愨也。

恭 ~敬。恭同。

共 同上。又法也。㈧向也;姓也。㈤同供。

宮 ~室;~刑。

工 ~夫。

功 ~勞。

攻 專治也。

蚣 蜈~。○松。同蚣。

蛬 守~,虫名。

躬 身也。

肱 股~。手上節曰~。

觥 酒器。

紭 ~續也。

蚣 ~蝌,似蟹,可食。蚣同。

【上】

礦 金銀銅鐵璞石也。又廾同。

鞏 固也。又皮束(束)物。

拱 ~手。

拲 罪人兩手共一木也。

【去】

供 設也;奉也。㈤同。

貢 進~。

贛 同上。○甘。同灨。

十三號

【平】

窮 盡也;極也。

蛩 寒虫。

蛬 同上。

䂩 病也。又姓。

瓊 美玉。

惸 憂也;獨也。

熒 同上。又囧飛疾也。
孿 獨也。
瞏 目驚貌。又～～,無所①依貌。
穜 ～復也。增益也。
蟲 蛆～、～豸。
虫 俗同上。○本古虺字。
重 復也;厚也。⑤義同。⑤輕～。

【去】
仲 伯～。
共 同也;皆也;合也;公也;眾也。
神 袴也。

⑪
筇 竹名,可為杖。

十四號
【平】
空 虛～。⑤屢～。
悾 ～～,無能貌。
箜 衣袂。
倥 ～侗,顓蒙無知也。⑤～傯,事多也。⑤～傯,困貌。
箜 樂器。
崆 ～峒,山名。
莖 ～心草。

碇 ～青,藥名,可治眼。
涳 ～濛,小雨。
椌 器物朴也。

【上】
恐 ～懼。⑤疑也;慮也。
孔 通也;穴也;甚也。又姓。

【去】
控 告也;引也。○羌。打也。

十五號
此號与下號②通
【平】
正 也。⑤射箭矢之的也。
衷 裹褻衣。又方寸所蘊也;正也;善也;中也;誠也;適也。⑤不輕不重也。
鍾 當也;聚也。又酒～。又龍～,老病貌。又量名。又姓。
鐘 ～鼓。
終 始～。又盡也。
忠 盡己之謂～。
蝥 虫類,一生九十九子。

【上】
冢 大也。又天官～宰。

---
① "所",原手稿多寫作"厼"。
② "號",偏旁"虎"原手稿多寫作"庑",即"騧"。

塚 墳～。
種 娘～。㊁栽～。
熜 火燒起貌。
踵 継也；躡也；足後跟也。
腫 浮也；痛也。
【去】
衆 ～多。

十六號

此號本音項,今皆与上號通

【平】
絅 急行也。㊀同褧。
冂 林外曰～。○兌。空也。
肩 門上環鈕。
駉 牧馬苑也。又駿馬。

【上】
迥 寥遠也。
炯 光也；明也。
褧 禪衣也。○項。
飼 飽也。
㊇
垌 与冂同。

十七號

【平】
松 ～柏。又枀同。

崧 高山。
娀 姓也。
嵩 中嶽～,高山也。
鬆 髮乱貌。
騣 ～脆。正音聰。

【上】
聳 高也；欲也；驚也；劝也；聾也。
悚 懼也；怖也。
竦 ～動。又敬也；上也。

【去】
送 饋也。迎～。
宋 姓也。

十八號

【平】
風 ～雨；～俗。
靈 ～霝,雷師。
箉 竹名。
蜂 蜜～、黃～。
葑 ～草,即蔓菁。㊁藕根也。
妦 ～容,好貌。
烽 備冠～火也。
封 山名,龍門大魚化龍處。
楓 机～樹。
豐 大屋也。
丰 面貌豐滿也。

酆 邑名。又姓。
豐 ～盛。又抽～,即打秋風。
豊 俗同上。本音禮。
鋒 刀劍～頭。
峯 山～、雲～。又峰同。
僼 偓～,仙人也。
瘋 ～癱。
封 大纖也。又尅同。
犎 野牛。
夆 相忤逆也。又牽抱也。
葻 香木。○馮風行木上曰～。或作梵。
灃 水名。
猦 ～狗,小打即死,得風更生。

【上】
鞛 佩～①,刀飾。
㫈 瓜多实。
唪 同上。又大笑也。又口高貌。
覂 覄也。
捧 兩手～物。
奉 同上。

【去】
賵 贈車馬於死者。
俸 ～祿。

諷 誦也。又微刺也②。

十九號
與下號通
【平】
穹 上～,天也。
宆 ～窿,天形。
芎 川～,藥名。
恦 憂也。
烿 火乾物也。○恐。烔也。
崆 ～窮,山形。
【去】
滰 水急貌。
躬 役使也;曲躬也。
誇 多言也;詢問也。
呦 鞫訊罪人也。○曲。義同。
挎 捺～也。
【補】
焙 乾也;曝也;爐也。又烔同。

二十號
與上號通
【平】
充 長也;高也;美也;滿也;塞也;

---
① "～",原作"一"。全文類此均作"|",此處疑書寫有誤。
② "刺",原文作"刺"。

行也；備也；實也。又玒同。
沖 上飛也。
冲 同上。
浺 水声。
舂 擣米也。
玒 珨玉。
忡 憂也；心動也。
衝 突也；當也；向也。車名。
茺 益母草。
憃 撞也。

【上】

寵 ～幸。

【去】

儱 斜～。
銃 火～。
𩙥 不請自來曰～食。
趥 拱～，邪行。

㊍

椌 ～杠。

廿一號

【平】

兄 ～長。○薨。義同。○況。
　同悅。

匈 ～奴，國名。
胷 膺也。又胸同。
凶 不吉也。
兇 ～暴。
訩 衆言也；訟也。上同。
洶 水勢。

【去】

嗅 以鼻～香臭也。

廿二號

【平】

洪 大也。又姓。
弘① 寬～。廟諱宜避。
宏 大也；廣也；屋深也。
鴻 ～雁大曰～。又大也。
虹 ～霓。○絳。～縣。
紅 赤色。○公。女～。○同江。
閎 巷門。
黌 㡉舍。
鈜 大鐘。
鍧 鏗～，鐘声。
葒 ～藤，胡麻。
谼 大壑。

---

① "弘"，原手稿避諱缺筆省最後筆畫"、"。凡以"弘"作構字部件者手稿中偏旁"厶"，均分別寫作"㠯"。

宖 安也。又屋響声。
泓 水深也。
翃 ～～,飛貌。
横 不直也。㊣不順理也。
衡 同上。
軨 車前衡木可憑者。
輷 同上。又～～,車声。
紘 冠纓。
訌 讧～,大声也。
颪 風声。
硔 石崩声。
粠 陳臭米也。
耾 聾也。又耳中声。
汯 深～,無舟渉水也。
【上】
汞 水銀。
【去】
䫝 頭昏也。又頭直貌。
鬨 鬬声。又閧同。

廿三號
吽 佛語。本音吼。
【平】
烘 ～焙。
薨 君死曰～。
轟 車声;雷声。○横。義同。

潨 水相激声。
訇 訇～,大声。
鍧 鐘鼓声。
吰 ～～,市人声。
諻 ～訌,大声。
甍 ～～,飛也。
【去】
哄 ～嘍。○洪。衆声。
蕻 菜～。
篊 竹器,烘罩也。
鬨 鬬声。本音洪。

廿四號
【平】
龍 鱗虫之長。
籠 ～罩。㊤箱～。
櫳 養獣檻也。
瓏 玲～。
隆 豐也;大也;盛也;高也。
聾 耳重听也。
龍 脚～。
朧 朦～,月欲明貌。
曨 瞳～,日欲明貌。
籠 ～餅。
驡 馬～頭。
鼟 鼓寛貌。

朧 喉~。
癃 禾病也。
礱 做穀~。㊣同。
礱 同上。
霳 豐(豐)~,雷師。
靇 ~~,雷霆声。
窿 穹~,天勢。
谾 山深貌。

【上】
攏 ~擁。
壟 丘~,冢也。
竉 窟~。

【去】
挵 ~堂。
弄 舞~。又挵同。
儱 ~偅,行不正。

廿五號

桶 水~、米~。本音通。

【平】
彤 赤也。又姓。
童 孩~。又姓。
僮 ~僕。
同 類也;共也。
仝 俗同上。本古仝字。
衕 衚~,通街也。

鶬 鶖~,水鳥。
瓬 牡~,即~瓦。
穜 先種後熟。○衆。
峒 ~崆,山名。
橦 木名,花可為布。○忠。義同。
　　　○牀。帳柱也。亦曰旌旗之幹。
瞳 目~子也。
潼 ~関。
燑 熱氣~~。
桐 梧~樹。
曈 月出。
曈 日出。
𪔛 擊空声也。
峒 崆~,山名。
哃 舍響。又地下應声。
銅 ~鐵。
犝 牛無角。
羫 羊無角也。
筒 筆~。又箘同。
鄟 地名。又姓。
艟 艨~,戰船。

【上】
動 ~静、~作。㊣切~之也。

【去】
洞 水浪急也。
峒 窟也;穴也。

胴 大腸,即〜頭也。
嗊 歌声。又多言。
恫 哀过也。
洞 穴也。㊤恭貌。

廿六號

【平】

雍 和也。㊦蔽也。
癰 〜疽。
罋 汲水瓶。○翁。義同。
噰 鳥声。〜〜,和也。
壅 塞也;障也。㊤亦障塞也。
灉 水名。澭同。
雝 和鳴。㊦同。
饔 朝〜暮餐。㊦同。
鸜 〜渠,鸜鵒也。
憃 憂也。
邕 和也。㊤同壅。

【上】

永 久也。一作永。
勇 〜力;〜猛。
擁 挾抱也;衛也;羣從也。
湧 泉〜。
涌 同上。正寫。
踊 〜躍。俗作踴,非。
俑 從葬木偶人也。○通。

甬 〜道。
恿 心喜也;出也。

【去】

詠 歌〜。本音榮。
咏 同上。吟哦也。
泳 水底潛行貌。

廿七號

【平】

昂 日升也。又明也;舉也;高也。
卬 同上。又我也。○古仰字。
駠 馬驚怒貌。
䭿 〜頭。

【去】

岇 山名。

廿八號

此號与香姜降三音通

江 姓也。

【平】

剛 〜強。又姓。
岡 〜陵,山〜。
崗 俗同上。
扛 〜擡。一作摃。
肛 〜門。一音香。
綱 紀〜。又維紘繩。

玒 ～荳。
鋼 ～鐵。
亢 人頸也。又陳～，人名。○杭。亦頸也。
杠 轎①～；梳～。
矼 聚石渡水。
罡 天～星，即北斗。
筻 竹名。又筏也。

【上】
港 河～。本音江。

【去】
焵 堅刃也。

廿九號

【平】
黃 土色。
皇 君也；美也。
王 君也；主也。又姓。㊣与往同。
　㊣ 興也；盛也。
殼 卵中～。
煌 焜～，光輝炫②燿貌。
璜 玉名，半璧。
簧 笙生金葉。
惶 ～恐。

遑 暇也。又急也。
隍 城～。又城下無水池。
凰 鳳～。
篁 新竹。又竹笛。
甄 磚～。正音橫。
蟥 ～虫。
蝗 同上。又螞～。
潢 天河。
湟 滽～，神鳥。又水名。
堭 堂～，殿也。
瑝 玉聲。
騜 馬色黃白。
徨 彷～。又偟同。
艎 艅～，舟名。
鰉 魚名。又鱑同。
猩 犬名。
媓 女～，堯妃。
餭 祭米。
徍 急行也。又任同。
崲 地名，休～湖。
趪 走貌。
瘋 ～病。
癀 疽病。

---

① "轎"，字右邊偏旁"喬"原手稿簡寫作"乔"。
② "炫"，原手稿避諱省筆，凡部件"玄"均省去最後筆畫"丶"。

鷬 花藥。又榮也。
鄭 古國名。
韹 ~~,鐘鼓之声。
餭 餞~,餳也。
鶊 ~鶊,鳥名。
灨 ~塵。○公。
犗 牛名。
禫 裮~,祭名。正音宏。
穖 穄~,穄名。
喤 小兒泣声。

【上】
晃 暉也;光也;寬明也。去同下。

【去】
旺 興~。又光美也;明也。

三十號
章 姓也。
瞕 目中生~。
樟 ~樹。
以上三字本皆音張
【平】
粧 ~扮、梳~。
妝 ~次,畫飾。俗作妝。
莊 端~。
裝 ~載。又齎也;裏也。
犝 牛善也。

賍 得非理之財曰貪~。
臧 善也。
鬤 ~髮,髮乱。
桭 木板盛物也。
牀 繫船大杙也。
樁 橛杙也。
牂 母羊也。又䍧同。
庄 錢店曰錢~。俗字。
漴 深水立樁也。

【上】
髒 骯~,直貌;又胖貌。

【去】
壯 強也;大也;堅也。三十曰~。
葬 埋~。又塟同。

三十一號
硭 ~硝,藥名。正音亡。
【平】
忙 怖也;心迫也。又宂也。
茫 滄~,水貌。
汒 同上。
芒 洪水~~。○亡。草名。
䒷 麥~。
眊 ~洋,仰視貌。○妄、傍。
義同。
硭 ~碭,山名。又山石貌。

覅 勉也。
釯 刀之鋒～。○亡。義同。
汒 ～洋也。
邙 北～,地名。
尨 犬也。
哤 語雜亂也。
忙 憂也。又失據貌。
厐 旱熱也。
秹 禾～。通作芒。

【上】
莽 竹名,其節稠。
莽 ～草,可毒魚。
蟒 大蛇。
鋩 鈷～,溫器。
漭 ～沆,水大貌。

【去】
旨 老人不知也。又人問而不答曰～。

三十弍號

【平】
雙 偶也；兩隻也。又姓。
双 同上。又雙同。
商 客～。又～量,裁度也。又姓。
賌 行貨曰～。又賮同。
傷 悲～；損～。

殤 死～、夭～。
觴 酒～。又醠同。
謪 度也。
鸘 ～鷞舞而天將雨。
鬺 煮也。
惕 直疾貌。㊁同。○蕩。
孀 孤～婆。
湯 淇水～～。
潒 ～～,水流貌。
霜 露凝也。
鷞 鸘～,西方神鳥。
驦 驌～,良馬。
蘠 薔,藥也。

【上】
賞 玩～。又嘉也。
爽 ～利、～快。
牐 戶耳也。
饟 呼食飽也。
償 報也。○常。
㊍
荡 草名。
塽 地高明處。

三十三號

【平】
桑 葉可飼蠶。

喪 持服曰~。㊣~失。

【上】

磉 磉~。

顙 額也。

嗓 喉~。

搡 搀~。

鼖 鼓材。

瘶 馬病。

繅 繭也。

褨 裋~,衣敝。

三十四號

【平】

房 ~屋。

亡 死~;逃~;滅~;失~。○無。同无。

忘 遺也;失也。

釯 鋒~,刃端。

芒 草耑。○忙。

魰 ~皮魚。

蘉 ~憂草。

蝱 ~螻。

碔 ~硝,藥名。

【上】

輞 車~,車輪外圍曰~。

魍 ~魎。又魎同。

誷 誣也。又誑同。

惘 ~然,失和貌。

網 魚~。

罔 無也。又昏懞無知也。又同上。

聸 耳疾也。

蝄 ~蛧,山川之精物。又蝄同。

【去】

妄 欺~。

誈 責~。

望 月半曰~。

望 瞻~。又怨~。又責~。又同上。㊣令聞令~。

三十五號

【平】

常 恆也;久也;經也;庸也。

牀 眠~。又床同。

嘗 試也;口~味也。又秋祭名。

甞 同上。口~味也。

裳 上曰衣,下曰~。

償 酬也;還也;當也;復也;報也。㊣亦還也。○賞。

霖 久雨曰~。

鱨 ~鯊,黃頬魚也。

饞 食無廉也。

幢 幨~。
嫦 月裡~娥。
徜 ~徉,猶徘徊。
【去】
狀 ~元;形~。
撞 擊也。㊀同。
戇 㤝~。又愚也。

三十六號
【平】
牕 ~門。窻同。
昌 善也;盛也。本音暢。
菖 ~蒲。
倡 ~優,女樂。
娼 同上。妓女。
閶 ~闔,天門也。
猖 ~狂。又~獗。
鯧 ~鯸,魚名。
裮 衣披不帶
淐 水名。
【去】
唱 ~曲。(詳"暢"號中。)

三十七號
【平】
汪 ~洋。又姓。

洼 深廣也。俗同上。
尫 曲脛(脛)僂背貌。
胜 流泪~~。
【上】
枉 屈也。
往 來~。
瀇 水~堂。
【去】
瀇 醠~,酒也。

三十八號
【平】
康 甯也。
穅 穀~。
糠 米皮~。
漮 虛也。
槺 ~梁,虛梁也。
躿 躴~,身長貌。
【上】
慷 ~慨。
輓 車軌。
阬 陷也。秦始皇焚書坑儒。本音肯。俗作坑,非。
【去】
亢 過也;高也;抵也;敵也;愆也。又蔽也。○岡。

伉 ～儷,配偶也。又敵也。又抗同。○剛。正直貌。

囥 藏～。

匟 ～床,坐床也。

抗 扞也;蔽也。

炕 火～。又同上。

三十九號

【平】

蒼 深青色。又穹～,天也。㊤莽～,草野之色也。

倉 ～廒。○桑。亢～子。

瘡 ～毒。

鶬 ～鵈。○鏘。和声。

滄 ～海。○昌。寒也。

瑲 玉声。

【去】

傖 悽～。一音搶。○昌。義同。

戧 船～,扞船木也。

創 始造也。○昌。傷也。

刅 同上。

䞈 積貨也。

四十號

【平】

堂 明～,～屋。

塘 隄岸海～。

唐 ～堯,國名。又姓。

膛 胸～。又肥貌。正音湯。

螳 ～螂。

搪 ～揆,觸也。

傏 ～偒,不遜也。

蟷 蟬也。

棠 甘～。又～柴。

糖 飴也,即白～。

餹 同上。

搪 人面有紫～色。

溏 池～。

樘 ～棣,木名。

蹚 行失正也。又～跌,頓伏貌。

膅 肥貌也。

【上】

蕩 大也。魚～;遊～。㊣同。

鐋 黃金為～。

【去】

宕 石～;放～。

逿 陽醉～地。

薚 毒藥草。

盪 滌器也。又推～。又姓。

燙 滌～也。

閌 門不開也。

踼 跌～,行失正也。

四十一號
與下號通
【平】
龐 高屋也。又姓。
龎 面~。
旁 側也。又䒑同。
螃 ~蟹。
防 隄也；禦也。〇方。義同。
膀 ~胱。
彷 ~徨。又徬同。
逄 姓也。
傍 ~徨,恐貌。
【上】
蚌 蛤属。~粉。
蜯 同上。
棒 ~杖。
【去】
傍 靠也；倚也。又同旁。

四十二號
與上號通
搒 ~棉花。正音邦。
【平】
滂 ~沱大雨。
雱 雨雪其~。
磅 隕石声。
鰟 ~皮魚。本音房。
【上】
髈 髀、股也。又脚~。
【去】
胖 肥~之~。正音盤、判。

四十三號
【平】
藏 隱~。去府~。
【去】
臟 五~。

四十四號
【平】
狂 ~妄。
㹫 痴~。
【上】
逛 走也。
【去】
誑 謬言。又狂言。〇匡。

四十五號
【平】
方 正也。又姓。
肪 脂也。
祊 祭四方也。〇崩。

坊 街～；作～。
枋 門～。又木名。
妨 害也；礙也。
芳 香草。又芬～，香也。又姓。
筹 竹名。

【上】

昉 旦初明也。又始也。
紡 ～花。
髣 ～髴，猶依稀也。
彷 同上。～佛。○旁。
眆 ～眲，見似不諦。
倣 傚也；依也。

【去】

訪 ～問。又昉同。
舫 大船也。
放 縱也，～肆也。(上)依也。

㊝

牥 古方字。

四十六號

【平】

囊 袋也。
攮 推～。
曩 昔也。

【去】

儾 緩也。

四十七號

【平】

當 理～；抵～。(去)中也；底也。
   又～舖。
璫 玎～，玉声。
襠 褲～。

【上】

黨 鄉～；朋～。
党 ～項，虜名。又姓。
攩 搥打也。
讜 直言也。甚言也。
灙 水名。又㳽～，水貌。

【去】

擋 摒～。
譡 言中理也。
檔 橫～框木。

㊝

償 正中。又伻～。

四十八號

党 ～义。正音當。

【平】

湯 滾水也。又姓。(去)熱水沃也。
搻 以手推也。
鐺 鐘鼓声。又以鐵貫物。

【上】
倘 ～然、～或。○敞。義同。
帑 金帛藏也。○奴。
儻 倜～,不羈也。又高遠也。
【去】
錫 平木器。
攩 排～。

四十九號
【平】
邦 ～國。
梆 敲～。
幫 ～身;～串。
搒 笞打也。
幚 鞋～。
【上】
綁 綑～。
榜 標～。㊈船打～。
牓 同上。
鞹 小兒皮履。○封。義同。
髣 同上。又紺同。
【去】
謗 ～譭。
膀 ～人習水。

五十號
【平】
穰 豐(豐)也;禾莖也。㊤亦豐(豐)也。
攘 推也;攫也;除也;袪逐也;止也;又竊也。㊤擾也。
禳 殢攘祀,除癘殃也。
酀 邑名。
勷 急遽也。
瀼 ～～,露多貌。
【上】
上 ～下。○本音常。
壤 土～。
躟 ～～,足行貌。㊈同。
【去】
尚 崇也;貴也。又和～。
讓 謙～。又～價錢。
懹 憚也。

五十一號
穬 ～秈米。本音公。
【平】
光 明也。
胱 膀～,水府。
洸 水涌貌。又武貌。

【上】
廣 ～闊；～東、～西。
桄 ～榔，木名。
誑 欺～。今讀況，悮。

五十二號

【上】
瓫 盆也。
块 塵也。
嗑 声也。
曖 ～曃，日無光也。
醠 濁酒也。

五十三號

講音与剛音通，姜音亦相近。

【平】
江 ～湖。一音剛。
釭 燈也。〇公。
樁 棚～。本音莊。

【上】
講 ～論。
港 河～。
耩 耕也。〇溝。義同。
顜 明也；直也。

【去】
洚 ～洞，無涯之水。〇洪。義同。
降 下也。〇杭。
絳 大赤也①。〇貢。工也。
悻 恨也。〇杭。
壯 肥～。本音莊。

五十四號

【平】
郎 兒～。又姓。
廊 ～廟。又遊～。
㝗 ～㝩，虛空也。
螂 螳～。
狼 豺～。
榔 檳～。上出《詩韻》。
琅 ～玕；～邪。一作瑯
蓈 毒草也。
筤 蒼～竹。
稂 害苗草。又同蓈。

【上】
朗 明也。
𧛔 ～襟，衣敝也。

【去】
浪 波～。平滄～，水名。

---

① "大"，原誤作"夭"。《説文·糸部》："絳，大赤也。"

閬 ～苑。又高門。
䕚 ～蕩,毒藥草。
晾 晒～衣服。
㴔 ～蕩,渠名。
誏 譃～。

五十五號
【平】
荒 ～蕪。又～年。
詤 夢言也。
肓 心上鬲下曰～。
【上】
慌 ～惚;～憧。
恍 同上。又怳同。
謊 虛～。
【去】
貺 賜也,與也。
況 寒水也;譬擬也;矧也;滋(兹)也。
况 同上。發辞。又今忽娶親曰～親。又況同。
誆 欺～。本音光。

五十六號
【平】
杭 ～州。又同下。

航 度也;方舟也。
降 服也。
衧 ～衧,樂人也。
行 ～列;牙～。
烽 恨也。○江。義同。
倖 儱～,不伏也。○江。義同。
頏 頡～。又吞也。上声也;頸也。
翃 同上。飛而下曰～。
桁 械也。械夾足及頸皆曰～。
【去】
巷 里～。衖同。
絎 晒衣竿。

五十七號
【平】
匡 正也。又同下。○汪。同尩。
恇 恐也。
筐 竹器方者曰～。
洭 桂水。
眶 眼～。
勴 ～勸,急遽也。
誆 ～騙。正音狂。
框 門檔。
【上】
儣 ～俍,不平。

【去】
壙 目無眹。○郭。目張貌。
壙 墓穴也。
曠 空闊也。又～夫。
纊 絮之細者。
曠 遠也。

五十八號

【平】
姜 姓也。
薑 生～。
殭 ～屍；～蚕。
蠣 ～蚕。
僵 債也；仆也；偃也。
疆 ～場；～界。～刹,音察。
畺 ～界。
彊 萬壽無～。○強。○羌。
韁 ～繩。繮同。
江 川之大者曰～。○降。
【上】
鏹 以～貫錢也。今讀羌。
襁 ～褓,小兒衣。今讀羌。

五十九號

【平】
香 芬芳之氣。

鄉 ～村。（去）同向。
薌 穀氣。
皀 穀之馨香。
麝 麝～,獸臍。
痒 氣病。
【上】
享 獻也。又宴～。古作亯。
饗 同上。又受～。
響 應聲也。
响 同上。
蠁 ～絲,知聲虫。
蚃 同上。
【去】
曏 往時也；明也；不久也。
向 方～。又姓。
嚮 同上。（上）同響。
餉 餽～。
蒼 ～尾草。

六十號

【平】
楊 ～柳；～梅。又姓。
陽 陰～；太～。
昜 太～之精。
羊 ～曰柔毛。
揚 表～。

洋 海~。又~銀、~布。
徉 彷~，徙倚之貌。
佯 詐也。又~狂。
鍚 鏤~，當馬額者。
暘 ~谷，日出之處。
瘍 瘡痍。
鸉 鷁~舞而天將雨①。
煬 爍②金也。
烊 同上。
鼹 鼠名。
垟 土精也。

【上】
養 ~畜。㊣奉~。
癢 痛~。又痒同。
懩 ~~，欲吐也。
懩 心所欲也。

【去】
颺 飛~。又大言而疾曰~。
恙 病也。
樣 ~式。○象。
漾 式~，法也。
餤 餌也。

六十一號
【平】
長 久也。又~短。○帳。
腸 肚~。又膓同。
場 壇~。又塲同。
萇 ~楚。
蘦 雞~菜。
跟 ~跪，拜也。

【上】
杖 拐~。
丈 十尺曰~。又大~夫。又函~。
仗 刀~。㊣餘~；倚~。

六十二號
【平】
娘 爹~。
孃 同上。
【上】
仰 舉首望也。○卬。
釀 醞酒為~。

---

① "鷁"，三十二號第九字作"鷁"。
② "爍"字右邊偏旁"樂"原手稿寫作"楽"。

六十三號

【平】

強 ～壯、～健。又木中虫也。○羌。

彊 同上。○姜。

壃 扶持也。

強 ～菜,即百合也。

【去】

彉 穿～,所以取禽獸也。

彋 同上。

強 詞不屈。

殭 屍～。

六十四號

【平】

鎗 刀～。本音撐。

鏘 佩玉～～。

斨 斧也。

蹡 疾行也。

【上】

磢 瓦石洗物。又鑮～。

磢 俗同上。

搶 ～攄。㊅同。

摤 突也;爭取也。○愴。

剠 皮傷也。○倉。義同。

【去】

嗆 ～喉。

䉺 麵敗曰～。

六十五號

【平】

央 中～。

殃 災～。

秧 禾苗。

鉠 ～～,鈴声。

鴦 鴛～。

泱 ～～,深廣貌。

【上】

怏 ～～,情不滿足也。

鞅 馬駕具在腹曰～。

六十六號

【平】

祥 ～瑞。

庠 ～者養也。又祥也。

詳 端～。又審也;論也;備也。

戕 傷也;殘也。

牆 泥～。又墻同。

薔 ～薇花。

檣 船帆柱也。又招君曰王～①。

---

① "又招君曰王～"當屬下字"嬙"。又"招君"當作"昭君"。

嬙 嬪~。
翔 翱~,囬飛也。

【上】
象 ~牙。
蟓 ~虫。
像 神~。

【去】
匠 工~。

六十七號

【平】
梁 棟~。又橋也。
糧 ~食、錢~。
粮 同上。
良 善也;首也;長也。~心。
俍 同上。
量 較~;丈~;商~①。㊣度~。
涼 薄也。又作亮,佐輔也。
涼 冷也。又平~,地名。
踉 跳~,勇躍貌。
颶 北風也。㊣同。
梁 粟類。

【上】
緉 雙履也。又輛同。

兩 再也;耦也。又勖~。㊣車數。
兩 同上。両同。
魎 魍~。蛃同。
裲 ~襠。

【去】
倆 伎~,巧也。
亮 明朗也。又導也。又姓。
哴 咣~,啼也。
喨 响。同上。响~。
諒 信也;料也。
輌 車~。
惊 索也;遠也。○強。○競。
惊 ~~,悲也。

六十八號

【平】
湘 水名。
廂 廊~。
鑲 嵌金~玉。又~鞋。
驤 馬躍也;舉也;遠也。
襄 贊也;平也;成也;返也;上也;
　 駕也;除也;解衣而耕也。
相 省視也;質也。㊣丞~。又助也。
箱 衣~。

---

① "商",即"商"。

【上】

想 思～。

鮝 白～，魚乾。

六十九號

【平】

羌 西夷也；強也。俗作羗。

腔 ～調。俗作羫。

羫 羊～。

【上】

彊 勉～。強同。

襁 ～褓。正音姜。

【去】

唴 秦、晉謂兒泣不止曰～。

七十號

【平】

張 開～；主～。又姓。㊄陳設也。

粻 粮也。

餦 ～餭，餳也。

章 文～。又姓。或讀莊。

璋 半圭曰～。

慞 ～惶。

獐 鹿屬。麞同。

彰 著也；明也。

嫜 姑～。夫之兄曰兄～。

傽 同上。又～遑，恐懼貌。

徫 ～徨，行不正也。

鄣 紀邑名。

漳 水名。

樟 木名。

【上】

長 ～者；～大。

甿 鞋～子。

掌 手～。

仉 孟母姓。

【去】

帳 帷～。

漲 水大貌。

脹 膨～。又痮同。

墇 沙墳起貌。

嶂 山峰如屏～者。

瘴 ～氣。

障 蔽也；隔也。㊉同。

瞕 目生～翳。

賬 ～目。俗字。

七十一號

【平】

倀 虎～鬼。又～～，無見貌。

【上】

敞 開也。

廠 棚～。
氅 鶴～,羽衣也。
【去】
暢 ～快。又長也;達也;充也。
悵 惆～,不樂。
鬯 鬱～之酒,灌地降神。
韔 弓衣。
唱 ～曲。豁也;高也;明也。今讀怱。
昌 日光也;善也;盛也。今讀怱。

七十二號
【平】
將 ～來。㊣～帥。
螿 寒虫。
鱂 白眼魚名。
漿 米汁。
【上】
蔣 姓也。㊣水草。
獎 勸也;厲也。
槳 ～船。
艞 檝屬。同上。
【去】
醬 醢也。

七十三號
【平】
支 ～吾;～取;～持。又分也。
枝 ～條。
肢 ～體。
卮 酒～。
梔 黃～花。
諸 姓也。本音朱。
祇 適也;但也。○其。
胝 皮厚也。
之 往也。又助語辞。
脂 ～膏。
芝 瑞草,靈～。又～蔴。
菑 田荒也。又不耕田也。
緇 黑色。
輺 載衣物車。
錙 銖也。又八兩曰～。
淄 水名。
貲 ～財。
資 同上。又助也;給也;取也。
咨 ～嗟。
諮 同上。又多言。
髭 ～鬚,口上曰～。
觜 星名。
姿 美態。
粢 ～盛。

齊 ～衰,孝服。
兹 此也;今也。
茲 草木多盛也。俗同上。
孜 汲汲～～。
孳 同上。
滋 ～潤。
鼒 鼎屬。○才。義同。
鎡 田器。
秄 除草也。
趑 ～趄,不進貌。
仔 ～細。任也;能也。
鮨 魚名。鯔同。
齋 裳下緶也。
訾 ～之言量也;毀也。○慈。義同。
薋 ～菜。

【上】
梓 ～木。
滓 渣～。
芓 耕芸。又秄同。
子 兒～。○同慈。
紙 書～。与帋字異。
舐 同上。燒～。
趾 交～國。又足～。
芷 白～,藥名。
只 止也。

咫 ～尺,近也。
指 手～。又～麾也。
旨 聖～。又甘～,美味。
沚 沼～。
址 基也。
紫 ～紅。
徵 宮商(商)角～羽。
砥 磨石。
止 住也。
姊 ～妹。
黹 鍼～,刺繡。
舐 剛也。
胏 腊有骨。
砥 礪石。

【去】
漬 漸～。
剚 切肉也。
恣 縱肆。
柴 積也。
積 儲蓄也。

七十四號
【平】
癡 ～獃,不慧也。
痴 同上。
笞 箠擊,即打也。

眵 目汁凝也。
嗤 笑也。
鴟 ～鴞,鳥名。
螭 ～虎。
絺 精葛。
瞝 歷觀也。
魑 ～魅。
蚩 虫也。又～～,朴厚貌。
貙 鷙獸。

【上】
恥 羞～。又耻同。
侈 奢～。
褫 奪也;脫也;解也。○治。義同。
祉 福也。又喜也。
胣 膩也;肥美也。
哆 張口。

【去】
熾 火盛也。
幟 幡也;旟也。○志。義同。
饎 酒食也。○喜。義同。
翅 翼也。魚～。○試。同啻。

七十五號
苧 ～蔴。正音住。

【平】
池 ～沼。
馳 ～驅。
持 執～。
蚳 螲子,虫也。
遲 ～緩。㊣希望也。
篪 樂器。仲氏吹～。
治 攻理也。㊣為;理;与功效也。
踟 ～躕,行不進貌。
墀 丹～。
坻 水渚曰～。○支。止也。
箈 篛～,雨具。

【上】
豸 虫～,無足曰～。○柴。
痔 ～瘡。
峙 山矻立貌。
雉 ～鷄。
偫 供～,具也。
跱 ～踌不前。又同上。

【去】
稚 幼也;少也。又穉同。
穉 幼禾也。同上。
滯 澀～。
彘 豬也。
穊 稻～頭。

七十六號

【平】

詩 ～書。

屍 死人。

尸 陳也；主也。又同上。

廝 養馬賤役也。又小～。

師 法也；衆也；習學也。

思 想也。㊣意也。

篩 米～。又音晒。

獅 ～子。

蓍 ～草。

偲 相切責也。

楒 相～木。

斯 此也。

螄 螺～。

釃 美酒。又分也；疏也。○晒。

澌 水流貌。○西。声破也。

私 不公也。

施 用也；加也；設也。又姓。又喜悅貌。○試。○移。

葹 加倍也。正音洗。

鳲 ～鳩，布穀鳥。

鬠 髟～，多鬚貌。

颸 ～瓜。本音遙。

罳 網屬。又～思也。

絲 可作紬。又十忽為～。

緦 ～布。又～蔴，三个月服。

司 ～命、～務、典～。

鷥 鷺～。

【上】

弛 弓觧。㊣弦也。釋名。

豕 猪揔名。

矢 箭也；誓也。

使 差～。㊣遣人聘問曰～。

死 歿也。

駛 馬疾行也。

始 初也。㊣終～。

史 ～鑑；太～。又姓。

【去】

伺 候也；察也。

笥 竹～箱。

賜 錫也；惠也；予也。

肆 放～。又遂也。○同剔、肆。

四 倍二為～。

駟 ～馬高車。

泗 ～水。

七十七號

始音與詩音通，今讀亦渾。

【平】

屍 死～。本音詩。

【上】
始 ～終。
矢 箭也。
【去】
世 ～代。又三十年為一～。
貰 賒～。又恕也。
試 ～驗。又用也；常也。
勢 威～、權～。俗作势。
施 布～。○詩。
啻 言不止如是。○翅。義同。
翄 翼也。
弒 殺君父皆曰～。

七十八號

猪 豕也。本音朱。
【平】
知 曉道也。㊣同智。
蛪 ～母，藥名。
蜘 ～蛛。
【去】
痣 面上黑點。
智 ～慧。
置 ～辦。又安也；赦也；棄也。
製 ～作。又雨衣也。
至 到也；止也。
制 節也；裁也；斷也；正也；御也；檢也；法禁也；造也；度也。
志 心之所之也；記也。
致 極也；到也；使之至；送詣也。又趣也。又～意。
庢 侸～。本音質。
鷙 鳥名。
懥 忿怒也。
觶 酒器。○支。義同。
識 記也。
誌 記也。又与痣同。
軹 車之要而前也。
騺 馬重貌。
晣 小明也。○浙。義同。
摯 握持也。○逆。危也。
忮 狠也；害也。
齒 吳俗謂盛飯於器曰～。正音著。
質 執礼物相見。
贄 執～。同上。
銍 銘也。
織 ～文，綿綺屬。
緻 密也。又清～。
㊣
秩 柴～。

七十九號

【平】

時 ～節、得～。
茨 ～菰；茅～。
埘 鷄厨。
鰣 ～魚。
提 朱～，出銀縣名。
匙 茶～；鎖～。堤同。
磁 吸鐵石。
辭 言～。又不受也。
辞 同上。
詞 又同上。言～。又～訟。
澌 涎沫。一曰順流。
疵 病也。又黑顙疾。
慈 心柔也。又～母。
玼 玉之病也。
鷀 鸕～，水鳥。
祠 ～堂。
餈 ～器。
餈 麻～。又餻同。

【上】

恃 依怙也；賴也。
俟 待也；大也。又姓。○其。
是 ～非。
姒 太～，文王妃。又姓。又娣～。
似 物相～也。

仕 為官曰～。
氏 姓～。
市 ～鎮。又買也；賣也。
柿 ～子。柿同。
巳 地支。
汜 水決復入為～。
視 看也；比也；效也。
祀 祭～。
秄 耒～。
兕 爵杯。又野牛。
涘 水涯。
士 儒者之稱。又～卒。

【去】

寺 司也。姓也。又～院。又同下。
侍 從也；近也；承也。
𡨴 同寺。太監也。
事 ～業；服～。
自 ～己。又由也。
示 指～、告～。
逝 往也；亡也。
豉 荳～。
嗜 好也。～欲。
謚 ～法。諫行立號易名。
飤 ～小人飯。
飼 俗同上。

食 以食~人。
牸 牝牛。
字 ~號。又愛也；養也。
噬 齧也。
誓 盟~。
筮 占~。
嗣 継也。又姓。
羚 牝羊。

八十號

【平】

雌 ~雄。
差 參~，不齊。
縒 參~，乱絲貌。
嵯 山不齊貌。○磋。高貌。

【上】

此 彼~。
齒 上牙曰~。又年也；列也。
玼 玉色鮮潔。○玼。玉病。

【去】

次 ~第。又亞也。
刺 諷~；行~；針~。
𧎮 毛~虫，即楊~蜥。
朿 壁~、楣~。

伱 便利也。又比也；助也。
髶 婦人首飾。
莿 草木針也。
廁 圊也；間也；次也。厠同。

八十一號

【平】

而 然~。㊤汝也。
兒 ~女。
鮞 魚子也。
輀 喪車。
臑 烹煮也。見《礼①·内則》。
胹 同上。又爛也。
栭 梁上柱也。

【上】

駬 騄~，駿馬。
爾 汝也。又語辞。
尔 同上。
耳 ~目。又語辞。
邇 近也。
栮 木耳，生枯木上。

【去】

餌 香~。
珥 耳璫也。

---

① "礼"，原手稿已寫成"禮"之簡體。

咡 口旁也。
二 一之次也。
貳 不一也;副也;重也;佐也。又疑也。又同上。又作弍。
刵 削也。
聏 截耳刑。
樲 ～棘,小棗。

八十二號

夷音与義音通　咡音与為音通

余 姓也。又～支。本音俞。

【平】

夷 傷也;滅也。又東～。
痍 瘡～;傷也。
庡 戾～,門閞也。
沂 水出泰山。〇銀。
鮧 小鼠也。
輀 車輪轉一周也。
跠 蹲踞。
貤 移也。
訑 拒人貌。〇佗。欺也。
儀 義也;正也;法也;宜也。又度也;容也。〇叶音讀疑。
畦 田五十畝曰～。又區也。
椸 赤楝樹。〇地。
嶷 九～,山名,舜所葬處。

蹊 徑路。又穿徑。
徯 同上。
彝 秉～。常也;法也。
彞 同上。
姨 ～母、～娘。
荑 芟刈也。又草名。〇地。
遺 失也;餘也;陳迹也。〇位。
移 易也;徙也;禾相倚也。〇稱。
匜 盥水淨手。上同。
酏 薄粥也;酒也。上同。
貽 遺也;賜也。
虵 維虵維～。
圯 楚謂橋為～。
頤 頷也;養也。又卦名。
怡 和悦也。
台 我也。
奚 何也。
兮 語之有所稽也。又歌辭。
傒 東北夷名。
觿 角鋭。
胰 夾脊肉,即～脂。
胵 ～脂,可洗油膩。
攜 提～也;雜也;連也。
携 同上。
桸 榻前几。一曰衣架。
飴 餳糖也。

【上】

已 止也。

以 助語辞。又用也；与也；意也。

矣 語已辞。又决辞。

苡 苯~。又薏~仁，可食。

佁 ~儗不前。

吕 同以。

【去】

繇 带也。本作系。

禊 祓~，上巳除惡祭名。

徯 待也。

詍 多言也。

詒 贈也；言貽也；遺也。

異 奇~。又古作异。

易 容~。

泄 ~~，多人貌；發也；去也。

殈 殀~。本音替。

係 干~。又音計。

繫 世~；挈~，聯絡也。○計。

施 ~~，自得之貌。又及也。

裔 衣裾也。又末也；胄也。又來~，後嗣也；後孓也。

肄 習也；勞也。

曳 引也。○亦。義同。

袂 衣袖也。又衣長貌。

系 継也；緒也。

八十三號

【平】

皮 ~膚。

麩① 麥~。

紕 ~縷②，組也。○批。

毗 輔也；厚也。毘同。

膍 厚也；牛肚百葉也。

貔 ~貅。豼同。

魮 鰟~，小魚。

琵 ~琶。

罷 倦也，乏也。

疲 同上。

羆 熊~。

脾③ ~胃。

枇 ~杷。○彼。同柀。

鼙 小鼓，騎上鼓也。

蚍 ~蜉，大蟻。

粃 米~。

裨 偏將。○彼。

---

① "麩"，原手稿寫作"麳"。
② "縷"，即"縷"。原手稿偏旁"婁"多作簡體"娄"。
③ "脾"，原手稿寫作"脾"。凡"甶"多省寫作"田"。

陴 城上女牆。
詖 辯也；佞也。○秘。

【上】
髀 股也。～臀。
狴 ～犴，牢獄也。
陛 殿～，升堂階級也。
庳 低小屋也。○貝。
婢 奴～。
被 ～褥。㊣覆及也；衺也；蒙～也。○批。荷衣曰～。○佩。義同。

【去】
比 和也；偏也。
篦 ～箕。俗作鎞。
鞞 ～鞋。○米。義同。
辟 賢者～世。
避 同上。廻～。
備 具也；足也。
俻 同上。
鞁 鞍上被也。
贔 ～屭，如龜，即今碑座。
斃 朴也；困也；惡也。又死也；敗壞也。
敝 壞也。
彃 以筋貼弓曰～。
弊 情～、私～。

獘 死～。
幣 ～帛。
鐴 治刀使利。○閉。義同。
庇 福～。
鼻 脯之竅，所以引氣也。

八十四號

【平】
批 ～評。俗讀批，音有在配佩二號之中。
披 開也；分也。荷衣曰～。
剕 ～削。
砒 ～霜，毒藥。砒同。
屄 女陰户也。○皮。義同。
劈 刀析也。○皮。義同。

【上】
否 塞也。又卦名。○比。○缶。
痞 ～塊。
仳 離別也。
圮 傾～，毀也。
破 器破而未離曰～。
𤗉 ～埒，女牆。○皮。義同。
庀 治也。
丕 大也。又人名。

【去】
譬 ～喻。辟同。

轡 馬韁也。
屁 洩氣也。
濔 ~~，衆也。
眤 ~睨，俯視也。

八十五號
【平】
稽 考也。又縣名。○啟。
秜 同上。古作乩。
幾 近也；微也。㊤~何。㊡將及未已。
饑 ~餓。又飢同。
其 語辭。㊡語已辭。
箕 竹名。
譏 ~諷、~誚。
雞 家禽。號曰翰音。
雞 同上。
磯 水激石也。
機 布~。
机 ~関。㊤木名。
笄 簪也。
羈 馬絡頭也。
覉 同上。
羇 寄也。又~旅之臣。
奇 数也。
肌 ~膚。

飢 ~骨。
璣 珠不圓者。
基 ~址；根~。
朞 ~服，周年素。又後也。
期 同上。
姬 姓也。
箕 笸~；簸~。
機 福也。
【上】
几 ~案。
麂 鹿屬。
蟣 小虱。
幾 同上。
紀 ~綱。
己 自~。又身之私欲。
【去】
季 一年四~。又少也；稚也。
計 ~策；~算。
薊 州名。又姓。又朩。
曁 諸~，邑名。○忌。及也。
寄 ~托。
罽 魚網。
冀 望也。
驥 善馬之名。
繼 續也；紹也。継同。
髻 頭~。

覬 ～覦,希幸也。
洎 肉汁。一音其。
氣① 盡也;已也。○喜。同饎。
旡 飲食逆氣不得息也。
记 ～號;～念。
翨 畢～,織羽毛為之。
係 干～。○異。
繫 維也;結也;縛也。○以。

八十六號

【平】
其 指物之辭。
祁 姓也;大也;眾也;徐也。
俟 万～,複姓。○士。
畿 邦～千里。又姓。
圻 同上。
琦 玉名。又大貌。
奇 異也。
蜞 ～蝴。
蠐 同上。又蟦～蟹②。
錡 三足釜。○宜。
騏 良馬,青黑色。
祇 地神。又安也;大也。○支。
蘄 ～州,地名。又姓。

岐 ～山。
芪 黃～,藥名。
期 望～。○基。
淇 水名。
棋 平～板。
綦 圍～、象～。
棋 同上。又碁同。
旗 旌～。又旂同。
琪 玉名。
綥 青黑色。
萁 荳莖。○記。
麒 ～麟。
耆 ～老。又至也;強也。
祈 ～禱。
痲 羸～。
歧 二塗謂～。

【上】
跽 長跪也。
技 ～藝、～巧。
妓 ～女。
伎 ～倆。

【去】
悸 心動。又帶下垂貌。

---
① "氣",原手稿寫作"氣"。九十一號下之"氣"寫法同此。
② "蟹",原手稿寫作"蟹"。偏旁"解"多寫作"觧"。

暨 及也。○記。
騎 ～馬。
芰 ～荷。又四角菱。
忌 ～憚、禁～。
惎 謀也；毒也；教也。

八十七號
【平】
微 細也；少也；衰也；眇也；賤也；隱也。又無也；非也。
溦 浽～，小雨。
惟 獨也；思也。
維 方隅也；繫也。
唯 同上。以上二字通。○畏。
濰 水名。
薇 薔～花。
肥 壯也。
腓 足肚也。
【上】
亹 不倦之意。○門。
尾 首～。
【去】
味 食～。
未 地支。又已之對也。
籷 五～子。
(補)

鰃 魚名。

八十八號
【平】
黎 ～明。又眾也。又姓。
釐 理也。又十毫曰～。
厘 同上。又厄同。
驢 驢子也。
貍 狐～。又狸同。○同埋。
蜊 蛤～。
璃 玻～。
嫠 寡婦也。
剺 割也；直破也；分破也。
梨 消～、漳～；蘑～。
梨 同上。
藜 ～藿。
籬 笆～。
犛 ～牛,黑色。
犁 耕具。
黧 ～班色。
鸝 黃～,即黃鶯。
罹 遭～。
璃 琉～。
漓 水滲入地。
灕 雨淋～。
驪 馬純黑色。

孋 ～姬。

蠡 蚌属。又人名；澤名。

埋 土聟。又鏊也。

醨 薄酒。

羸 ～瘠，不堅固。

【上】

履 足所依也。

鯉 ～魚。

理 料～。又義～。

里 閭～。

裏 衣～，内也。

裡 同上。

禮 ～義、～樂。

礼 同上。

醴 甘也。～酒、～泉。

李 ～子。又姓。

鱧 烏～魚。

【去】

飃 飃～，風声。

悷 惡～。又恐也。

劙 ～碎；～開。

泪 水底流貌。○類。眼～。

離 漸相遠也。㊛～別。

䍦 同上之譌①。

莉 茉～花。

麗 華～，美也。㊛高～，國名。

詈 罵也。

儷 伉～，偶也。

儮 同上。又儞同。

隸 ～書。又皁～。

涖 臨也。

吏 書～。

利 ～息；鋒～。

荔 ～枝。荸同。

俐 伶～。

例 律～。又類也；槪也。

礪 磨～。

勵 勉～。

厲 同上。又嚴也；正也；烈也；猛也；酷也；惡也。○賴。同癘。

濿 以衣涉水曰～。

痢 ～疾，瀉病。

疠 疾疫。

糲 粗～。○賴。義同。

戾 乖也；罪也；狠也；止也。

禲 無祀鬼。

蠣 牡～。

唳 鶴鳴。

────

① "譌"字右邊的偏旁"爲"，原手稿寫作"為"。

悱 悲～。
潷 以袋～醬。
擗 ～裂也。

八十九號
【平】
飛 ～翔。
非 不是也；責也。⑤是～。
妃 嬪～。○古配字。
菲 芳～，茂貌。⑤薄也。
霏 細雨～～。
扉 戶也；柴門。
誹 ～謗。⑤⑥並同。
痱 風病。○肥。義同。

【上】
悱 欲言未能。
匪 非也。又同斐。○分。
斐 文貌。
篚 箱之圓者曰～。
朏 月未盛明也。
榧 ～子，可食。

【去】
吠 狗叫曰～。
肺 心～，金臟。
廢 壞也。又～物，不成材。
費 耗也。又～用。

痱 ～子，熱生小瘡。
翡 ～翠，鳥羽。
剕 刖足。跗同。
芾 蔽～，木盛貌。
屝 草履。
柿 檊𣏂。又檊同。
錰 小釘。
狒 ～～，食人獸。

九十號
【平】
妻 夫～。⑤以女嫁人。
萋 ～～，草盛貌。
悽 ～愴。
淒 涼也。
凄 寒貌。

【上】
泚 汗出貌。○此。義同。

【去】
砌 ～磜、～路。

九十一號
【平】
希 少也；施也；望也。
俙 依～。⑤同。
郗 姓也。

犧 ~牲。
曦 日光。
僖 楽也。
嬉 遊~。又美姿顔也。
嘻 噫~,嘆声。
禧 福也。
熺 炙也;盛也;熾也。
醯 醋也;酸也。
熙 和也。
稀 疏也;少也。
譆 痛呼言之也。
睎 观望曰~。
晞 乾也。
欷 ~歔,悲泣。㊉泣餘声。
豨 豕也。㊀豕走貌。
羲 伏~。
屎 殿~,愁苦呻吟也。○詩。
瞦 目童子精也。
曦 目動也。

【上】
喜 悦也。
蟢 ~子虫。
屭 贔~,作力貌,壮大貌。

【去】
餏 饋生食。
既 同上。

愾 太急也。○愷。
戲 ~弄。又嬉也。
戯 同上。
憘 喜也。意同。
咥 笑声。○經。

九十二號
【平】
醫 治病也。
漪 水波也。
欹 嘆美辞。
噫 ~嘻,恨声。
伊 彼也;固也;維也。
依 附也;憑也。
衣 ~服。㊉著衣也。
猗 嘆辞。
涹 水名。
鷖 水中鷗也。
繄 青黑繒。
嬰 人始生曰~婗。
椅 木名。㊀~子。

【上】
倚 ~靠。
旖 ~旎,香也。
扆 畫斧屏風。

【去】

医 盛弓矢器。
瘞 埋葬也。
懿 美也。
意 心～。
薏 ～苡仁。○乙。義同。
翳 蔽也。
曀 陰而風也。
饐 飯傷熱溼。○乙。同噎。
縊 自經死。
殪 殺也；死也。
殪 物凋死。又脚手小病。
裔 後～。本音異。

九十三號

屎 糞也。本音詩。

【平】

西 少陰～方也。古作卤。
嘶 馬声。又声破曰～。
撕 提～。
粞 米～。
栖 鳥宿曰～。
棲 同上。～息。
犀 ～牛。
些 此也；語辞也。○寫。
樨 木～，即桂花。

【上】

徙 移～。
葸 畏懼貌。
蹝 履也。又屣同。
洒 雪也。
洗 浣滌也。○先。
葈 五倍曰～。○詩。義同。
璽 玉～印。
枲 麻有子曰～。

【去】

細 粗～。
糏 米屑。

九十四號

【平】

齊 整～。○咨。○斋。
齏 肚～。又臍同。
奇 等也。
蠐 ～螬，虫名。
徐 姓也。本音序。

【上】

薺 荸～。

九十五號

【平】

麋 鹿属。

迷 惑也；乱也；遮也。
糜 爛也；粥也。
彌 弛弓也。
弥 同上。又～縫。
醾 酴～，重釀酒。又花名。
狝 ～猴。

【上】
米 穀～。
乜 眼～斜貌。又姓。
咩 羊鳴声。
弭 止也；滅也。又弓末。
靡 ～麗。又順也；無也。
禰 父庙曰～。本音倪。
瞇 眇目。～脐眼。

【去】
謎 啞～，隱語。

九十六號

【平】
低 高～。
氐 大～如此。又至也。○支。
詆 訶也；訐也。㊤同。
羝 牡羊三歲者。
鞮 絡～，胡人履也。○地。姓也。
爹 ～者，父也。

【上】
底 下也；定也；至也。○旨。義同。
抵 ～当；大～。又至也。○止。至也。
弤 舜之弓也。
觝 觸也。○支。
靻 ～鞋也，補履下。㊤同鞮。

【去】
帝 皇～。
蒂 花～。又蔕同。
螮 ～蝀，虹也。又寒蝉。
諦 審也。○同啼。
嚏 鼻塞噴～。
締 結不解也。○地。義同。
渧 水滴也。

九十七號

【平】
欺 ～侮。
溪 山～。又豀同。
蹊 蹺～。○奚。徑路。
攲 不正也。又～器，虛則～，中則正，滿則覆。
崎 ～嶇，山險也。○其。
觭 牛角一俯一仰曰～。

蜞 長足虫。又蝉也。○其。

【上】
杞 枸~子。又國名。
豈 非然之辞。○愷。
綺 繒也,即今細綾。
跂 舉足望也。○及。義同。
企 同上。又及也。(去)同。
棨 門~。
啓 開也;教也;別也。
起 作也;興也;立也;發也。
屺 山脊。
芑 草名。又白粱粟。
綮 戟衣也。又信也。
稽 頭頓地也。
杞 禾名。

【去】
氣 ~血。又息也。
器 ~皿。俗作噐。
棄[①] 遺也。弃同。
契 ~券。○昔。
揭 褰衣涉水。
憩 息也。
愒 同上。
亟 急也;数也。○吉。

九十八號
義音與夷音通

【平】
宜 合~。
嶷 ~丘,山名。
郳 國名。
倪 兒子曰~子。又姓。
霓 虹~,雌曰~。
輗 轅端橫木。
鯢 鯨~,海魚雌曰~。
儀 ~容;賀~。又宜也;度也。
疑 惑也。○凝。定也。○逆。
尼 女僧也。○逆。止意也。
泥 ~土。(去)不通也;滯也。
麑 鹿子也。○迷。義同。
怩 忸~,慚貌。
呢 ~喃,言不了貌。
猊 狻~,獅属。

【上】
秜 旖~,香也。
嶷 議也。欺也。
儗 僣也;比也。
擬 像也;議也。~之而後言。

---
① "棄",即"棄",原手稿中多作此寫。

蟻 蚍～、白～。
螘 同上。又姓。
禰 父庙曰～。俗讀米,非。
伱 汝也。俗作你。

【去】
義 宜也。本音異。㊀姓也。
毅 剛～。
議 定事之宜也。
誼 同上。
膩 肥～;油～;細～。
藝 技～。又常也;法制也;種也。
蓺 同上,種也。
羿 姓也。后～,善射。
浂 水際也。㊀同。
詣 造也;至也。
刈 割也。
囈 唸～,呻呼。
睨 斜視也。
堄 埤～,城上女牆盖。
艾 割也;治也。
乂 同上。治也。
劓 刑截其鼻。○異。義同。
㊀
䯝 煎茱萸。

九十九號

【平】
啼 鳴也。嗁同。
題 ～目、品～。㊀睇視。
蜻 蟬屬。
鵜 ～鶘,水鳥。
苐 但;則。又草名。
蹄 獸～、～爪。
綈 ～袍。
提 ～挈。又拘也;舉也。㊀擲也。
○士。
荑 ～稗。○以。
稊 同上,即稊草。
餂 餹～,餌也。
蕛 羊～草。
隄 ～防。○帝。
堤 同上。○帝。

【上】
弟 兄～。㊀孝～。
娣 妻之姊妹。

【去】
地 天～。古作墬。
棣 唐～。
第 門～、次～;科～。
遞 傳～。○帶。繞也。
逮 及也。○大。同追。

杕 ～杜。

禘 王者大祭名。○同禴。

髢 假髮。○替。

睇 目小視也。○替。義同。

一百號

【平】

梯 木階也。○題。木稚。

膥 膈～，鼻不正。○跌。義同。

【上】

涕 鼻～。

體 身～。俗作体。

悌 愷～，同豈弟。

䋺 換蚕箔曰～蚕。正音恥。

【去】

剃 ～頭，去髮。

替 ～代。

髢 假髮。○地。義同。

揥 象骨為之。

嚏 噴～。○帝。

褅 褯禪也。

屜 履中薦也。

⑭

醍 酒赤色也。

一百零一號

【上】

比 倣也；及也。○俗。

鄙① ～陋。

匕 箸也。又小劍。

秕 不成粟也。

妣 歿母之稱。

否 臧②～。又不善也。

【去】

閉 闔門也。

臂 手～。

箄 輪～。○悲。

賁 飾也。○奔。○粉。○問。

蔽 遮盖也。

費 邑名。本音披。

祕 神也；密也；視也；勞也；隱也；
   藏也。又姓。本音悲。俗作秘。

嬖 賤而得幸者。

泌 水俠流也。

毖 勞也。

閟 閉也；止也；慎也；深也；幽也。

---

① "鄙"，原手稿右下角的"回"多寫作"囬"。

② "臧"，原手稿多寫作"蔵"。

一百零二號

【平】

隮 登也；升也。

虀 齏也。又膾酢也。

齏 同上，正寫。又韲同。

擠 挨〜。㊤同。

齎 持遺人也。

賷 同上。奉也。

嚌 衆声也。㊦飲至齒也。

懠 怒也。〜疑，猶猜疑也。

【上】

濟 〜渡；周〜。

擠 以手〜出汁也。

姊 〜妹。正音子。

【去】

祭 〜祀。○債。姓也。

際 邊①〜。

霽 雨止也。

劑 分也。又藥〜。

穧 刈禾把數也。本音齊。

濟 水涯。

薺 〜菜。○齊。

一百零三號

與下號通

【平】

書 經〜。又紀也；著也；文也。

舒 〜暢。又開也；緩也；伸也。

紓 同上。緩也。

輸 〜贏。

需 急也；索也；須也；疑也。

毹 氍〜，毛席。

【上】

暑 〜熱。

黍 〜稷。

抒 挹也；除也。

癙 〜熱病。

鼠 老〜。俗讀处，非。

鼡 俗同上。

【去】

戍 〜卒、〜守。

恕 推己之為〜。

戌 使犬声。

庶 衆也。又〜子。

數 欲知多寡，即〜銅錢。

---

① "邊"，即"邊"，原手稿多作此寫。

【平】
虛 空也。又宿名。㊣。
訏 張口鳴也；大也；誇也。
吁 ～嗟，嘆也。
昫 日出溫也。
歔 吹～。㊣同。
盱 張目望也。
歔 歇～。又～歇。
墟 邱～。本音區。
魖 耗鬼也。
靴 皂～。本音訶。
鞾 同上，正寫。本音訶。
【上】
栩 樹名。
許 應～。又姓。○火。
詡 大言也；和也。
煦 和～也。又烝也；溫也。
冔 商冠名。
【去】
酗 醉怒也。

一百零四號
與上號通
【平】
須 面毛也；意所欲也。又待也；資也；用也。

需 須也；索也；疑也。又卦名。
鬚 毛在口下者。
胥 相也；皆也；助也。
湑 露貌。
箐 竹也。
諝 才有智之称。㊤同。
偦 同上。
縃 頭～。又幁同。
【上】
稰 晚稻也。
【去】
絮 花～。
婿 女之夫也。又壻同。

一百零五號
【平】
於 語辞。又姓。○烏。
于 俗同上。本音余。於也。
紆 曲也；縮也；詘也。又姓。
迂 ～阔。○于。義同。
唹 笑也。
埩 濁水泥中。
淤 泥澱。㊣水中泥沙。
箊 篍～，竹名。
【上】
噢 ～咻，痛念之声。

傴 ～僂,不伸也。
【去】
飫 飽也。
瘀 ～血,即血壅病。
嫗 煦～,地以形～。又老婦之称。

一百零六號
【平】
居 住也。又屈同。
拘 止也;執也;～束。○勾。
鷗 海鳥曰鷄～。
駒 馬二歲。又姓。
車 ～馬。○扯。
椐 木名。
裾 衣盛貌。
琚 佩玉。
俱 皆也。
据 拮～。
苴 苴～草。
蜛 ～蠩。
【上】
筥 竹器。
踽 ～～,無所親貌。
矩 規～,所以為方曰～。
舉 ～人;高～。
苢 草可為繩。

枸 枳～樹。○勾。
柜 ～柳也。
椇 菓名。
【去】
據 憑～。又持也;依也。
倨 ～傲,不遜也。
句 ～語。○勾。
踞 蹲～。
遽 窘也;急也。○巨。人名。
醵 斂錢共飲。○巨。義同。
屨 履革。
懼 懼也;慚也。
籧 蘧～竹。又織具。
瞿 ～～,如有求而不得。○巨。
鋸 刀～。
【平】
洙 ～泗,水名。
侏 ～儒,容貌短小。
蛛 蜘～。
硃 ～砂。
藷 ～蔗,即甘蔗。
瀦 水所停曰～。又瓜～湖。
朱 赤色。又姓。○殳。
豬 豕也。俗讀知,非。
猪 同上。
株 根在土上曰～。

邾 國名。
諸 衆也，～兄。又姓。
珠 ～玉。
誅 責也；殺也。
袾 ～襦，短衣。
櫧 苦～樹。

【上】
渚 小洲。㊅同。
主 賓～。
煮 燒～。又煑同。
麈 鹿之大者。
砫 宗廟～石。又宝同。
罜 ～麗，魚罟也。
拄 掌也；支也；刺也；距也。
炷 火～，燈所著者。

【去】
蛀 ～虫。
註 解釋也。
注 記物曰～。
著 明也；立也；繼述也。
驻 馬後左足白也。
駐 財～。
鑄 ～銅鐵為器。又國名。
𪓗 烏～，龜名。
翥 飛舉也。
霔 時雨。

一百零七號
【平】
蛆 蜘～，蜈蚣也。
沮 水名。㊤止也；隔也。
疽 癰～。
宜 人相依也。
苴 麻無子者。㊤履中草也。
齟 ～齬，齒不相值。
趄 趑～，行不進貌。
砠 土山戴石。
菹 澤生草者曰～。
雎 ～鳩，水鳥。鴡同。
且 薦也。

【上】
咀 嚼也。

【去】
足 ～恭，過也。

一百零八號
【平】
蕖 芙～，荷花。
劬 ～勞，父母之恩。
朐 脯屈曰～。
鴝 ～鵒，即八哥也。
蘧 ～篨，竹席。
氍 ～毹，毛席。

渠 溝～。又大也。㊤同詎。
邎 ～～,自得之貌。又人名。○主。
衢 通～,大道。
䅌 ～麥。
瞿 戟屬。又姓。○主。
遽 人名。○主。

【上】
苣 阿～菜。
巨 大也。
簴 所以舉鐘鼓者。
虡 飛～。同上。
秬 黑黍。
鉅 大也。又大剛也。
炬 束蘆燒之。
詎 至也;格也;豈也。
距 倒摘刺也。又雞～。
拒 禦也。○主。陣名。

【去】
懼 恐～。又懼同。
具 備也;辨也。
颶 海中大風。

【平】
除 階也。㊣去之也。

殳 杖也;擊也。又兵器。
篨 籧～,竹席。
廚 庖～。
躇 踟～,行不進貌。
蹖 躇～。○綽。超也。
蜍 蟾～,三足蝦蟆。○余。
殊 異也;別也。
潴 水名;洲名。
儲 偫也;貯也。又～君,太子也。
藸 荎～,即五味子。
陳 ～陾①,縣名。
銖 廿四～為兩。
茱 ～萸,即花椒。

【上】
貯 ～積。又居也。
佇 久立也。
竚 同上。又企也。
苧 ～蔴。
宁 門屏之間。
著 同上。㊣朝內列位也。
岇 天～,山名。
柱 廊～。
杼 ～柚,梭曰～。○舒。同抒。
跙 ～～,行不進貌。

---

① "陾",字右邊的偏旁"婁",原手稿簡寫作"娄"。

【去】
住 居～;定～;止～。又姓。
註 置①也。以物送死者曰～。
筯 筷子。
著 同上。○注。明也;章也。
【平】
徐 緩也。又姓。
【上】
序 殷學名。又次～。
敘 陳也;述也。又同上。
鱮 魚名。
聚 會也;共也。去～歛。
嶼 山在水中。
垿 反坫謂之～。
緒 絲耑。又基～,統系也。

一百零九號
【平】
驅 馳～。又逐也。去先～。
區 草木萌芽屈生也。又類也。又小貌。○謳。量名。○丘。域也;阜也。
樞 門臼也。

袪 袖口也。
嶇 崎～,山路不平。
祛 禳也;遣也。又佉同。
毆 ～逐。
軀 身～。
摳 兩手扣衣。○口。義同。
貙 ～似貍而大。
墟 大丘也。又～墓也。
嶇 崎～。
姝 美色也。
鰸 魚名,似蝦無足。
抾 摸去也。又捧也。
樗 木名。又～里,複姓。
【去】
胠 腋下脅。平發也;去也;闲②也。
去 過③～,上除～。
嫗 老婦之称。正音於。
【上】
處 居也;止也。去所也。
処 俗同上。古作処。
取 討也;收也;獲也。去同娶。
鼠 老～。本音書。

---
① "置",原手稿寫作"置"。
② "闲",即"開"。偏旁"門"原手稿多簡寫作"门"。
③ "過",即"過",原手稿多作此寫。

瘀 憂①病。
楮 穀樹也，皮可作紙。
杵 搗～。
褚 綿絮衣。又藏也。又姓。

【去】
蜡 ～～，寒蟲也。
趣 疾行貌。○促同。
覰 伺視也。
娶 ～妻。
趣 ～向。又疾也；指意也。○湊。促也。

一百一十號

雨音與語音通，于音與於音渾

【平】
諛 諂～。
籅 竹名。
羭 黑牡羊。又美也。
艅 ～艎，舟名。
雩 祈雨祭。㊀虹謂之～。
褕 襜～。
驉 馬行徐疾貌。㊀同。
㺄 黑牛。
藇 蒩～，似韭。

蕍 藥草，即澤瀉。
衧 衣袍也。
畬 二歲所治之田。
腴 膏～，肥田也。
盂 飯器。
玗 石次玉。
歟 疑辭；歎辭；語末辭。
吁 ～～，呼犬聲。
歈 巴～，歌也。
洿 污～也。
嗚 嘑～，引衆者歌。
瑀 美石似玉。
嫗 女字。
崳 山名。
揄 ～揚，譽言也。○尤。
輿 車底曰～。又堪～，堪天道，～地道。又美也；衆也。
舁 對舉也。
㐷 兩手對舉也。㊀
譽 名～、聲～。㊀同豫。
予 自己；自。㊀与也。
臾 須～，俄頃也。
俞 然也。又姓。俗作俞。
余 我也；舒也。○徒。

---

① "憂"，原手稿多寫作"㥛"。

餘 有～。
榆 ～柳。
萸 茱～,花貌。
逾 過也;越也;進也。
蹦 同上。
轝 两手對舉之車。又轎①謂肩～。
悇 憂也。
覦 覬～,希幸也。㊣
毹 氍～,毛席。
闚 闚②～,私視也。
窬 穿～,小賊。
腧 築牆板也。
瑜 美玉。
愉 薄也。又和悦貌。
竽 樂器。
于 於也。俗讀於,非。
璵 寶玉。
旟 旂属。
圩 ～岸。
杅 浴器。
妤 婦官名。
魚 ～蝦。本音語。
漁 捕魚者。本音語。

【上】
雨 ～水。㊣自上而下也曰～。
貐 猰～,似驅③,虎爪,食人,迅走。
宇 ～宙。又大也。又姓。又屋～。
愈 勝也;賢也。又病瘉也。
瘉 痊～,病瘥也。又痛同。
庾 量名。又露積曰～。
瘐 飢餓而死曰～。
禹 夏～王。又舒也。
羽 禽毛。
與 及也;許也;授也。又待也。㊣同歟。㊣于也。一作与。
瑀 石似玉。
俁 ～～,行貌;又曲躬貌。
傴 ～～,安步行貌。
憖 恭敬貌。

【去】
籲 疾首號呼也。
鋙 鉏謂之～。
鸒 小烏鴉。
擧 羊也。
礜 藥石,蚕食肥,鼠食死。

---

① "轎",偏旁"喬",原手稿簡寫作"乔"。
② "闚",偏旁"門",原手稿簡寫作"门"。
③ "驅",疑當作"貙"。

稢 ～～,黍稷美貌。
裕 饒也;寬也;容也。
預 及也。又～先。
豫 同上。又悅也;安也;厭也。
櫲 ～樟,木名。
帣 羃～,面衣。
諭 曉～;譬～。
喻 同上。㊀响～,和悅貌。
芋 ～芴。○虛。大也。
蕷 山藥。

一百十一號

與上號通

芋 ～芴。正音預。

【平】

驉 驢～,仁獸。又度也。
娛 歡～。
愚 ～頑。
虞 ～舜。又慮也。
禺 番～,地名。又母猴屬。
嵎 ～谷,日出處。
隅 陬也;廉稜也。
蝓 蠌～,俗字。
魚 ～蝦。
漁 ～翁,捕魚者。

【上】

語 答人曰～。㊁告也。
敔 樂器,用以止樂。
噳 鹿口相聚貌。
麌 麋鹿群相聚也。
女 男～。㊁以女嫁人曰～。
圄 ～人,掌養馬者。
圉 囹～。
齬 齟～,齒不相值。○吾。義同。
峿 岨～,不安。
禦 防～。
篽 禁苑也。
聥 張耳有所聞也。
俁 大也。

【去】

馭 使馬也。
御 理也;進也。
御 ～車。又待也;撫也;統也;進也;使也;幸也;用也;治也;理也。
寓 寄也;托也。
遇 不期而會也;逢也;待也。

㊉

鄅 地名。
衘 鄉名。○徇。

一百十二號

【平】

如 似也；而也；又往也。

儒 學者之稱。○檽。同偄。

嚅 囁～。

袽 絮縕所以塞舟。

儒 侏～，短小之人。

𧳶 獸名。能食虎豹。

襦 短衣也。

鴽 田鼠化為～。

茹 茅根也。又蕃～。㊤啜也。又食也。㊦受也。又度也。

笟 刮取竹皮為～。

洳 水浸處；下溼之地。

【上】

焫 野火。

汝 爾也。又州名。

女 同上。爾也。

豎 ～起；～柱。又竪同。

乳 小兒所食。又腐～。㊦產也。

胕 魚敗不鮮。

墅 村名。

粈 粔～，即環餅。

醹 酒厚。㊥同。

【去】

孺 ～人。又～子，小人也。

一百十三號

【平】

閭 里門。

蘆 茹～，茜草，可染絳。

藘 菴～，草名。

櫚 棕～樹。

澗 水名。

驢 馬類，長耳。

【上】

呂 陰律名。又長也。又姓。

侶 伴～。

縷 絲～。又藍～。

褸 襤～。○樓。義同。

旅 師～，五百人為～。

膂 脊骨也。

祣 祭山川名。

【去】

屢 頻數也。俗作屢。

寠 貧無禮也。○樓、巨。義同。

鑢 摩錯之器。

濾 漉去滓也。
㩷 屈己也；頫身也。

一百十四號
【平】
拿 捕也。又挐同。
荶 猪〜菜。
詉 譇〜，言不可解也。
㧱 爬〜以收除也。
【平】
那 何也；太也；都也；於也；盡也；多也。又安也。上去義同。
儺 〜所以逐疫。上行有度也。
𢺚 同上。除疫也。
㑚 阿〜。
挪 搓〜。
【上】
㐁 〜弱。一音如。
袲 袤〜，衣長好貌。
娜 妸〜，美貌。

㫈 旎〜，旌旗貌。
橠 檹〜，木茂盛貌。
【去】
哪 語助辞。
糯 〜米，可作酒。稬同。

一百十五號
【平】
誇 大言。〜口。
恗 心自大也。
侉 驕淫矜〜。
夸 大也；奢也。
【上】
銙 帶〜。
袴 小衫。
胯 帶飾。○快。帶具。
【去】
跨 足過也。踿同。
牜 跨一步也。
胯 韓信受辱於〜下。

同音集釋要

二集

一百十六號

【平】

叉 丫~。又取也。
扠 挾取也。
嗏 語辞①。
搋 以拳加物。
差 ~錯。○此。○釵。
刹 ~塑。
頰 頤旁。○釵。義同。
杈 岐枝木也。
瘥 病瘳也。○坐。

【去】

汊 水岐流也。
岔 三~路。
咤 叱~,怒貌。⊕
詫 誇也；訛也。

【平】

搓 ~挪,和合也。
蹉 ~跎失時。
差 淅也。
磋 治骨角曰~。
瑳 玉色鮮白。⊕同。

【上】

䃰 碎石也。

【去】

剉 剁也；斫也。~刀。
挫 折~。
銼 同上。○坐。小釜。

一百十七號

痧 瘀~,俗字。

---

① "辞",原手稿"辭"或寫成簡體。

【平】
沙 細散石也。
砂 同上。又丹～。
紗 絹屬。又生～。
裟 袈～。
魦 ～鮀,魚名。
玅 細絲。
鍬 ～鑼,即銅盆也。
麨 碎麥。
鬆 髿～,髮垂貌。
䏲 蔗飴,即～糖。
蠑 ～雞,虫名。
桬 ～棠,木名。
桫 ～欏,木名。
娑 婆～,舞者之稱。
傞 舞不止貌。
䀑 偷視也。
莎 ～草。
挱 摩～。

【上】
傻 ～傃,不仁。
耍 戲～。

【去】
廈 側屋。
嗄 聲破。又～个。
曬 向日也。○帥。義同。

【平】
梭 織具。又籤同。
唆 挑～,起釁。
簑 草～衣。

【上】
鎖 ～鑰。
瑣 ～碎。
所 ～以然。本音酥。
䂖 同上。
打 以物擊也。又～聽。
誜 妄言。

一百十八號
【平】
蛙 青～,田雞。
䵷 同上。
漥 牛蹄跡水。又作窊。
呝 小嘔～。
啘 小兒啼。
哇 同上。又吐也。
汙 下也。
窪 溝也;深也。漥同。

【上】
摎 手爬物也。
踠 行不正也。
瓦 甎～。今讀下,非。

一百十九號

賒 不交錢而買。本音奢。

【平】

蝦 魚~。○下。~蟇。

鰕 同上。

靴 皂~。

䀹 目動也。

【上】

閜 大笑也。

呀 同上。又口~。

【去】

罅 裂也,孔嶐也。

窊 ~隙。

一百二十號

【平】

花 草木之葩也。俗作苍。

華 同上。《蓮~經》。

【去】

化 造化;変①~。

傀 鬼変也。

魤 魚名。

一百廿一號

趴 小兒~地。俗字。

【平】

鈀 鐵~。

琶 琵~,樂器。

杷 枇~,果名。

笆 松絲~。

爬 搔也。

【去】

罷 休也;已也;廢也;黜也;了也。
　○敗。義同。

耙 犁~。正音巴。

杷 ~草。又欏同。

齀 齒出貌。○巴。

【平】

婆 公~;~娑。

皤 白髮貌。○波。義同。

【去】

蔢 ~蕑②,藥名。

一百廿二號

瓦 ~爿。正音蛙,今讀牙多。

【平】

鵞 白毛紅掌。

鵝 同上。

蛾 蠶~、~眉。

---

① "変",即"変"。
② "蕑",原手稿偏旁"門"寫作簡體"门"。

峨 ～嵋山。
娥 月裡嫦～。
訛 謬也；舛也。
吪 同上。
莪 蘿蒿也。
峩 峯～，高峻貌。
哦 吟～。
俄 ～頃。又連也。
囮 弶鳥媒頭也。
衙 ～門。
【上】
我 自稱之辭。
【去】
餓 飢～。又不滿也。
臥 寢也。

一百廿三號
【平】
阿 ～輔。
婀 ～娜。
窩 ～藏；賊～。
窊 同上。
渦 水～。又姓。
猧 犬名。一作㺔。
倭 ～袍；～國；～子。〇委。

莴 ～苣菜。
痾 ～病，妖孽及人。
喔 小兒声。
屙 上廁也。又屈同。
【上】
妸 ～娜，美貌。
裹 ～褢，衣長好貌。

一百廿四號
【平】
呵 ～～大笑。
訶 大言而怒。又責也。
【上】
苛 政令～刻。正音何。
【去】
藌 蘷～，藥名。
荷 菜名。

一百廿五號
【平】
波 水～浪。一音卑。
玻 ～瓈。正音破。
岥 ～貌。〇坡。
嶓 ～冢，山名。
番 老貌。〇潘。〇婆。

硰 石為弋鏃。
皤 白髮貌。又大也。○婆。
菠 ～菜。

【上】
跛 足偏廢也。○祕。
簸 ～箕。

【去】
播 種也；揚也。

【平】
巴 蛇名；州名。
疤 瘡～。
笆 ～籬。
芭 ～蕉。○同葩。

【上】
把 ～持。○婆。同爬。

【去】
霸 強也。又覇同。
欛 把也。
壩 ～頭，堰也。
垻 同上。又灞同。
靶 彎革，御人所把處。
弝 弓～子。
鈀 刀～。
欛 刀柄、～柄。

㊉
蚆 蛤～。

一百廿六號

【平】
戈 干～。又姓。
柯 斧柄。又枝～。又～橋。
歌 ～詠。
哥 兄也。
過 超也。
鵝 八～。

【上】
舸 大船曰～。
哿 可也。

【去】
箇 枚也。
個 同上。又个同。

一百廿七號

【平】
羅 ～綺。又姓。
鑼 銅～。
籮 盛米穀者。
蘿 ～葡。又莪也。
灑 泪～，水名。
囉 歌助声。
饠 餺～，食名。
螺 田～、～螄。
騾 驢父馬母所生曰～子。

贏 同上。本字。
儸 倮①～。
膼 手指文。
欘 杪～,木名。

【上】
蠃 果～,細腰蜂。
蠃 同上。
裸 赤體也。
果 同上。
婐 女侍也。又矮同。
媭 搵～,搖也。
蓏 草實曰～。
瘰 ～癧,筋結病。
卵 禽獸生子曰～。

一百廿八號
【平】
何 曷也;奚也;胡也;焉也;安也;孰也;誰也。又姓。㊣負也;任也。
和 順也;諧也。㊣調～。
咊 同上。又龢同。
河 江～。
荷 蓮也。㊣負也。
禾 ～稼。
吪 小兒啼也。

① "倮",原手稿寫作"儽"之簡體。

枺 材～頭。

【上】
禍 殃也。

【去】
賀 慶～。
啊 慢應声。
囮 進船声;衆應声。

一百廿九號
【平】
陀 陂～,不平貌。
跎 蹉～;～背。
佗 負荷而行。又委～,美也。○妥。
沱 滂～大雨。㊤同。
駝 駱～。又駄同。
鮀 魚名。又祝～,人名。
魠 魚名。
紽 絲～數也。
鼉 皮可冒鼓。
拕 引也。○妥。
騨 馬名。
他 人名,尹公之～。

【上】
柁 把船～。一作舵。

墮 ~落,墜也。○灰。
憜 怠~。
隋 同上。又落也。
埵 射~也;堂塾也。○妥。

【去】

穒 積~也。

一百三十號

【平】

多 餘也。

【上】

朵 花~。
躲 避也。
跢 ~~,小兒行貌。去。
哆 佛語。○恥。○扯。義同。
髿 小兒剪髮曰~。
䐃 耳~。又耳聰也。

【去】

剁 斬~。
憚 勞也。○亶。義同。
挒 ⓑ 批打也。

一百卅一號

【平】

科 等也;次也;條也;程也。

窠 巢也。
蝌 ~蚪,蝦蟆子也。
稞 ~株。
軻 轗~,車行不利。又車接軸。

【上】

可 是也。
顆 ~粒。
坷 不平貌。
㱇 斲~,擊也,即~松毛。
骱 膝骨。正音誇。
髁 同上。

【去】

蚵 商~虫。
課 試也;稅也;計也。

一百卅二號

【平】

拖 ~欠。
他 彼也;誰也;姓也。
佗 同上。
拕 曳也。○陀。

【上】

妥 ~貼;~當。

【去】

唾 口液也。

一百卅三號

【平】

矬 ～短。

【上】

坐 ～立。

【去】

座 位也。

【平】

茶 止渴物也，陸羽所製。

梌 同上。

查 ～察。○詐。

槎 邪斫木也；水上浮木。

【去】

乍 初也；忽也。

蜡 年終祭名。○去。～氏。

一百卅四號

【平】

麻 苧～。俗作蔴。

痲 大～瘋。

蟇 蝦～。又蟆同。

【上】

馬 乘畜也。又姓。

碼 ～碯。又骉～。

【去】

罵 惡言詈也。

【平】

摩 拊～。又～滅。㊣同磨。

模 規～。

謨 ～訓，即謀已定也。

摸 ～寫。

魔 妖～。

鷹 鳥也。

瘖 身支半枯病。又細小也。

麾 䴢～。

幕 作～，做師爺。

【上】

母 父～，娘也。

痗 病癖曰～。

麼 怎～，細小之謂。㊣同。

拇 大指也。

踇 大～指。又行貌。

某 ～人。本音謀。○古梅字。

厶 同上。○同私。

姆 女師也；伯妻也。○茂。

媽 本母字。

姥 老母也。又姓。

瞻 矇～，不分曉。

【去】

磨 礱～、琢～。

暮 晚也。又莫同。

墓 墳～。

慕 企~、~想。
募 ~化,廣求也。
苺 菜也。本音茂。

一百卅五號

【平】
鴉 烏~。
雅 同上。又幽~。正音牙。
椏 樹~檔。
丫 同上。又~嬛。

【上】
啞 子~。㊄嘔~,小兒孛語声。
瘂 瘖~,不能言。

【去】
亞 次也;少也;醜也;相依也。
挜 ~送、~賣。〇蛙。

一百卅六號

【平】
家 ~室。
袈 ~裟。
笳 胡~,胡人所吹。
佳 好也。~人,美女也。
加 增也。
嘉 善也;美也。
葭 蘆也。〇下。同蒹。

枷 項械。
迦 釋~。〇皆。義同。
豭 牡豕。

【上】
檟 山楸條,可作杖。
假 眞之反也。又借也;大也。㊀
美也。㊁~告,休沐也。
斝 祭器,玉爵。
嘏 福也;大也;遠也。
椵 木可作几。

【去】
價 ~錢。
賈 同上。㊀姓也。〇古。
稼 ~穡。
架 橫~。
駕 同上,又~伙。

一百卅七號

【平】
瓜 東~、西~。
劀 ~割。
咼 口戾不正也。〇戈。
媧 女~氏煉石補天。〇戈。

【上】
寡 少也。老而無夫曰~。
剮 千刀萬~。

另 同上。
【去】
卦 八～。
挂 懸也。
掛 ～念,本音拐。
罣 ～礙。
絓 絲結;羂也;懸也。○外。

一百卅八號
【平】
華 榮～;光～;～山。去姓也。
崋 西嶽～山。去同。
划 ～船。
譁 諠～。又嘩同。
鏵 ～鋘。
驊 ～騮,駿馬。
【去】
話 設～。
畫 ～圖。○或。
画 同上。俗作畫。

一百卅九號
【平】
柤 棗～。又楂同。
查 同上。又姓也。
樝 果屬,似棃而酸。

掗 以手接物曰～。又取也。
葰 ～菜。
齄 酒～鼻。又皻同。
咱 ～家,自稱也。
撾 擊鼓也。或讀乍。
髽 ～髻,婦人喪服。○戈、坐。
【上】
鮓 魚～。
【去】
詐 姦～。
醡 酒～。又榨同。
【上】
左 ～右。去相助也。
【去】
做 作也。
佐 輔也;助也;貳也。
偝 有也;安也。平亦安也。

一百四十號
【平】
牙 ～齒,下曰～。
芽 萌～。
蝦 ～蟆。○鰕。
遐 遠也。
衙 ～門。又行貌。
霞 紅～,日旁彤雲。

瑕 玉有玷者。又通遐。

【上】

下 上~。㊣自上而下也。

廈 大屋。

雅 正也；当也；素也；儀也。叶音亞。

瓦 磚~。本音蛙。

【去】

夏 ~天。又姓。㊤大也。

暇 閒~無事。

迓 迎也。

疨 痫疾也。

訝 嗟~，疑怪也。

睱 緩視。

一百四十一號

【平】

葩 花貌。又《詩經》曰《~經》。

坡 ~坂也。

陂 同上。○卑。

岥 坡也。○波。山貌。

【上】

頗 差多曰~多。㊅偏~，不正。

叵 不可也。

叵 ~耐。

【去】

帕 包頭~。又手巾也。

怕 畏懼也。又忋同。

懼 ~懼。

破 ~碎。

一百四十二號

【平】

爲 作造也。㊣緣也；助也。

韋 熟皮。又姓。

違 ~背。

回 轉~。一作囘。

迴 ~避。本同上。

廻 ~遠。

徊 徘~，不進之貌。

幃 桌~、~帳。

褘 同上。○灰。同暈。

帷 ~幄。

洄 水~旋。

圍 ~住。

闈 庭~。

茴 ~香。

蛔 肚中~虫。

【上】

葦 蘆~。正音委。

偉 大也。叶音為，正音委。

匯 轉;～頭;～還。又器也。
滙 俗同上。

【去】
蝟 刺猬。
惠 恩～。又順也。
謂 言也。
位 坐～。
熭 火乾也。正音月。
潍 水名。
慧 智～。
恚 嗔～,怒恨。
胃 脾～。又腸同。
緯 經～,橫曰～。
衛 捍也;防也;護也。國名。
彙 ～集,《字～》。
篲 星名。○遂。義同。
蕙 ～蘭①。
渭 ～水清。
會 合也;聚也。○乃。
会 俗同上。
繢 繪也。
睿② 深明通達。一音銳。
潰 逃散也。又乱也。
讚 覺悟也。

【平】
危 險也;高也;不安也;不正也;姓也。
峗 高也。
巍 ～～,高大之貌。
桅 ～杆。

【上】
頠 閑習容止貌。又靜也。
鍡 金～。
拸 懸也。○圭。毀撤也。
硊 磈～,石貌。
隗 隓～,高也。平同。
嵬 罍～。平石戴上山。

【去】
魏 國名。又姓。平同巍。
偽 假～,非真也。
䖙 阿～,藥名。

一百四十三號

葦委二音通

【平】
威 ～勢。
煨 火～物。

---

① "蘭",原手稿字中偏旁"門""束"分別寫作"门""东"。
② "睿",原手稿寫作"膋"。

偎 爱也。
緌 絲五色。
梡 門檻。
隗 水曲隩也。又渨同。
逶 ～迤,衰行貌。
萎 藥草。㊣䬴牛也。
蜲 ～蛇。
痿 病也。
葳 ～蕤,草木盛貌。

【上】

委 ～曲。又頓也;属也。㊣～～從命。㊣蓄也。
餧 飼畜。
鮪 魚名。
碨 ～磊,石貌。
煒 光明也;赤也。
洧 溱～,水名。
韙 是也。
蔿 草也。又地名。
猥 犬声。又鄙也。
唯 諾也。
媁 ～媙,好貌。
鳶 ～氏,魯大夫。

【去】

諉 ～托。

蔚 盛貌。又牡蒿。○鬱。州名。
薈 草多貌。
慰 安也。
畏 懼也。㊣叶。
尉 按～;太～。又候也;安也。
熨 ～斗,即火斗。
薉 汚～。又田中雜草也。

一百四十四號①

【平】

魁 ～頭,科頭。～星。
奎 同上。～星。
虧 缺也;少也。
盔 帽～。
恢 ～伏,大也。
詼 調也;謔也;謿也。
悝 詼諧。㊣憂也;非也。
闚 門中邪視也。
窺 小視。又同上。
刲 割也。又刲同。
暌 日入也。又日月相違。

【上】

磈 ～礧,石貌。
蹞 舉足也。

---

① "一",原手稿寫作"壹",今按照體例書寫形式改之。

頮 弁貌。又舉首貌。
赴 半步也，一舉足也。
頯 大朴之貌。○葵。
傀 ～儡，木偶戲。○規。

【去】
塊 土～。又大～，天地也。
喟 歎息声。

一百四十五號
【平】
梅 ～子。又～天。又姓。
楳 古同上。一作霉。
枚 個也。又幹曰～。
媒 ～妁，即～人。
煤 烟～。
隗 姓也。
蘇 茶～花。
黴 ～黵，物中久雨而青黑也。
玫 ～瑰，石珠。
鋂 子～，環也。
禖 天子求子祭名。
眉 ～毛。又睂同。
湄 水草之交也。
楣 門～。

嵋 峨～山。
郿 陝西～縣。
鶥 画①～，鳥名。
酶 酒母。去
腜 胎始也。
醿 醋之別名。
鶪 ～頭。
殩 壞也。又腐氣。
溁 壞也。

【上】
美 好也。～女。又媺同。
苺 馬～草。
浼 汙也。～～，水流平貌。
浼 求～。俗同上。
每 各也。
渼 水名。

【去】
痗 病也。
穤 禾傷雨則生黑斑。
媚 諂(諮)～。
瑂 玧～。○帽。
蝐 同上。
昧 暗昧。
妹 姊～。

---
① "画"，原手稿"畫"寫作簡體。

謎 隱語。
蝐 ～似蝦，寄生龜殼中，食之益人顏色。
袂 袖也。
媚 吳俗呼母曰～。
魅 魑～，精怪之物。
寐 寢也；昧也。
抹 摸也。

一百四十六號

【平】
賠 ～補、～償。
培 ～植。又益也。
陪 重也。～臣；～伴。
裵 長衣貌。又姓。○非、裴同。
俳 ～徊。○敗。
醅 未漉酒曰～。
棓 ～子，可染。
坏 益也。蛰虫～户。

【上】
倍 加～。
蓓 ～蕾。又黃～，草名。
琲 珠十貫為一～。

【去】
佩 大帶。又玉～。珮同。
悖 逆也。

背 違～。又偝同。
焙 烘～。
晡 ～暗。
邶 國名。

一百四十七號

【平】
推 ～開。
蓷 益母草。
煺 ～燖毛也。
煺 同上，即以湯～毛。
胎 ～孕。本音太。
台 ～州。本音太。

【上】
腿 股也。又火～。
骽 腿～，肥貌。○内。
痪 瘓～，風病。又同尯。

【去】
退 進～。
蛻 蟬～、蛇～。
褪 ～坐然，定貌。○煺～，行病。
蹆 煺～，行痱也。

一百四十八號

【平】
追 逐也；隨也；逮也。

隹 鳥之短尾總名。
錐 鑽頭。
檇 ～李,城在嘉興。
㮎 木節也。

【上】
箠 馬策。又杖也。㊍叶。
嘴 鳥～。
嘴 口也。

【去】
醉 酒～。
贅 以物質錢。又入～女婿。
最 凡要曰～。
綴 點～。○拙。義同。
惴 憂懼;小心。
叡 問卜吉凶曰～。

一百四十九號

【平】
暉 日光。
煇 光～。○熏。
輝 同上。
翬 雉名。又大飛也。
隳 毀也。
灰 ～塵;～炭。
噅 和也;小声也。○惠。
麾 旂之属。

揮 指～。通同上。
㖡 醜也;口不能言。
墮 壞也;頹傾也。○陀。
徽 ～州。又美也。

【上】
燬 焚～。
卉 花～。
毀 壞也。又～敗。
虺 毒虫。又小蛇。㊍病也。
毀 諆～。又譖也。
悔 懊～。
賄 ～賂貨帛。
芔 草木通謂之～。

【去】
誨 訓～。
頮 頤下毛也。
諱 避忌;隱～。
喴 車鑾声。
喙 獸名。
翽 鳥飛貌。
晦 日不明也;三十日也。
譮 衆声。
靧 洗面也。
喟 嘆声。正音奎。
䵟 老黃色也。

一百五十號

銳 矛也。本音兌。又音胃,利也。

【平】

隨 從也;順也。

蕤 草木華垂貌。

錘 秤〜。㊣同。○追。鍛(煅)器。

鎚 同上。○堆。鍛(煅)也。

緌 冠上飾也。

搥 擊也。○堆。摘也。

誰 孰也;何也。

垂 自上縋下也;將及也。

埀 本同上。

【上】

蘂 花心也。

蕊 同上。又聚也。

檊 荊木也。

辠 〜過。一作皋。

【去】

瑞 祥〜。

悴 憔〜。憂也;瘁也。

瘁 同上。

顇 顄〜,即同上。

萃 聚也。

蜹 蠅〜姑嘬之。

遂 从也;成也;継也;就也;因也;

往也。

睡 卧也。

篲 竹掃帚。

汭 水曲流貌。

芮 〜〜,草生貌;又細貌。

縋 以繩有所懸也。

隧 墓道也。又道也。

墜 墮也。䃍同。

槌 棒〜、瓜〜。又搗也。

硾 鎮也。

蕞 〜爾,小貌。○醉。同蕝。

穟 禾名。穗同。

穗 禾穎也。

燧 取火之木。又火爐也。

襚 贈終也。

一百五十一號

【平】

雖 〜然。又虫名。○思。同義。

綏 安也。

睢 縣名。又姓。与雎字異。

【上】

水 雨〜。

濰 〜沞,短貌。

髓 骨中脂。

【去】

歲 年～。
碎 破～。
說 以言～人使從已也；舍也。
稅 租～。○同脫。
祟 禍～。
帨① 巾～。
誶 誚也；告也；多言也。
晬 清和潤澤貌。
繐 布細而疎者。
粹 純一不雜也。
邃 深遠也。

一百五十二號

【平】

餒 ～飯。

【上】

餒 飢也；爛也。
婑 婑～，好也。○歲。
鮾 魚敗。
脮 萎～，耎弱貌。

【去】

內 ～外。○納。

一百五十三號

【平】

圭 命～，上圓下方。
規 ～矩，所以為圓。
鵳 子規。俗作鵑。
歸 還也。
皈 同上，僧謂之三～。
嬀 舜姓。又水名。一作溈。
瑰 玫～，火齊珠也。○淮。義同。
龜 烏～，靈物。
亀 俗同上。
邽 地名。又姓。
窐 甑下空也。
閨 宮中門小者曰～。

【上】

鬼 人死曰～。
癸 天干。
宄 姦也。
詭 譎詐也；責也。
晷 日影也。
軌 車轍。又法也；循也。
簋 簠～，俎豆。

【去】

憒 心亂也。

---

① "帨"，原手稿寫作"帨"。

桂 丹～。
貴 富～。又物不錢(賤)曰～。
膭 物不錢(賤)也。又姓。
洭 水名。
鱖 魚火(大)口細鱗。
趹 行急遽也。
會 ～稽,郡名。古作旹,老反切,本當音怪。
愧 慚～。今讀葵,非。
鄶 國名。
檜 木名。
膾 ～炙。
儈 牙～,會合市人者。
劊 斷也,～子手。
燴 肉圓。
鱠 魚圓。
澮 水溝。
【補】
槻 木名,可作弓材。

一百五十四號

來 姓也。正音賴。
【平】
雷 ～電。又姓。
罍 酒器。又洗器。
羸 老～,瘦也;困也;敗也。

縲 ～紲。又黑索。
樏 禹山行所乘。㊤器名。
櫑 酒器。㊤劍飾。
纍 繫也。㊡同糸、㗊。
罶 百囊魚網。一曰罾也。
【上】
瘰 筋結病也。○瘰。義同。
磊 眾石狀。
壘 魁～,狀貌。又軍壁也。又姓。
瘣 痍～,皮外小起。
儡 傀～,木偶戲。
誄 功臣歿為文以哀之曰～。
誅 同上。
鑘 ～金銀絲。㊥劍首飾。
淚 眼～水。○利。
泪 同上。
類 同～;相似也;法也;善也。
累 受～。㊤增也。㊥繫也。
耒 耜～。
酹 ～酒灌地,降神。
纇 絲節也。
擂 ～鼓。
【補平】
播 研～。

一百五十五號

【平】

逵 通道也。

夔 ~龍,臣名。

虁 同上。又木石之怪。

馗 鍾~,人名。

郪 ~丘,地名。

戣 戟属。

葵 向日~。

【上】

跪 ~拜。

揆 度也。

【去】

餽 ~送。

櫃 櫝也。

匱 同上。又~乏。

簣 土籠。

蕢 草器。

愧 慚~。正音桂。

一百五十六號

俗讀菜字,一音詳在彩號

【平】

催 ~逼。

崔 ~嵬,山高貌。又姓。

縗 孝服。一作縗。

炊 ~煮。

榱 椽也。

推 ~尊。又獎也。

摧 挫也;折也;抑也;沮(泪)也。

【上】

漼 水深貌。㊤霜雪積聚貌。

璀 ~璨,玉光。

揣 度也;除也;~摩也。

趡 走也;動也。又魯地名。

【去】

翠 翡~,鳥羽。

脆 膬~。又物枯則~。

脃 本同上。

毳 同上。又獸毛褥。

淬 滅火器也。

焠 凡刀刃既成,欲其鋒之堅,則燒紅入水曰~。

出 自內而外也。

吹 風~。凡口~出成音者皆曰~。㊤~噓。

膵 同脆。婦人作~形。

一百五十七號

戴 姓也。本音帶。

歹 好~。本音帶。

【平】

堆 ～積。

掉 撲石也；摘也。

瘖 ～腫也。

【上】

劷 著力牽也。

【去】

對 配～；答～。

碓 舂米～。

一百五十八號

臺音詳代音四百二十四號①

【平】

隤 下墜也。又尪～，病也。

頹 同上。又傾倒也。

駾 我馬尪～。

魋 獸名。又桓～，人名。

【去】

兌 卦名。又～換。又同下。

銳 矛也。○冑。利也；姓也。

隊 群也。○瑞。○同墜。

憝 怨恨也。

懟 同上。

譈 怨也；惡也。

脫 ～～，舒緩貌。

一百五十九號

【平】

坏 ～子。又坯同。

丕 大也；奉也；姓也。

瓸 瓦未燒者曰～子。

【去】

配 ～對。

沛 顛～。○佩。草生水也。

霈 霶～，雨貌。

怖 恨怒也。

佩 不可也。

斾 旂尾。

(補)

怌 慢也；恐懼也。

一百六十號

【平】

杯 酒～。又盃同。

悲 ～傷；慈～。

卑 尊～。○皮。同庳。

碑 ～牌。俗作碑。

陂 畜水曰～。○葩。

【上】

彼 ～此。

---

① "代"書中實際上列於四百二十五號下。見後。

鞞 佩刀之鞘。
俾 使也；從也；職也；益也。
俾 俗同上。
【去】
輩 班～，類也。
背 脊～。○佩。
狽 狼～，前二足短者曰～。
貝 海介虫,有錦文。又宝～。
莧 ～母,葯名。
褙 裱～。俗字。
祕 神也；密也；視也；勞也；隱也；藏也。又姓。今讀比,俗作秘。

一百六十一號
【平】
欽 ～敬。
衾 衣～。
輕 不重也。
頃 田百畝曰～。(上)～刻。
傾 ～頹,欹也。
卿 公～。
【上】
謦 ～欬,嗽也。
褧 禪縠也。○迥。
【去】
磬 鐘～。

馨 空也。
慶 ～賀。(平)福～。

一百六十二號
【平】
琴 ～瑟。
芩 黃～。
擒 捉也。
禽 飛～。又同上。
檎 林～,菓名。又蜜淋～酒。
齡 舌病也。
琹 草生水中。
勤 ～勞。又廑同。
芹 水～菜；入學曰采～。
矡 矛柄。本作矜。
廑 勞苦；病也。
懃 慇～,委曲貌。
懂 憂也。
【上】
漌 寒～。
近 不遠也。(平)親～。
堇 草名,即黑頭。一名芨。
憌 心堅固也。
【去】
覲 朝～,秋見天子曰～。
靳 固也；吝也。

墐 ～,户塗也。㊣同。
僅 略能也;少也;餘也;綕也。
饉 菜不熟曰～。
瑾 美玉。
殣 餓死為～。又埋也。
厪 小屋也。

【平】
檠 燈～。○景。義同。
擎 ～起,高舉也。
黥 墨刑在面。
勍 ～敵。
鯨 ～鯢,海中大魚。

【上】
涇 寒也。

【去】
勁 剛～。正音敬。
競 諍～,強～。

一百六十三號
【平】
興 起也。㊣～志。
蕻 ～蕻菜。
馨 香遠聞也。
忻 喜也。
欣 同上。
昕 日將出之時。

炘 熱貌。
歆 神饗氣也;羨也。

【去】
甖 ～鐘。又諍端也。
婞 同上。尋～。

一百六十四號
【平】
應 照～、呼～。㊣～答、～捕。
纓 冠～。
嚶 鳥声。
鸚 ～鵡,即～哥。
鷹 鶻～。
鶯 黃～。
蠅 蒼～。
英 ～雄。又花～。
櫻 ～桃。
嬰 ～孩。又嬰同。
膺 當也;當也;擊也。
譍 言語對問。
攖 觸也;迫也;近也;乱也。
瑛 石似玉。
罌 瓶之捴名。
媖 女人美称。
楧 雀梅。又～架。
渶 水名。

【上】

癭 頸瘤也。

影 日月～物。又人～。

犙 牛鳴。又小牛。

【去】

映 明;相照也。

應 以言對也。

瀴 ～清,冷也。

【平】

殷 盛也;～實。又商之後號。

因 緣也;由也;仍也;託也;襲也。

姻 ～親。

婣 同上。又和也。

禋 精意以祭。

氤 ～氳,烟霧貌。

茵 褥也。一曰虎皮。

湮 没也;沉也。

駰 馬陰白雜毛曰～。

慇 ～懃。

濥 水名。

磤 ～～,雷声。

音 声～。

瘖 ～瘂。

陰 ～陽。

陰 光～。又同上。

裀 近身衣也。

䄄 車重席。

闉 ～闍,～門外之城。

【上】

隱 藏也;私也;微也。

靆 ～～,雲貌。

癮 ～疹,皮外小起。

䋣 縫衣曰～。

飲 歇也。㊣飲之也。

【去】

蔭 庇也。

廕 屋宇之庇。

窨 地室。

印 ～信。

胤 継～。廟諱①。一音引。

一百六十五號

【平】

盈 滿也。

嬴 姓也。

楹 柱也。

贏 輸～。

---

① "胤",原缺筆避諱省去最後筆畫"乚",全書同此。"継～"原作"継肩",兹參體例改之。

形 ～狀。
刑 ～罰。
邢 地名。
瀛 ～州。又姓。
型 鑄金模也。
營 ～寨。又造也;度也。
縈 繞也;繫也;收卷也。
塋 墓也。
螢 ～火虫。
陘 楚地。
瑩 石似玉。○容。
行 走也;用也。正音恒。

【上】
杏 ～子、～仁。
倖 僥～。
荇 ～菜,又莕同。
悻 ～～,怒貌。
幸 欣～;寵～。
涬 ～冷,寒也。
邢 地名。
潁 ～州。又州名。
穎 禾末也。俗作頴。

【去】
脛 脚～。

㊍
穎 木名。又錐柄。又刀鐶。
【平】
寅 地支。又恭也。
夤 ～緣。又恭也;敬惕也。
淫 ～乱、奸～。
桎 通水～洞。
迻 過也。
霪 久雨曰～。
【上】
引 導也;延也;久也;長也。
尹 令～。又姓。
蚓 蚯～。
靷 駕馬牛具。
【去】
胤① 継～。一音印。庙諱。
孕 懷胎也。
媵 送女從嫁也。
癮 烏烟～。正音印。

一百六十六號
【平】
心 ～肝。
莘 細～,藥名。

————————
① 胤,原手稿避諱缺最後筆畫"乚"。

辛 ～苦。又辣味。
荀 姓也。又草名。
洵 水名。又信也。
新 ～舊。
詢 咨也；謀也。
詵 致言也；衆也。
薪 柴也。
恂 溫恭貌。
駥 牲赤色。
駪 馬走疾行。
甡 衆多貌。
屾 二山並立曰～。

【上】
隼 小鳥，鴉屬。
笋 竹芽。又筍同。
栒 懸鐘橫木也。又～頭。
鵔 急飛之鳥。

【去】
迅 ～速。
信 ～實。○申。同伸。
訊 問也；告。
囟 頂門。一作顖。
顖 同上。
殉 偶人～葬。
䭇 ～臭，體氣。

【平】
猩 ～～，野人。
腥 生肉也。又～氣。
星 ～宿。
鯹 魚臭也。
蝗 ～蜓。
鋥 鉄之～銹。

【上】
省 察也。
醒 醉而穌也。又夢覺也。

【去】
姓 ～名。
性 天～、～情。
瞠 目睛。

一百六十七號
【平】
金 黃～。又姓。
今 古～。
襟 衣～。又衿同。
斤 斧～。○近。明也；察也。
觔 ～兩。
巾 頭～、手～。
筋 ～骨。

【上】
謹 ～慎。

濜 寒～。
緊 要～、～急。
卺 瓢為酒器,昏礼用之。
𢀖 同上。
錦 ～繡。
【去】
禁 ～止。㊀所勝也。
勁 用力也。
噤 寒厥閉口。○琴。義同。
【平】
京 ～都。
經 ～書。又直也;過也;縊也。
    又～紀,行販也;常也。㊀徑也。
荊 紫～花;～川紙。
涇 ～水濁。
矜 哀～;驕～。○關①。同瘝。
兢 ～～,戒。
驚 駭也;出～。
巠 水脈也,直波為～。
【上】
境 ～界。
景 西湖十～。○同影。
儆 ～戒也。
警 寤也;戒也。

頸 項～。
剄 刎～之交。
【去】
徑 小路。
逕 路～。又至也;過也;近也。
竟 窮也;終也;已也。㊀同境。
敬 恭～。
鏡 鑑也。又破～,獸名。
獍 食父獸。

一百六十八號
【平】
凌 冰也。又～辱。又姓。
陵 丘～。
綾 ～羅。
淩 水名。又犯也;歷也。
崚 ～嶒,山貌。
羚 ～羊。
蛉 螟～。
靈 神～。
菱 大～。又蓤同。
零 ～碎。
伶 ～俐。又獨也。
令 號～。㊀月～。

---

① "關",原手稿偏旁"門"簡寫成"门"。

苓 茯~。
聆 聽也。
囹 ~圄,牢也。
翎 刀~,鳥羽。
玲 ~瓏。
齡 年也。
鈴 搖~。
悋 憐也。
靈 天~,人頂骨。
鴒 鶺~。
泠 ~~,泉声。
跉 ~踉,行不正也。
櫺 窓隔子。
蕶 落草曰~。
鈴 ~利。
軨 車轄頭。
醽 淥酒也。
箖 竹名。
瓴 瓦器。
鈴 同上。

【上】
領 ~命。又項後也;受也。
嶺 山~。
衿 下裳曰~。

【去】
另 各也;別也。

【平】
鄰 ~舍。又比也;近也;親也。
隣 同上。
潾 水清貌。
磷 峻貌。(去)薄石也。
粼 白石~~。
鱗 ~甲。
麟 麒~。
轔 ~~,衆車声。
林 樹~。
臨 降~。
霖 及時雨曰甘~。
琳 球~,美玉。
淋 ~漓,渥貌。
璘 地~。又瞵同。

【上】
廩 倉~。又~保。
凛 寒也。
懍 色惧也。
㐭 慚恥也。
稟 稍食也。

【去】
悋 ~慼。○連。義同。
吝 鄙~。
躙 車踐也。
遴 行難也;謹選也。

藺 姓也。又莞属。
閔 燭息火存曰～。
燐 野火。又鬼火。
恡 惜也；鄙也；慳也。

一百六十九號

【平】

亭 涼～。又均也；正也；直也。
停 ～住。
婷 娉～。
霆 雷～。
廷 朝～。
庭 家～。
聤 耳～出惡水①。
蜓 蜻～。○由。義同。
渟 水止也。又～澤。
葶 ～藶，藥名。
諪 調～。

【上】

鋌 放花～子。

【去】

錠 銀～。
定 安也；決也。○丁。
掟 天～。

一百七十號

【平】

明 ～亮。
眀 視也。俗同上。
名 ～號。㊀同詺。
銘 ～刻。又志也。
盟 歃血以結信也。○孟。水名。
冥 幽～。
蓂 ～莢，堯時瑞草。
鳴 凡口出声皆曰～。
鵬 鷦～，似鳳神鳥。
洺 水名。
溟 小雨～～。
暝 久也。又晦也。
螟 ～蛉子。又食苗葉虫。
瞑 閉目也。

【上】

茗 茶也。
酩 ～酊大醉。
黽 勉也。僶同。

【去】

命 性～。又～令。○同慢。

---

① "耳～"，一般作"～耳"。《廣韻·青韻》："聤，耳出惡水。"明·李時珍《本草綱目·主治二·耳》："耳痛是風熱，聤耳是溼熱。"

詺 辨別物名。

【平】

旻① 秋天曰～。廟諱，宜避。

珉 石之美者。又瑉同。

民 百姓也。

緡 絲緒也。又緍同。

【上】

閔 姓也；憂也。同下。

愍 憂也；恤也；憐也；傷也。

憫 同上。㊗叶。

泯 滅也；昏也。㊗叶。

暋 強也。㊗悶也。

刡 ～削。

潣 水流貌。

澠 ～池，縣名。○免。義同。

抿 刷頭～子。㊗同。

皿 器～。

【補平】

閩 ～州，福建者。

一百七十一號

【平】

平 正也。又姓。

凴 ～據。

馮 依也；託也；徒涉也。

凭 倚也。

凴 同上。

憑 恁～。凴同。

枰 棋局。

評 ～論。

屏 圍～。○丙。

萍 浮～，水草。

坪 地～磚。

瓶 汲水器。又缾同。

【上】

並 二合為～。

竝 同上。

伻 俱也。又羅列也。

【去】

病 疾～。又患也；憂也。

踭 ～鬏，蹋地声。

一百七十二號

【平】

賓 ～客。又恭也；迎也；列也；遵也；服也。俗作賓。

玢 文彩之狀。

檳 ～榔。俗作梹。

嬪 ～妃。本音貧。

---

① "旻"，原手稿避諱省偏旁"文"上點畫寫作"旻"。

濱 水際。○貧。義同。
豳 國名。又邠同。
彬 文質～～。
斌 同上。
邠 ～州，地名。

【上】
稟 ～告。

【去】
殯 ～殮。
儐 相礼者也。又導也；相也。㊤。
擯 斥也；弃也。又同上。
鬢 髮～。
鬂 同上。

【平】
并 姓也。州名。㊦並也；皆也；及也；合也；兼也。㊤同屛，弃除也。
冰 水凝。○同凝。
氷 俗同上。
兵 軍～。

【上】
丙 南方～丁。火。
邴 宋下邑。又姓。
倂 一并也。
偋 除也；斥也。○病。寠也。
炳 明也。又昺同。
餅 糕～。

怲 憂也。
秉 執持也。
鮩 白蟳魚。
抦 持也。
鞞 佩刀之鞘。○彼。
昺 三月為～月。
屛 藩蔽。又除也；斥也。

【去】
柄 權～、斧～。
迸 斥逐也；走逸也。○烹。義同。

一百七十三號

【平】
秦 國名。又姓。
旬 十日曰～。
巡 視行也。又～撫、～檢。
巛 俗同上。
循 ～～，有次序貌。
狥 同上。又徇同。○心。行示也。
郇 國名。又姓。
尋 ～覓。又八尺曰～。
鱘 ～魚，無鱗，口在腹下。
蟳 ～似蟬而小。
馴 從也；擾也；善也。

【上】
盡 竭也。○津。皆也。

盡 俗同上。一作尽。
蕈 香～。
【去】
殉 ～葬。正音心。
侚 令子(于)衆也;從也。
燼 火餘;燭餘。〇叶音津。
【平】
情 人～、性～。
晴 雨止日出。
餳 ～糖。
【上】
靜 清～;安～;動～。
靖 安也;謀也;理也;思也。
靚 莊飾也;明也。
婧 女貞潔也。
【去】
淨 潔～。
凊 寒也。
阱 陷坑,虎～。
阱 同上。

一百七十四號
【平】
銀 白金也。
誾 ～～,和悅而諍也。

誾 ～～,辨諍貌。
吟 詠也。
嚚 言不忠信曰～。
訢 ～～,恭敬貌。〇同欣。
狺 犬爭聲。
鄞 甯波府～縣。
甯 安～。按:～字本从心,从罒,从丁,因避諱作寧,今改作～。
迎 ～接。又逢也。
嚀① 叮～,囑詞,亦作丁甯。
聹 盯～,耳垢。
凝 成也;定也;結也,水～成冰。
【上】
听 笑貌。又大口貌。
濘 泥淖也。
【去】
懝 問也;恭謹也;傷也。
狋 犬張齗怒也。
甯 所願也。又姓。
佞 謟(諂)～。

一百七十五號
【平】
精 巧也。

① "嚀",手稿因避諱,凡偏旁"寧"通寫作"甯",下"聹"同。

腈 ～肉。
晶 水～。
睛 眼睛。㊤
菁 ～～,盛貌。
旌 ～旗。
蜻 ～蜓。
箐 笒～,小籠。○千。
井 市～。
【平】
津 ～液。又济渡處。
榛 木名,實如小枣。○近。
臻 至也;及也;聚也;衆也。
燼 火餘木。㊤叶。○盡。
溱 水名。
蓁 ～～,盛貌。○秦。～芄,药名。
【上】
儘 皆也。
【去】
晉 進也。又國名。
晋 同上。
狻 狻兔。○箄。
餕 所食之餘。
縉 ～紳。又帛赤白色。
進 ～退。
俊 ～秀。

儁 同上。又衛也;絕異也;勝也。
駿 良馬。
逡 ～奔走。又同上。○寸。～巡。
峻 高也;險也;長也;峭也。
浚 深也。
浸 渍也。一作寖。
赆 送行者之礼。
濬 ～哲,文明是也。
畯 勸農官。
祲 災祥。○侵。義同。

一百七十六號
【平】
親 ～長、～近。㊦～家。
侵 ～伐、～犯。
駸 馬疾行也。
吣 私語。
梫 木桂皮厚者也。
皴 皮細起也。
浸 冷也。
聙 聽聰也。
鰻 魚名。
鯖 魚名。
霪 ～淫,久雨貌。○浸。
青 東方木色。○精。

清 激也；澄也。又～楚。
圊 溷也；厠也。
埥 ～精土。

【上】
寑 ～室。又卧也。
鋟 刻板。

【去】
沁 以物探水為～。
寖 墨～，工人具。
㥧 同上。
寴 夾蝦～。○森。
唚 ～嘴。○寸。
㕧 猫犬吐也。
濅 ～水。
請 拜～。
倩 假借；使人。又女壻也。

一百七十七號

【平】
丁 親～。又強壯也。○爭。
叮 ～嚀，囑詞。
釘 鉄～。㊣以釘～物也。
仃 伶～孤苦。
叮 伶～，獨行也。
玎 ～玲，玉声不克曰～。
疔 ～瘡。

靪 ～鞋。又布履下也。
罚 ～罘，小網。
虰 ～蛵，即蜻蛉。
朾 衣裳補～。

【上】
頂 頭～心。
酊 酩～大醉。
耵 ～聹，耳垢也。○汀。義同。
鼎 三足兩耳，調五味之器。
鼑 俗同上。

【去】
訂 約定也。
飣 置食也。
顁 題也。
定 營室屋。又額也。

一百七十八號

【平】
廳 三間統者曰～。
汀 水際平地。
打 門根也。又虛～，地名。
桯 牀前几也。又碓～。
町 田區畔埒。

【上】
挺 直也；持也。○定。直也。
梃 杖也。

侹 ～死尸。
艇 鹿走貌。
挺 身長直也。

【去】
聽 耳司～。又～從。㊀～事。

一百七十九號

【平】
篂 晒～,竹器。又船篷。
娉 ～婷,美貌。
砯 ～砰,水擊石声。○並。義同。
垪 竛～,行不正貌。
繽 ～紛,雜亂也;又盛貌。
籯 蚕笛為～。

【上】
品 ～級。

【去】
聘 ～定;朝～。又訪也。

一百八十號

【平】
成 就也;畢也;善也;平也。
誠 信也;純也;一也;敬也。
乘 御也;駕也;登也;跨也;憑也;
　　治也;趁也;守也;襲也;因也。㊁
　　車～。

澄 清也。
呈 ～上、～子。
承 ～順、～命。○贈。義同。
懲 創也;止也;戒也。
丞 ～相。又佐也;継也;副貳也。
　　又拯同。
鄐 國名。
程 姓也。又路～。
城 ～池。
裎 裸～。又佩带。
仍 因也。
醒 酒未醒。
芿 舊草新生曰～。
塍 田～。
陾 ～～,築牆声。
礽 福也。
繩 ～索。又直也;戒也。
迺 往也。
憕 心平曰～。

【去】
盛 茂～。㊀～貯;粢～。
鄭 國名。又姓。
剩 餘～。
嵊 ～縣,邑名。㊀亭名。
晟 明也;熾也。
輮 副車也。㊀車一～也。

【平】
臣 君～。
沉 没也。㊉没物水中也。
陳 ～設。又久也。又姓。㊉同陣。
塵 灰～。
諶 誠也；信也。忱同。
煁 無釜之灶。
霃 久陰。
【上】
朕 帝自称曰～。
葚 桑～，即桑子。
【去】
陣 戰～。
酖 酒有鴆毒。
鴆 毒鳥，其毛瀝酒，飲則死人。

一百八十一號
【平】
生 産也；出也。又～熟。
笙 ～簫。
僧 和尚也。
甥 外～。
牲 犧～。
泩 ～漲。又水深廣也。
【上】
省 儉也。又～城。○星。

眚 㳺也。又妖病。
瘖 瘦～。

一百八十二號
【平】
滕 ～國。又水超涌也。
騰 飛～。又姓。
䠾 同上。
膰 ～綠（錄）。
藤 葛～。
籘 蔓生似竹。又～器。
螣 ～蛇，似龍。
疼 ～痛。正音同。
䔯 同上。
鼟 ～～，鼓声。
【上】
䠟 跢～，行貌。
【去】
鄧 姓也。又國名。
蹬 蹭～。
霯 大雨。○登通。正音近吞。

一百八十三號
【平】
眞 ～假。俗作真。
肫 誠也。又鳥臟。

屯 厚也;吝也;難也。卦名。
迍 ～邅,難行不進之貌。
珍 ～寶。
蒖 茅～。又馬藍。
延 行也。与延字異。
楨 築牆板。又女～,木名。
滇 水名。
諄 ～～,誠也。
窀 ～穸,下棺也。又厚也。
訰 ～～,乱言貌。
娠 婦人有孕。
斟 ～酌。
貞 ～潔。
針 引線。
鍼 同上。○乾。
箴 又同上。～規。
畛 田間道也。㊤同。
砧 擣繒者。
碪 ～板。又同上。椹同。
忳 誨人不倦也。○人。人名。
諄 以己誨人也。又壯健貌。○吞。
惇 心實也。○敦。
甄 察也。又姓。

【上】
賑 ～濟。又富也。
黰① 白花鳥～。
診 視也;驗也;候脉也。
袗 單衣也。
枕 ～頭。○沉。
軫 車後橫木。又動也。
準 一～、定～。一作准。
肫 新生羽也。

【去】
震 卦名。又動也;威也。
鎮 市～;～壓。
疹 癮～,皮外小起。
振 ～拔;～救;～動。㊀盛貌。
瑱 ～鎮也。○天。

【平】
徵 召也;驗也;證也。○子。
癥 腹中～結。
烝 薰也;炊也。又冬祭曰～。又下淫上也。
蒸 炬也。又麻幹。
餦 ～餅。
征 ～伐。
鉦 鐃也;鐲也。

---

① "黰",凡偏旁"真"原手稿多寫作"眞"。

禎 ~祥。

【上】

整 戲~本。又~雞;修~。

拯 救也;舉也。又拯同。

【去】

正 端~。又~月。㊗向明處也。

証 諫~。

政 ~事。又正也。㊗役也。

證 ~驗也;候也;質也。

症 病~。俗字。

甑 飯~。本音增。

㊍
蒸 菹也。

一百八十四號

【平】

文 ~章;~武,錢~。

蚊 ~虫。

䶃 斑尾鼠也。

鼖 大鼓。

聞 耳~。又姓。㊣声譽曰~。

紋 ~路。

墳 ~墓。㊤土色(肥)。俗作坟。

蕡 花多結實。

汾 水名。

枌 木名,白榆。

濆 水涯。

焚 燒也。

頒 大首貌。○班。

【上】

憤 發~。

忿 ~怒。

刎 割頸自~。

賁 大也;大鼓也。

【去】

紊 ~乱。

問 通~。又以物遺人曰~。

汶 ~上,地名。

分 限量也。又名~。

袘 五服外之喪服。

免 同上。

一百八十五號

【平】

登 ~高;~科。

豋 礼器。

膯 飽也。又雞~。

燈 ~火。又灯同。

䤼 ~鉤。

瞪 病也。

【上】

等 ~候;~級。

戩 ~子。
【去】
凳 板~。
櫈 同上。
餕 祭食。又~食。

一百八十六號
【平】
萌 ~芽。〇叶音明、茫。
甍 屋棟也。〇蒙。
盲 青~眼。
蝱 ~虫，螫人飛虫。
䖢 黃~。
氓 民也。
【上】
猛 勇~。
艋 小船。
蜢 蚱~。
【去】
孟 姓也；長也；勉也。
䒺 狼尾草。㊀義同。
盟 水名。〇明。~誓。
【平】
門 ~户。
䯎 陡~，地名。
捫 掩也。

苘 ~冬草。
【上】
懑 暗也。
【去】
們 肥滿貌。
悶 煩~、氣~。
們 同上。又懣同。

一百八十七號
【平】
崩 上墜下曰~；天子死曰~。
繃 即襁褓也。又束也。
絣 布名。又以绳直物也。
綳 束也。又棕~。
祊 廟門傍祭先祖。
塴 ~窆。
霶 大雨也。
伻 使也。
浜 溝納汙者曰~。
𰷣 婦人血~不止。〇朋。
繃 結也。
【去】
窆 束棺下也。同塴。
【平】
奔 疾行。又犇同。
錛 平木器。

搬 ～托、～移。

【上】

本 根～。又～利。

畚 ～斗。

一百八十八號

【平】

更 改也。又～漏。㊣再也。

庚 天干。

鶊 鶬～。

粳 晚米。一作秔。

耕 ～田。又畊同。

賡 續也。

莄 草名。

羹 ～湯。

【上】

埂 堤～。

耿 介也；光也；憂也。又不安也。

梗 木直也，即硬～柴。

哽 ～咽，悲塞。又言語～也。

鯁 魚骨。又骨不下咽也。

【平】

根 ～本、樹～。

跟 足後～。

【上】

哏 難語也。

【去】

艮 卦名。又狠也；止也；堅也；限也。

一百八十九號

【平】

朋 同類也，即～友。

彭 行也；道也；盛也；側也；近也；壯也。又～城。又姓。○滂。○邦。

蟚 ～蟣蟹。

棚 涼～、灯～。

膨 ～脖，脹貌。

鵬 大～鳥。

祊 ～禋，祭名。

塴 ～殍，死人胖。

盆 銅～。

葐 葕～子。

嗙 吐也。

【上】

軬 車上篷也。

【去】

搒 酒～。

搒 搕～，撞也。

埲 蹦～，踢地声。○烹。同義。

体 呆～，粗率。又笨同。

一百九十號

【平】

春 四時之首。
瑃 玉名。
椿 香～。又～萱也。
瞋 怒而張目也。
嗔 同上。
䐜 肉脹起也。
鶞 鳥名。
鷦 春鳰名鴻～。
杶 木似樗，可為弓榦。
櫄 同上。
輴 載柩車。又禹泥行乘～。
琛 寶也。一音村。
偵 探伺也；問也。又同貞。
稱 ～揚也；舉也。㊣同秤。
蟶 ～子。
赬 赤色。
檉 河柳，似楊，赤色。

【上】

蠢 虫動也；三赦曰～愚。
疢 ～疾，善嗜為病。
賰 富也；厚也。
騁 馳～，疾走也。

【去】

趁 逐也；從也；踐也。
趂 同上。又～錢；～船。
秤 所以知輕重。一作稱。

一百九十一號

【平】

棱 威也；柧也。又～棍。
楞 同上。四方木也。
稜 神靈之威也。
蔆 菠～菜。
踜 ～蹬，行貌。㊣同。

【上】

冷 寒也；清甚也；姓也。〇陵。

一百九十二號

【平】

增 益也；加也。
曾 ～祖；～孫。〇層。
罾 魚～。
丁 ～～，伐木声。
爭 鬭①也；競也。俗作争。
箏 樂器。

---

① "鬭"原作"鬬"，即偏旁"鬥"已經寫作簡化的"门"。

憎 嫌~。
矰 結繳以射禽。
絵 急弦①之声。
踭 足跟筋也。
颵 風~。

【去】
諍 諫~,救正也。㊍訟也。
甑 炊飯者。
譖 讒②毀。
㊒
橕 ~節。正音撑。

一百九十三號
【平】
撐 ~船。又撑同。
琤 玉声。
鎗 金声。
瞠 直視貌。

一百九十四號
【平】
升 ~斗;~降。
昇 日上曰~。
陞 登也;躋也;涉也。又姓。

聲 ~音。一作声。
【去】
勝 好~、得~。㊍任也;当也;尽也。
聖 人之至也;通明也。
【平】
紳 縉~。又大带也。
申 屈~。又重也;明也。又地支。
伸 ~縮。
信 屈而不~;再宿為~。
身 ~體。
呻 ~吟。
深 ~淺。
訷 ~說。
娠 ~孕。〇震。義同。
胂 夾脊肉也。
【上】
嬸 叔妻也。
哂 微笑也。
矧 況也。
沈 姓也。〇同沉。
審 ~問。
諗 謀也;告也。
【去】
舜 虞~。又木槿。

---

① "弦"原避諱缺筆作"弦"。
② "讒",原手稿寫作"誇",即右边偏旁"毚"已簡化。

瞬 開闔,目數搖也。
瞚 本同上。
橓 木槿。
橓 同上。
伸 ～物長也。

一百九十五號
【平】
能 才～。
瀧 水名。
【上】
𠴲 多言。
檸 木,皮浸酒,可治風痛。

一百九十六號
【平】
烹 煮也。
䒷（荓）使也。○品。草名。
姘 男女私合曰～。
砰 砐～,石声。
怦 心急也。又中直貌。
匉 ～訇,大声。
鎊 鍊金。
噴 嚏也;嘖～,即～水。去

【上】
唪 嘖水。

一百九十七號
【平】
衡 權～。又平也。○同橫。
行 走也;用也。上巡～。去德～、孝～。又～～,剛強貌。○杭。
恆 常久也。
恒 同上。
姮 ～娥。
珩 佩首橫玉。
桁 屋橫木也。
莖 草木榦也。

【去】
䰠 鬼也。又斗星名。

【平】
痕 ～迹。又瘢～。

【上】
很 兇～。俗讀亨。

【去】
恨 怨～。

一百九十八號
【平】
亨 通也。
悙 憴～,自強。
脝 膨～,胖也。
脝 膨～,腹脹也。

【上】
擤 ～鼻涕。
很 兇～、～戾。
狠 同上。本音恨。
【去】
誩 ～直也。○恆。同誩。

一百九十九號

【平】
神 ～祇。又精。
淳 質也；朴也。又耦也。
蒓 ～菜。
純 粹也；全也；至也；篤也；好也；不雜也；大也；文也；誠也。
人 萬物之靈。
仁 ～義。
鶉 鷂～，不亂匹耦。
辰 ～宿。又地支。
宸 宮～。
酳 釀美酒也。
晨 早～。
脣 嘴～。
唇 俗同上。○震。
漘 河边。
紃 機縷也。去同。
莙 草名。

犉 黃牛黑脣。
醇 不澆酒也；厚也。
妊 ～身，有孕。姙同。
鵖 戴勝鳥也。
壬 天干。
【上】
忍 安於不仁曰～。又容～。
㖮 小兒～乳。
筵 單席也。
葚 桑子也。正音忱。
荏 ～冬草。又菜名。
蜃 蚌属。
飪 熟食也。
腎 腰～。
稔 年豐（豐）曰～。
恁 思念也；如此也。
荏 ～苒，遠也。
腍 熟也；味好也。
【去】
刃 鋒～。
訒 言不易發。
軔 礙車輪木。
仞 八尺曰～。
認 難也。又相～。
牣 充滿也。
袵 衣衿也。又衽同。

甚 過分也。○忱。義同。
任 ～事。㊀姓也。
賃 借也;儍也;備～也。
順 和～;從～;孝～。
潤 溳～。
愼 謹～。
樳 木名。
閏 ～月定四時。

二百號

【平】

分 ～別;～開。○問。
紛 ～紜。
芬 ～芳。
雰 ～～,雲貌。
餴 烝米一熟,沃水再烝也。
氛 祥气也。
棼 乱也。○問。屋棟。
翂 闐～,即繽紛。

【上】

粉 米～;即～飾。
黺 ～綵文。

【去】

糞 穢也。
坌 掃除也。
拚 掃席前曰～。

賁 霣敗也。
僨 仆也。
奮 揚也。又鳥張羽毛。
濆 水源沸湧而出。

二百零一號

【平】

鏗 ～爾,金玉声;又瑟声。
䁀 視不分明。
硜 ～～,猶碌碌也。
䯫 牛膝下骨。又宋～,人名。
坑 壚也;陷也;塹溝也。

【上】

懇 求～。又信也;實情也。
墾 開～。
齦 ～嚼。○銀。
掯 勒～。又留捺也。
肯 可也;允也。

【去】

硍 石有痕曰～。

二百零二號

【平】

橙 ～黄橘綠。○凳同。
棖 門兩旁木也。
層 ～叠;～次。

曾 嘗也。
【去】
贈 送也；增也。

二百零三號
【平】
恩 澤也；惠也；愛也。又姓。
媼 女字。
蒽 草名。
【去】
饐 ～饐，飽也。

二百零四號
【平】
天 氣之輕清上浮者為～。
靝 古同上。
添 增也；益也。
忝 同上。与忝字異。
【上】
舔 以舌鉤取也。
餂 以舌～物。同上。
腆 厚也；至也；多也；善也。
睍 面慚也。
悿 ～弱。
忝 玷辱也；累也。又忝同。
唺 吐也。

【去】
搷 手伸物也。
栫 炊火木，即火～。又栝同。

二百零五號
【平】
連 牽～。
蓮 荷花～子。
漣 風動水成文曰～。
聯 ～綿。又縫～；對～。
憐 ～憫。○令。義同。
廉 清～。
帘 酒旂。
簾 珠～、窗～。
縺 ～綟，寒具。
蘞 白～，藥名。又草名。
奩 盛香器也。又鏡～。
奩 粧～。又鑑匣也。
匲 同上。
鎌 鍥也。
磏 礪石；赤色。
燫 火不絕貌。
臁 ～瘡。
嗹 ～嘍，言語煩絮。
褳 搭～。
漣 泣下也。

鰱 ～魚。
蠊 蜰～。
爊 ～麰①，餅也。
濂 薄也。又溪名。
磏 瓜子。又瓜名。

【上】

璉 瑚～，商曰～。
斂 收～、聚～。㊣同。
瀲 水波～灩。
臉 面也。正音檢。
挛 足手曲也。○鳶。
扲 和尚～飯。本音堪。
輦 人步挽車。俗讀年。

【去】

練 ～絲紬。
楝 ～樹。
煉 ～丹。
鍊 鋑～。
僆 雞小者也。
殮 入～，衣死以下棺也。
瓤 瓜～。
墡 ～瓦泥。

二百零六號

言音與年音通

【平】

言 ～語。又姓。叶音年。
咸 皆也。
鹽 煮海水為～。
塩 同上。又鹹同。
諴 誠也；和也。
炎 熱也；火光～上也。㊣同。
簷 屋～。又檐同。
閻 里門。又姓。
賢 忠良之聖～。
贒 同上。又臾同。
延 長也；遠也。
筵 ～席。
弦② 弓～。
絃 絲～。
蜒 ～蚰螺。
沿 河～。
嫻 静也；雅也。
閑 ～暇。又闌也；止也；散也；冗也；衛也；防也；法也。閒同。
舷 船边～。

---

① "麰"右边的偏旁"婁"原手稿寫成簡化的"娄"。文中多處類此。
② "弦"，原避諱省筆寫作"弦"。凡偏旁"玄"，手稿通省去最後筆畫"、"。

顔 容~。又~色。
莚 蔓~,不斷貌。
綖 冠上前後垂冕。
瞯 馬一目白者。
刉 自刎也。
妍 姿也;淨也;美好也。
妶 婦人守志。
嫌 ~憎。
焉 決辞。○烟。
鉛 青金;錫類。
函 容也。又~丈。
訮 爭也;訟也。○天。
研 窮也;究也。○硯。
嚴 威~。今讀年。

【上】

檻 門~。或讀欠,非。
限 ~定時辰。
眼 ~睛。
儼 威嚴貌。
燄 火~。
演 操~。
衍 多也;蕃~,茂盛。
奀 尖之對也。
儼 ~然,恭也。今讀年。
琰 璧上起;美色。廟諱。
炎 ~㾕。

兖 ~州。又姓。
剡 銳利也;削也。○扇。會稽縣名。

【去】

艷 姣~。
豔 同上。
餡 果~。
焱 火光。○叔。義同。
焰 同上。
灩 瀲~,水滿貌。
灧 同上。
雁 ~鵝。鴈同。
現 ~形;~錢。
見 出~客。
陷 ~坑。
縣 州~。○玄。

二百零七號

墊 差~錢粮。本音店。

【平】

田 ~地。又獵也。㊀耕治之也。
鈿 翠花~;洋~。㊀螺~。
塡 ~發;~滿;~房。
畋 ~獵。又耕田。
狃 ~獵。
佃 ~戶。又~獵。㊀同。

闐① 盛也；滿也。
磌 石墜貌。○真。義同。
恬 安也；淨也。
甛 甘～。一作甜。
菾 ～菜。○添。

【上】
簟 晒穀～。
殄 滅也；尽也；絕也。
蜓 蝘～蛇。

【去】
殿 宫～。○典。
靛 ～青。
甸 海～。
奠 祭～。
鈿 螺～，以寶飾器。
墊 埝～桌脚。
壂 同上。
電 雷～。
靛 藍～，可染。

二百零八號
痊 病除也。正音千。
【平】
全 完～。

錢 銅～。又姓。○剪。
前 ～後。
旋 周～。
泉 山水從上下出也。
洤 同上。
牷 牛體完曰～。
璿② ～璣玉衡。
璇 同上。
漩 水回～也。去同。
潛 涉水也。又水伏流也；藏也。
涎 口中液也。
攓 ～摘。
燂 爓～，以湯沃毛令脱也。
還 回～。
鐫 ～刻。
【上】
漸 除(徐)進也。○尖。
踐 ～踏。○剪。
吮 欶也。
【去】
賤 貧～，貴～。
鏇 鑢～。
羨 稱～。又欲也。

——
① "闐"，偏旁"真"原手稿寫作"眞"。
② "璿"，原手稿寫作"璿"。

二百零九號

【平】

千 十百曰～。

遷 ～移。

迁 伺候也；進也；徙也。又～葬也。又標記也。

躚 蹁～，旋行貌，又舞貌。

韆 鞦～。

銓 衡也；次也；量也；度也。

仟 長人曰～。

箋 竹䉛弶魚。

痊 病除也，～癒。

芊 ～～，草盛貌。

阡 田間道也。

悛 改也；止也。○逡。義同。

縓 細布。

詮 擇言也；評論事理也。

籤 竹～求神。

僉 咸也；皆也。

佺 偓～，仙人。

刋 切也。与刊字異。

籤 ～書文；字～頭。

韱 幖～。又～頭。俗通作籤。

【上】

淺 深～。

【去】

茜 草可染絳色。

倩 美字也。○侵。

二百一十號

【平】

軒 翻～。

掀 以手高舉起也。

瘂 ～瘦（瘦），物在喉也。

【上】

蜆 黃～。

顯 ～耀，明也。光也。姓也。

幰 車幔也。

【去】

獻 呈也；進也；賢也。

献 同上。

玁 ～狁，匈奴別名。

險 危也。又嶮同。

憲 府～。又法也。

灦 水名。

莧 ～菜。正音現。

二百十一號

【平】

邊 旁也；側也；姓也。

鞭 馬～、～笋。

籩 ～豆,祭器。
匽 同上。
編 以籨～竹器。
蝙 ～蝠,有乳禽。
鯾 ～魚。又鯿同。
䆁 籬上豆也。

【上】

褊 衣小也。
區 不圓也。又牌～。
扁 同上。○片。小也。
揙 ～擔。正音便。
籑 晒～。○下。
貶 謫也;抑也。減損也。
罞①同上。
藊 白～荳。

【去】

徧 普～。又遍同。
變 易也。又災～。○下。
窆 下棺也。
封 同上。

二百十二號

【平】

乾 卦名。又君象也。

虔 ～誠,恭也。固也;殺也。
箝 ～口結舌。
鉗 以鐵束物也。
鍼 同上。○同針。
鈐 鋤也。
黔 民曰～首。○琴。神名。
髡 去髮之形(刑)。

【上】

件 條～。
鍵 関～,戶鑰也。㊄同。
儉 ～約。
芡 ～實,即雞頭子。

【去】

健 難也;舉也。又強～;堅～。

二百十三號

【平】

先 ～後。㊣～之也。
仙 神～。一作仚。
僊 同上。
纖 ～～,細貌。
暹 日光升也。又進也;長也。
廯 倉廩也。㊤同。
鱻 新～。又鮮同。

---

① "罞",通常寫作"罞"。

褼 褊~,衣貌。
宣 揚也;布也;盡也;通也;明也;散也;緩也;召也;徧也。又姓。
躚 跰~,舞貌。
秈 穤~,稻名。
銛 利也。又臿属。
孅 細貌。

【上】
鮮 少也。㊣新~。
選 擇~。
跣 徒足履地。
癬(癬) 風~。
銑 金之有光澤者絶澤謂之~。又小鑿。又鐘兩角謂~。
毨 毛落更生;整理也。
蘚 苔~。
箲 ~箒。
挄 搌~,手捻物也。
洗 滌也。又姓。○西。
獮 秋守(狩)曰~。
撰 持也。○饌。

【去】
線 絲~。又綫同。
霰 雪粒。

二百十四號
【平】
緶 縫衣也。
駢 二馬並駕。
骿 并脅骨。
篃 屋上所用。
胼 ~胝,皮堅也。
軿 輜~,輕曰~。

【上】
辯 ~正。
辨 ~別。
辮 打~。

【去】
卞 姓也。
便 順~;利~。㊣~~,辯也。
汴 水名。又~京,地名。
弁 冠也。又皮~。
忭 喜樂貌。
溲 小便,溺也。
抃 拊手也。
頨 冠名。○凡。無髮也。

二百十五號
【平】
綿 柔弱也。又絲~。
緜 古同上。

棉 ～花,可作布。
櫇 同上。
眠 睡也。

【上】
免 事不相及也。又罷也;黜也;脱也;去也;釋也;縱也。
勉 強也;勗也;懋也;勤也。
沔 ～水。
眄 邪視也。
娩 做産曰分～。〇凡。
冕 冠～。
湎 沉～,飲酒。
緬 綢繆,反覆。又遠也。
丏 避箭短墙也。又不見也。

【去】
面 ～頰。
麪 麥粉爲～。
麵 同上。

二百十六號

【平】
臙 ～脂。又胭同。
瑊 ～玉。
烟 ～火;～酒。〇因。同氤。

煙 同上。又姓。
刓 刑也。
殗 殁也。
淹 ～流。
鄢 地名。㊤同。
醃 塩魚肉。
咽 ～喉。
焉 疑辞,何也,豈也。
閹 太監也。
崦 ～嵫山①,日入處。㊤同。
嫣 美色。
蔫 物不鮮也。又臭草。
菸 同上。㊤人名。
閼 ～氏,單于適(嫡)妻。〇遏。
騴 善相馬者。
厭 飽也;足也。又不休也。㊣亦足也。又斁也。〇鴨。

【上】
堰 埭也,～頭。
偃 息;朴(仆)也;服也;靡也;卧也。又～鼠。又～蹇。又姓。㊣義同。
蝘 ～蜓蛇。

---

① "嵫",原稿作"嵭"。

埯 土稞物也。

奄 稞也；忽也；止也；取也；固（同）也；大有餘也；欠也；藏也；姓也。

掩 ～住，遮～。

揜 同上。

魘 夢中～也。

鼹 鼠名，形大如牛，好偃河而飲水。㊀義同。

黶 面黑子。又瘡～。

黡 黑痕。又面有黑子。

厴 ～心甲。

【去】

燕 玄鳥也[①]。又喜也；息也。又安也。㊀國名。俗作鷰。

晏 晚也；安也。

宴 筵～；～息。

醼 同上。

俺 大也。

嚥 吞也。

鷃 雉兔鷃～。

饜 貪惏無～。又飽也。

隒 ～物之長短闊狹也。

曣 日出無雲。

焰 和尚放～口。本音現。

二百十七號

【平】

年 歲也。古作秊。

黏 糊也。一作粘。

嚴 ～肅。本音言。

閻 ～羅王。又閆同。

【上】

喃 ～泥。本音南。

輦 鳳～。本音連。

碾 ～之令物為末也。

輾 同上。○占。

儼 ～然，恭也。本音言。

甗 無底甑。本音言。

巘 峻～，山美貌。又山名。

撚 以指滅物。

【去】

硯 磨墨者。

研 古同上。○言。

唁 弔～。

唥 同上，弔失國曰～。

彥 名士曰～。

喭 俗語也。又諺同。

念 罣～、思～。又二十為～。

[①] "玄"，原稿寫作"玄"，避諱。

廿 同上。二十並也。廿同。
驗 證也；效也；考視也。又馬名。
騐 俗同上。

二百十八號

【平】

尖 小也。
箋 表也。又花～紙。
牋 同上。
煎 ～炒。㊀水煮也。㊁減也。
殲 微也；盡也。
漸 流入也；漬也。

【上】

餞 ～別。○賤。義同。
翦 齊斷也；殺也。㊀矢也。
剪 ～刀。又同上。
戩 ～穀。又福也；盡也。

【去】

薦 藉也；進也。又推～；草～。
荐 同上。又連年飢曰～。
蔫 草～。
扞 ～屋。
臶 至也；再也。
葥 草可為帚。
箭 弓～、～竹。
僭 假也；差也。○侵。

二百十九號

【平】

篇 書～。
偏 邪；側也；半也。
蹁 ～躚，旋行貌。
翩 ～翻，疾飛。
牑 ～凳。
扁 小也。○匾。

【上】

諞 巧言也。即同騙。

【去】

騙 誆～。
片 瓣也。

二百二十號

【平】

堅 固也。
緘 束篋縢也；索也；封也。
械 木篋也。
間 中～。㊀～斷。
閒 本同上。又房～。
兼 并也。
蒹 ～葭，葦屬。
監 察也；視也。太～；～生。㊀同鑒。
奸 ～詐；～淫。

姦 同上。
肩 ～胛。
豜 三歲豕也。
菅 草名。
艱 ～难。
尲 ～尬,行事不正也。
尲 同上。

【上】
簡 ～略；～策；～慢。又大也。
柬 ～帖。
繭 蚕～、～紬。
蠒 同上。
䌑 ～汁。
揀 ～擇。
減 損也。又减同。
檢 ～點；巡～。
蹇 跛也；难也。
秆 十把曰～。一作稛。
稴 同上。

【去】
見 看～。○現。
鑑 鏡也；照也；明也；誡也。
鑒 同上。
諫 直言以悟人也。
襇 裙～。

鐧 車軸鉄。又兵器。
澗 山夾水也。
建 置也；立也。又福～。
輚 車～。
劍 刀～。又劎同。
鋻 剛也。
湛 沉物水中使冷也。
錢 鸡毛插錢曰～子錢。

二百廿一號

【平】
顛① 傾斜也；頂也。○田。
傎 ～倒。
巔 山頂也。
癲 ～狂。

【上】
玷 玉有病者。
𪐗 老人面上黑子。
點 圈～、指～。
典 主也；常也；法也；～當。

【去】
店 肆也。
趈 足長短；行疾也。
墊 下也；溺也。

---

① "顛",凡偏旁"真",原手稿均寫作"眞"。

殿 軍後曰～。
坫 反～。

二百廿二號

【平】
愆 罪～。
牽 引也。
謙 讓也；敬也。○乞。同慊。
褰 揭衣涉水。
騫 虧少也。又馬腹病。
搴 拔取也。○見。義同。
掔 堅也；固也；牽去也。

【上】
遣 祛～；差～。
歉 抱～。
繾 ～綣,不相雜貌。

【去】
欠 ～伸。又拖～。㊀叶。
瞰 偷視也。本音堪。
闞 同上。
傔 ～開也。
譴 責也；問也；怒也；謫也；姓也。

二百廿三號

【平】
寒 冷也。

含 ～容。
唅 口～物也。
銜 馬口中勒也。又官～。
啣 俗同上。
韓 姓也。
谽 ～谺,谹氣。
函 容也,包也。圅同。
涵 ～養。淊同。
顄 頤也。
菡 ～蔏草。
蔊 白～草也。
邯 ～鄲,趙縣。○酣。姓也。

【上】
頷 領下。
旱 久不雨雨。
菡 草木花未發。
悍 性勇急也。
鵫 ～鷄,赤羽。

【去】
鼾 ～睡。
銲 臂鎧。又～藥。
豻 猛獸,似野狗。
翰 ～苑,～墨。又鳥羽。又高飛也。㊀鳥羽也。
汗 熱極出～。㊀番～、餘～,縣名。

捍 衛也；抵也。又扞同。
閑 闌門也。
皔 白也。
浛 水和泥也。○甘。
瀚 浩～，廣大貌。

二百廿四號

漤 ～柿去澀。本音嵐。

【平】

南 午向火方。
男 ～女。
枏 海～子，似杏而酸。
楠 石～。
諵 ～～，多言貌。
喃 呢～，燕語。
那 國名。一音那。

【上】

腩 煮肉也。
笰 ～竹，即無杪竹。
湳 鄉名；水名。又姓。
鏪 ～鉄，打銀具。
攤 硬～。本音善。又頓同。

【去】

㬉 小肥。又美貌。

皮 柔革。
掑 魚食貌。
㊝
搚 ～搚也。

【上】

煖 溫也；火氣也。又日氣。
暖 同上。和～。
餪 女家三日送食曰～女。又～房。

二百廿五號

【平】

譚 大也。又姓。又與談同。
覃 長也；及也；廣也；布也。
醰 味長厚也。（上）同。
潭 深～。○秦。姓也。
罎① 酒～。
壜 同上，俗作坛。
曇 ～花。又雲布謂之～。
馟 馣～，香氣。
蟫 白蠹魚。
郯 國名。

【上】

萏 芙蓉未發爲菡～。

---

① "罎"，原稿作"鐔"。

禫 除服祭名。
賺 買物先付錢也。

【去】

潭 沉水底。俗云躲没～～。

【平】

團 包～。又～圓。
摶 以手圜之也。
擥 同上。
溥 露多貌。
餺 米～,即飯～。
鵗 鸛～,鳥名,如鵲短尾,射之銜矢射人。
欙 大木。

【上】

斷 斬～。一作斷。

【去】

緞① 紬～。
段 片～。又～頭。
椴 白～,樹似白楊。
𩒠 面員也。〇宣。義同。

二百廿六號

【平】

叄 ～謀;～差。

紾 ～拜。
驂 駕三馬。
嵾 ～嵳,山不齊貌。

【上】

慘 悽～。又憯同。

【去】

簒 逆而奪取曰～。
竄 逃也。又驅逐也。
爨 烟～。
㸑 同上。
攛 擲也;～掇。

二百廿七號

【平】

端 正也;首也;萌也;始也;緒也;審也。又～木,双姓。
䐗② 角～,神獸。

【上】

短 長～。
賭 睕～,小有財也。

【去】

斷 決～。㊤截也。
斷 同上。
煅 ～煉。

---

① "緞",原手稿作"緞"。
② "䐗",原手稿寫作"䐗"。

鍛 ～磨也。
揨 打也。
腶 ～脩脯,加薑桂也。㊝
䰻 魚～。俗字。

二百廿八號
玄①與元通
【平】
員 職～,生～。
玄 廟諱。黑色。避書作元。
袁 姓也。又衣長貌。
園 田～。
緣 姻～。○延。
蒇 ～鵲遭害,不仁。
鶢 ～鶋,海鳥。
榬 ～篗,絡絲具。又姓。
蒝 ～尾草。
猨 ～猴。
圓 方～。
垣 牆也。
懸 ～掛。
縣 同上。○言。州～。
援 拔也;引也;牽也。㊣救助也;

接也。
轅 ～門。又車前曲木。
媛 嬋～。又美女也。㊣同。
沄 水深廣貌。㊤流涕貌。
湲 水流貌。
爰 於是也;行也;引也。又緩辭。
螈 蟻子。○延。
鳶 ～鳴則風生。一音言。
【上】
遠 ～近。㊣～之也。
鉉 鼎耳。
【去】
鞙 刀～。
瑗 佩玉帶。
衒 自矜也。
炫 火光～耀。
院 亭～。又宅也;堅也。
眩 目不定也。
琄 玉也。㊀姓也。

二百廿九號
【平】
元 大也;始也。
原 本也。又高平曰～。

---
① "玄",原避諱缺筆作"玄"。

阮 古同上。㊤姓也。
源 水～頭。
謜 徐語也。○千。義同。
黿 癩頭～。
嫄 姜～,后稷母也。
沅 水名。
騵 赤馬白腹。
芫 ～花,藥名。
獂 獸似牛三足。
筅 竹也。
羱 野羊大角。

【去】
愿 謹也;愨也;善也。
願 欲也;思也;覬望也。又羨慕也。
瑗 大孔璧。○還。
瑗 佩也。
㊉
㦸 測量也。

二百三十號
【平】
欒 木似蘭(欄)。
鑾 ～鈴。
鸞 ～鳳。
圝 團～,圓也。
巒 小山。

彎 ～帶。
【去】
孌 婉～,美好貌。○連。同。
亂 治也。又作～、荒～。
戀 眷念也;係慕也。又姓。

二百三十一號
【平】
酸 醋味。
痠 ～疼也。
狻 ～猊,即獅子。○俊。狻兔。
【去】
算 ～數。又筭同。
蒜 大～,葷菜。

二百三十二號
與下號通
【平】
攢 簇聚也。
欑 叢木也。
穳 刈禾積也。又稇～。

二百三十三號
與上號通
【平】
蠶 吐絲虫也。

蚕 俗同上,本音天。
燅 湯中焰肉也。

【上】
鏨 ～鑿,即～字,～子。

二百三十四號
【平】
誼 ～讙。
喧 哀泣不止。又同上。
諼 詐也;忘也。
壎 ～箎,樂器也。
萱 ～草,一名忘憂,一名宜男。
暄 日温暖也。
睻 大目也。
譞 智也;多言也。

【去】
楦 鞋～頭。
楥 同上。
絢 文彩貌。

二百三十五號
【平】
盤 ～碗。
柈 碪～。又同上。
漩 水廻旋也。
蟠 曲屈伏者也。

槃 ～桓自得。
媻 小妻也。
鞶 大带也。
磐 大石也。
磻 ～溪。
蹩 屈足,～腿。
般 ～樂飲酒。
胖 肥～。又～大也。
瘢 瘡痕。
拌 ～碗,即和菜。○潘。
䛒 以言難人,即～問。
蹒 ～跚,跛行貌。○滿。
磻 ～礴,大石。

【上】
伴 陪～。

【去】
畔 田界。
叛 背～。

二百三十六號
【平】
淵 止水也。水出不流曰～。
鴛 ～鴦。
鵷 ～鶵,鳳屬。
冤 屈也。又寃同。
䴊 ～～,鼓声。

【上】

婠 人死貌。

宛 ～囿。又文貌。

琬 ～琰,美玉。

蜿 ～～,龍行貌。○碗。

【去】

怨 恨也。㊤叶。

二百三十七號

【平】

權 秤錘也。㊤～柄。

拳 曲手作～。

顴 ～骨。又顜同。

鬈 鬚鬢好貌。

惓 ～～,謹貌。㊤同倦。

踡 ～踢不伸。

卷 曲也;區也。○昆。

【上】

錈 屈金也。

【去】

倦 疲～、勞～、懈～。

二百三十八號

【平】

完 全也;保守也。

岏 小山高如大山。

丸 弹～。又～药。

芄 ～蘭。

垣 牆～。本音員。

洹 水名。○員。義同。

萱 草名。

桓 盤～,難進貌。

紈 素也。又結也。

萑 細葦也。

【上】

緩 遲～。

浣 濯垢也。

澣 同上。一月三～。

睅 大目也。

睆 同上。又窺視貌;星明貌;美好貌。

皖 白净也;明也。

莞 小笑貌。今讀碗,非。

【去】

換 兑～。

逭 逃也;迭也;轉也。

二百三十九號

【平】

寬 舒也;緩也。

髖 兩股間也。

【上】
款 誠也；敬也；叩也。～式。
窾 空也。
撱 捉也；提也。
㣉 ～緩,徐行貌。
欵 ～冬花。

二百四十號
【平】
貪 ～婪無厭。
探 摸取也。～花。㊣同也。
【上】
喒 衆飲食声也。
【去】
濱 ～泛,水浮也。㊣沒也,又水名。
傝 ～儑,痴貌。
䀣 ～望,私視也。
【平】
湍 ～水。
【上】
疃 禽獸所踐之處。
【去】
彖 斷卦也。又豕走也。
湪 水名。

二百四十一號
【平】
歡 ～喜。又懽同。
貛 ～猪。
獾 ～狗。
【去】
煥 明彩貌。
喚 叫～。
瑍 玉有文采。
奐 文；～大也。
渙 ～～,水盛貌。

二百四十二號
【平】
捐 棄也；除去也。
娟 美好貌。
涓 ～～水流。
蠲 明潔也。又～免。
鵑 杜～,鳥名。
【上】
蓍 ～耳,草名。
捲 舒～。○權。
歂 昌蒲葅。
【去】
絹 紬～。
眷 親～。又顧念也。又姓。

卷 書～。㊤收也。○圈。
婘 內～。○權。好也。
睠 反顧也。
惓 回顧也。
鄄 衛地名。

二百四十三號
【平】
潘 姓也。
【去】
泮 ～宮,孛名。○叛。
判 斷也。
拚 棄也。楚人凡揮棄物謂之～。今寫～樹、～票即用此字。㊤半。義同。
拌 同上。正寫。

二百四十四號
【平】
般 多也;移也。㊤縣名。
【去】
半 物中分也。
絆 繫馬足曰～。
韄 駕馬具在後曰～。

二百四十五號
【平】
圈 ～點。○權。姓也。
棬 屈木盂。
【上】
犬 狗也。
甽 田中溝也。
綣 繾～,不相雜貌。
【去】
券 契～。
勸 ～勉。

二百四十六號
【平】
安 逸也。又～置;眠也。
庵 ～廟。古作萻。
韽 鐘聲微也。○燕。小聲。
鵪 ～鶉,鳥名。
唵 不言貌。
諳 ～世務。又記也;悉也。
鞍 馬～。
【上】
唵 佛語。又手進食也。
闇 ～室。○因。義同。
【去】
暗 昏～。

案 几～。又按同。一作桉。
按 抑也；據也；又控也；又察行也；考也；驗也；又撫也。

二百四十七號
【平】
巖 山～。又嵒同。
嵒 古同上。又喦同。
巉 ～巇①。
岩 石～。
豻 野犬似狐而小。（去）同犴。

【去】
犴 同上。又狴～，獄名。
岸 水涯高者曰～。

二百四十八號
【平】
堪 可也。又不～。
嵁 不平也。
嵌 ～巖，山險貌。（去）～金鑲玉。
刊 ～字於板。與刋字異。
龕 龍貌。又地名。
戡 勝也；克也。
鉛 青金；錫貌。正音沿。

【上】
砍 ～研（斫）。
坎 卦名。
侃 信也；和也。
偘 ～～，剛直也。
欿 食不滿也。
轗 ～軻，車行不利也。
扌 手取物也。俗讀連。

【去】
勘 ～合。
磡 河～。
墈 同上。
看 視也。（平）同。

二百四十九號
【平】
占 測也；卜也；候也。又瞻也。又姓。（去）以卜筮者尚其～。
詹 多言。又至也；省也；給也。與瞻同。
霑 濡也；漬也；雨㴻（淋）也。
沾 同上。
瞻 仰視曰～。又姓。
顜 ～項。又～～，謹貌。

---

① "巉"，原手簡寫成"峻"。

飦 厚粥也。
饘 同上。
專 ～攻其事。
耑 同上。正音端。
旉 旂曲柄也。又與之同。
磚 ～瓦。又甎同。
氊 ～毡。又毡同。
鱣 大魚也。〇善。
邅 往也；難行不進也。
鸇 惡鳥。
粘 糊也。正音年。

【上】
轉 旋也；運也。㊉迁～、流～。
輾 轉之半曰～。〇年。
展 開也；誠也。

【去】
囀 鶯鳴。
戰 鬭也。
顫 寒～。又頭不正也。
賺 謀人財物謂之～。

二百五十號

纏 ㊉音近傳。㊊本音蟬。今從廛旁，皆讀傳。

【平】
傳 ～授，～代。㊤剖也。㊉經～。

椽 屋～。
猭 往來速也。
纏 繞也；約也；束也；繳也。又姓，宜讀去声。㊊本音蟬。
廛 一夫所居曰～。正音蟬。
躔 踐也。

【上】
瑑 圭璧上～文。
篆 ～書。

【去】
𢵣 手～轉也。俗云拾也。

二百五十一號

【平】
簪 首笄。〇爭。義同。

【上】
昝 姓也。
揝 手動。又執持也。

【平】
鑽 穿物錐也。

【上】
纘 継也。
纂 ～書。
鄼 百家曰～。〇攢。
㊐
鱴 黃～。

二百五十二號
【平】
川 山～。
襜 衣～如也。又整貌。
穿 破～。又～着。㊣貫～。
幨 車幰。本同襜。
覘 視也。又候也。

【上】
謟 ～卑、～諛。
喘 ～嗽。又疾息也。
闡 開也；大也；明也；闢也；顯也。
舛 錯也。
蕆 解也。又備也；敕也。
鏟 ～物令長也。○扇義同。

【去】
痬 瘛～。
釧 釵～，臂鐶。
閈 小開門以候望也。
串 錢～繩。○慣。習也。

二百五十三號
【平】
甘 甜也。
玕 ～瞻。
疳 小兒～病。
柑 ～子。
泔 水名。又米～。
䉺 同上。米～。
干 ～戈。又求也。
竿 竹～。
肝 心～。
淦 水入船中也。㊣義同。
乾 ～燥、～糧。俗作乾。
玕 琅～，石次玉。
杆 桅～、旗～。
榦 築墙板也。
苷 ～草。

【上】
感 ～激，～化。
赶 追～。
趕 舉尾而走。
敢 犯也；忍爲也；果～、勇～。
笴 箭～。○哿。義同。
稈 禾莖也。
橄 ～欖。
䀇 鍋～。○貢。小杯也。
灨 江西～州。○貢。義同。
擀 以手伸物。

【去】
幹 枝～。○含。
紺 青黑赤色。

二百五十四號

【平】

然 是也。～而。又燒也。
燃 燒也。
蟾 月裡～蜍。
單 ～子（于），匈奴號。又姓。○丹。
胄 鬚在頰上曰～。
船 舟也。正音椽。
嬋 ～娟。
瀍 水名。俗讀傳。
廛 一夫所居曰～。
蟬 ～無口，翼鳴，飲而不食。
善 ～惡。(去)取善曰～。
墠 低處平場也。
鱔 黃～。
荏 荏～，柔弱貌。
蟮 蚰～。
冄 弱也。又冉同。
奱 罷弱也。
染 ～顏色。(去)污也。
輭 柔也。
墡 白～泥。又磰同。

【去】

擅 自專也。
膳 具食也。

饍 同上。
僐 恣（姿）態也。
贍 賙也；給也；足也。
禪 代也。又封～，築土曰封，除地曰～。(平)靜也。

二百五十五號

【上】

碗 盤～。又椀同。
婉 嫕～。又順也；美也；少也。
宛 ～然。本音淵。
莞 ～爾，小笑貌。本音完。
䐘 ～䐌，小有財。

【去】

腕 手～。
踠 膝～。

二百五十六號

【平】

官 ～府、～宦。
冠 冕弁摠名。(去)謂眾之首也。
毌 古同上。
棺 ～材。
觀 視也。(去)寺～。
莞 蒲席也。○碗。

【上】
管 樂器。又主當也。
筦 筆～、～弦。
館 客舍也。
琯 玉～。
盥 洗手也。
脘 胃～。又朊同。
睍 看～、守～。
蜎 雨～虫。

【去】
舘 書～、酒～。
灌 ～地降神。
瓘 玉名。
鑵 銅～。
鸛 似鶴者。
爟 日中取火曰～。又主火也。
丱 束髮如角。
貫 ～串，通也。
罐 瓦～。

二百五十七號
此號與萬慢二音通
【平】
漫 水廣大貌。㊣污也。又瀾～。
謾 欺也。㊣且也。
墁 牆壁之飾曰～。㊣同。

鰻 長魚也。
瞞 平目也。又目不明。又姓。
槾 朽也。㊣同。
鏝 鐵朽(朽)也。又大戟。
曼 長也。㊣末也。○萬。
饅 ～首。

【上】
滿 盈也；充也；足也。又姓。

【去】
蔓 ～菁菜。○万。延也。
幔 帷幕也。
縵 繒無文者。
輓 車蓋也。

二百五十八號
【平】
酣 ～歌；半醉。
蚶 ～子，蛤屬。
嫫 老嫗貌。又怒也。○善。
喊 吼也。

【上】
顣 怒声。○欠。
罕 少也。又兔網。
撼 ～動。本音含。

【去】
漢 天河。又國號。好～。又姓。

僕 好~。又姓。
暵 旱也；燥也。㊤同。㊤曝也。
熯 蒸~。又同上。○善。
䞦 賺~，貪財也。
憾 食不飽也。

二百五十九號

【平】
羶 腥~，臭也。
苫 草~。
痁 瘧疾。
櫼 門~。又閂同。

【上】
閃 躲~。

晱 曚~，電也。
陝 ~西，省名。
搇 疾動也；~腰。
夾 盜竊攘物。與夾字異。
詉 誘言。

【去】
扇 双~門。又引風物。
搧 動也；批也。㊤同。
煽 使火熾也。㊤熾盛也。
謆 以言惑人。
蝙 蠅醜搖翼。
騸 ~馬。

同音集釋要

三集

弍百六十號

【平】

談 講～。
郯 國名。又姓。
惔 恬～。
痰 ～火病。
餤 餌也；進也。○占。義同。
檀 ～香、～樹。
壇 ～場。
彈 ～琴。㊣激圜也。
澹 ～臺，複姓。㊤同淡。
炎 烘～。
撣 動～。○蟬。

【上】

啖 食也。
啗 噍也；食也；餌也；姓也。
但 ～則、～凡。
萏 草～。○妲。蕈（簟）也。

弍百六十一號

誕 壽～。又放也；欺也；信也；大也。
篊 竹名。
窞 坎；傍入也。
潬 水中沙渚。又～船，無篷。

【去】

憚 畏難也。
淡 濃～。㊤～薄。
㊺
蛋 卵～。古作蜑。

弍百六十一號

【平】

丹 仙～。又赤也。
耽 耳大而垂。又過樂也。
躭 同上。
擔 挑～。
儋 同上。～耳，郡名。㊣荧（䓈）也。
聃（耼） 老子名～。又國名。

担 ～拭。
單 夾之對也；薄也。○善。
襌 ～衣也，即無裡。
殫 竭也；尽也。
簞 盛飯器。
鄲 邯～，縣名。
匰 盛神主器。
癉 白火～。
酖 樂酒也。

【上】
膽 苦～。
亶 誠也；信也；大也；多也；篤也；厚也。○同邅、但、衵三字。

【去】
旦 平～；小～。
疸 黃病。
鴠 求旦之鳥，似鷄。

弍百六十二號

【平】
樊 姓也。
凡 諸～；仙～。一作凢。
帆 風篷。
颿 同上。又馬疾走。
渢 水流急。

煩 相～；～悶。又熱也。
礬 明～、白～。
繁 ～盛。○盤。同緐。
藩 ～臺，即布政司。
蕃 ～華。
燔 ～灼。
墦 塚也。
膰 祭餘肉。
蘩 蓬蒿。
瀿 水暴溢也。又水名。
蹯 水蒜也。
蹯 獸①之掌也。
燔 宗廟火熱肉。
枛 柴皮。俗呼水浮木。
璠 璵～，魯之寶玉。

【上】
范 姓也。又草名。
範 規～。
晚 將夜之時。
犯 ～罪。又干～。
秜 禾名。
范 法也。即規～。

【去】
梵 西域～音。

---

① "獸"，偏旁"嘼"原手稿寫作"兽"。文中多處同此。

飯 粥～。○反。
萬 十千曰～。
万 同上。○麥。
貓 貓～,似狸,能捕獸。
曼 引也;無也;修廣也。
蔓 延也。○滿。
㊎
卍 出典,萬字。

弍百六十三號
【平】
環 玉～。又回繞也。
鐶 同上。
鍰 金銀六兩曰～。又同上。
還 回～。
圜 回繞也。
寰 天子封圻內縣也。
頑 痴也;鈍也。
壝 ～堵,謂面一堵牆也。
園 圓也。
【去】
患 憂～。㊎與物無～。
宦 官～。
翫 遊～。又厭也;狎也;習也。
豢 以穀食犬豕。
幻 虛～。又感(惑)也。

玩 戲～。
轘 以車裂人。㊎同。
弮 奴弓(弩)也。○絹。曲也。

弍百六十四號
【平】
班 列也;次也。
辬 同上。本字。
斑 花～。
瘢 ～痕。
頒 ～行。又頭半白也;賜也;布也。
螌 ～毛,虫名。
般 同班。
斒 ～斕。
【上】
板 木～。又版同。
阪 田～。本音反。
【去】
扮 妝～。
捹 絆也。

弍百六十五號
【平】
關 閉也。
関 同上。

瘝 病也。
喤 ～～,和鳴。
鰥 老而無妻曰～。矜同。

【去】
慣 習～成自然。
遺 習也;行也。

弍百六十六號

【平】
蘭 ～花。
闌 庶(遮)也;盡也;晚也;殘也。
襴 衣與裳連曰～。
尠 ～尟①,少也。
欄 ～杆;牛～。
瀾 波～。
攔 ～阻。～澜,小兒衣。
讕 詆～,誣毀也。
斕 斑～。
襤 衫(衫)也。
藍 翠～色也。
籃 筐～。
褴 ～褛。
繿 ～縷。同上。
儖 形貌惡也。

躝 踚也。
艦 ～艨,身長貌。
籃 ～籢,薄而大也。

【上】
嬾 ～惰。
懶 同上。又懶②同。
覽 視也。
攬 手取也。
欖 橄～。
灠 火～。
擥 撮抙(持)也。

【去】
爛 燦～;熟～;～漫。
斓 熟也。
濫 汎～。
纜 維舟索。
媼 ～人,婦也。
殯 敗也。

弍百六十七號

與上號同。今讀巒音,非

【平】
嵐 山～氣。正音藍。

---

① "尠",原手稿寫作"尠"。
② "懶",原手稿簡寫成"悧"。

婪 貪~。
惏 同上。
漤 ~柿去澀。

弍百六十八號

【平】
難 艱~。㊣患~。

【上】
赧 面慚赤色也。○今讀乃。

弍百六十九號

潬 舋~船。正音但。

【平】
灘 沙~。
癱 風~。
坍 崩~、冲~。
攤 ~開。
攛 ~蒲,賭錢也。
埁 壋~,地平而長。
奲 籅~,薄而大也。

【上】
毯 毛席。
袒 毡~。俗字。
袒 ~裼,露臂也。

坦 平~。稱人壻曰賢~。
忐 ~忑。音曉,虛怯也。
菼 草名。
繵 線~。

【去】
嘆 太息。讚~。
歎 同上。
炭 桴~、白~。

弍百七十號

【平】
餐 熟食也。
湌 同上。一日三~。
攙① ~和;~扶。
鰺 白~,魚名。

【上】
產 ~業;生~。
剗 削平也。
驏 馬名。
滻 水名。
鏟 平木器也。㊣同。
攆 擇(揮)也;以手~物也。

【去】
粲 粟之精者。

---

① "攙",原手稿寫作"攙"。

璨 玉光。
燦 明也。
㜺 二女曰～。
懺 ～悔；皇～。
讖 同上。

弎百七十一號
蕃 ～茹。正音凡。
【平】
番 三～兩次。
幡 心變動也。
幡 ～幢。
旛 旂～。
翻 轉也；反也；飛也；覄也。
【上】
返 還也。
仮 同反。不順也。
反 ～覄，不順也。㊍平～。
阪 澤障也。
飯 飤也；餐也。
坂 坡～。
【去】
㽷 惡心欲吐。
販 ～貨客。
泛 浮～。○風。
汎 ～然。又水名。

畈 田～，平疇也。
仮 急性也。

弎百七十二號
【平】
彎 曲也。
灣 水曲也。
樠 木曲。
圐 ～㴔，水勢回旋貌。
【上】
綰 繫也；貫也。
挽 ～子，～斗。又引也。正音頰。
輓 引車也。又～軸。本音晚。

弎百七十三號
【平】
山 高大有石。
芟 除草曰～。
删 ～其叢雜。
珊 ～瑚。
跚 蹣～，跛行也。
潸 ～～，流淚貌。㊎同。
衫 衣～。
霒 小雨。㊤同。
撕 芟也。㊦同。
衫 衣敝曰襤～。

摻 好手貌。㊤手～物。
杉 毛～樹。
三 陽數也。㊨～思。
參 同上。俗作参。

【上】
散 疏離而不聚也。㊨分離也；布也。
傘 雨～。俗作傘。
繖 俗同上。
饊 熬稻。俗作～餅。
掔 斬取也。
糣 米屑也。
挱 撼～。搖動也。

【去】
訕 謗～。㊛同。
汕 魚游水上。
疝 ～氣病。
髟 屋～。本音彪①。

弍百七十四號
【平】
攀 自下援上也。
扳 同上。又搭也。

【上】
昄 大也；明也。○板義同。

【去】
盼 顧～。俗作盻。
瓣 花～。㊛同。
襻 衣～。
絆 紐～。
鑻 腰帶～面。又鉄～。

弍百七十五號
本與上號同，今讀分二號
【平】
爿 ～片。
𢆉 ～𢆉，不動。

【去】
辦 致力也。俗作办。

弍百七十六號
此號與萬、滿二音通
【平】
蠻 南～子。
穇 赤～，稻名。○萬。同穇。
趑 行遲。
鬘 花～。○滿。

【去】
慢 惰也；怠也。

---

① "彪"，原手稿寫作"彨"。

谩 同上。○满。
漫 同慢。○满。大水也。
僈 舒遅也。又同上。
嫚 媟污也。
蔓 枝長也。本音满、萬。

弍百七十七號

纔 正音才,詳才音。

【平】

殘 ～敗。
傂 儓～,貌惡。（去）輕賤貌。
潺 ～～,水流貌。
孱 懦弱也;不肖也。
讒 佞也;譖也。
毚 狡兔。
巉 ～巖,高貌。（上）同。
磛 石～巖。
劖 ～斷。
鑱 犁～。又刺也;鏡也。
饞 嘴～。嚵同。
慙 ～愧(愧)。一作慚。
穳 粯～;麥穀肥也。本音攢。

【上】

巉 口水也。又魚～。
僝 ～僽,惡言詈也。見也。具也。
棧 貨～。又～道。

湛 ～～。露盛貌。
撰 造也;具也;則也。○先。
饌 殽～。

【去】

暫 ～時。
賺 重賣也。又錯也。
綻 ～縫,衣縫觧也。
僎 具也。又～錢。

弍百七十八號

【平】

趚 坐立不安貌。
閃 立侍也。
詀 ～喃,語声。多言也。

【上】

儹 積～,聚也。
盞 小杯。
醆 ～醶,面皺而老也。
斬 斷首也;盡也。
黵 鹹也;多也。

【去】

讚 称美也。
贊 助也;參也。
濺 水激洒也。○尖。
灒 汙濺也。又同上。
趲 ～路。

站 獨立也。
蘸 以物淬水也，即～醬油。

弍百七十九號

【平】

陶 瓦器。又姓。又正也；化也；喜也。又～氣。
逃 遁也。一作迯。
萄 葡～。
淘 ～洗。
濤① 波～。
檮 山～，樹名。
桃 ～子。
鋾 ～鑊。
鼜 小鼓。又靴同。
飍 大風。
幬 禪帳也。去同。
翿 舞者所持羽旄之屬。
醄 酕～，醉貌。
綯 絞索也。
謟 往來言也。
咷 號②～大哭。
駣 ～駼，良馬名。
鸙 ～河，鳥也。○儔。雉也。

掏 ～擇；～摸。
篼 ～枝竹。

【上】

稻 禾～。
道 理也；路也。去同導。

【去】

盜 ～賊。又欲也。
盜 俗同上。
燾 覆照。
導 引～。
悼 傷也；哀也。
瘏 傷也。
叜 七十曰～。
蹈 踐也。
纛 旗～。○讀。義同。

弍百八十號

茭 ～白。正音交。

【平】

高 上也；崇也；敬也。姓也。
羔 小羊。
糕 粉食。又餻同。
膏 ～藥；～澤。

---

① "濤"，原稿偏旁"壽"寫作"夀"，原手稿中凡以"壽"爲偏旁的字均同此。
② "號"，原稿寫作"号"。

皋 九～,澤名。
槹 桔～,水車。
篙 撐船～。又簹同。
鼛 役事車鼓,長丈二尺。
嶆 ～嶗,亭名。
藁 葛屬。
韜 弓衣。
稾 禾名。
薃 白～,草名。
【上】
縞 素～,白色。
杲 日出明也。
皓 白貌。
槁 枯木也。正音考。
稿 草～。又禾稈。
疴 ～瘰,疥病。
窖 糞～。本音交。
【去】
郜 國名。
誥 ～命。發下曰～。
告 請～。○谷。

式百八十一號
【平】
遭 遇也;逢也。
糟 酒滓也。燒～。

抓 ～癢。又檌同。
嘲 ～笑。
【上】
蚤 蛴虫。又早也。又同爪。
蝨 同上。虱～。
棗 ～子。
早 ～晨。又先也。
爪 脚～。
叉 手足甲也。
藻 水草。
找 ～價、欠～。
懆 愁不伸也。
澡 洗滌。
【去】
罩 籠～。又罩同。
箌 同上。
懆 心煩怒也。
翴 覆鳥者。又小網。
竃 炊～。又灶同。
躁 急也;動也。

式百八十二號
【平】
庖 ～厨。
咆 ～哮,熊虎聲。
鞄 柔革之工。

匏 ～瓠。
袍 長襦也。
跑 疾走也。又躁同。
枹 ～關。
刨 ～削。
爮 以指甲～物也。
炮 肉置火中曰～。○砲。

【上】

抱 懷～。
勽 懷也。
鮑 納魚於楅①室中糗乾之也。又姓。

【去】

鉋 光木器。㿉同。
暴 ～虐不仁。
虣 同上。又～皮。
醥 一宿酒也。
靤 酒色。○砲。同皰。
諕 ～諕,惡也。本音豹。

弍百八十三號

【平】

毛 毫～。又姓。
髦 髮也。
貓 捕鼠獸也。
猫 同上。○苗。義同。

旄 牛尾也,舞者持之。
茅 ～草。又姓。
芼 草覆蔓也。又菜也。
枆 冬桃。
罞 罟屬。
蟊 班～,虫名。

【上】

茆 裛(鳧)葵也。
卯 地支。
昴 宿名。
媢 妒嫉也。

【去】

耄 九十曰～。又將忘也。
帽 頭巾也。
眊 昏～。
皃 容～。○莫。遠也。
珋 ～方四寸。
冒 覆也;犯也;貪也。假稱曰～。
胃 俗同上。

弍百八十四號

【平】

曹 爾～、吾～。又姓。
慒 愺～,作事不精細也。

① "楅",原手稿寫作"福"。

蠐 蟻屬。
饛 食餡(餡)也。
嘈 啁～。又胡言也。
槽 馬～、酒～。
漕 衛邑。去同。
禣 祭豕先也。
簉 竹名。
罾 ～網,捕魚具。
膆 ～脆也。

【上】
皁 黑色。
皂 ～隸;肥～。
槽 同上。肥～。
造 作也;始也;為也。
譟 喧也。○早。

式百八十五號
【平】
滔 ～～,水大流貌。
慆 悅也;慢也。
絛 絲～。又縚同。
韜 ～略。又藏也;寬也。
幍 巾帽士服。
饕 ～餮,貪財曰～。
夲 往來見也。
叨 忝也;濫也。

謟 疑也。
【上】
討 乞也;誅也。
套 外～。

式百八十六號
【平】
饒 豐(豐)也;飽也;餘也;～怒(恕)。
蕘 蒭～。
橈 櫂之短者。又曲木。○腦。
韶 舜樂。
嬈 妖～。上纏～。
襓 夫～,劍衣也。
【上】
擾 煩也;亂也。
繞 纏～。又遶同。
紹 繼續也。又～興,郡名。
肇 始也。本音趙。
兆 吉凶之～。本音趙。
【去】
邵 高也;勉也。又姓。
劭 勸勉也。

式百八十七號
【平】
熬 煎～。

敖 ～遊。㊣同傲。
遨 同上。
翱 ～翔。
嗷 衆口愁也。
聱 哀鳴～～。
螯 車～,海蛤。又蟹大足。
鰲 ～魚。
廒 倉～。
獒 犬知人心可使者。
獓 同上。
滶 水名。

【上】
齩 齧也。本音交。咬同。

【去】
奡 人名。～盪舟。
傲 ～慢。又慠同。
謷 譖也。

式百八十八號

【平】
刀 兵器。又錢名。
舠 小船也。
忉 ～～,憂也。

【上】
禱 祈～。
島 海中山也。

幬 同上。

【去】
擣 椿也。
倒 顛～;頹也。㊣僕也。
菿 大也。又草大倒。
到 至也。

式百八十九號

【平】
超 越也;躍過也。
弨 弛貌。
怊 細絲。

式百九十號

【平】
燒 焚也。～火。

【上】
少 不多也。㊣年～。
肖 十二～之～。本音宵。

式百九十一號

【平】
蒿 蓬～、～菜。
薅 拔去田草也。

【上】
好 美也。㊣喜～。

【去】
耗 虛～、折～。
秏 虛～。同上。

弌百九十二號
【平】
豪 英～。
毫 ～毛。又十絲曰～。
號 ～泣。㊣名～。
濠 水名。
壕 城下池也。
【上】
鎬 ～京，武王之都。又温器。
浩 廣大貌。又姓。
昊 春天曰～天。
皓 大也。又白貌。
灝 水勢遠也。
【去】
号 ～令。

弌百九十三號
【平】
包 裹也；含容也。
胞 胎衣。

苞 草名。
襃 ～貶。
褒 大衣也；揚美也。又姓。
【上】
寶 貴也；重也。
飽 食充滿也。
鬓 髻也。又髮未長。
保 ～全、～守。
鴇 鳥名。又娼婦之夫。
葆 草盛貌。
堡 ～障。
褓 緥～。又綵同。
駂 烏驄馬也。
【去】
豹 虎生三子必有一～。
報 ～答、～應。
爆 ～竹，即火～。

弌百九十四號
【平】
尻 米秋骨①。
【上】
考 父死曰先～。又稽察也。
攷 同上。又成也；叩也。

---

① "骨"，原稿寫作"骨"。

栲 木名。
燤 乾～。
拷 打也。
䰼 魚乾曰～。凡物乾陳者曰～。
槀 木枯。又魚乾。○高。
殠 殅～,曝也。
筹 ～笔,屈竹為器。

【去】
犒 ～賞。
靠 倚～。又理相違也。
鮨 魚～。

式百九十五號
【平】
鈔 取也;略也。⑭錢～。
抄 同上。～録。

【上】
艸 百卉之總名。
草 同上。
炒 煎～。一作熶。
慅 憂也。○騷。
謿 弄言也。
𠷎 ～嘹,寂静無人貌。
䫴 䫴～,面曲也。
麨 糗也。
懆 心～。又心迫也。

憪 ～～,心亂也。

【去】
操 節～。又～演。⑭持也。
造 詣也;進也;至也。
慥 ～～,篤實貌。
糙 粗～。又～米。
𥻆 同上。粗～。
艁 船不安;壓～。
眇 ～田。又秒同。

式百九十六號
【平】
潮 海～;～濕。
朝 ～廷。
鼂 匽～,虫名。又姓。

【上】
趙 趨也;久也;利也。又姓。
兆 吉凶之～。
旐 兆也。
肇 始也;擊也;正也;長也。
肈 同上。又戟屬。

【去】
召 呼也。又姓。

弍百九十七號

【平】

勞 勤～。㊣犒～。又姓。

牢 ～獄；～壯。

哰 ～叨,多言也。

澇 淫雨也。㊣淹也。

潦 水名。㊤行～,路上流水。

撈 水底～月。㊣同。

橯 ～斛。又摩田器。

醪 香～,美酒也。

【上】

老 年～。又～嫩。又姓。

橑 椽也。○了。

栳 栲～,器也。

恅 愺～,心乱。

筹 筹～,屈竹為器。

【去】

㿖 ～癧(癩),惡人。

僗 伴～也。又同勞。

弍百九十八號

【平】

凹 ～凸。

垇 ～闕。

爊 ～鷄鵝也。

熝 同上。

皒 ～皒,面曲也。○又。

顤 大頭深目貌。又頭～。

𥁞 盡死殺人曰～。

【上】

襖 綿～。又袄同。

媼 老婦之稱。

【去】

奥 室西南隅為～。又深也;藏也。

懊 ～悔。

澳 地近水涯者。

岰 山曲貌。又山～。

嶴 同上。

燠 ～煖。

拗 回～。㊤折也。

媼 妒也。

抝 量也。

擙 ～磨也。

砐 石不平也。

袄 襖～。正音夭。

詏 言逆。

弍百九十九號

稻 ～子,如香團而大,其味酸美。
正音叨。

【平】
抛 擲也。
脬 尿～。
胞 眼～。○包。
泡 水上浮漚。
【去】
砲 石～。
炮 火～。○抱。
皰 皮傷起～。
䃟 飛石車。
皰 天～瘡。本音鮑。
疱 腫病。
嚗 大聲。又唎也。

三百號

【平】
騷 詩人曰～人。又愁也。
搔 手爬癢也。
梢 樹木～也。
筲 ～箕。
慅 動也;憂也。
臊 牛～氣。
髾 髮末也。
繅 繹繭為絲。
艄 船後～。(去)船名。
蛸 蠨～，長脚如蜘蛛。

【上】
媂 兄妻也。
嫂 同上。
掃 除也;垢也。(去)同。
埽 同上。
葰 藕根細者。
【去】
燥 乾～。
噪 鳥群鳴也。
傮 快性也。
稍 廩食曰～。又慚也。
睄 小視。

三百零一號
【平】
鐃 小鉦也。
撓 抓也;搔也;～亂也。(上)屈也。
抈 ～鈎也。○按:字典係俗拘字，並無～鈎之義，疑鑿。
呶 歡聲。
猱 猴屬。
恼 惛～，心亂也。
硇 ～砂，藥名。
【上】
腦 頂髓。一作𦢈。
惱 怒也。

瑙 瑪〜。
磠 同上。碼〜。

【去】
鬧 不静也;猥也;擾也。
吏 同上。
淖 泥〜。又和也。
橈 枉也;摧折也。㊤木曲。〇邵。

三百零二號

【平】
朝 旦也。
昭 明也;著也。〇韶。〜穆。
招 手呼也;引也。〇同韶。
釧 見也;遠也;勉也;弩也。
鉊 大鐮。

【上】
沼 小池也。

【去】
詔 告也;命也。
照 明所燭也。
炤 同上。明也。
曌(瞾) 又同上。

三百零三號

【平】
敲(敲) 〜打。

墝 土不平。又瘠土也。
磽 同上。肥〜。
蹺 〜脚;〜蹊。
骹 脛也。
礉 舉足高行。
橇 禹泥行所乘,形如木箕。
嶠 〜,嶢埆,塙土也。

【上】
巧 〜妙。
鴇 〜婦鳥。

【去】
竅 穴也;孔也。
敲 皮硬則〜。又〜起。
𡱂 〜𡱂,不安妥也。
齞 仰鼻。
庨 高屋。
磽 石不平也。〇劷。

三百零四號

【平】
巢 鳥〜。
轈 兵車如巢,以望敵也。
勦 輕捷也。〇焦。勞也。
樵 斫柴者曰〜夫。
瞧 偷視貌。
顤 〜領。又憂患也。

譙 譏～。又城楼。

【去】

誚 以辞相責也。

櫂 進船檝也。

棹 同上。

嚼 牛羊轉～。○爵。

三百零五號

【平】

鍫 泥～。

稵 飯～。

哨 吹箾以示警也。

幧 斂髮為之～頭。

繅 生麻。

脿 凡物之殺銳曰～。

【上】

愀 色變也。

悄 憂急也。

【去】

俏 俊～。

踃 立貌。

偢 ～保；不仁。

峭 山峻也。

帩 ～縛。

三百零六號

【平】

姚 舜姓。

搖 ～動。

繇 隨從也；遠；属役也。○由。

徭 役也；使也。

徭 差～。又姓。

窯 燒瓦灶也。

窰 同上。

陶 皋～，人名。又同上。

謠 ～言。

餚 ～饌。

肴 同上。又餚同。

颻 飄～，風動貌。

淆 水濁也；雜也。

遙 逍～也；遠也。

崤 ～函，山名。

䍃 瓶也。

嬈 美好貌。

鷂 鷙鳥。又紙鳶。

瑤 瓊①～，美玉。

愮 ～～，憂無告也。

哨 足筋急病。

---

① "瓊"，原手稿寫作"瑔"。

爻 卦有六～。
芺 小簫十六管。
堯 唐～,古帝。
藃 茅根。
訤 言不恭謹。

【上】
舀 以瓢兜(兜)湯水也。

【去】
耀 榮～。又火光也。
笅 屋上簿謂之～。
傚 法也。又俲同。
效 象也;學也。
樂 喜好也。
燿 光照。又炫～。
曜 同上。日月五星也。
効 ～驗。
校 學～。
敎 敎也。
學 同上。

三百零七號
【平】
橋 水梁也。
喬 高也。

僑 旅寓。
蕎 ～麥。
苃 荊葵花。又同上。
嶠 高山。㊣義同。
翹 ～企。又鳥尾。
翺 飛貌。
轎 輿～。
藠 蓮～,菜名。
尦 不順也。
僑 ～～,行貌。

【去】
撟 手～物也。

三百零八號
【平】
標 木杪也。又～致①;草～。
鑣 馬口鉃。又鐘～。
彪 小虎也。
髟 髮長垂貌。○山。
猋 犬疾走也。
摽 揭也麾也。○瓢。
幖 幟也。又～客,大商人。
颮 暴風下而上者。
臕 脂～,肥也。

---

① "致",原手稿寫作"致"。

脁 同上。
塸 封土為識。
杓 北斗之柄。〇勺。
鐰 刀鋒曰～。
瞟 著眼視也。
【上】
表 外也；明也；末也。
【去】
俵 ～散。
裱 領巾。又～褙。

三百零九號

【平】
調 ～和。㊁選也。
條 枝～。又～目。
苕 ～開，草花。
箈 ～筹。
鰷 白～，魚名。
蜩 蟬也。
迢 ～遞，遠也。
髫 ～髦，小兒垂髮。
齠 始毀齒也。〇刁。義同。
鞗 革轡①也。
岧 ～嶤，山高貌。

佻 獨行貌。
挑 ～神、～鬼。
趒 蹶也；躍也。～馬燈。
【上】
掉 顫也；搖動也。
趒 ～趙。
朓 長～卓。俗作朓，非。
誂 ～戲，弄言。
窕 深肆極也。又窈～。
【去】
蓧 去草器。
銚 ～盤，燒器。

三百拾號

【平】
焦 烏～。又姓。
燋 同上。
蕉 芭～。〇樵。～萃。
穛 物縮小也。
椒 花～。
噍 聲～。
鐎 即刁斗也。
蟭 螳螂子也。
膲 三～，無形之府。

---

① "轡"，原手稿寫作"轡"。

鵫 ～鵶,小鳥。
熊 灼龜卜①兆而焦也。

【去】
醮 冠娶祭名。
醮 同上。婦人再～,重嫁也。
爝 ～火,炬火也。
懆 心性急也。

三百十一號
【平】
刁 ～斗。又姓。
雕 ～刻。
彫 ～琢(琢)。
凋 ～零。
貂 ～鼠。又貂同。
鵰 大鷙鳥,羽可為箭。
鴂 ～鵒,似雀。鴫同。

【上】
屌 男子陽物。
帉 ～髟,僧帽也。

【去】
釣 ～魚。
窵 宵遠。

弔 ～喪②。吊同。
鸏 鳥之摠名。

三百十二號
【平】
瓢 ～羹。
藻 細萍也。
淲 ～池北流。

【上】
殍 餓死者。○莩。
摽 落也。○飄。

【去】
膘 白色,即～亮。
嫖 ～妓女。
闝 同上。

三百十三號
【平】
漂 浮也;動也;流也。去～白。
潩 同上。
票 輕③夆(舉)也。又～牌。去同。
飄 ～颻,風貌。又吹也。

---
① "卜",原手稿寫作"|",與文中代指字頭符號同,疑因形體近似而誤。《說文·火部》:"熊,灼龜卜兆也。"《正韻》:"灼龜卜兆而焦也。"
② "喪",原手稿寫作"丧"。
③ "輕",原手稿寫作"軽"。

飚 旋風。又風聲。
僄 輕～。
螵 ～蛸,螳螂子。
熛 火飛也。
趯 輕行也。
魒 斗星名。
穮 稻禾秀出者。

【上】
瞟 ～白眼。
縹 ～緲,輕舉貌。
鰾 魚～,可作膠。

【去】
驃 ～騎將軍。

三百十四號

【平】
消 ～散。
硝 硵～,即硫黃。礆～。
銷 ～鎔。
蕭① 荻也。又～條,冷淡貌。又～山,縣名。又～牆。又姓。
簫 直吹者曰～。
蛸 桑螵～,螳螂子。
霄 雲～。

瀟 ～～,風雨貌。
橚 ～槮,樹落葉貌。
逍 ～遙。
蠨 ～蛸。又小蜘蛛也。
宵 夜也。
哨 巡～;口[～]。不容也。
箾 樂器。
捎 ～篦子,除耳垢者。
痟 渴病。
魈 獨脚～。

【上】
小 大～。
謏 誘也。○搜。
篠 小竹也,即竹～。

【去】
笑 喜～。又咲同。
肖 相似也。又不～。
嘯 吹聲,蹙口而出聲。
鞘 刀壳。

三百十五號

【平】
苗 禾～。又夏②獵。又求也;眾也。

---

① "蕭"字中偏旁"肅"原手稿寫作"肅",本號中凡"肅"字偏旁均作此。
② "夏",原手稿寫作"憂"。疑筆誤。《左傳・隱公五年》:"春蒐,夏苗,秋獮,冬狩。"

描 ～畫。
玅 精微也。俗同妙。
淼 大水貌。
繆 姓也。本音謬。

【上】
眇 一目小也。
藐 ～遠;～小。又輕視貌。
緲 縹～。又微也。
渺 ～漭,水貌。
淼 大水貌,即水籠～頭。
秒 禾芒也。

【去】
妙 巧～。
廟 寢～;寺～。又庙同。

三百十六號

【平】
堯 ～舜。本音遙。

【上】
鳥 禽也。
嬝 長弱也。
裊 頓美也。
褭 以組帶馬。
嫋 嫋～,細腰。
蔦 寄生草也。
嬲 戲相擾也。

鳥 縣物也。
㩜 摘也。

【去】
尿 小便也。一作溺。

三百十七號

【平】
要 求也;急也。㊣～約。
腰 身之中也。
邀 招也;求也;遮也。
幺 小也。又姓。俗作么,非。
喓 ～～,虫鳴。
褑 褲～。
妖 ～嬈;～孽。
葽 小草也。
訞 ～言,巧言也。

【上】
杳 ～然;～冥。
殀 短命也。
夭 短折也。○少妙貌。
窈 深遠也。又～窕。
窅 深目也。
偠 ～儱,細腰也。
鴑 雌雄(雉)聲。
䁛 遠視也。
㜵 ～嫋,不順也。

婹 ～嬝,細弱。

三百十八號
【平】
交 相好也。～易。
蛟 ～龍。
嬌 ～娜。⑤叶。
膠 ～漆。
驕 傲也；逸也；自矜也。
澆 沃也,即～壅。○孝。
茭 ～白。
憿 ～倖,覬非望也。
僥 同上。
郊 邑外曰～。又～祭天。
嘐 雞鳴～～。○孝。
窌 糞～。
鮫 海魚,皮可飾刀。又～人,居水,織絹。
徼 伺察也；求也。⑤繞也,掠也。

【上】
佼 好也。⑤叶。
絞 ～索。又絲也；急也。○爻。
狡 ～猾。
攪 亂之也；撓也；擾也。
皎 明也。

皦 明也。
繳 纏也。○勺。
矯 詐也。
鉸 ～鍊(鏈)。
筊 聖～。
校 ～衤丁,水袴,服之以取魚者①。
鐎 ～耳。
皦 玉石之白。又明也。
齩 齧也。又咬同。

【去】
教 ～訓。⑤同。
嘂 ～喚。又叫同。
餃 米～。
覺 尚寐無～。
酵 酒娘。
較 ～量,相角也。不等也。⑤叶。○竹。
校 同上。～量。⑤疾也。
警 痛呼也。又許(訐)也。
趫 儳也；小道也。

三百十九號
【平】
寥 寂～。

---

① "筊""衤丁""袴",原手稿偏旁"衤"皆誤作"礻"。

寮 同官為～。
僚 同類也。㊤同。
橑 ～，簷前木。○老。
鷯 鷦～，鳥名。
嘹 聲音～喨。㊣同。
鐐 白金之美者。又脚～。
獠 宵田曰～。
嫽 戲也。㊣好也。
璙 玉名。㊣同。
燎 大燭也。㊣照也。
聊 耳鳴也；且也；賴也。又助語。
飂 風聲。
憀 ～賴。又悲恨也。○留。恨也。
撩 ～理。
遼 蠻地。遠也。
膋 腸間脂也。
趭 脚長行貌。
尞 姓也。又同燎。

【上】

了 完也；慧也。
蓼 辣～草。○六。
繚 纏繞也。
皪 面白～～。㊂同。
瞭 目睛明也。㊂眠～。

鐐 ～驕，長貌。
嘹 明也。

【去】

廖 姓也。㊂人名。
療 治病也。
料 ～事而多中。又村～。㊂樂器。
膫 炙也。
尞 以柴火祭天也。

三百二十號

【平】

跳 ～躍。又越同。
挑 ～擔。㊤～撥①。
祧 祖廟也。恌 偷薄也。
祢 公～。又姓。○泥。

【去】

糶 ～米。
眺 ～望。
頫 俯首而聽曰～。○府。頭也。

三百廿一號

澆 ～薄。正音交。

---

① "撥"，偏旁"發"原寫作"發"。手稿中凡偏旁"發"多寫作"發"。

【平】

囂 ~~，無欲自得之貌。

鴞 鴟~。

嗃 ~~，呼聲。○墼。

枵 玄①~，十二次名。又虛也。

驍 ~勇。又良馬。○交。義同。

梟 ~首。又不孝鳥。○交。

虓 虎目（自）怒也。

哮 咆~。又豕驚貌。

痟 ~癁（癲），喉病。

撨 ~起。

【上】

曉 天明也；知道也。

【去】

孝 ~弟。又~子。

貀 ~貓。俗字。

三百廿二號

【平】

求 懇也。

毬②戲~。

觩 角觩。

逑 聚也；匹也。

球 美玉。俗云錠一兩~。

裘 皮~。又姓。

仇③匹也；傲也；讐也。

厹 三隅（隅）矛。○紬。

虯 ~龍無角。

【上】

咎 過也；惡也；愆也。

臼 擣~。

舅 娘~。又~姑。

柏 ~子，可作白（臼）油。

【去】

柩 棺也。

舊 久也；宿也。

三百廿三號

【平】

憂 愁也。

滺 水緩流貌。

嚘 嘆聲。

優 倡~，戲子曰~。又勝也；饒也。

秨 小禾也。

耰 犁田。又覆種也。

---

① "玄"，原手稿避諱缺最後一筆"丶"，均寫作"玄"。

② "毬"，原手稿寫作"毬"。

③ "仇"，原手稿偏旁"九"寫作"丸"。

麀 牝鹿。
幽 ～雅、～静。
呦 ～～,虎鳴聲①。
怮 心惶也;憂也。
悠 遠行也。
優 ～游,畷(暇)也。
攸 久也;所也。又同悠。
烌 ～炄,半乾也。又呦同。
櫌 打塊槌。又鉏也。

【上】
黝 微青黑色。又人名。
禐 福也。
懮 ～～,痛貌。
蚴 ～蟉,龍行貌。
黝 ～䴴,面醜貌。○夭。

【去】
又 再也。本音右。
幼 ～小、～弱。俗作幼。

三百廿四號

【平】
周 ～旋。又姓。
譸 ～張,詑也。
週 ～年。又迴也。

舟 船也。
輖 車轅。
輈 重載。又重也。
州 ～郡。
賙 振贍也。
洲 水中可居者曰～。
鍫 金刀。

【上】
肘 肉～、手～。

【平】
瞗 ～眼,目動也。

【上】
帚 刷～。又～彗星也。
箒 同上。掃～。

【去】
咮 鳥喙。
呪 經～。又說同。
晝 ～夜。

三百廿五號

【平】
紬 ～絹。
綢 ～繆。又同上。
儔 衆也;侶也;類也;誰也。

---

① "虎",當作"鹿"。《詩·小雅·鹿鳴》:"呦呦鹿鳴,食野之蘋。"

疇 田～。
幬 帳也。
籌 ～碼。又算也。
醻 ～謝。又厚也；勸也。
酬 同上。又酧同。
鍒 鐵之頓者。
鞣 熟皮。
觓 惡也；棄也。
儵 人名。
懤 怨～。又匹也；報也。
讎 同上。怨～。
柔 毈也；弱也；順也；安也。
蹂 往來～踐。⬤同。
璙 玉名。
犨 白牛。又牛息声。
售 賣也。
稠 密也；多也；醲也。
裯 單被也。⬤刀。衣袂。

【上】
躊 ～躇，猶豫也。
肉 獸足著地處曰～。
腬 小腹痛也；腿後曰～。
煣 以火屈伸竹木也。
紂 馬轴也。又商～。

【去】
宙 宇～。往來古今曰～。

輮 車輞。又踐也。
糅 雜也。
胄 裔也；嗣也。世～、華～。
冑 介～、甲～。與上異。

三百廿六號
某與麻音通
【平】
牟 牛鳴。又地名。又過也；陪也；愛也；進也；大也；侵也；取也；奪也。
眸 ～子，目瞳子也。
麰 大麥也。
侔 均也；齊等也。
謀 議也；計也；圖也。
蟊 食苗根之虫。
瞀 目昏也。○務。俯視也。
矛 三廉鎗。
鍪 金属。又兜～，首鎧。

【上】
牡 畜之雄者。又～丹花。
畂 田～。本作畞。
某 ～人，不敢称其名也。

【去】
霂 天氣下地曰～。
貿 ～易，即交易。

茂 ~盛。
楙 木盛貌。又木瓜①。
懋 美也;勉也。
戊 天干,~己。

三百廿七號

【平】

勾 曲也;拘也。~芒,神名。
鉤 曲也。又釣~。
鈎 同上。
溝 水~。
韝 射臂決也。
篝 燻籠。
蚼 ~蟧,䵴②屬。
苽 ~瓤③,即王瓜。

【上】

笱 取魚竹器。
狗 犬也。
苟 ~且。
垢 塵污也。
耇 老人面凍梨色。
枸 ~杞子。㊥曲木板。

【去】

講 牽也。
藎④ 積草。
姤 陰陽交~。
媾 重婚也。
覯 遇見也。
構 起造也。
詬 恥也。
够 多也。
夠 同上。不~之~。
遘 遇也。
彀 弓矢持滿也。
穀 取牛羊乳也。
雊 雌雉鳴也。
購 以財有所求也。
鵸 ~鴿,鳥名。
冓 交積財(材)也;數也。
雊 雞鳴。㊗同。

三百廿八號

【平】

牛 ~馬。又姓。本音由。

---

① "瓜",原手稿多寫作"厼",用作偏旁亦多如是。
② "䵴",原手稿多寫作"龟"。
③ "苽""瓤",原手稿分別寫作"苽""瓤"。
④ "藎",據釋義,"竹"頭疑當作"艹"頭。

喂 ～呢,小兒声。
莥 ～膝,藥名。
【上】
紐 結會也。又姓。
狃 犬性驕也;狎也;習也。
鈕 ～扣。又鈘～。又姓。
扭 手縛。
忸 炒～,半乾。一作㘉㘉。

三百廿九號
【平】
搜 ～尋。
蒐 春獵曰～。又治兵也。⊕同。
餿 飯食壞味。
廋 匿也;索也。
溲 小便溺也。
颼① 大風。～～,風声。
騪 蕃中大馬。
艘 船之総名。
【上】
瞍 目無眸子謂之～。
叟 長老之稱。
擻 抖～。
嗾 使犬声。

藪 大澤也。
籔 十六斗曰～。
【去】
瘦 不肥也。
嗽 欸～。○朔。同欶。
漱 ～口。

三百三十號
【平】
樓 重屋也。俗作楼。
婁 宿名。又空也。又姓。○呂。
摟 ～抱;牽也。
髏 骷～。
螻 ～蟻。
瞜 貪也。又哄～。⊕同。
縷 絲～。○呂。
【上】
簍 竹～子。
嘍 多言煩貌。
漊 小河不通。○呂。小雨。
【上】
鏤 雕刻也。
漏 更～。
陋 卑～。

---

① "颼",原手稿寫作"颸"。

瘺 腦~。

屚 雨穿破屋曰~。

三百三十一號

【平】

謳 ~歌。

歐 ~陽,複姓。㊤吐也。

嘔 嬰兒声。㊤心惡欲~。

甌 小盆。

鷗 水鳥。

漚 水面泡。㊦久漬也。

篐 育蠶竹器。

䈇 竹器以息小兒。

三百三十二號

【平】

劉 殺也;姓也。

畱 ~住。又留同。

流 動也。

瘤 疣也;腫也;肉起病。

榴 石~。俗作榴。

旒 冕~。

遛 逗~不進。又遛同。

璢 ~璃。又瑠同。

琉 同上。

驑 赤馬。又騮~。又駵①同。

藰 竹名。

鎏 美金。

鎦 紫磨金。

鶹 鴸鳥。一名鵂~。

硫 ~黄,藥名。

瀏 水清貌。㊤㊦同。

【上】

柳 陽~。

綹 緯十縷曰~。又劈柴看~。

罶 寡婦取魚具。

輮 載柩車。

【去】

霤 屋~。

溜 水~。

塯 耕田曰~。

𥖅② 石~,齊地名。

三百三十三號

【平】

猶 比也。㊦~豫不決。

由 從來也。

---

① "駵",原手稿寫作"駵"。凡偏旁"卯",多寫作"夘"。

② "𥖅",原手稿寫作"𥖅"。

油 燈～。
遊 ～豔;遨～。
游 悠～。又浮行也。
猷 謀～。
蚰 蜒～螺。
蝣 蜉～朝生暮死。
郵 馹～。又責也。
逌 ～爾,笑貌。又攸。
蕕 水邊～草。
樤 積柴燎以祭天。
楢 柔木也。
梄 木名。
尤 多也;怨也;過也。又效人過事曰效～。
輶 輕車。

【上】

殈 ～妞欲死。
友 朋～,善事兄弟曰～。
有 ～無。
莠 乱苗草。
右 左～。（去）相助也。
酉 地支。又就也。
誘 引～;騙～。
琇 ～瑩,美石也。
牖 窗～。又道也;向也;開明也。
羑 ～里,獄名。又道也。

【去】

祐 保～。
又 再也。俗讀憂。
侑 ～食,勸食也。又同姷。
佑 怙～。（上）助也。
囿 園～,有牆曰～。
宥 赦也。寬～。
怞 心動也。
柚 似橙而酢。～皮苦,橙皮甘。
褎 耳塞。又衣袖也。

三百三十四號

【平】

秋 三～。又秌同。
穐 同上。
鰍 泥～。
鶖 水鳥。
鞦 ～韆,繩戲也。又馬～。

三百三十五號

【平】

浮 汎也。
蜉 ～蝣。
芣 ～苢,車前草。
紑 衣鮮潔貌。
罘 ～罳。

桴 眉棟名。○孚。

【上】

阜 高厚處也;通也;盛也。

負 背荷物也。

偩 依象也。

【去】

復 再也;重也。

三百三十六號

【平】

鄒 ～孟。

鄹 孔子之鄉。

諏 咨事也。

陬 聚居也。又～邑。

緅 青赤色。

掫 擊也。

棸 姓也。

騶 ～虞,仁獸。

【上】

走 奔～。(去)趨～。

【去】

奏 ～章。

皺 ～面。

縐 衣不伸也。

縐 ～紋。

甃 井甓。又結砌也。

三百三十七號

【平】

修 飾也;理也。與下通。

脩 脯也;長也。又束～。

羞 薦也;進也。～恥。

饈 膳也;薦也。

宿 星～。

脺 進也;致美味也。

【去】

秀 俊～;～才。

繡 ～花、刺～。

綉 俗同上。

鏥 鐵～。又銹同。

三百三十八號

【平】

丘 四方高中央下曰～。又孔子
　名～。讀某作邱。

邱 地名。又姓。

蚯 ～蚓,即蛐蟮。

坵 ～墟。

䫏 䫡～,面醜。

篍 箍桶～。○九。竹名。

三百三十九號

【平】

休 歇息也；美善也。
貅 貔～，猛獸。
痳 漆瘡。
呦 痛念聲也。
烋 熏也；和也；美也。
庥 廕庇也。
鵂 ～鶹,怪鳥。

【上】

糗 熬米麥也。
朽 腐木也。

【去】

臭 穢氣也。正音丑。
殠 腐氣。

㊜

蝵 蝤～。俗字。

三百四十號

【平】

頭 首也。
投 擲也。又～帖。
骰 ～子，博具。

【去】

豆 俎～。○古斗字。
荳 ～蔻,藥名。又～麥。

痘 小兒出～。
逗 ～遛。又住也；止也。
竇 穴也。又姓。

三百四十一號

【平】

愁 憂～。
潚 ～～，水声。

【去】

驟 疾速也。
偢 僝～，惡言詈也。
潄 水流急也。

三百四十二號

【平】

裒 聚也；減也。
抔 引去也。又手掬土也。
掊 ～克在位。㊤擊也。

【上】

勁 ～励,用力也。
剖 破也。
犕 ～牯,偏頭牛。

三百四十三號

【平】

繆 綢～，纏綿也。

【去】
謬 差誤也。

三百四十四號
【上】
偶 配～。
耦 二人並耕曰～。
藕 荷根。
吽 和～。

三百四十五號
【平】
兜 肚～。又～搭。
㧢 ～攬。
篼 飼馬籠。
丟 一去不還也。
【上】
斗 ～星。又十升為～。
蚪 蝌～，即蝦蟆①。
枓 柱上方～。
陡 ～崖，地名。頓也；峻也。
抖 ～擻精神。
斜 ～斛。俗斗字。
鬭 姓也。

【去】
鬭 爭～。
䛪 ～譳，不能言。

三百四十六號
【平】
鳩 班～。又～集。
闦 拈～，取也，即撮紙團。
鬮 俗同上。
【上】
九 老陽數也。
玖 瓊～，黑石次玉。
久 長也；永也。又玖同。
糾 三股繩也。
赳 勇武貌。
韭 ～菜。又韮同。
【去】
救 拯～。
疚 久病也。
灸 灼艾療病。
究 窮～、～治。
廏 馬房。
㞧 貧而且病。

---

① "蝦"，原手稿寫作"蝦"。

三百四十七號

【平】

摳 ～衣防跌。〇區。義同。

彄 環屬。

【上】

口 嘴也。又丁～。

叩 問也；發也。又～頭。

釦 衣口。又譁動也。

扣 擊也。又牽馬也。

【去】

寇[①] 賊～。

蔲 荳～,藥名。

簆 織具。

鷇 鴨屬。

三百四十八號

【平】

收 聚也。又查～。

手 ～足。

首 頭也；元也；[去]頭向也。

守 看～。

【去】

獸 走～。

狩 巡～。[上]同。

三百四十九號

【平】

抽 ～扳。

瘳 病瘉也。〇聊(聊)[②]。

惆 ～悵,悲愁。

【上】

丑 雞鳴～時。

醜 惡也；陋也；類也；衆也。

杻 手械也。〇紐。

【去】

臭 氣之捴名。

殠 同上。惡氣。

殠 腐氣。

三百五十號

【平】

啾 ～唧,小声。

揪 手～物也。

揫 束也；歛也。

酋 就也。〇紬。

---

① "寇",偏旁"支"原手稿寫作"攵"。下"蔲""簆""鷇"同。

② "聊",偏旁"卯"原手稿寫作"夘"。

【上】
酒 儀狄作～。
【去】
僦 賃也；顧也。

三百五十一號
【平】
侯 美也。又諸～。又矦同。
餱 ～糧，乾食也。
猴 猢猻也。
喉 咽～。
鍭 金鏃。
【上】
厚 重也。又～薄。
後 先～。㊋不敢先也。
后 君也。又王～。又後也。㊋同。
郈 邑名。又姓。
【去】
逅 邂～，不期而會。
候 俟～。
堠 斥～，望烽火也。
賕 龍貝。又～賕，貪財之貌。

三百五十二號
【上】
否 不然也。○批。

缶 瓦器。
【去】
覆 蓋也。

三百五十三號
【平】
囚 ～犯。
遒 廹也；終也；聚也；勁逸也。
酋 酒熟曰～。又終也。○啾。
焤 熮，火燒也。○由。
【去】
袖 衣～。
岫 山～。
就 成也。又親之也。
褎 袖也。○又。義同。

三百五十四號
【平】
羺 胡羊。
鄹 兔子。
【去】
耨 除草器。
鬥 鬥～於莵。
毃 乳子也。

三百五十五號

【上】

吼 獸鳴曰～。

濉 俗呼虹曰～。

詬 厚怒忿声也。

【去】

詬 罵也；恥也。○苟。義同。○候。

貃 熊虎子名①。

三百五十六號

【平】

篘 酒～。

糗 ～粉。

【去】

輳 輻～。

湊 攢～。又水會也。

三百五十七號

【上】

壽 福～。又姓。

綬 印～。

受 ～納。

謑 口傳～。

噯 同上。～記。

【去】

授 付也；與也。

三百五十八號

【平】

偷 ～竊。又薄也。

【上】

鈄 姓也。

黈 黃色。

【去】

透 通也；徹也；過也；跳也。

趠 捆～，越躍。

詏 以言掇誘。

趍 跳也。○叔。義同。

毀 索彊～也。

三百五十九號

【平】

夫 丈～、～子。

麩 麥～皮。

膚 肌～、皮～。

孚 信也。

---

① "虎"，原手稿或寫作"虝"。

桴 ～炭。○浮。
俘 虜獲也。
敷 散也；施也；布也；陳也。
痡 足疾。○鋪。義同。
莩 麻有子者。
秠 再生稻。
罦 翻牽網。
稃 穀～皮。
鈇 ～鉞。
酁 郭也。
憗 急性也。又思也；悦也。
怤 同上。
柎 花下萼。
殍 餓～。○瓢。
玞 珷～，石次玉。
琈 瑀～，美玉。

【上】
撫 慰勉也；摩也；按也。又巡～。
拊 循也。
簠 ～簋，外圓内方曰～。
府 知～，四品黄堂。
黼 ～黻①。
俯 ～仰。又曲也。
俛 同上。○同勉。

脯 乾肉曰～。
殕 烏花，食上生白毛②。
斧 鉞也。
弣 弓把中。
釜 無足鼎。又量名。
輔 弼也；助也；車～。○武。
甫 大也；始也；美也；且也。
腑 六～五臟。
父 尊称之辞。

【去】
傅 師～。又姓。○同附。
仆 僵也。○匐。義同。
踣 同上。
富 ～貴。又冨同。
付 與也。
赴 往也；告也。
訃 告喪也。
賦 詩～。又～税；～閑。
副 佐～。

三百六十號
【平】
圖 河～；畫～；～謀。

―――――
① "黻"，原手稿寫作"黻"。
② 《廣韻・麌韻》但云："殕，食上生白毛。"

屠 ～户。又姓。
瘏 病也。
悇 牲～。
涂 ～墙壁。又姓。
途 路～。
菟 楚人謂虎為於～。
荼 苦菜也。又神～,左門神。
舍 ～山氏。
徒 步行也;空也;但也。又～党。
酴 ～醾。又～酥,酒名。
廜 ～䕔,草菴。
塗 泥～。

【上】
杜 ～棃花。又塞也;姓也。
肚 ～腹。
鷃 ～鵑,鳥名。

【去】
度 ～量、～數。
鍍 ～金。
渡 過～。

三百六十一號

【平】
無 有～。

无 同上。又亡同。
扶 ～持。
巫 ～祝。
符 ～節。又～呪。
夫 助語辭。
誣 ～謗。又以無為有也。
鳧 野鴨。
鳬 同上。
蚨 青～,錢名。
毋 不用也。又禁止辭。
蕪 荒～。
苻 草名。
鵐 雀屬。
芙 ～蕖,即荷花。又～蓉。

【上】
侮 欺～。
輔 三～,郡名。○夫。
腐 爛①也;敗也。又荳～。
膴 肥美也;厚也。○呼。
武 文～。
舞 歌～。
父 ～母。○孚。
鸚 鸚～,能言鳥。
珷 ～玞,石次玉。

---

① "爛",其中的偏旁"柬",原手稿簡寫作"东"。

鶝 巧～,鳥名。

【去】

附 依～。
務 專力也。又司～。
霧 雲～。
戊 天干。本音茂。
嫇 女星。
鶩 家鴨。○木。
駙 ～馬。又疾也；近也。
祔 合食於先祖。
婦 夫～。○阜。義同。
鮒 小魚名。又人名。
賻 以貨助喪事也。
怤 心～。
裐 衣齊貌。

三百六十二號

【平】

蒲 ～草、～子。
蒱 摴～,戲具。
葡 ～萄。
莆 菖～。○府。
菩 ～薩。
匍 ～匐。
蒲 魚～。
逋 ～逃。本音布。

酺 大～,飲酒作樂。㊣裁害之神祭而却之曰～。

【上】

部 六～。又姓。
箁 烘～罩。正音剖。
簿 賬～。○泊。

【去】

捕 ～捉。
步 徐行曰～。
哺 食在口也。又～食。
賻 以財相酬。
痡 病愈復發。
埠 ～頭、～船。
鯆 魚名土～。
琈 ～瑤,美玉。

三百六十三號

【平】

奴 ～婢。
帑 妻～。又帤同。
駑 ～駘,下乘。

【上】

弩 硬弓。
努 用力；勉也。
怒 惱也。
砮 石可為矢鏃。

三百六十四號

【平】

粗 大也。又觕同。

麤 同上。俗作麄。

初 始也。

芻 艸也。

蒭 苾〜,謂僧也。

噈 呵叱人。

犓 〜,芻養牛馬。

閦 阿〜,佛名。○曲。

【上】

楚 清楚。又國名。

憷 痛也。

櫄 櫃〜。

礎 柱下石也。

【去】

醋 酸味也。

厝 〜葬。

措 〜辦。

錯 同上。又舉〜。

瘄 小兒瘡〜。

三百六十五號

【平】

吾 我也。

吳 大言也;姓也;國名。○華。

鋙 鋙〜,山出金,可作刀切玉。

珸 琨〜,石次玉。

梧 〜桐樹。

齬 齟〜,齒不相值。○語。

鼯 飛生鼠。

祦 福也。

蜈 〜蚣。

【去】

晤 明也;爽也。

悟 覺〜。

寤 覺也,〜寐。

誤 〜事。又欺也。又悮同。

【平】

胡 何也。又姓。

葫 〜蘆蒲。

湖 江〜。

衚 〜衕,街也。

乎 語之餘也。○同呼。

鶘 鵜〜,水鳥。

鬍 〜子。

醐 醍〜,酥之精液。

壺 酒〜。

猢 猿〜。

糊 粘也。又〜塗。

餬 〜口,寄食。

瑚 〜璉,夏曰〜。

箶 ~籠,箭室。
狐 ~狸。
楜 ~椒。
瓳 瓦器也。
蝴 ~蝶。
弧 木弓也。

【上】
酤 沽也。○同沽。
午 日中~時。
伍 行~。又五人曰~。又姓。
五 同上。又中數也。
仵 偶也;敵也。又~作,檢死人。
岲 小山貌。
鳸 桑~,俗呼青雀。
屌 尾也。後從曰~。
怙 ~恃,無父何~。
岵 山無草木。
祜 福也。
戶 門~。
汻 ~泥。

【去】
忤 逆也。
頀 青~,山名。
沍 寒閉也。
護 救~、保~。
濩 布~,流散也。

互 差~、交~。

三百六十六號

【平】
蘇 紫~。又~醒;~州。
甦 死而復生曰~。
酥 乳~。
梳 ~頭、~妝。
蘓 廡~,草庵。
蔬 ~菜。
疏 親~。又~遠。同下。㊣條理也。
疎 ~淡,稀也。

【上】
數 算~。又~目。○怒。

【去】
塑 埏泥~像。
愬 ~怨、告~。
訴 同上。
溯 ~洄,逆流也。~游,順流也。
遡 同上。
素 白練曰~。又葷~。

三百六十七號

【平】
鋤 助田器也。

徂 往也。
耡 耕～。
雛 初生小鳥。
嫬 婦人妊娠。
鶵 鸕～。
殂 死也。

【去】
胙 祭肉。
祚 福也。
阼 ～階，東階也。
助 佐也；相也。

三百六十八號

【平】
烏 黑也，～鴉。又何也。
汙 濁水不流。
汚 同上。去～穢。
杇 塗墁也。又圬同。
於 ～呼，嘆声。
嗚 ～呼。
鯲 ～鰂，即明甫。

【上】
隖 小障也；山阿也。
塢 同上。
澙 水～。

【去】
惡 可～。平何也。

三百六十九號

【平】
姑 舅～，即公婆。又～娘。又且也。
沽 買也。去同。
辜 罪～。
蛄 蟪～。
孤 獨也。幼而無父曰～。
鴣 鷓～鳥，能含葉自覆其背。
菰 茨～。
觚 器之有稜者也。
呱 小兒啼声。
鈷 金鏃～，魯矢名。
罛 魚罟。
鍋 湯～。本音戈。
菇 草也。

【上】
古 ～今。
果 事成也；～然；～敢。○戈。
菓 花～；～子。
鼓 擊也；～舞。
罟 魚網。
股 ～肱。

瞽 ～無目者。
估 ～價。
賈 商～①，居貨曰～。
監 監視也。
蠱 ～毒。又事也；乱也。
羖 牡羊。又羔同。
牯 ～牛。
蜾 ～蠃，細腰蜂。
詁 訓道。
裹 包～。
剮 割肉為藥。
毂② 急也。正音加。
臌 ～癀(脹)。
粿 餅～。
綶 纏～也。

【去】

錮 禁～。
痼 病也。
褡 裹衣。
顧 照～；回～。又姓。
固 堅～。又本然之辞。
過 ～失；～去。○戈。
故 固為之也；舊也；事因也。又物～，死也。○物。無也；～事也。
涸 寒凝閉也。
姻 姓也。○午。
雇 傭賃也。○同扈。

三百七十號

【平】

呼 喚也。又鳴～，歎辞。
乎 同上。鳴～。○吾。
膴 大也；多也。○許。義同。

【上】

虎 老～。
火 水～。
夥 ～計，同伴人。
伙 傢～；～食。
琥 ～珀。
蚼 ～蟻。
滸 水曲涯。又関名。
許 衆人共力之貌。

【去】

貨 ～物。
戽 ～船水；～汚泥。
㳠 舟中潑水器。

---

① "商"，即"商"。
② "毂"，原手稿寫作"毂"。

三百七十一號

【平】

鋪 ～設；～陳；～張。㊣店～。

【上】

普 遍也；廣也。
溥 大也。又同上。○卜。水名。
浦 津～。又東～，地名。

【去】

舖 店～。

三百七十二號

鈉 ～鈕。正音奴。

【平】

廬 ～舍。
盧 盛火器也。○呂。義同。
玈① 同上。黑色。
鑪② ～灶。
蘆 ～葦。又芦同。
爐 火～、香～。又炉同。
纑 布縷也。
鱸 火牀也。又酒器。
顱 頭～。
鸕 ～鷀，水鳥。又～鶿。
獹 韓～，犬也。

瀘 ～水，有瘴氣。
臚 上傳告下也。又皮也。
轤 轆～，井上汲水圓轉木。
驢 馬類，長耳。○呂。
鱸 ～魚。
張 ～弓，黑色。

【上】

魯 鈍也；愚也；姓也；國也。
櫓 搖船～。又艪同。
䛁 ～誵，言不定也。
滷 鹹～。
擄 ～掠。
虜 活禽曰～。
氌 氆～，毛布。正音羅。
蕗 ～草。可作履。

【去】

路 道～。又姓。
鷺 ～鷥。
露 ～水。又藏頭～尾。
輅 車～。
賂 賄～，贈也。
簬 竹名，可為箭。
潞 水名；國名；州名。又姓。

---

① "玈"，原手稿避諱缺筆寫作"玈"。
② "鑪"，凡偏旁"缶"作合體字的構字部件，原手稿多寫作"缶"。

三百七十三號

【平】

枯 槁也；朽也。

刳 判也；剖也。

骷 髑髏也。

箍 以篾～桶。正音古。

【上】

苦 炎上之味。又辛～。

笱 ～竹。

【去】

庫 府藏。

褲 裙～。

袴 同上。

痼 困也。

秙 禾不實也。

三百七十四號

【平】

租 田賦。又～米。

【上】

祖 ～宗。

阻 隔也；憂也。

俎 ～豆，祭器。

組 印絨。又綫也。

葅 菜也。

【去】

詛 盟～，即咒～。

三百七十五號

【平】

土 泥～。○杜。桑～。

吐 歐也。

蚹 ～蚨。俗字。

【去】

兔 月中玉～。又兔同。

菟 ～絲草。○徒。

鵵 ～鳥，有毛角。

駼 騊～馬。

鮵 魚名。

堍 橋～。

三百七十六號

【平】

都 京～。又盛也；總也；美也。

闍 闉～。

【上】

肚 ～肺。○杜。

覩 看見也。

睹 同上。

堵 牆～。

賭 ～博。

【去】
妎 ～忌。俗作妎。
蠹 ～魚。食書虫。
射 厭也。
斁 敗～。

三百七十七號
【平】
舗 申時食也。又食也。○步。
逋 逃也。俗讀步。
【上】
補 ～湊。
圃 園～。
譜 家～、棋～。
襆 ～子。
【去】
布 ～帛。又陳也；鋪也。
圃 ～地，種菜也。
佈 徧也。又擺～。
哺 ～食。本音步。
怖 恐～。

三百七十八號
【平】
雲 山川之氣。

云 ～～，語也。又古同上。
匀 均～。○同均。
耘 ～田去草。
紜 紛～。
芸 ～香。
沄 水轉流貌。
妘 祝融之後。
蕓 ～薹菜。
筠 竹外青皮。
橒 木上文也。
澐 江水大波謂之～。
溳 水名。
【上】
允 信也；肯也。應～。
隕 從高墜也。
殞 歿也。
狁 獫～，匈奴別號。
【去】
運 ～動；命～。又行也。
韻 和也。音員為韻。
暈 日～、月～；頭眩①～。
韻 鳥～。

---

① "眩"，原手稿因避諱缺筆寫作"眩"。

三百七十九號

【平】

輪 車～;～回。

倫 人～。又比也;類也;理也。

淪 没也。

綸 經～。

崙 崑～,山名。

崘 同上。

圇 囫～。

掄 ～流。又擇也。

䉳 ～子,船具。

惀 思也。

棆 ～木無疵病。

【去】

論 議也;辯也。㊀説也;思也。又討～。

三百八十號

【平】

尊 貴重也。

僔 聚也。

遵 行也;循也;率也;習也。

僎 鄉飲酒禮。○棧。

罇 酒～。

鐏 同上。

樽 同上。又～節。㊤同。

【上】

噂 聚語也。

撙 ～節,恭謹。

怎 猶可也。本音津。

三百八十一號

【平】

君 ～王。又父稱嚴～。

軍 三～。

鈞 三十斤也。

麏 鹿屬①。

涒 水旋流貌。○吞。

均 ～勻。又～眷,即家小。

【去】

涒 水名。

三百八十二號

【平】

囷 聚也。○郡。義同。

箘 美竹,可為矢。○郡。義同。

崐 嶙～,山相連貌。

【上】

稛 滿也;束也。

---

① "属",原手稿寫成"屬"之簡體。

三百八十三號

【平】

燻 ～焙。

熏 以火～物。又氣烝也。

薰 香草,即今零陵是也。

勳 功也。

曛 日入餘光。

醺 酒～,醉也。又和悅貌。

獯 匈奴別號。

焄 香氣也。

臐 羊羮。

纁 赤色。

煇 灼也。○灰。

葷 ～素。又臭菜。○昏。

【去】

訓 ～誨。

爋 火乾物也。

纁 金色渝也。

三百八十四號

【平】

吞 咽也;并也。

暾 日始出貌。

啍 ～～,重遲貌。○真。

朜 月光也。

旽 日欲出貌。

【上】

氽 人在水上曰～。

三百八十五號

緄 ～穀。正音渾。

【平】

昆 兄也。又～虫。

崑 ～崙,山名。

崐 同上。

鯤 北冥有魚曰～。

錕 ～鋙,赤金也。

【上】

鯀 禹父名。又大魚。

袞 ～龍袍。

滾 ～急流貌。又湯沸也。

蔉 轉也。

【去】

棍 木～。

三百八十六號

【平】

敦 厚也。○堆。

礅 石～,可踞也。

犉 ～牛。

墩 土～,平地有堆者。

【去】
蔥 零~也。又~段。
頓 首至地曰~。又貯也；壞也。又吃飯曰~數。
㊜
肫 ~雞鴨。本音瞳。

三百八十七號
【平】
渾 濁也。
溷 同上。㊣乱也；厠也。
䴰 不碎麥。
魂 ~魄。
餛 ~飩。
壿 土也。洛陽有大~里。
棞 圓~,大木未剖也。

【上】
混 ~沌,陰陽未分。
鯶 魚名。
䚏 角圓貌。又圓~。
顐 面形圓也。
䫉 ~面。同上。

【去】
諢 弄言也,即打~。
慁 憂也；擾也。

三百八十八號
岑 山高而小曰~。又姓。一音近層。
【平】
存 貯也。
蹲 ~踞。
拵 据也。

三百八十九號
【平】
婚 ~姻。
昏 黃~。又昬同。
惛 心不明也。
惽 亂也；痴也。
閽 ~人,守門隸。
睧 目不明。
纁 ~素。本音熏。

三百九十號
【平】
裙 下裳也。
帬 同上。
羣 衆也；聚也；輩也；隊也。
群 同上。
【上】
窘 急也；困也。

【去】

郡 州～。

猭 豕求食也。〇屈。

三百九十一號

【平】

溫 和厚也；尋繹也。

瘟 ～疫。

薀 草生水中。〇慍。同蘊。

㬈 日光～曣。

昷 仁也；和也。

【上】

䠆 行步安重也。

㖜 ～喧，小口。

穩 安～。又收生婆曰～婆。又草～頭。

【去】

搵 水中撩物。

三百九十二號

【平】

坤 乾～。又母道也。

堃 古同上。

髡 鬍髮也。又人名。

【上】

壼 閫～。又居也。

悃 ～愊，實情也。

閫 門兩旁挾門短限也。

稇 ～束。

捆 織也；取也；抒也。

綑 ～綁。又織也。

【去】

困 極也；窮也；悴也；病也。

三百九十三號

【平】

縕 ～袍。㊣同。

氲 氤～，霧貌。

【上】

蘊 積也；藏也；奧也。

韞 包藏也。

【去】

慍 含怒意。

醞 釀也。

三百九十四號

【平】

村 鄉～。又聚落也。

邨 同上。

【上】

忖 ～度。

刌 割也；截也。

【去】
寸 分～。
蹭 ～蹬，困頓貌。
襯 ～衫；賠～。本音親。
櫬 棺～。
齔 齋～錢。

三百九十五號

【平】
孫 子～。又姓。㊣同遜。
飧 夕食曰～。
參 人～。又星名。
葠 人～。
森 ～～，木衆貌。
猻 猢～。
挼 捫～，摸挼。

【上】
損 傷也。

【去】
遜 謙～。
巽 卦名。又入也；順也；柔也；卑也。
孫 同上。
潠 含水噴也。

渗 ～漏。

三百九十六號

【平】
腇 肉～。

【去】
嫩 弱也。又老～。
㜷 同上。

三百九十七號

【平】
屯 ～匪。㊣姓也。○眞。
魨 河～魚。
臀 腿也。
豚 小豕也。
吨 ～～，不了也。○吞。義同。

【上】
沌 混～，不开①貌。
盾 木～。又楯同。
遯 逃～。
遁 同上。○秦。同巡。
囤 米～、茶～。

【去】
鈍 不利也。

---

① "闭"，即"開"，偏旁"門"原手稿簡寫作"门"。

飩 餛～。本音吞。

三百九十八號
【平】
該 應～。又皆也；載也。
剴 ～切。㊁同。
陔 階次也。又隴也。
閡 同上。
【上】
改 更～。
【去】
丐 乞①～。
溉 滌器。
槩 平計斛者。
概 同上。一～也。
蓋 覆也；掩也；發語辞也。
葢 同上。俗作盖。
匃 乞也。○葛。義同。

三百九十九號
【平】
挨 ～擠。
矮 短也；～子。
躷 同上。

【上】
餲 食味敗也。○遏。義同。
隘 陋也；險也；陋也；塞也。
阨 同上。
呝 不平声。

四百號
【平】
災 ～殃。又裁同。
灾 同上。火屋曰～。
哉 始也。又語辞、嘆辞。
栽 植也。㊁築墻長版。
齋 ～戒；～堂；書～。
斋 同上。
齊 ～戒

【上】
宰 烹也；主也；屠也。冢②～。
載 年也。○勝也；始也；滿也；承也；事也。○在。舟中運物也。
㝛 烹也。
儕 ～儶,豪強貌。

【去】
再 又也。又冄同。
債 放～、欠～。

---

① "乞",原手稿作"吃",誤。
② "冢",原手稿作"冢"。

瘵 勞～。
祭 姓也。

四百零一號
【平】
涯 水際。
崖 山邊也。
厓 同上。山邊水也。
睚 ～眦。忤目相親(視)。㊣同。
諧 和也；合也；偶也。
骸 屍～。
鞋 皮～，履也。
【去】
邂 ～逅，不期而會。
械 器～。
解 緩思其議。
薤 葷菜。

四百零二號
【平】
柴 薪也。○恣。積也。
豺 ～狼。
儕 等也；類也；輩也。
財 貨～。

才 ～能。
裁 ～剪。㊣制也。
材 ～取。又棺～。
茝 ～胡，藥名。
纔 繒色一入曰～。又暫也；始也；
　　僅也；淺也。○衫。帛青色。
【上】
薦 獬①～。又豸同。
在 居也；存也。○再。所也。
【去】
寨 ～柵、營～。
砦 同上。又猪食～。
載 舟中運物曰～。

四百零三號
【平】
衰 ～敗。○翠。
顋 頷下也。
腮 同上。面頰。
摋 ～攞；～搋。
【上】
灑 ～掃。○西。
洒 同上。
纚 ～線。○利。

---
① "獬"，偏旁"解"原手稿寫作"鮮"。

襒 㰓~,衣破也。
【去】
殺 降也;減也。~縫。
裞 人死轉~。
帥 將~。○同率。
賽 報也。又~神會。
曬 向日也。○沙。義同。
晒 同上。
塞 邊界也。

四百零四號
【平】
排 安~、~列。
牌 ~票。
棑 俗同上。籍也。
簿 大竹~船。
俳 ~優,雜戲。○倍。同徘。
【上】
敗 壞也;損也。

【去】
稗 黃~,即耙草。
憊 疲極。
艁 木~船。

四百零五號
【平】
歪 邪也。
【去】
孬 不好也。

四百零六號
【平】
揩 ~拭。
【上】
楷 ~木。又法也;式也。○皆。義同。
鍇 好鉄為~。

同音集釋要

四集

四百零七號

【平】

些 ～須,少也。○唆。挽歌声。

【上】

寫 摹～、～字。

蔦 藻～,藥名。

【去】

瀉 吐～。㊤傾也。

卸 脫～。

四百零八號

【平】

皆 俱也。

喈 鳥聲。

階 級也;進也;陛也;砌也。

堦 同上。

街 ～市。

偕 俱也。

湝 水流貌。

【上】

解① 散也;脫也。

傂 儶～,豪強貌。

【去】

疥 ～瘡。

芥 辛菜。

界 疆～。

戒 警～。

誡 同上。又告也;命也。

介 助也。

屆 至也;極也;當也。

尬 尲～,行不正也。○甲。義同。

---

① "解",原手稿寫作"觧"。下從"解"字皆同。

四百零九號

【平】

埋 ～葬。

霾 風雨霧貌。

【上】

買 以錢換物也。

蕒 苦～，菜名。

哶 羊声。

【去】

賣 以物換錢。

邁 遠行也；老也；過也。

勱 ～㺜①，垢膩貌。

勱 勉力也。

四百一十號

【上】

挀 分開也。

【去】

派 分～、支～。

㕻 即分～也。

湃 澎～，水声。

憊 ～懶。本音敗。

紤 散絲。○帕。義同。

四百十一號

【上】

蟹 螃～。

蠏 同上。又鮮同。

駭 驚～。

解 卦名。

獬 ～豸。

四百十二號

【平】

乖 ～戾。

枴 ～杖。又柺同。

拐 ～騙。

【去】

怪 奇～。

夬 卦名；決也。

壞② 毀也。○懷。○灰。病也。

會 郡名。又～計。今讀桂。

四百十三號

【平】

脮 乳也。

【上】

赧 面慚赤色。本音難。

---

① "㺜"，原手稿寫作"㺜"。
② "壞"，原手稿寫作"壞"。凡如"壞"字右側"裏"者原手稿大多寫作"褱"。

嬭 乳也。又乳母。
囡 乳也。
乃 助語辞。○哀。
迺 同上。俗作廼。
芿 芋~。本音成。
鼐 大鼎也。
奶 官宦妻曰~~。
【去】
奈 ~何；無~。
耐 忍也。○同能。
柰 李~。
襛 ~襪，不曉事。
那 助語辞。本音糯。

四百十四號
【平】
台 三~星。又~州；~駕。
胎 ~孕。
鮐 魚名。又~背。
邰 國名。
【去】
太 ~玄、~一。
泰 寬也；大也；安也。~山。
態 形~。
貸 借也；施也。○忒同。
汰 沙~。一作汏。

睸 曖~，不明也。
岱 ~山。

四百十五號
【平】
來 ~往。又姓。
騋 馬七尺曰~。
萊 姓也。又草名。
秾 小麥。○利、義同。
徠 勞~，撫其至曰~。
【上】
儽 ~撤，衣破貌。
【去】
賴 藉也。
懶 儓~。
籟 三孔籥也。
賚 賜也；予也。
癩 ~頭瘡。
瀨 水流沙上也。
喇 声也。又哈~，戒布。

四百十六號
此號本與四百廿五號莒同音
【上】
怠 懈~。
殆 危也；近也；將也。

筷 晒花~。又筕同。

【去】
逮 及也。同迨。〇地。
迨 同上。
靆 雲覆日曰靉~①。
黛 眉~,綠色畫眉墨。
大 小~。〇同太。
埭 壅水為堰。
靆 曖~,暗也。

四百十七號
【去】
快 稱意也;疾也;喜也。
駃 同上。〇決。
蒯 草名。又姓也。
鱠 氣息貌。
筷 用以取食。俗字。

四百十八號
【平】
懷② 思念也。
槐 木名,花可染黃。
淮 ~安府,出~蟹。
磙 石不平也。〇怪。

【去】
外 內~。
壞 破敗也。〇怪。
瀤 瀆~,垢膩也。
餲 食敗也。
壞 腐也。

四百十九號
【平】
茄 ~子。本音加。
伽 ~藍佛。本音加。
懈 ~怠。本音戒。

四百二十號
【上】
擺 ~設;~錫。

【去】
拜 曲躬頓首。
薜 草名。
扒 拔也。

四百卄一號
【上】
歹 好~不識。又歺同。

---

① "靉",偏旁"愛"原手稿寫作簡體"爱"。
② "懷"與其後的"磙""壞""瀤""餲""壞",原手稿分別寫作"懷""磙""壞""瀤""餲""壞"。

【去】

帶① 紳也。

戴 頂荷也。又姓。

帶 赤〜、白〜，婦人之病。

襶 襶〜，不曉事。

四百廿二號

【平】

斜 歪〜。

邪 〜道，不正。○耶。

【去】

謝 辭〜。又絕也；退也。又姓。

欻 古同上。

藉 薦也。又蘊〜。

榭 臺〜。

四百廿三號

【平】

嗟 嘆聲。

罝 兔〜。

【上】

姐 弟呼姊曰〜。又小〜。

【去】

借 假也；貸也。○積。假也。

齌 緝麻為〜。本音祭。

四百廿四號

本與四百廿六號采同音，今分
  二音讀

【平】

差 〜使。

釵 〜鐶，首飾。

攃 拳加物也。①同。

【去】

嘬 齧也。

蔡 大龜也；法也。又姓；州名。

瘥 病瘥也。○坐。

蠆 蜂〜，長尾曰〜。

四百廿五號

本與四百十六號怠同音，今分
  二音讀

【平】

苔 〜蘚。

臺 亭〜②。又薹同。

擡 〜舉。

薹 芸〜菜。

---

① "帶"，即"帶"，原手稿多作此寫，用作構字偏旁亦如是。下文的"帶"，原手稿寫作"帶"。

② "亭"，原手稿寫作"亭"。"亭"作偏旁，原手稿寫法大多類此。

【上】
待 俟也。
【去】
代 世~；替~。
袋 囊~。又俗同。
玳 ~瑁。
瑇 同上。

四百卌六號
本與四百卌四號差同音
【平】
猜 疑也。
【上】
采 得~。又取也；摘也；事也。又同下。
彩 光~。
採 ~摘。
綵 燈~。
寀 寮~，同朝官也。
髮 ~髻。
俕 俢~；不仁。
【去】
菜 ~蔬。
埰 百乘家有~地。

四百卌七號
【平】
開 解也。
【上】
愷 ~悌，樂易也。
豈 同上。
凱 ~風，即南風。又善也。
鎧 甲也。
闓 開也。
塏 高爽也。
【去】
慨 忼~，壯士不得志也。
嘅 同上。
嘅 嘆聲。
欬 聲~①、~嗽。

四百卌八號
【平】
㧀 ~兜，捕魚器也。
【上】
海 滄溟也。
醢 肉醬。

---

① "聲"，偏旁"缶"原手稿寫作"缶"。

四百廿九號

【平】

咳 小兒笑貌。

孩 幼稚也。

【上】

亥 十二時之末也。

侅 奇~,非常也。

【去】

害 謀~;利~。

四百三十號

【平】

獃 痴~。又呆同。

【去】

艾 ~草,可灸病。○宜。

礙 妨~。

硋 同上。

四百卅一號

【平】

哀 悲~。又懷同。

埃 細塵也。

【上】

乃 欸~,音袄靄,棹船相應聲。

【去】

愛 恩~。

四百卅一號（續）

僾 彷彿也。

靉 ~靆。

霭 雲~,集貌。

馤 馣~,香甚也。

藹 人臣盡力之美。

四百卅二號

【平】

遮 揜也。

【上】

者 助語辞。

赭 ~石,赤色。又小~,地名。

【去】

蔗 遮也。

蔗 甘~。

鷓 ~鴣鳥。

柘 桑~。

這 ~個。本音彥。

四百卅三號

【平】

耶 疑辞。

邪 同上。

梛 ~子木。

琊 琅~,地名。

爺 大~、老~。

鎁 鏌～,劍名。

【上】
也 語已辞。
野 郊外曰～。
埜 同上。
冶 銷也;鑄也。妖～,女態(態)。

【去】
夜 晝～。
䧳 鳥名,似雉。
鋣 鏡也。

四百卅四號

【平】
賒 不交錢而買。又遠也。
奢 ～侈。

【上】
捨 棄也。
舍 同上。㊣屋～。

【去】
厙 姓也。
赦 宥也;釋也。

四百卅五號

【平】
車 輿輪之捴名。
革 ～萷子。

【去】
撦 裂開也。
扯 同上。

四百卅六號

【平】
蛇 龍～。○移。
佘 姓也。

【上】
社 ～稷。又～,祭地。
惹 引着也。
若 蘭～,西域静處。又般～,見《心經》。

【去】
麝 ～香。
射 ～箭。
䠶 同上。

以下皆入聲

四百卅七號

屋 ～宇。
渥 潤澤也。
握 持也;揑也。
喔 鷄声。
沃 灌溉也。

喔 帷～。
鎞 白金也。
齷 ～齪。
偓 ～促。

四百卅八號

卜 問～。
剥 ～削、～皮。
駁 ～雜。又以船～貨。
搏 手擊也。
襮 繡①黼為領。
博 廣～;賭～。一作愽。
鎛 去草器。又樂器。
溥 水名。
膊 肩～。○朴。
簙 蠶具。
北 朔方也。
袹 裙～。

四百卅九號

鹿 獸名。
陸 姓也。又高平曰～。
六 陰數也。又～陳貨、賣～穀
(穀)。
碌② 勞～。又～～無能。
禄 俸～;福～。
麓 山足也。
簏 ～子。
箓 同上。又～笋。
盝 巾～。
戮 刑～。又辱也;并力也。
勠 并力也。○了。
蓼 ～莪。○了。
菉 ～荳。
綠 ～色、紅～。
籙 胡～,箭室。
淥 水名。
蔍 ～葱花。
舟 姓也。
錄 記～。～～,循常也。
轆 ～轤。
稑 後種先熟。
喙 笑也。又鳥声。
彔 ～豆。
逯 走謹也。～～,眾也。
甪 姓也;獸名。又～直糕。

---

① "繡",原手稿寫作"綉"。
② "碌",原手稿右邊"彔"寫作"录",凡偏旁"彔"多作此寫,以下"禄""箓""盝""籙""喙""逯""騄"分別類此。

騄 ~耳,駿馬名。
落 零~。
駱 白馬黑鬣尾也。
駝 同上。~駝。
洛 ~陽。
樂 喜~。
烙 ~鐵。
絡 酒~索。
轢 車陵踐也。
犖 卓~,超絶也。
𦬫 泥~担。
貉 乳~。
酪 乳醬。同上。

四百四十號

讀 ~書。○豆。句~。
瀆 河~。
濻 村~。
毒 ~心;~草。
犢 小牛。
讟 怨謗。
匵 匱也。
獨 孤①~。
纛 旗~。○道。義同。

牘 版~。
櫝 匣也。
鐸 木~,金口木舌。
度 ~量。
諑 敗(欺)也。
踱 緩行貌。
哆 口~~,言無度。
𢥠 忊~。
澤 淳~。

四百四十一號

宿 星~。又久也;大也;安息也。
　　又一~為舍,再~為信。
夙 早也。
粟 米~。
觫 觳~,懼狀。
速 急也。
肅 嚴~。
樕 樸~,小木。
驌 ~驦,良馬。
餗 鼎實。
謖 興起也。
熽 ~燥。又暴也。
涑 ~~,雨聲。

---

① "孤",原手稿寫作"孤"。

鸝 ～鷄,西方神鳥。
蓿 苜～,草名。
蕨 菜謂之～。
索 繩～。又盡也。○色。取也;求也。
挼 摸～。
穤 稻～。○色。義同。
縩 繩～。
襟 衣声。○色。義同。
鏒 鉄～。
榛 白～,木名。○色。義同。

四百四十二號

國 邦～。又国同。
蟈 蟪～,蛙也。
馘 斬首。
幗 巾～。
告 忠～,善道。
梏 桎～,手械。
穀 善也。又五～。
榖 木名,亦同槃。
轂 車～,輻所湊也。
鵠 小鳥名。○或,鴻～。
槲 ～樹。
虢 姓也。
谷 山～。又養也。

郭 內城外～。度(皮)也;姓也。
咶 雉鳴。
廓 開也;虛也;空大也。
槨 棺～。又椁同。
椁 同上。
鸛 布～鳥也。

四百四十三號

玉 寶～、～石。
獄 牢～。
忸 ～怩,慚也。○紐。
恧 慚也。
衄 傷也。
朒 縮～。○納。
㧱 搞～,不伸。
衄 鼻出血也。

四百四十四號

木 树～。
苜 ～蓿,草可為菜。
沐 ～浴、～頭。
墨 筆～。
莫 不可也。又姓。
穆 和也;順美也;厚也;靖也;深遠也;一作穆。
繆 惡謚也。

睦 和～。
牧 看晉牛羊也。
邈 渺也；遠也。
漠 沙～。又廣也。
鏌 鋤也。～鎁，劍名。
幕 門～。叶音暮。
目 眼～。又條件也。
霂 小雨也。
寞 寂～。
摸 掏～。又捫也。
匹 家鴨也。

四百四十五號

祝 ～讚。
竹 毛～、石～。
竺 天～，西域國。
燭 蠟～。又爥同。
粥 稀飯。○欲。
囑 ～託。嘱同。
築① 擣也；造也。
矚 視之甚也。
瘃 凍～。
朔 ～～，呼雞声。
箏 以手～物也。

屬 連也；著也；續也；付也；託也。
　 同囑。
卓 立貌。
倬 著也；大也。
啄 鳥～食。
剝 削也。
斲 刀～。
桌 八仙～。又高也。
捉 捕～；～漏。
涿 寒～，古譏人。
琢 ～磨。
覺 悟也；曉也。
躅 盤辟貌。
戄 驚～。○脚。義同。
角 牛～。
珏 二玉相合。
桷 方椽曰～。
钁 ～鑠。
較 直也；畧也。
脚 足也。

四百四十六號

促 局～。
簇 小竹。

---

① "築"，其中偏旁"巩"，原手稿右边的"凡"寫作"几"。下文"箏"寫法類此。

鏃 箭頭。本音若。
蹙 急～。又愁貌。
蹴 足不行貌。
跛 ～踖,不安。
蹴 蹋也;躪也;[～]踖也;逐也。
顣 ～頞相告。
齪 齷～,急促局陿貌。

四百四十七號

篤 誠實。又厚也。
督 捴～、～理。
裻 新衣声。
毅 椎毅物也,即～田螺。

四百四十八號

福 ～祿。又德也;祜也;休也。
輻 ～輳。
馥 ～～,幽香。
幅 布～、梭～。
腹 肚～。
覆 反～;面～。
蝠 蝙～。又蝮同。

複 重也。又～道。
箙 織具。
楅 以木橫牛角①而防觸也。○必義同。

四百四十九號

彧 時人之稱②。
惑 疑～。
獲 捕～。
斛 斗～。
觳 ～觫,懼貌。
鑊 飯～。
斛 石～,藥名。
穫 刈禾。
穫 同上。
劃 刀破物。
濩 煮也。
蠖 尺～,虫名。
畫 ～策③。又限也。

四百五十號

觸 抵④～。

---

① "角",原手稿多寫作"甬"。凡偏旁"角"原書稿中多作此寫,下文"斛""觳""斛""觸"均同此。
② "稱",原手稿寫作"秤"。
③ "策",原手稿寫作"筞"。
④ "抵",原手稿寫作"扺"。

戳 以戈～人。
矗① 聳上也；高起也。又直也；齊也。又～燈。㊛義同。
柷 樂器。
畜 止也。又～牲。
曲 委～；詞～；彎～。
蛐 ～蟮。
麹 酒媒也。
麴 同上。
笛 養蠶具。
闃 寂靜。

四百五十一號

蓄② 聚也。
勖 勉也。
洫 溝～。一音窢。
旭 初出之日。
頊 顓～。又敬謹貌。
畜 養也。
侐 寂也；清静也。
稸 積～。
倏 ～忽。又犬疾走也。〇下從犬。俗從火，非。

倏 俗同上。
縮 收也；斂也。
束 縛也；拘～。又～脩。
蹜 足迫也。
叔 父之弟。
數 煩～也。〇促。～罟。
嗽 口～。又嗾同。
俶 善也；始也；作也；動也。
菽 豆之總名。
朔 初一日～；北方曰～。

四百五十二號

伏 潛也。又三～天。
茯 ～苓，藥名。
袱 包～。
服 事也；衣～。
復 再也。
縛 束～。

四百五十三號

蜀 巴～，地名。
贖 回～。
孰 誰也。

---

① "矗"，原手稿凡偏旁"直"大多寫作"直"。
② "蓄"，凡以偏旁"玄"構字者，原書中"玄"皆因作避諱而缺筆畫"、"。下文"畜""稸"原手稿均同此。

熟 生～。
褥 裯～也。
鄏 郟～,邑名。
辱 恥也;惡也;污也;僇也。
縟 繁采。又細也。
屬 類也;眷～。属同。
淑 善也;和也。
肉 肌～、骨～。
蓐 草薦。
塾 門側之堂。
若 助語辭。又似也;順也。
弱 瘦～、懦～。
杓 木～。正音勺。
芍 ～藥。
嫋 姌～。
楛 ～榴,即石榴。
䣚 小國。

四百五十四號
朴 質～。又厚～,藥名。
樸 同上。○卜。㭉～。
扑 杖也。
撲 擊也。同上。
粕 糟～。

鏷 生鐵。
璞 玉之在石中者。
拍 搏也。
矻 ～硝,藥名。
攵 擊聲。
犢 小牛曰～。

四百五十五號
郁 ～～,文盛貌。又姓。
彧 茂盛貌。
澳 水之内曰～。○袄。深也。
稶 黍稷茂盛貌。
怉 心動貌。
嗅 喉声。
薁 ～李,果名。
墺 地近水涯者。

四百五十六號
俗 風～。
續 繼～。又陸～。
族 宗～。
鏃 箭頭。本音若,或讀促。
昨 ～日,頭一日也。
鑿① 斧～。○作。又與鍥同。

---

① "鑿"之左上角偏旁,原手稿省作"凿"。後釋語中"鍥"字寫法同此。

怍 憨也。
柞 ㊦析其～薪。

四百五十七號
欲 私～。
罭 緩罟也。
域 封疆。
棫 木名。
浴 沐～。
慾 嗜～、淫～。
緎 皮裘之界域也。
䎗 羊裘之縫。
鴶 鴝～，即八哥。
昱 日光也；明也。
煜 燿也。
育 養～。
毓 ～秀。
鬻 賣也；養也。
閾 門限也。
疫 瘟～。
役 使～；征～。
學 習～。○效。
樂 禮～。
籞 絲～。
翯 鳥羽濃白貌。
潏 山水夏有冬涸。

灂 同上。
蘱 ～子草。

四百五十八號
局 ～面、格～。
柚 杼～，機具也。○由。
妯 ～娌，兄弟之妻。
軸 畫～、卷～。
俶 ～促。
宿 不敢伸也。
蹢 躅～，不伸。又促也。
逐 追也；從也；又走也；斥也；放也；驅也；疾也。
擢 手～也；舉也。
濯 洗～。
濁 渾也。
鐲 手～。又鉦也。
擉 ～魚。
憷 心不安也。
躅 躑～，不能行貌。

四百五十九號
哭 哀聲也。
酷 苛虐也。
鞟 皮去毛者也。
擴 ～充，張大也。

廓 空大也。○國。
譽 急告也。又高辛氏號。

四百六十號
足 手~;滿①~。
作 為也;造也;興也。
斫 砍~。○乍。
喋 鼠聲。
噪 ~~,声也。又鳴也。

四百六十一號
恪 恭謹貌。
壳 皮~。俗字。
殼 幻~。
梀 枳~,葯名。
皯 燥~。
確 的~。本音却。
覺 ~起。本音學。
瞉② 嘔吐也。
㲉 卵~。本音却。
愨 謹也;善也;誠也。

四百六十二號
托 手承物也;推也。

拓 同上。
柝 夜行所擊木也。
籜 葉皮墮地曰~。
籜 箬也。
袥 ~背。
蹠 ~弛,不遵法度之士。
託 寄~。
橐 囊~,如今褡褳之式。
槖 木葉墮也。
魄 落~,貧無家業。
庹 以手量物曰~。

四百六十三號
濮 姓也;又水名。本音卜。
瀑 ~布泉。
僕 奴~。
匍 匐~,伏地貌。
葡 蘿~。
薄 厚~。○北。
樸 ~豆(頭)。又襆同。
泊 停③~。
箔 簾也。又錫~。
襮 素衣朱~。○北。義同。

---

① "滿",原手稿寫作"瀟"。
② "瞉",當作"殼"。
③ "停",原手稿寫作"停"。

亳 湯所都也。又姓。
鉑 金～。
仆 僵也。○釜。
犦 犎牛也，日行三百里餘，能抵觸百獸。○豹。義同。
暴 日乾也。
雹 雪～子。
餺 ～餅。
嫇 昌意妻。
鏷 ～姑，矢名。

萼 花～。
蘁 逆也。
鶚 鳥名，性好立。
鱷 ～魚，吞人則浮。
齶 齒齗也。
咢 驚也。
鍔 劍鋒。
澚 水名。
㔸 嚴肅貌。
遻 心不欲見而見曰～。又遇也。

四百六十四號

此號本音學，今皆讀咢①，與下號通

鶴 仙～。本音學。○涸。義同。
鷟 ～鷟，鳳屬。
嶽 五～，衆山之宗。
岳 同上。又州名。又姓。又妻之父母稱～父母。

四百六十五號

愕 錯～。
諤 直言。
鄂 同上。又愕同。又姓。

四百六十六號

各 異也；每也。
咯 ～～，雞声。○六。
閣 樓～。
胳 腋下也。
擱 擔～。
袼 袖與衣接，當腋下縫合處也。

四百六十七號

壑 溝～。
郝 姓也。又地名。
藿 ～菜、～香。
篧 ～兜，取魚具。

---

① "咢"，原手稿寫作"咢"。書中凡以"咢"爲偏旁者，均同此。

癨 ～亂,吐瀉。
霍 山名。又姓。
矐 ～睒,電也。
貈 狐①～。○麥。同貉。
涸 水竭也。
熇 熾盛也。

四百六十八號

惡 兇～。
堊 塗壁也。
玴 白玉。
鶿 水～鳥。

四百六十九號

諾 承領之辞也。
搦 手～也。

四百七十號

席 酒～;床～。
蓆 大也。俗作床～。
夕 夜也。
寂 ～寞;静也;安也。
汐 潮～,夕潮曰～。

穸 墓穴幽堂也。又夜也。
藉 狼～。○斜。
欶 嘆也。
味 ～嘆,無声也。同上。
揞 擊也。
籍 圖～。
瘠 瘦也。俗讀即。
褯 小兒衣曰繃～。
習 ～學②。
集 聚也。又安也;同也;衆也。
絶 ～滅。又奇也;超也;息也。
嫉 ～妒。
鏴 ～鏴,鐵撾。
疾 急也;病也。
蝍 ～蛆,蜈蚣也。
鏁 鐵～。
襲 重衣也;因也;及也;入也;合也;受也。又掩其不備。
嚍 ～～,忍寒聲。
隰 原～。
截 半～。
礛 ～斷。
蒺 ～藜,藥名。

---

① "狐",原手稿寫作"狐"。
② "學",原手稿寫作"學"。

節 ～然,高大貌。

輯 聚也;斂也;和也;睦也。○戢,義同。

倢 斜出貌。又利也;便也;疾也。○接。

艓 ～,子船也。

捷 勝也;獲也;成也;敏疾也;急報也。○妾。

籨 草廉①也。

薺 ～茵,水草。

誱 毒;苦。又語急。

踥 足疾。

緝 和也;諧也。

四百七十一號

笛 橫吹者曰～。

敵 匹也;當也;對也;仇也;拒也;抵也。

糴 ～米。

狄 戎～。

迪 進也;順也;蹈也;道也。

廸 ～吉。俗同上。

髢 髻～。

荻 萑也,蘆也。

滌 洗～。

翟 山雉。

覿 見也。

嚁 聲也。

篴 ～～,長而殺也。

苖 蓨草也。○畜,義同。

疊 重～。又疉、叠同。

氎 細毛布。又同上。

叠 又同上。

碟 碗～。本音舌。

蝶 蝴～。

牒 文～。

惵 恐懼也。

喋 多言便語。

絰 喪服。

迭 更也。一作佚。

垤 坵～。

耋 八十曰～。又至也。

揲 摺也。

眣 以目使人也。

瓞 小瓜也。

堞 城上女垣也。

𥕢 碱～,玉名。

蜨 蛺～。

軼 侵也;突也。又同迭。○直。

---

① "廉",即"簾"。

闠 門閉也。
疊 同疊。厚也；墮也；明也；累也；積也；屈也；懷也。又震懼也。

四百七十二號

剔 笊～。
逖 遠也。
揚 挑～。
踢 ～球。
惕 憂也；懼也。
俋 ～儻。
趯 趯～，狂走。
鐵 黑金。又銕同。
貼 ～隣，依附也。又粘置也。
帖 書～。
驖 馬黑色也。
饕 饕～，貪食曰～。
跌 ～履也。○迭
蛈 虺～。○迭

四百七十三號

逆 悖～，不順也。迎也；却也。
聶 附耳小語。又姓。○直。
闑 門橜也。

槷 匠人辨方正位。
臬 射的。又法也。又藩～。
蘖 萌～。
涅 ～槃。又染①黑。
孼 庶子；禍～。
虤 不安貌。
捏 指～物也。
揑 同上。
囁 ～嚅。
讘 多言。
嚙 噬也。又嚙同。
惄 饑意。
匿 隱也。又瞹同。
溺 沉～。○鳥。
氼 同上。人在水下曰～。
暱 日月相近也。
惄 憂②也。
搦 按也。○諾。義同。
岲 動搖之貌。
岌 疑。同上。一音及。
箈 竹～。
䀟 小目。
嫟 媱～。

---

① "染"，原手稿寫作"染"。
② "憂"，原手稿寫作"憂"。

業 基~、事~。
仡 壯勇貌。○兀。
鴔 水鳥,雄雌相視則孕。
鶂 同上。又~~,鵞声。
愱 內愧也。
嶷 有知識貌。
嶷 同上。克岐克~。
糱 麴~。
躡 登也;踏也。
屹 ~崒,山貌。
阣 阢~,危也;不安也。
繶 五絲為~。
蠥 妖~。
櫱① 斫過樹根傍復生嫩條也。又姓。下从不,非木也。
不 同上。
鑷 ~子,扳②去毛毛者。

四百七十四號

極 太~。又盡也。
屐 木~鞋。
劇 甚也;艱也;戲也。
噱 戲也。

傑 英~。
杰 同上。
竭 負舉也;涸也。
揭 舉而竪之也。
桀 雞棲。又夏王名。
碣 碑~。
及 至也。
芨 白~,藥名。○急。義同。
撽 盡力負也。
笈 書箱。○吉。義同。
岌 高貌。○逆。

四百七十五號

力 ~氣。
歷 ~日。本从禾从日,因避廟諱改从木从止。
歴 同上。~代。
瀝③ 瘵~。
灑 ~之令乾。又瓜~,地名。
轣 ~轆,車軌也。
礫 瓦~,小石也。
櫟 白~柴。○落。山有苞~。

---

① "櫱",今寫作"櫱"。
② "扳",即"拔"。
③ "瀝",與以下"灑""轣""櫟""歷""霳""蘲""靋""靂""樢""纅"中的偏旁"歷",原手稿均改寫作"歷"。

櫪 牛馬皁。
㒿 羃~,烟貌。
靂 霹~,雷声。
轢 車陵踐也。
藶 葶~子。
酈 姓也;地名。
靂 ~~,雨不止。
颲 颲~,風声。
穊 禾稀疏也。
纅 繩為界埒也。
立 坐~。又置也;建也。
列 排~。
烈 貞~。又火猛也;威也。
慄 戰~,恐懼。
裂 碎~。○例。
栗 ~子。
溧 ~冽,寒也。
冽 凛~,嚴寒。
律 ~例、音~。
例 慘~。
笠 箬帽。
苙 闌也。
粒 顆~。
率 斗~,天官。

掞 以手理物。
篥 觱~,胡人所吹。
胵① 脇肉。又腸間脂也。
茢 萑苕,可為帚,掃除不祥。
壘 神荼左門神,鬱~右門神。
溧 ~水縣。
捩 去滓汁曰~。

四百七十六號

逼 迫也;驅也。
偪 同上。
襞 摺叠衣也。
壁 牆~。
璧 圭~。又物不收曰~。
辟 居也;法也。
碧 ~色。
愊 悃~,至誠。
楅 以木著牛角。○福。
鐴 犁~。○避。
蹕 兩足俱廢②。
畢 完~。又星名。
必 ~定。
筆 ~號管城子、中書君。

———
① "胵",原手稿寫作"胇"。
② "廢",右下角偏旁"殳",原手稿寫作"矢"。

笔 同上。
觱 ～篥,可吹。
珌 珮刀上飾。
饆 ～饠,餅屬。
韠 蔽膝。
篳 篷～,柴門也。
躩 止人行也。
滭 水沸泉出貌。
彃 射也。
蟞 ～蜉,即蟻也。
別 分～。
鼈 魚～。
鱉 同上。一作鼈。
蟞 蠅～,龜屬。
滭 ～去汁也。一作泡。
虌 菜也。
鷩 斗星名。
鷩 雉之別種。
宓 姓也。
彆 弓戾。
罼 兔網。
炪 灼物焦也。
燨 同上。

四百七十七號

的 ～確,實也。明也。

嫡 ～子、～派。
滴 ～水。
適 親也;厚也。又從也;專主也。
鏑 矢鋒;鏃。
蹢 蹄也。
靮 馬韁也。
劙 指甲～斷物也。
扚 同上。
啇 本也。
弔 至也。

四百七十八號

雪 霜～。又洗也。
薛 姓也;莎也。
褻 私服也。又狎也。
契 古人名。○乞。
洩 漏～。○以。
泄 同上。
渫 除也;散也。
疶 痢病。
屑 潔也;清也;敬也;顧也;勞也;碎也;輕也;苟也。又鋸～。
燮 和也;熟也。
爕 同上。
紲 縲～。
楔 木名。又限也。

析 分開也。
屣 履中薦也。又屐也。
颸 ~~,風声。
昔 往~。
惜 憐~、可~。
腊 乾肉。
戌 地支。
淅 汰~。又接~而行。
裼 袒~,露臂也。
樢 ~樹。
晳 白色。
錫 賜也。又銅~。
晰 明也。
舃 方頭履也。又姓。
蟋 ~蟀。
鵎 鶴~。
賑 賑~。
媳 子婦曰~。
篾 除耳垢梢~子。
蓆 牛~,藥名。作膝或作薃。
蒠 ~菜。
恓 同惜。
郎 同上。又少也。
息 安~。又利~;將~。
蜥 ~蜴。
悉 知~。

膝 足~。又牛~,藥名。
厀 同上。
熄 火滅也。

四百七十九號

翕 合也;起也;盛也。
吸 氣入為~。
脇 ~肋。
脅 同上。
歙 ~笙,即吸也。
胁 響布也;振也。
盻 視也。
齂 鼻息也。
洫 田間水道。
殈 卵裂也。正音叔。
歇 休~也。又好~。
迄 至也。
虩 恐懼貌。
蠍 ~子虫。
蝎 同上。~虎。
鬩 鬪也;訟也;戾也;怨也。
疲 虛~。
獥 ~猲,短喙犬。
蠹 傷痛也。

四百八十號

壹 大一①字。

一 誠也；均也；初也。

弌 古一字。

乙 太～。

鳦 燕也。

臆 胸肉。

揖 拱手作～。

挹 同上。又酌也。

噎 食窒，氣不通也。

饐 同上。食不下咽。

秿 稻穀不實。

厭 服也。又順從貌。

俯 躲頭～腦。俗字。

益 增也；進也；饒也。

謁 白也；訪也；請見也；告也。

億 十萬曰～。

抑 反語辞。

繶 絛繩也。

悒 不安也。

憶 記念也。

邑 縣～。

浥 濕潤也。

脂 脛肉也。又肥也。

四百八十一號

節 時～；竹～。○絕。

卽② 同也；便也；～刻。俗作即。

卩 同上。瑞信也。

喞 啾～，虫声。

接 相續也。又迎～。又速也。

浹 潤澤周徧也。

偂 傅～。

蝍 ～蛆，蜈蚣也。

䈼 禹泥行乘～。○醉。

楫 短棹。

睫 目旁毛也。

㠫 以巾拭物也。

椄 續木。

㮨 細理木。

鯽 ～魚。

迹 形～。又～漬。

跡 踪～。

積 堆～。

蹟 古～。

---

① "一"，原手稿寫成代表字頭的符號"｜"，恐不確。茲徑直改之。
② "卽"，同"即"。凡偏旁"卽"，原手稿皆寫作"即"，下文"喞""偂""蝍""㠫""鯽"均類此。

績 紡～;功～。
勩 功～。
虋 鬼死為～,若篆書此字於門旁,百鬼遠離。
脊 背～。
瘠 瘦～。本音籍。
鶺 ～鴒,小鳥。
踖 踧～,恭敬貌。
蹐 跼～,小步也。
稷 黍～;后～;社～。
襀 襞～。
薺 薺～,水草。

四百八十二號

滅 絶也。
宓 姓也;安也。
覓 尋也;求也;索也。
覛 同上。
密 謹也;静也。
蜜 ～蜂。
汨 ～羅江。○骨。
蔑 無也;微也。
幦 覆軾之皮。
篾 劈竹為～。

篾 同上。
䉁 伐也。又狗皮。
糸 細絲也。
幦 ～繩。
冪 ～屪,烟貌。
幎 覆也,以巾覆物也。
纖 細～。

四百八十三號

吉 ～利、～凶。
揭 ～起。○乞。義同。○起。
潔 ～净。
羯 胡戎曰～。
拮 ～据,手口共作之貌。
袺 以衣貯物而執其衽。
結 締也。
孑 孤①～。
訐 面斥人過。
髻 丫～。○記。
鍥 割稻～子。
汲 ～水。
墼 炭～。又瓴適也。
墼 同上。
急 ～速。

---

① "孑",原手稿寫作"孤"。

伋 同上。又子思名～。
給 供～。
跲 躓也；礙也。
笈 書箱。○及。義同。
級 等～。
黠 慧也；堅黑也。○洽。
桔 ～梗。又～橰，水車。
蕙 白～。
劫 強取也；奪去也。
莢 蓂～，瑞草。
頰 面旁。
蛺 ～蝶。
鋏 劍屬。
棘 荊～。
撠① 持～刺人。
擊 打也。
戟 戈～。
激 感也。
殛 誅也。
躤 以足據持也。
亟 急也。○起。
姞 姓也。

四百八十四號
喫 啗食也。又吃同。
泣 哭無声也。
怯 懦弱也。
愜 快也；足也。
隙 怨～也；空間也；暇也。
綌 壁際孔也。
綌 粗葛。
挈② 提～。
篋 械；藏也；箱～也。
契 ～闊；～丹。
詰 問也；責也。又～旦。
乞 求也。
訖 止也；盡也；畢也。○吉。義同。

四百八十五號
七 少陽数也。
柒 俗同上。本同桼。
緝 继續也。
葺 修補也；覆蓋也。
戢 藏也。又歛也。
戚 親～。
輯 和睦也；聚也。○習。

---

① "撠"，通常寫作"撠"。
② "挈"，原手稿寫作"挈"。

蕺 菜名。
漆 水名。又膠～。
桼 膠～本字。
切 披～；急～。
椻 木名，可為杖。
竊 盜也。又私也。俗作窃。
慼 憂也。
刺 穿也；傷也。
妾 小妻，即如夫人。
惗 心不正貌。
崨 ～山，在越城。
諿 和也。○醋。

四百八十六號

匹 ～配；～夫。
僻 陋也；乖也；偏也；幽也；非也；邪也；放也。○批。
辟 ○放～邪侈。
疋 布～。
霹 ～靂。
劈 破開也。
擘 小擊也。○比。
撇 拋～。又～畫，同上。
剺 削也。
瞥 ～，暫見也。

四百八十七號

易 周～；改～；交～。
弈 圍棋也。
亦 ～然。
翼 羽～。又扶也；助也；恭也。
翌 明也。又明日也。
弋 繫絲而射也。
㩋 ～文。又木無枝。
驛 官～。又遞馬也。
馹 同上。本音日。
斁 厭也。○都。義同。
繹 絡～不絕。又陳也；長也；終也；充也；度也。
睪 目視也；引也；給也。
蜴 蜥～，虫名。
懌 悅也。
熤 張～，人名。
嶧 ～陽，山名。
射 無～，九月律名。
葉 枝～。又姓。
曄 光曜也。
挈 度也。○吉。
逸 失也；超也；過也；縱也；奔也；隱也；遁也；放也。又作佚。
佚 安～；不劣。同上。
腋 肘～。

液 津~。
掖 手~物也。
曳 同上。又作曳。
頁 頭也。又書~。
溢 滿也。
纈 繫也；繒也。
姝 婬~。
褹 以衣袵貯物而扱之於帶也。○挈。
泆 水蕩~。又淫放也。
鎰 二十四兩曰~。
佾 舞八~。
鎰 鐵器。又金堅。
饁 饋餉也。

四百八十八號

鼻 ~頭。本音皮。
闢 開也；啓也。
辟 同上。~土地。
別 離~。○必。
弼 輔~。又佛同。
愎 戾也；很也。
腷 ~臆，意不泄也。
甓 瓴甋也。
煏 以火乾物。
肺 ~胇，大貌。

四百八十九號

麥 米~。
貊 蠻~。又安靜也；定也。
陌 田間道。
貉 大~小~也。○涸。
霢 ~霂，小雨。
脉 命~、血~。
脈 同上。
默 不語也。
駢 駝~，似騾而小。
万 ~俟，複姓。○萬。
末 本~。又無也；盡也。
抹 塗~。
秣 以粟飤馬曰~。
没 沉也。
歿 終也；死也。又殁同。
茉 ~莉花。
妺 ~嬉，桀妻。

四百九十號

隔 間~、~壁。
鬲 同上。○力。
膈 胸~。
格 ~局。又至也。
骼 腰骨曰~。
革 生皮。

㭴 平斗斛木。
假 至也。
骼 骨～。
葛 ～藤。又姓。
合 升～。
閣 内中小門。
鴿 鵓～。
蛤 白～，蚌属。
蓋 ～禄萬鐘。
割 剮～。
虼 ～蚤。
旭㊹ ～旮，太克。

四百九十一號

客 賓～。
刻 雕～；時～。又～薄。
剋 ～期，約定日期也。又殺也；損［也］；削也；急也。
尅 刑～。
克 能也；勝也。
搕 手把著也。
喀 欬聲。
媿① 罵婦女謂之老～。

渴 口乾也。
磕 ～頭。
榼 酒器。
瞌 ～睡。
盍 閉門也。
嶱 《皇懺》内有～山，地獄。
敨 敲～。
殈 ～死。
襫 ～襟，婦人衣也。
篰 俗作蓄魚具。本音對。

四百九十二號

魄 魂～。
拍 拊也；打也。又掐同。
珀 琥～。
鏴 破也。
檗 飯半生半熟。
擆 射中物声也。
潑 澆～，即～糞。
泊 水～。
撥 芟撥也。

四百九十三號

白 西方色。又素也。

---

① "媿"，原手稿寫作"媿"，即偏旁"刂"寫成"寸"。

帛 布~。
鉑 金~。
勃 變色貌。
渤 ~澥,海別枝名。
垉 泥~頭。
鵓 ~鴿。
孛 彗星也。
哱 吹氣声。
焞 尉~,烝熱①。
燞 烟起貌。
浡 ~然,興起貌。
誖 亂也;乖也。○佩。
捊 ~石頭。
悖 ~孽;強也;狠也。
桲 米~。
荸 ~薺。
馞 麴~也。
艴 怒色。
舶 同上。

四百九十四號

雜 ~亂。
襍 同上。
咂 嘈~,声也。

四百九十五號

澤 潤~;恩~、德~。
擇 揀~。
宅 屋~。
蟿 食苗節虫。
賊 害也。又盜~。
鰂 鯽~,即明甫。
藻 ~藱②,藥名。

四百九十六號

色 顏~。
塞 閉~。○帥。
嗇③ 吝~。
穡 稼~。
憡 悲恨也。
寨 實也;安也。
澀 不滑也。
濇 羞~。
圾 垃~。

四百九十七號

釋 解~;和尚為~教。

---

① "熱","熱"的讹字。
② 藱,"藱"俗寫。《玉篇·艸部》:"藻,藻藱,藥。"《正字通·艸部》:"藻,藻藱,藥名。"
③ "嗇"下面的"回"原手稿大多寫作"囬",下文的"穡""憡"同此。

室 宮~。
識 見~。
式 樣~。又敬也。
拭 揩~。
姭 同上。
適 往也；至也；自得也；安便也。
奭 盛也。
襫 襏~，雨衣。
螫 虫行毒。
軾 車前橫木。
失 遺~。
飾 修~、首~。
適 女子謂嫁曰~。
設 置也；陳也；合也；張施也。
說 ~話。
刷 油~、牙~。
歙 縣名。○翕。
葉 姓也，~公。
唼 鳥理毛也。
溼 ~燥。
濕 同上。
攝 捴持其事。

四百九十八號

勒 馬~。
鰳 ~鯗。
肋 脅~。
泐 石解散也。
沏 水声。
甪 ~直糕。○六。
扐 筮者著著指間也①。
仂 數之餘也。
防 地之脉理。
劣 優~，弱也；鄙也；少也。
埒 庳垣也。
畉 耕田起土。
捋 掇取也。

四百九十九號

弗 不也。
拂 拭也。○同彿。
髴 髣~，若似也。
黻 黼~。
艴 變色貌。
勿 禁止之辞。本音物。
紼 繫印組也。又引柩索。

---

① "指間"，原手稿作"指門"。誤。《說文·手部》："扐，《易》筮，再扐而後卦。"《廣韻·德韻》"扐，筮者著著指間。"

茀 所以引樞。
第 以革蔽車。
韍 蔽膝之服。
韍 同上。
祓 除惡祭也。
颮 小風也。又疾風。
沸 泉涌出貌。○費。義同。

五百號

姪 兄弟之子。
侄 俗同上。本音質。
朮 蒼～、白～。
轍 車迹。今讀出,非。
軼 同上。○迭。
秩 官職也；常也；序也；整也。
帙 書衣。又袟同。
蟄 潛也。○尺。多也。
涉① 徒行水中。
蹠 ～跡。
直② 正也；不曲也。又伸也；又當也。俗作直。
植 立也；置也；栽也。又姓。
殖 貨財～也。

躑 住足也。
擲 投也；拋也。
值 價～多少。又～年。○治。

五百零一號

實 誠～；菓～。
寔 俗同上。本音直。
述 傳～。
術 法～。
日 太陽也。
熱③ 煖～。
拾 收～。
十 數也。
折 斷而猶連也。俗云～本。
舌 ～頭。
什 ～物。
入 出～。
秫 穤也。
爇 燒也。
衵 女人近身衣。
石 山骨也；姓也。又十斗曰～。
碩 大也；充實也。

---

① "涉",原手稿寫作"涉"。
② "直",原手稿寫作"直"。凡以"直"爲偏旁者原手稿大多類此,下文"植""殖"分別寫作"植""殖"。
③ "熱",即"熱",偏旁"坴"原手稿多寫作"幸",下文"爇"類此。

蝕 敗創也。又日月並行曰～。
射 以弓矢～物也。
祐 廟中藏木主石室也。
食 饌也；吃也。○士。
妬 女無子曰～。○同妒。
銱 鐋～,銅属。
㊌
鈇 長針。

五百零二號
尺 十寸成～。
勅 天子制書。
飭 致堅也。又整備也。又修～也。○同敕。
叱 ～咤,發怒也。
赤 紅色。又～子、～體。
斥 ～逐。又大也；指而言之也。
蚇 ～蠖,虫名。
鶒 鷄～,水鳥,毛五色。○俗作鸂鶒,並非正寫。
出 ～入。
黜 貶斥。
掣 曳也。
撤 抽也；發也；剝也；除去也。
澈 水澄清也。
轍 車跡。本音直。

徹 通也；明也。本音直。
怵 恐也；惕也；竦懼也。
㵸 泣也。
歠 大飲也。

五百零三號
柏 松～。
栢 俗同上。
百 十十曰～。
佰 百人為～。
迫 急～。
檗 黃～,黃木。
伯 叔～。
擘 分～也。又手指也。
蘗 黃～,藥名。
撥 分～。
鉢 盂～。
鱍 魚掉尾貌。
不 非也；弗也。○否。
襏 ～襫,雨衣。
般 ～若,知慧也。出《心經》。

五百零四號
冊 書～。
策 簡也；謀也；籌也；鞭也。
惻 愴也；痛也。

測 ～度。
拆 ～封。
筴 卜筮～也。
柵 寨～,編木為之。
闌 木～。

五百零五號

遏 ～住,止也。
厄 ～難。
阨 同上。
曷 何不也。
害① 同上。
哎 小語。一曰吃也。
閡 止也;塞也。
搕 持也;捉也。○搕。義同。
扼 同上。
軶 轅端橫木,即犁～。
褐 毛布衣,賤者所服。
匈 ～彩,婦人花髻飾。
盇 ～醬。
盍 同上。
頞 鼻梁②也。
餲 飢～。
戹 戶小門也。

五百零六號

盒 提～、四～。
盍 何不也。
蓋 同上。○葛。
合 ～同。○割。
闔 閉也。
嗑 噬～,卦名。又多言。
迨 ～還,行相及也。
篕 ～箔。
核 菓中實也。
劾 彈;治也。○亥。義同。
紇 孔子父名叔梁～。
齕 齧也。
籺 糠～,米籺也。
覈 考之使實也;慘刻也。

五百零七號

織 ～紬、～布。
隻 凡物單者曰～。
蹠 脚掌也。
跖 盜～。
堮 基址也。

---

① "害",原手稿寫作"害"。
② "梁",原手稿多寫作"梁"。

炙 燔①～。
職 主也；常也；分也；官也。
陟② 升也；進也。
臢 脯長尺有二寸曰～。
胴③ 髮黏曰～。
櫛 梳篦捴名。
稙 早種曰～。
蟙 ～蠯,即蝙蝠也。
齣 戲一曲曰一～。本音尺。
質 ～朴；形～。又主也；考也。
只 ～個。
騭 陰～。又升也；成也。
窒 ～礙,塞也。
桎 ～梏,足械曰～。
礩 柱下石也。○至。義同。
拙 不巧也。
折 擗～。○石。
挃 穫禾声。
銍 刈禾短鐮。
儨 正也。
茁 草也。○札。肥貌。
懎 怖也；心伏也。
愸 憂也。

梲 梁上短柱。
縶 絆足馬（馬足）也。
嚍 野人之言。
浙 ～江,省名。
晰 明也。
摺 ～揲,又經～。
哲 明也；智也。
聾 失氣而言也。
褶 衣～。
劯 刈也。
擳 二指夾肉曰～痄。
怵 憂心也。
殂 夭死也。
輒 車相依也。一作輙。
執 持捕也。
倢 ～事者。
蛭 馬蟥也。
窋 物將出穴貌。又空也。
鮿 脯魚不盬也。
鑕 斧～,鐵椹也。
蜇 海～頭。又蜥同。
耴 耳垂曰～。

---

① "燔",原手稿寫作"燔"。
② "陟",原手稿寫作"陟"。偏旁"步"手稿中多寫作"步"。
③ "胴",原手稿寫作"胴"。

汁 液也。

五百零八號
德 恩～。
悳 同上。一作惪。
得 獲也；合也。
淂 水貌。

五百零九號
額 ～各①。
哈 魚動口貌。
齾 器缺、齒缺皆曰～。

五百一十號
吶 言難也。
訥 同上。又遲鈍。
納 受～。又入也。又同上。
衲 補～。
捺 手按也。
內 出～之吝。古同納。
抐 搵～，按物水中。

五百十一號
則 法～。又即也。

側 旁也。
責 ～任；～望。
迮 迫也。
筰 姓也。
簀 牀第（笫）也；簟也。
謫 ～貶。
讁 同上。
摘 採～。
窄 狹～。
仄 平～。
昃 日側西也。
唶 以口吸物也。
嘖 大呼声。
幘 巾～。
讀 ～怒。
蚱 ～蜢。
霅 雨貌。
舴 ～艋，小舟。

五百十二號
黑 烏～。
赫 火赤貌。又發也；明也；盛也。
　又～～，高明顯盛貌。
嚇 以声～人也。

---

① "各"，疑當作"領"。《廣韻·陌韻》："額，《說文》作頟，顙也。"《方言》卷十："頷，
顙也。中夏謂之頷，東齊謂之顙。"

赫 目赤也。
爀 火色也。
喝 ～訶。○挨。
懗 悟也。
欱 酒～。本音合。大歡也。

五百十三號
闊 廣～。化(俗)作濶。
矻 ～～,勞極也。
窟 孔穴也。
𡾰 同上。

五百十四號
物 事～、庶～。
佛 西方聖人。○弗。
坲 ～㘬,塵起也。
怫 ～鬱。

五百十五號
忽 ～然。
惚 恍～。
笏 朝～。

五百十六號
活 不死也。
圀 ～圙。本音忽。
核 菓中實也。本音合。

五百十七號
兀 不動貌。
屼 山名。
杌 木無枝也。
扤 動搖貌。
舻 船行不安也。

五百十八號
骨 ～肉。
榾 枸～,木名。
汨 没也。○汩。
羭 ～羖,羊名。

五百十九號
沃 肥也。○屋。
䫛 納頭于水中曰～。
膃 ～肭,肥也。今多讀兀。

五百二十號
爵 ～禄;酒～。又同雀。
爝 炬火也。
嚼 ～咀。
雀 麻～。

五百廿一號
鵲 鳥～。
皵 皮傷～起。

雀 麻~。本音爵。

五百廿二號
綽 寬餘。又闊~。
煿 ~物，煮①也。
斥 良將是~。○尺。
辵 乍行乍止。又走也。
挷② ~板。
嘩 轉舌呼。
㚟 獸名，青色，似兔而大頭，足似鹿。
踔 跋~，不常貌。○捉。與卓同。㊣起；踴也。

五百廿三號
柵 木~。本音冊。
䅯 稻~。○色。義同。
㨄 ~草。
溹 水名，在榮陽縣。

五百廿四號
卻 推~。
卻 同上。

恰 用心也。又~~，鳥鳴聲。又適當之辭。
掐 二指~物。

五百廿五號
虐 暴~。
瘧 ~疾，日頭病。
箬 笋殼。又~帽。本音若。

五百廿六號
藥 所以治病。
葯 俗同上。本音約。
鑰 ~匙。
爚 爇也；火飛也。又煌~，光明熙耀也。
龠 樂之和聲者。
籥 樂器。
瀹 漬也；烹也。
躍 跳也。
礿 薄祭也。又春祭曰~。
禴 同上。

---

① "煮"，疑當作"煎"。《中華字海・艹部》曰"煿"同"爆"。《廣韻・效韻》："爆，火急煎皃。"

② "挷"，偏旁"角"手稿中通常寫作"甬"，大概是個人書寫習慣而已。

五百廿七號

此號本與力音相近，今讀近略

獵① 田～。

獵 俗同上。

鬣 豕曰剛～。

躐 ～等。本音力。

籨 梅花竹～。

五百廿八號

略 簡也；忽～。俗作畧。

掠 刧奪也。

剠 同上。

五百廿九號

鑠 銷金。又盛也。

爍 灼～，光貌。

爁 同上。

五百三十號

勺 合～。

酌 斟～。又～酒。

著 穿～。

妁 媒～。

灼 炙也；燒也；昭也。

焯 同上。

繳 思援弓～而射之。

杓 杯～。○標。北斗柄。

禚 齊國地名。

㊍

炪 ～爍，草木華色盛貌。

五百卅一號

蹻 驕甚也。

噱 大笑不止也。

唊 同上。

腋 ～～，大笑也。

臐 口上肉。

五百卅二號

發 起也；興也。

髮 頭毛也。

法 ～度、～則。

五百卅三號

谺② 通谷也。又～然也。

---

① "獵"，原手稿寫作"獵"。凡偏旁"囟"，原手稿多寫作"囚"。以下"鬣""躐""籨"均同此。

② "谺"，原手稿寫作"谺"。

龕① 空大也。
瀺 罟入水声。
闦 大開門也。

五百卅四號

甲 天干。又～胄。
鉀 ～胄。
胛 背～。
岬 山傍。
夾 兩層也。
筴 筯也。○吉。義同。○冊。
鋏 劍属。正音吉。
餄 ～子，麪食。
郟 姓也。又～鄏，地名。
袷 衣無絮者，即～袄。
裌 同上。
价 ～然用之而成路。
挾 ～持。○接。同浹。
戛② 戟也；法也。
斝 斗～，平斗斛器。本音革。

五百卅五號

韃 ～子。正音塔。

達 通也。
蓬 馬烏草。
踏 踐～。又蹋同。
遝 雜～。又迨～，行相及也。
沓 重叠也；猥賤也。○塔。

五百卅六號

狎 親近也；玩熟也；習也。
狹 同上。～窄。
陜 隘～，不廣也。
洽 和也；合也。
匣 拜帖～。
俠 權力～輔人也。○夾。
協 同心～力。又愶同。
叶 ～音韻。
袷 大合祭。
峽 山名。
柙 藏獸檻也。
怡 樂也；喜也。
轄③ 車軸頭鉄。
餄 食飽也。
袷 ～，纊緒（絮）衣。

---

① "龕"，原手稿寫作"龕"。以"龕"爲偏旁者書中多類此，下文"瀺"原手稿與之同。
② "戛"，原手稿寫作"戞"。
③ "轄"，右邊"害"原手稿多寫作"害"，下文"餄"同此。

輂① 車輔。
挾 掖也；懷也。○接。同浹。
唊 ～床，刑具。

五百卅七號

撒 ～散。本音殺。
札 書～。
偛 ～庭，忽觸人也。
劄 ～奏、事～子。
扎 拔也。
紮 ～縛。
拶 逼～也。
䬲 魚食人口曰～。
帀 周也；遍也。
匝 同上。
喳 嘲～，鳥声。

五百卅八號

忐 忐(音灘)～，虛怯也。正音忒。
撻 打也。
闥 庭帏。
獺 水～。又狣同。
傝 不肖之人。
遢 邋～。又穩行貌。
澾 水名。

塔 寳～。
榻 牀～。
塌 坍～。
搭 摸也。
怛 惻～，慈愛。
澾 滑～。
鞳 ～鞈，北狄鞀名。
闛 闛～，鐘鼓声。
佮 逃也；叛也。
嗒 狗食貌。
嗒 ～然忘懷。
羍 小羊也。
翋 ～～，飛貌。
燣 ～餅。又煎～。
(補)
磋 石～。本音達。
楉 ～樆，果似李。
闒 ～茸。○踏。

五百卅九號

滑 利也；澾也。又姓。○骨。
猾 狡～。又乱也。
硵 ～石，藥名。
濊 ～～，言不了也。

---
① "輂"，原手稿寫作"輦"。

五百四十號

察 查~。
插 刺入也。
鍤 鍼也；鏊也。
喳 ~嘴,多言。
謪 讒~。
舂 舂米去皮也。
歃 ~血。本音霎。
擦 摩~。又足動草貌。
刹 旛柱也。言沙門得一法,建旛告遠。称僧寺曰梵~、寶~。
䰾 羅~鬼。
蔡 毒草,可殺魚。
橵 木名。
副 切物声。

五百四十一號

鑞 銅~。
臘 十二月曰~月。
臈 同上。
蠟 黄~、白~。又~燭。
鱲 船~。
攋 破壞声。又折也；持也。
拉 遮~。

五百四十號

邋 ~遢,行不進貌。
辢 辛味。~茄。
辣 同上。
喇 言急也。
蝲 楊載~。
刺 ~剻①,不清致。
爉 火声。
藾 ~蒿。
㊎
奊 旭~,太兕。
辢 辛~也。
瞲 目不正也。

五百四十二號

砝 ~碼。本音劫。硬也。
伐 征~。又誇功也。
罰 賞~。又罰同。
乏 空也；無也；匱也。
閥 ~閱。
筏 竹牌船。
韤 鞋~。又襪同。

五百四十三號

妲 ~姬,紂王之妃。

---

① "剻",原手稿作"剻"。

答 對～、報～。
怛 驚懼。
搭 ～連。○搨。
褡 ～裤。
搭 ～臺。又打也。
撘 ～蚊虫。
㲎 皮～。一曰皮寬。
笝 竹笝也。又姓。
詚 兜～,不静也。

靸 輕舉貌。又草屦。
雭 ～時。又雨声。
颯 朔風也。又風声。
趿 進足也。
翣 棺飾,形如扇。
搚 搕～。
箑 扇也。
撒 揮也。
趖 ～䞍桌脚。
墋 ～～,土墮声。
卅 三十也。

五百四十四號

閘 水～。
插 同上。又～版。
煠 ～之所以去腥也。
鍤① 絞刀,即～刀。
䨐 大雨也。
喢 嘈～,声也。
䜹 ～～,声也。

五百四十六號

捌 破声。又分也。
八 少陰数也。
叭 鳴也。
朳 與八(朳)同。無齒杷也。
玐 玉声。

五百四十五號

殺 誅戮也。
煞 地～星。又收～。
薩 菩～。
儍 偒～,不謹貌。

五百四十七號

鴨 家鶩也。
押 管～。又短～當。
壓 鎮～、覆～。
掗 扳也。

① "鍤",同"鍤"。

軋 車輾。
叽 ~~,鳥声。

五百四十八號
拔 抽~。○佩。
茇 草舍。
跋 ~涉①。又足也；本也。
跂 同上。
鈸 鐃~。
魃 旱神也。
筬 ~籃。
癹 腐氣。
酦 酒氣也。

五百四十九號
穵 手~為穴。
挖 耳~。
斡 旋也；運也。○管。義同。
渳 取水也。

五百五十號
刮 ~削。
括 包~。
佸 會計曰~。

适 人名。又疾也。
鴰 鶬~，鳥名。
昏 視也。
活 北流~~。
栝 柏葉松身。
桰 木名。俗作栝。
聒 聲擾②也。又無知貌。

五百五十一號
特 獨也；但也；專也。
蟘 食苗葉虫。
螣 同上。
奪 強取也。
突 ~然。
捺 搪~，不遜也。
傝 傝，不遜。
凸 凹~。

五百五十二號
忒 差也。
慝 惡之匿於心者。
忑 忐~，虛怯也。
脫 ~剝。又解也；免也。

---
① "涉"，原手稿寫作"涉"。
② "擾"，原手稿寫作"擾"。

挩 觟~。
秃 無髮者。
捪 杖指也。
渂 滑~也。
鵍 ~鷔,鳥名。

五百五十三號

柮 榍~,短木。
咄 呵也。又~~,驚怪声也。
掇 採也;拾也。
裰 補破衣也。
笜 筍也。又填~。
羘 羳~,羊名。

五百五十四號

血 氣~。
丢 去(丢)來~去。
㺋 剌(刺)~。又狂也。
哹 鬼声。

五百五十五號

決 有~斷。
决 同上。
駃 ~騠,良馬。

玦 環之不周者。
訣 別也。又~咒。
譎 詭~。
觼 環有舌者。
厥 其也。
撅 發石也。
蕨 菜名。
蹶 跌也;僵也;跳也;走也;速也。又拔也。○貴。又躙同。
抉 縱弦①彊也。
掬 撮也;一升曰~。
鞠 ~躬,曲身。又~花。
菊 ~花。同上。
踘 蹋~,戲毬。
匊 兩手舉物曰~。
橘 ~子。
鞫 推窮罪也。又盡也。
獝 ~狂,惡鬼貌。○血。
獥 賊勢猖~。
劂 強力。○掘。義同。
屈 地名,出良馬。
㊤
蹫 跛貌。
蒿 草也,可染,其子可食。

---

① "弦",原手稿避諱缺筆寫作"弦"。

五百五十六號

鬱 憂～。又神荼左門神，～壘右門神。
欝 同上。～金，藥名。
鬯 ～鬯之酒。
菀 茂貌。
尉 姓也。○畏。

五百五十七號

掘 ～地、～井。
橜 門中～為闑。○貴。
倔 ～強，梗戾貌。
觖 角觸①。
梱 棒～，斷木也。
屈 ～～，短貌。
崛 山短而高曰～。
裾 ～～，衣短貌。
殟 ～殭，死不朽。
勥 強力。○決。義同。
猭 豕發土也。○郡。義同。

五百五十八號

率 領也；遵也；循也；募也；用也；行也；皆也；略也。○律。
帥 導也。同上。
蟀 蟋②～。
瑟 琴～。
蝨 蟻～，大曰～。
虱 同上。
颵 ～颶，大風也。
鶖 ～鶖鳥。
㊎
飋 風声。

五百五十九號

卒 兵～。又盡也。
卆 同上。
捽 持髮也。
倅 百人曰～。
梓 笞也。～子，刑具。
纋 以繩束髮曰～。又縫也。

五百六十號

闕 宮門金～。○同掘。
缺③ 破～。又～少。
闋 樂終曰～。

---

① "觖""角""觸"中的偏旁"角"均寫作"角"。
② "蟋"，原手稿省作"悉"。
③ "缺"，原手稿寫作"缼"。

屈 曲也。〇決。

詘 枉曲也;辭塞也。

五百六十一號

撮 兩指～物。

猝 ～暴也。

卒 急也;速也。

焠 發～。本音翠。

五百六十二號

月 太陰。

越 趆也。又～國;～王崢。

曰 言也。

悅 忻～、喜～。

說 同上。

閱 閥～。又觀也;歷也。

穴 洞也。

鉞 斧～。

粵 東～、西～,即廣東、廣西之謂。又審察之詞也。

刖 ～足。又姓。跀同。

颰 小風。又風声。

蠘 蝤～蟹①。

聿 惟也;循也;自也。

矞 ～蟜。

䫻 鳥疾飛也。

鷸 知天將雨之鳥。

遹 述也;遵也;自也。

軏 車轅。

---

① "蟹",原手稿寫作"蠏"。

《同音集釋要》檢字表

	一画	入	527	三	442	万	438
		乂	350	三画		万	523
一	519	匕	351			弋	522
乙	519	几	341	〔一〕		上	323
二	338	九	471	干	431	〔丨〕	
	二画		〔丶〕	于	353	小	458
		刁	457	于	359	口	472
	〔一〕		〔一〕	工	307	山	441
十	527	了	461	土	483	巾	389
丁	397	卩	519	士	336	千	413
丁	404	刀	448	廿	418	〔丿〕	
七	521	力	515	才	491	乞	521
	〔丨〕	乃	496	下	374	川	431
卜	502	乃	500	寸	489	夕	512
冂	309	又	463	大	497	久	471
	〔丿〕	又	468	丈	327	勹	534
八	538	厶	371	兀	532	凡	437
人	407	乜	348	牛	362	丸	426

及		515	夫	476	屯	489	什	527
	〔丶〕		元	423	戈	368	仃	397
亡		318	无	476	比	340	片	418
丫		372	云	484	比	351	仆	475
之		331	弌	519	旡	342	仆	511
	〔→〕		丐	490	互	479	化	366
尸		334	扎	536	切	522	仉	330
己		341	木	504	瓦	374	仇	462
已		339	五	479		〔丨〕		伪	526
巳		336	币	536	止	332	仍	398
弓		307	支	331	少	448	斤	389
子		332	丐	416	日	542	爪	445
孑		520	卅	538	曰	527	反	441
也		501	不	515	曱	432	兮	338
女		360	不	528	叱	539	刈	350
女		361	仄	531	内	381	介	494
刃		407	犬	428	内	531	介	535
叉		364	太	496	水	380	父	475
幺		459	歹	383	内	464	父	476
	四画		歹	497		〔丿〕		从	304
			友	468	午	479	爻	455
	〔一〕		尤	468	牛	465	今	389
丰		309	厄	529	手	472	凶	311
王		315	匹	505	毛	446	分	401
刊		338	匹	522	壬	407	分	408
井		396	巨	356	升	405	乏	537
天		409	牙	373	夭	459	公	307
夫		474	屯	400	仁	407	月	542

字	頁	字	頁	字	頁	字	頁
乍	541	丑	472	卉	379	布	484
氏	336	卍	438	扒	497	本	447
勿	526	卐	442	卯	307	戊	465
欠	420	巴	368	扣	410	戌	477
丹	436	孔	308	扛	429	平	393
勻	484	阞	526	功	307	匜	338
卬	314	办	320	劫	526	〔丨〕	
殳	356	以	339	去	357	北	502
勾	465	允	484	甘	431	占	429
厾	462	叉	445	世	335	凸	539
〔丶〕		予	358	艾	350	旦	437
卞	415	双	317	艾	500	目	505
六	502	毌	432	古	480	且	355
文	401	母	476	芍	496	叶	535
亢	315	幻	438	本	403	甲	535
亢	319			札	536	申	405
方	321	五画		尢	527	叮	397
火	481			刉	488	号	449
斗	471	〔一〕		可	370	田	411
户	479	玉	504	叵	374	由	467
心	388	刊	429	匦	536	只	332
		未	343	丙	394	只	530
〔㇀〕		末	523	左	373	叭	339
尹	388	示	336	丕	384	史	334
尺	528	打	365	瓦	365	央	328
夬	495	巧	453	瓦	366	叱	528
引	388	正	308	石	527	兄	311
弔	457	正	401	右	468	叩	472
弗	517	扑	508				

叨	447	白	524	市	336	出	528	
另	373	仔	332	庀	340	阡	413	
另	391	他	369	立	516	奶	496	
叮	397	他	370	邙	317	奴	477	
皿	393	仞	407	玄	423	毌	433	
册	528	斥	528	氷	394	召	450	
凹	451	斥	533	半	428	加	372	
囚	473	扝	397	汁	531	皮	339	
四	334	舟	502	汀	397	尻	400	
囡	369	瓜	372	氿	526	辺	398	
	〔丿〕	仝	313	刏	448	孕	388	
乍	335	乎	478	宁	356	弁	415	
生	399	乎	481	穴	542	台	338	
矢	334	令	390	宄	381	台	378	
矢	335	用	306	宂	304	台	496	
失	526	印	387	㐆	529	允	330	
乍	371	氐	348	礼	344	矛	464	
禾	369	尓	337	必	516	母	371	
刊	413	句	354	永	314	幼	463	
丘	469	卯	446		〔→〕	巡	394	
仕	336	犯	437	司	334		**六画**	
付	475	句	490	尼	349		〔一〕	
仗	327	叧	517	尻	449			
代	499	外	497	民	393	匡	325	
仙	414	冬	302	弗	526	耒	382	
仟	413	包	449	弘	311	邦	323	
仡	515		〔丶〕	疋	522	玎	397	
伋	521	主	355	出	383	玑	538	

式	526	芃	303	戍	518	吸	518
迁	353	芄	426	列	516	屼	532
刑	388	芨	515	死	334	屾	389
邢	388	芒	316	成	398	屹	515
戎	304	芒	318	匠	320	衫	441
圩	359	芝	331	夷	338	岋	514
圭	381	苊	349	邪	498	岌	514
扛	314	芎	310	邪	500	岌	515
寺	336	芋	332	邨	488	帆	437
扤	532	朳	397	攷	449	帅	457
吉	520	朽	470	划	373	回	374
扣	472	朴	508	至	335	屺	349
考	449	机	341			肉	508
托	510	臣	399	〔丨〕		灻	514
老	451	吏	344	此	337		
圾	525	再	490	尖	418	〔丿〕	
扪	517	亙	453	肖	382	年	417
圮	340	西	347	劣	526	朱	354
圯	338	在	491	光	323	缶	473
地	350	百	528	早	445	先	414
扠	364	有	468	吁	353	丢	471
耳	337	存	487	吐	312	廷	392
芉	360	而	337	吐	483	舌	527
芊	360	匠	329	曳	339	竹	505
共	307	夸	362	虫	308	迁	413
共	308	夵	411	曲	507	迄	518
芉	413	灰	379	凸	372	休	470
艻	508	成	352	同	313	伍	479
				因	387	伎	342

伏	507	会	375	庄	316	忖	488
臼	462	合	524	亦	522	忙	316
伐	537	合	529	交	460	宇	359
仳	340	兆	447	衣	346	守	472
延	410	兆	450	次	337	宅	525
仲	308	企	349	决	540	乞	539
伴	479	余	486	亡	317	欠	471
件	414	兇	311	亥	500	亐	310
任	408	邠	394	充	310	字	337
仮	441	削	542	妄	318	安	428
仰	327	肌	341	羊	326	祁	342
伉	320	肋	526	米	348	礽	398
伙	481	夙	503	州	463	〔㇀〕	
自	336	危	375	汗	420	聿	542
伊	346	旬	394	汙	365	那	362
血	540	旨	332	汚	480	那	496
向	326	旭	507	污	480	艮	403
囟	389	犴	429	江	314	丮	540
似	336	刎	401	江	324	迅	389
后	473	匈	311	江	326	弛	334
行	325	舛	431	汕	442	阱	395
行	388	名	392	汐	512	阮	424
行	406	各	511	汲	520	陁	490
辰	495	多	370	汇	317	陁	529
甪	502	色	525	汜	336	收	472
甪	526			池	333	阪	441
舟	463	〔丶〕		汝	361	艸	450
全	412	冲	311			阯	319
		冰	394	汉	364		

防	321	拒	356	抃	415	芒	407
丞	398	找	445	扷	438	花	366
奸	418	批	340	坑	408	芴	398
朵	370	址	332	抗	320	芹	385
如	361	扯	501	坊	322	芥	494
妁	534	走	469	抖	471	芰	455
妃	345	延	400	壳	510	芩	385
好	448	抄	450	志	335	芬	408
羽	359	汞	312	抉	540	芘	342
牟	464	抐	531	扭	466	苂	414
糸	520	扞	401	把	368	芝	441
巡	394	攻	307	抒	352	芳	322
		抚	451	却	533	克	524
七画		赤	528	劫	521	芭	368
		圻	342	耴	530	苡	339
〔一〕		折	527	芙	476	杆	431
玕	431	折	530	芫	424	杇	359
弄	313	抓	445	邯	420	杤	480
玖	471	坂	438	芸	484	杠	315
灭	436	坂	441	蒂	345	杜	476
況	325	扳	442	芰	343	材	491
形	388	孝	462	苯	468	村	488
戒	494	坎	429	苣	356	杕	351
吞	486	坍	440	芽	373	杖	327
扶	476	均	485	芷	332	杌	532
技	342	抑	519	芮	380	杏	388
坏	378	投	470	芈	466	杉	442
抔	470	抅	452	芒	446	巫	476
扽	529						

杓	456	矴	508	吨	489	肖	304	
杓	508	夾	535	町	397	岑	487	
杓	534	夾	434	足	355	岈	314	
枫	437	豕	334	足	510	庐	479	
杞	349	龟	317	男	421	兕	336	
李	344	尥	494	迪	513	囲	367	
杈	364	忒	539	困	488	囫	532	
求	462	迓	374	串	431	囩	320	
丕	536	迊	400	呐	531	〔丿〕		
丕	539	坙	390	吘	471	牡	464	
孛	525			吽	312	告	445	
車	354	邶	378	吡	367	告	504	
車	501	忐	440	呂	361	牣	407	
甫	475	步	477	听	395	我	367	
匣	535	肖	448	吟	395	利	344	
更	403	肖	458	吹	383	秃	540	
束	507	旱	420	吳	478	秀	469	
吾	478	呈	398	邑	519	私	334	
豆	470	貝	385	吼	474	每	377	
兩	329	見	411	囬	489	佞	395	
邴	394	見	419	別	517	兵	394	
酉	468	助	480	別	523	邱	469	
医	347	里	344	吮	412	估	481	
否	340	師	536	邲	421	何	369	
否	351	吠	345	岐	342	佐	373	
否	473	园	438	罕	397	佑	468	
辰	407	呃	490	删	441	佈	484	
所	365	盯	317	妙	365	伻	402	

〔丨〕

敁	316	役	509	奋	537	忘	318
攸	463	彷	321	免	401	刭	411
但	436	彷	322	免	416	羌	330
伸	405	辵	533	刨	355	判	428
佃	411	返	441	狂	321	灼	534
佚	522	佘	501	狄	513	弟	350
作	510	余	338	角	505	汪	319
伯	528	余	358	狃	466	沅	424
你	350	希	345	犹	484	沄	484
伶	390	兑	384	夆	310	沐	504
住	357	坐	371	肜	313	汦	479
位	375	谷	504	攸	508	沛	384
伴	425	孚	474	卵	369	沔	416
佇	356	妥	370	灸	471	汰	496
佗	369	豕	333	刨	446	法	312
佗	370	含	420	迎	395	沌	489
阜	447	刭	391	系	339	沍	479
身	405	岔	364	〔、〕		沚	332
皁	447	肝	431	言	410	沙	365
皀	326	肛	314	亨	406	汩	520
伺	334	肚	476	庑	340	汨	532
佛	532	肚	483	疗	397	冲	311
伽	497	肘	463	吝	391	汭	380
囱	304	肐	361	冷	404	沃	501
佁	339	甸	406	序	357	沃	532
近	385	甹	332	辛	389	沂	338
卮	331	甸	412	育	325	汳	441
狂	315	旭	524	冶	501	汾	401

泛	441	祀	336	妊	407	汾	393
沟	485	罕	433	妖	459	表	456
汴	415	吂	397	姊	332	玦	540
汶	401		〔丿〕	姊	352	孟	358
沈	405	君	485	妨	322	忝	409
沉	399	屁	341	妣	336	抹	378
沁	397	尾	343	妤	359	抹	523
决	540	局	509	努	477	長	327
泐	526	刞	393	邵	447	長	330
没	523	改	490	劭	447	刲	376
忮	335	忌	343	剚	340	卦	373
怃	400	阠	368	忍	407	邦	381
忤	479	阿	367	甬	314	拑	357
忻	386	壯	316	邰	496	坷	370
忸	441	壯	324	矣	339	抦	394
怍	415	孜	332	灾	490	坯	384
快	497	妝	316			拓	510
忸	504	阻	483		八畫	拔	539
完	426	阼	480			抛	452
宋	309	附	477		〔一〕	坪	393
宏	311	陀	369	勖	325	坫	420
牢	451	陂	374	奉	307	坦	440
究	471	陂	384	奉	310	担	437
灾	490	妌	309	玨	505	坤	488
良	329	妘	484	玞	475	押	538
初	478	妓	342	玩	438	抻	406
社	501	妣	351	武	476	抽	472
衤勺	533	妙	459	玫	377	块	324

拐	495	亞	372	苻	476	柜	354
坰	309	拇	371	苓	391	杶	404
拖	370	坳	451	茍	465	枇	339
坯	469	拗	451	茆	446	杳	459
拊	475	玎	397	苓	302	杵	358
者	500	玕	431	苞	449	杝	446
拍	508	卹	338	苙	516	杬	524
拍	524	其	341	范	437	杬	535
拆	529	其	342	苧	333	枚	377
坻	333	耶	500	苧	356	析	518
抵	348	取	357	直	527	板	438
拘	354	茉	523	苐	350	來	382
抱	446	苷	431	茀	527	來	496
拄	355	苦	483	苃	311	朌	401
拉	537	昔	518	苗	530	松	309
幸	388	苟	367	茇	362	枡	421
拌	425	若	501	苔	456	杭	325
拌	428	若	508	茄	497	枋	322
扢	369	茂	465	苔	498	枓	471
扡	370	茇	539	茅	446	杰	515
抿	393	苫	434	苺	372	述	527
坤	532	苜	504	苺	377	枕	400
拂	526	苴	355	柱	319	枙	472
拙	530	苴	436	林	391	杷	366
招	453	苗	458	柹	345	杼	356
坡	374	苗	513	枝	331	軋	539
披	340	英	386	杯	384	東	302
拚	408	冄	432	枕	468	或	506

画	373	叔	507	昄	442	岸	429
卧	367	歧	342	明	392	岩	429
事	336	肯	408	易	339	帖	514
盯	374	些	347	易	522	岬	535
刺	337	些	494	昂	314	岫	473
刺	522	卓	505	旻	393	帙	527
兩	329	虎	481	昉	322	帕	374
雨	359	尚	323	虷	397	廻	374
協	535	盱	353	蚪	462	岷	349
厓	491	旺	316	迪	513	迴	309
矼	315	具	356	典	419	岩	456
郁	508	昊	449	固	481	帑	448
矻	532	味	343	忠	308	岐	367
矿	316	呆	445	咀	355	岐	374
奈	496	果	369	呻	405	岰	451
歾	483	果	480	呪	463	困	485
奔	402	戾	531	咻	369	沓	535
奇	341	眝	316	呆	369	图	391
奇	342	盹	486	囷	484	岡	314
奄	417	昆	486	呱	480	罔	318
歼	459	晴	525	呼	481	囹	517
歽	530	昌	319	咆	445	〔丿〕	
殁	523	昌	331	咏	314	邾	355
廊	398	胃	446	呢	349	制	335
妻	345	門	402	咄	540	并	394
到	448	呵	367	咬	452	知	335
〔丨〕		昇	405	呦	463	迭	513
非	345	昕	386	峆	479	氛	408

迲	531	侃	429	邱	473	朋	403
垂	380	侏	354	征	400	胐	331
牧	505	凭	393	徂	480	肺	332
物	532	侹	398	往	319	股	480
乖	495	佸	539	㣆	362	肪	321
刮	539	血	507	爬	366	肥	343
和	369	佺	413	彼	384	服	507
籼	415	侊	456	所	365	卽	519
秅	317	侚	523	舠	448	周	463
杞	349	佩	378	舍	501	昏	487
季	341	侔	325	金	389	兔	483
委	376	侈	333	刹	537	狎	535
竺	505	佳	379	命	392	狙	411
秉	394	佼	460	肴	454	狐	479
佳	372	依	346	斧	475	狄	348
侍	336	伙	337	㲋	319	忽	532
岳	511	佾	500	㒓	380	狗	465
供	307	伴	327	采	499	狒	345
使	334	帛	525	受	474	咎	462
佰	528	卑	384	爭	404	匊	540
侑	468	郍	362	乳	361	列	370
侉	362	的	517	念	417	炙	529
例	344	迫	528	忿	401	〔丶〕	
臾	358	阜	469	肺	345	冽	516
兒	337	㔻	384	肢	331	京	390
侄	527	邮	518	肱	307	享	326
岱	496	侔	464	肫	399	店	419
侗	303	欣	386	胏	518	夜	501

庉	355	炬	356	泫	423	怕	374
㕲	507	炒	450	泮	428	刨	446
府	475	炘	386	沱	369	怖	384
底	348	炊	383	泌	351	怩	349
底	348	炕	320	泳	314	怫	532
庖	445	炎	410	泥	349	怛	530
疗	374	炄	466	泯	393	怢	452
疝	442	法	534	沸	527	怪	495
疚	471	泔	431	泓	312	怡	338
疲	518	泄	339	沼	453	怮	463
卒	541	泄	517	波	367	宗	305
卒	542	沽	480	治	333	定	392
郊	460	河	369	怯	521	定	397
効	455	沽	429	怗	479	宕	320
庚	403	泪	382	体	403	宜	349
妾	522	沮	355	怵	528	宙	464
盲	402	油	468	怲	394	官	432
放	322	泱	328	怀	384	空	308
刻	524	況	325	佑	468	帘	409
於	353	泗	334	怖	484	夌	512
於	480	泩	399	怦	406	穹	310
劼	529	泱	523	怛	536	宛	426
育	509	泊	510	怛	538	宛	432
氓	402	泠	391	怦	535	宓	520
券	428	沿	410	快	328	宏	312
卷	426	泡	452	性	389	郎	324
卷	428	注	355	怍	509	戾	344
並	393	泣	521	怖	477	肩	419

字	頁	字	頁	字	頁	字	頁
房	318	牀	318	始	335	珍	400
戽	481	狀	319	帑	323	玲	391
衱	358	戕	328	弩	477	玹	423
衫	441	陌	523	孥	477	玭	517
祉	333	斨	328	姆	371	珉	393
祈	342	孤	480	妽	459	玻	367
祇	331	亟	349	虱	541	毒	503
祇	342	亟	521	迢	456	型	388
祊	321	陎	356	迦	372	柔	409
祊	402	降	324	坴	408	拭	526
		降	325	迫	497	挂	373
〔一〕		函	411	泵	502	封	310
建	419	函	420	糾	471	封	414
帚	463	陔	490	幼	307	持	333
屆	494	限	411			拮	520
居	354	妹	377	**九画**		拷	450
刷	526	妹	523			拱	307
戾	340	姑	480	〔一〕		垣	423
屆	540	妸	367	籽	332	垣	426
屈	542	妞	528	契	349	拤	487
弣	475	剁	370	契	517	城	398
弧	479	姐	537	契	521	垤	513
弨	348	姐	498	奏	469	挃	530
弥	348	妯	509	春	404	政	401
弦	410	姓	389	帮	323	赴	475
弼	448	妷	523	坫	419	赳	471
承	398	炫	411	珊	441	拽	523
孟	402	始	334	玳	499	哉	490
陋	466			珀	524		

挘	504	黄	338	南	421	柳	467	
拗	415	萁	350	茲	332	枹	446	
挺	397	草	450	柰	496	柱	356	
括	539	苣	354	柑	431	柿	336	
者	419	茵	387	枯	483	桦	425	
郝	511	茴	374	柯	368	柁	369	
垢	465	茱	356	柄	394	柮	540	
耈	465	茯	507	柘	500	枷	372	
拾	527	莛	411	枢	462	勃	525	
挑	461	荏	407	枰	393	軌	381	
垛	370	荇	388	相	329	斫	370	
拽	375	茶	371	柤	373	剌	537	
指	332	荀	389	查	371	勅	528	
垟	327	茗	392	查	373	要	459	
挖	539	荻	444	柙	535	酊	397	
按	429	荄	460	枵	462	迺	496	
挪	362	茨	336	柚	468	束	419	
挼	536	荒	325	柚	509	厙	501	
某	371	荛	311	枳	507	咸	410	
某	464	荓	406	柵	529	威	375	
甚	408	茘	316	柵	533	歪	492	
荆	390	茫	316	柞	509	砨	384	
茸	304	故	481	栐	369	頁	523	
革	523	胡	478	柎	475	厘	343	
茜	413	剋	524	柏	528	厚	473	
荐	418	荍	455	柝	510	砌	345	
巷	325	茹	361	枸	354	砒	332	
荝	516	荔	344	枸	465	砂	365	

《同音集釋要》檢字表 561

砍	429	省	399	昭	453	哐	474
面	416	昧	377	咥	346	哈	531
耐	496	眄	416	咮	512	咷	444
奭	432	是	336	獃	428	咯	511
要	365	郢	388	畏	376	哆	333
奎	376	眇	459	毗	339	哆	370
郯	535	眊	446	趴	366	咳	500
奉	536	眈	366	眇	450	咩	348
虺	379	盼	518	胃	375	咤	364
飛	539	則	531	胄	464	哎	529
殂	480	盼	442	胄	464	哔	540
殃	328	明	392	敗	411	哪	362
殄	412	昜	326	販	441	弒	526
殆	496	眆	322	界	494	峙	333
殉	468	哇	365	虹	311	峊	426
陂	340	哏	338	虻	483	崇	430
皆	494	哄	312	虸	524	峆	362
毖	351	冒	446	思	334	炭	440
剄	390	映	387	咼	372	罘	468
勁	386	禺	360	咢	511	峒	313
		哂	405	咖	310	峓	375
〔丨〕		星	389	品	398	迴	374
韭	471	昨	508	咽	416	骨	532
背	378	哦	352	咮	463	幽	463
背	385	昀	353	咻	470	岐	421
貞	400	曷	529	咱	373		
叙	497	昴	446	囿	468	〔丿〕	
虐	533					卸	494
省	389	昱	509	响	326	拜	497

看	429	俠	535	飯	381	舡	532
矩	354	昇	358	鬼	381	厜	310
矧	405	叟	466	侵	396	俞	358
咀	440	倅	418	禹	359	迨	529
牯	481	修	469	侯	473	郗	345
怎	485	俏	454	偈	509	逃	444
郜	445	俾	385	帥	492	剉	364
牲	399	保	449	帥	541	俎	483
适	539	促	505	追	378	卻	533
甭	537	侶	361	峒	504	爰	423
秆	419	俟	360	俑	314	郛	475
秩	475	俄	367	俟	336	食	337
秬	356	俐	344	俟	342	食	528
秕	351	侮	476	俊	396	夑	305
秒	459	俙	345	盾	489	盆	403
香	326	侳	373	迮	473	胅	357
秋	468	俗	508	衍	429	胛	535
科	370	俘	475	待	499	胂	405
秠	366	俛	475	徊	303	胦	306
重	308	係	339	徊	374	胙	480
竿	431	係	342	徇	395	胸	355
笈	515	信	389	徉	327	胞	449
笒	521	信	405	炮	446	胞	452
段	422	怸	365	衍	411	胖	321
怹	475	俍	329	律	516	胖	425
俤	525	皇	315	很	406	脉	523
便	415	鬼	476	很	407	肺	523
佸	384	泉	412	後	473	胐	345

胎	378	哀	500	眇	459	洭	325
胎	496	亭	392	差	337	洪	311
匍	477	亮	329	差	364	洹	426
負	469	度	476	差	364	洒	347
挐	308	度	503	差	498	洒	491
炰	533	弈	522	美	377	洧	376
勉	416	迹	519	羑	468	柒	521
奐	427	肩	313	姜	326	泚	345
狭	304	庭	392	叛	425	洸	323
風	309	麻	470	送	309	洞	314
怱	304	疲	441	眷	438	洄	374
狗	394	疥	494	籿	529	洙	354
狡	460	疫	509	迷	348	洗	347
狩	472	疢	404	牧	361	洗	415
勉	389	疤	368	前	412	活	532
狠	407	兗	411	酋	472	活	539
訇	312	庠	328	酋	473	涎	412
逄	321	浼	377	首	472	洎	342
咎	430	咨	331	逆	514	洫	518
怨	426	姿	331	炳	394	派	495
急	520	音	387	炯	309	洤	412
胤	387	彦	417	炮	446	洽	535
胤	388	帝	348	炮	452	染	432
〔丶〕		浸	396	炷	355	洳	503
計	341	虿	402	炫	423	洏	389
訂	397	施	334	炤	453	洚	324
訃	475	施	335	炝	463	洺	392
涇	386	施	339	剃	351	洛	503

浓	346	宦	438	祚	480	陘	388
沆	311	宥	468	祕	351	陜	530
洋	327	室	526	祕	385	屮	379
洲	463	宮	307	祠	336	陞	405
津	396	穿	395	〔一〕		除	356
洳	361	突	539	郡	488	院	423
恒	325	穿	431	退	378	㲋	390
恃	336	奄	400	屍	334	姸	411
恅	451	窆	414	屍	334	娍	309
恾	317	客	524	屋	501	姞	521
恒	406	冠	432	屌	457	姥	371
恆	406	卻	360	㞢	332	姮	406
悄	508	軍	485	屏	393	姨	338
恸	362	扁	414	屏	394	姪	527
恢	376	扁	418	屎	346	姻	387
㤀	516	扃	309	屎	347	姝	357
恍	325	衵	527	弭	348	姤	465
恬	412	神	308	張	482	姼	484
恤	518	衲	531	癸	489	姚	454
恰	533	袂	378	陡	471	姘	406
恌	461	袪	357	陣	399	娜	362
恂	389	祜	479	韋	374	姦	419
悙	324	祐	528	眉	377	怒	477
㤨	325	祐	468	胥	353	架	372
恪	510	袚	527	陝	535	飛	345
慌	311	祖	483	陝	434	盈	387
恨	406	神	407	孩	500	羿	350
宣	415	祝	505	陘	340	枭	347

勇	314	珠	355	捉	505	挨	490
怠	496	珩	406	捆	488	紮	536
癸	381	玳	311	捐	427	耽	312
柔	464	班	438	袁	423	聃(聘)	436
矜	390	敖	448	挹	519	耿	403
彖	427	素	479	捌	538	耽	436
紆	353	冓	465	捎	412	恥	333
紅	311	匿	514	捤	540	華	366
紂	464	蚕	425	都	483	華	373
紇	529	匪	345	晳	530	荸	525
紉	426	髟	442	逝	336	董	501
級	521	髟	455	耆	342	莆	477
紀	341	恚	375	毫	446	荳	470
		栽	490	挩	540	都	508
十画		挳	525	挫	364	恭	307
		捕	477	埒	526	拳	307
〔一〕		埂	403	捋	526	莢	521
耕	403	馬	371	挽	441	莽	317
耘	484	振	400	捅	533	带	498
耗	449	挾	535	恐	308	莖	406
耙	366	挾	536	埫	357	莫	504
挈	521	赶	431	捗	428	莧	385
挈	522	起	349	抄	365	莧	413
泰	496	捎	458	捼	442	莪	367
秦	394	捍	421	垯	467	莉	344
珥	337	貢	307	捅	303	荞	468
玼	336	埙	368	盍	529	荷	369
玼	337	埋	495	埃	500	茶	476
珝	416						

荸	475	株	354	速	503	恶	504
荻	513	梃	397	鬲	523	原	423
莘	388	栝	539	覀	315	套	447
荵	318	柏	462	逗	470	逐	509
晋	396	桁	325	栗	516	尶	378
莎	365	桁	406	覀	310	烈	516
莞	426	桃	444	酌	534	殊	356
莞	432	桅	375	配	384	殈	518
莞	432	枸	389	酏	338	殉	389
尅	524	格	523	翅	333	殉	395
莊	316	校	455	辱	508	翃	312
荵	407	校	460	唇	407	致	335
框	325	栚	337	厝	478	晉	396
梆	323	核	529	孬	492	逕	390
桂	382	核	532	夏	374	〔｜〕	
桔	521	桅	311	砝	537	捐	345
栲	450	根	403	砰	406	峙	333
栳	451	栩	353	砧	400	柴	332
栶	337	述	462	砠	355	柴	491
桓	426	索	504	砆	513	桌	505
栖	347	軒	413	砟	510	逌	468
栢	528	軏	542	砥	332	虔	414
栭	337	連	409	硌	302	逍	458
桄	338	軔	407	砲	452	党	322
梛	500	逋	477	硅	355	党	322
栓	530	逋	484	砅	398	時	336
桃	324	或	508	破	374	逞	404
桐	313	哥	368	础	451	畢	516

剌	481	蚣	307	罡	315	悴	337	
晒	492	蚊	401	罟	480	烾	322	
昳	513	蚪	471	置	498	垂	380	
財	491	蚇	528	罛	480	乘	398	
貤	338	蚓	388	罜	355	秝	523	
晟	398	哨	454	罦	446	秙	483	
眩	423	哨	458	峭	454	秌	527	
眣	514	哱	420	峭	454	秤	404	
眠	416	員	423	峨	367	租	483	
唽	536	圃	484	羛	367	秧	328	
哱	462	哭	509	峯	310	秩	527	
晃	316	圖	360	悦	381	秱	477	
哼	525	唎	538	峮	485	透	474	
㫃	353	哦	367	峻	396	笎	424	
哺	477	恩	409	罡	488	笔	517	
哺	484	盎	324	剛	314	笑	458	
哽	403	峪	504	〔丿〕		笏	532	
閃	434	唅	417	眚	399	笂	469	
剔	514	咣	330	牲	389	笏	322	
哢	317	哗	451	缺	541	笋	389	
晏	417	唙	329	氤	387	笆	368	
跋	538	唧	519	毡	415	俸	310	
畛	400	唆	365	氣	349	倩	397	
蚌	321	畢	373	特	539	倩	413	
蚨	476	峿	360	郵	468	俵	456	
蚍	339	豈	349	造	447	倀	330	
蚋	380	豈	499	造	450	倖	388	
蚌	425	峽	535	牷	412	借	498	

值	527	倫	485	師	334	猺	454
怴	470	俅	499	虪	504	豻	429
倲	302	側	514	徒	476	豺	491
倆	329	隼	389	俓	390	豹	449
倚	346	隻	529	徐	347	奚	338
俺	417	倞	329	徐	357	邕	331
倢	513	俯	475	衏	325	倉	320
皁	414	倅	541	昏	455	飣	397
郋	349	倍	378	殷	387	飢	336
倒	448	倣	322	舢	450	衾	385
俳	492	倦	426	般	425	翁	306
俶	507	倥	393	般	428	胹	337
倬	505	倥	308	般	438	胯	362
條	456	臬	514	般	528	胰	338
倏	507	健	414	航	325	胱	323
脩	469	臭	470	舫	322	胴	314
倏	507	臬	472	舥	513	胭	504
倘	323	射	484	舍	476	脈	523
倶	354	射	501	途	476	脆	383
倡	319	射	522	針	400	脂	331
們	402	射	528	釕	397	胳	511
個	368	躬	307	剑	453	胮	333
候	473	息	518	殺	492	脆	383
併	394	島	448	殺	538	朕	399
恁	407	剞	340	拿	362	脇	518
倭	367	鳥	480	欲	532	虓	462
倪	349	倨	354	釜	475	眞	399
俾	385	偓	541	爹	348	龜	381

《同音集釋要》檢字表　569

觚	465	記	342	疸	437	旅	361
逸	522	訕	338	疽	355	斿	430
迸	321	訒	407	疾	512	欸	499
狹	535	凌	390	斋	490	畜	507
狴	340	淬	388	疹	400	畜	507
狽	385	凍	302	疼	399	兹	332
猜	395	凄	345	疱	452	羗	424
㺍	514	衰	383	痈	345	殺	481
狼	324	衰	491	疲	339	羞	469
猖	311	畝	464	痄	371	羔	444
卿	385	堝	481	脊	520	羞	327
狻	396	剝	534	效	455	瓶	393
狡	424	勍	386	紊	401	拳	426
逄	303	衷	308	唐	320	粆	365
逢	307	高	444	凋	457	粉	408
桀	515	亳	511	恣	332	料	461
芻	478	郭	504	羽	325	益	519
〔丶〕		庰	313	凉	329	兼	418
清	395	席	512	站	444	朔	507
訐	520	庫	483	剖	470	烘	312
訏	353	康	537	部	477	烚	534
討	447	座	371	剳	470	烟	416
訕	442	症	401	羚	391	烙	503
託	510	疳	431	立	393	烊	327
訖	521	疵	517	竚	356	剡	411
訓	486	病	393	旁	321	郯	436
這	500	店	434	旆	384	浙	530
訊	389	畜	347	旎	446	浡	525

浦	482	浌	336	容	305	桃	461
酒	473	浚	396	宨	467	祥	328
浹	519	悖	378	宿	530	冥	392
涇	390	悚	309	窈	459	〔一〕	
涉	527	悟	478	宰	490	書	352
娑	365	悄	454	㝐	324	剥	502
消	458	悍	420	寫	509	帬	487
涅	514	悝	376	案	429	展	430
洩	517	悃	488	冢	304	屑	517
浞	505	悮	478	朗	324	屐	515
涓	427	悒	519	扁	317	屙	367
浥	519	悔	379	廖	338	弱	508
浩	449	悅	542	㢝	346	陸	502
海	499	悖	406	冡	308	陵	390
浜	402	恪	392	扇	434	陬	469
涂	476	悌	351	祛	357	陳	399
浴	509	悀	314	祐	510	姚	456
浮	468	悛	413	被	527	祥	316
洽	421	害	500	袒	440	孫	489
浼	377	害	529	袖	473	蚩	333
流	467	寅	366	袡	477	祟	381
涕	351	宸	407	袗	400	陴	340
浣	426	家	372	衿	391	陰	387
浪	324	宵	458	袍	446	陶	444
涒	485	宴	417	被	340	陶	454
浸	396	宧	459	袝	451	陷	411
涯	319	窄	531	袲	361	陪	378
涌	314	寀	499	袷	535	烝	400

姬	341	純	407	捧	310	赧	440
娠	400	紕	339	堉	397	赦	495
娠	405	紗	365	掛	373	堆	384
娉	398	納	531	堯	459	推	378
娟	427	紛	408	堵	483	推	383
恕	352	紙	332	控	372	頂	397
娛	360	紋	401	捒	469	埠	477
娥	367	紡	322	措	478	掉	384
娿	381	紐	466	搭	512	掀	413
婉	416	紓	352	描	459	叡	444
娣	350	邕	314	楝	302	捨	501
娘	327			域	509	逑	383
婀	367	十一画		捘	531	掄	485
砮	477			埯	417	採	499
哥	368	〔一〕		掩	417	採	499
皰	452	彗	375	捷	513	授	474
脅	518	粗	336	排	492	捻	514
畚	403	春	311	焉	411	挚	495
柀	335	球	462	焉	416	堋	402
通	303	珬	477	捐	408	掤	456
能	406	責	531	掉	456	教	460
逡	396	琪	478	赿	474	埭	483
蚤	445	現	411	押	402	掏	444
務	477	理	344	揚	514	掐	533
桑	317	琇	468	骰	510	掬	540
紜	484	琈	475	拱	409	掠	534
紙	468	琉	467	堄	350	披	523
紘	312	琅	324	赦	501	捽	541
		規	381				

培	378	聒	412	萑	426	菉	502
捨	470	菾	412	菜	499	蓞	331
接	519	萇	327	菀	476	械	491
墢	353	著	355	菀	483	梳	510
執	530	著	356	萄	444	埜	501
捲	427	著	534	菖	421	彬	394
捽	403	菱	390	菶	445	梦	304
埳	440	萁	342	菊	540	梵	437
掟	392	萊	496	萃	380	婪	440
控	308	堇	385	蔐	403	梗	403
挎	310	靪	397	菩	477	梧	478
探	427	菓	302	菱	520	梢	452
殻	510	勒	526	菻	416	桯	397
埭	497	黄	315	菶	427	桱	344
埽	452	莉	337	茭	440	棚	538
掃	452	萋	345	萍	393	梏	504
据	354	萄	448	菹	355	梅	377
掘	541	菲	345	菠	368	桰	447
蛋	307	菽	507	菅	419	梔	331
掇	540	菋	343	莖	308	柒	522
埜	512	菓	480	菀	541	麥	523
基	341	菖	319	蔀	324	桴	469
聆	391	苘	402	乾	414	桴	475
勘	429	荷	367	乾	431	楷	539
聊	461	萌	402	蓋	402	桅	505
娶	358	菊	335	莒	354	梓	332
菁	396	莖	380	菰	480	梳	479
蓋	358	菱	376	菇	480	梲	530

梯	351	酨	437	頃	385	眸	464
梣	365	脣	407	〔丨〕		野	501
棯	396	戚	521	邞	491	圉	397
桶	303	戞	520	虛	353	啞	372
桶	313	戛	535	彪	455	啨	531
梭	365	硏	411	處	357	閈	421
棯	541	硏	417	處	357	閉	351
救	471	硴	316	雀	532	勗	507
軟	312	硴	318	雀	533	唻	302
軛	529	硃	354	崈	521	問	401
斬	443	硇	452	堂	320	婁	466
軟	421	硇	375	常	318	郹	360
軟	432	碎	312	眶	325	曼	433
軝	319	硍	408	啡	310	曼	438
專	430	瓠	479	昕	335	晦	379
曹	446	匏	446	昕	530	唰	508
副	475	奢	501	匙	336	啐	406
區	357	盔	376	唔	378	晞	346
敂	360	爽	317	晤	478	唵	428
堅	418	傂	378	晨	407	冕	416
致	336	㺸	457	眝	539	晚	437
夠	471	㺸	475	眺	461	啄	505
票	457	殕	417	敗	492	晥	426
敔	428	殍	406	販	441	睍	325
覔	458	盛	398	貶	414	畦	338
酖	407	區	414	眵	333	異	339
酗	353	雩	358	眼	411	啾	512
酖	399	雪	517	甹	397	跂	349

距	356	患	438	帽	446	稞	370
趾	332	唾	370	崗	314	逶	376
跂	474	唉	367	崔	383	動	313
略	534	呢	365	帷	374	桑	419
蚶	433	唯	343	崙	485	笘	308
蛄	480	唯	376	崙	485	笞	483
蚵	370	唉	474	崤	454	笱	431
蜗	394	啕	444	崩	402	笺	539
蛆	355	啗	436	崇	304	筀	538
蚰	468	啍	400	崆	308	笛	513
圉	360	啍	486	崆	308	笙	399
蚨	514	唹	353	崎	310	符	476
蚱	531	唊	436	崛	541	笥	465
蚯	469	啫	439	圇	485	笭	302
蛉	390	啈	344	圓	496	笠	516
蚳	333	啄	502	圈	428	范	437
蛀	355	唎	526	過	481	笱	334
蛇	338	唰	420	〔丿〕		第	350
蛇	501	帳	330	鈴	391	第	527
蚴	463	崚	390	進	394	笛	540
累	382	崧	309	毬	462	筜	456
剮	372	崖	491	鋞	408	筎	372
鄂	511	崎	348	悇	476	答	332
匦	313	崦	416	剠	537	做	373
唱	319	罡	373	桼	454	偃	416
唱	331	崑	486	稌	350	偪	516
國	504	崑	486	梨	343	便	459
唳	409	帽	319	移	338	偕	494

袋	499	偓	502	釧	431	脥	378
偵	404	偋	394	鈞	457	脥	381
悠	463	偉	374	釬	317	脖	406
脩	340	偝	353	釬	318	脱	384
側	531	崋	386	釱	498	睇	351
偶	471	恩	304	釫	332	彫	457
偎	376	徠	496	剫	416	週	463
偲	334	術	527	盒	529	匐	510
偢	454	徠	302	贪	538	魚	359
傀	377	徘	378	歆	346	魚	360
偶	359	徙	347	悉	518	象	329
偷	474	徜	319	欲	509	够	465
偵	469	得	531	彩	499	猜	499
貨	481	從	304	覓	520	猪	335
售	464	從	304	遥	388	猪	354
進	396	從	305	晉	433	猫	446
停	392	衒	423	釬	430	猗	346
偀	539	舸	368	贪	427	凰	315
偏	418	舴	531	翎	391	猖	319
就	436	船	432	脚	505	猊	349
梟	462	舷	410	脛	338	猝	542
旣	342	庭	335	脯	475	狉	330
旣	346	鹿	334	豚	489	斛	506
鳥	459	敘	357	脛	388	猛	402
兜	471	斜	498	脂	454	馗	383
皎	460	釬	359	脫	539	夠	465
假	372	釭	324	脬	516	祭	352
假	524	鈕	472	脖	452	祭	491

〔丶〕		痾	344	羚	390	渠	356
訁	356	瘅	338	羝	348	淺	413
訝	374	疵	336	羞	540	淑	508
訑	400	痳	470	眷	427	渾	453
訥	531	痊	412	柑	431	梁	365
許	353	痊	413	粘	430	淂	531
許	481	痕	406	粗	478	混	487
訛	459	衰	486	粕	508	渭	319
訕	367	廊	324	粒	516	淠	341
訢	395	康	319	粳	339	涸	512
設	455	庸	305	剪	418	澳	358
訟	304	鹿	502	敝	340	涗	350
設	526	盜	444	烊	525	淮	497
訪	322	章	316	烽	309	淦	431
訐	474	章	330	烱	517	渝	485
訣	540	竟	390	清	397	淆	454
馮	393	產	440	添	409	淫	388
裒	367	商	517	渚	355	淨	395
亳	449	商	317	淩	390	淘	444
孰	507	旌	396	淇	342	涼	329
烹	406	族	508	涾	459	淳	407
庶	352	旋	412	淏	386	液	523
庹	510	堃	488	淋	391	淬	383
麻	371	望	318	淅	518	涾	311
庵	428	旅	482	涷	302	淤	353
庚	359	率	516	涯	491	淡	436
庫	340	率	541	淹	416	涳	308
痔	333	牽	420	淒	345	涔	310

淚	344	愉	485	甯	395	扉	345
淶	382	惆	472	扈	479	張	330
渾	481	惜	487	啓	349	艴	525
深	405	惚	532	祜	520	䭮	526
涵	420	惊	329	袴	483	強	328
婆	366	惇	400	袘	339	强	328
梁	329	悴	380	袒	387	隋	370
梁	329	惓	426	袾	355	鄌	377
濈	528	悽	436	袱	507	陝	398
淥	502	悰	304	袿	407	將	331
淄	331	悾	308	袷	535	蛋	436
情	395	惸	310	袼	511	階	494
悰	409	悢	345	校	460	隄	350
悵	331	慽	530	䄂	361	陽	326
悷	391	寇	472	袳	478	隅	360
悴	388	寅	388	視	336	限	376
惜	518	寄	341	浸	396	隉	515
惏	440	寂	512	〔一〕		隍	315
悽	345	道	426	晝	463	隗	375
悱	345	宿	469	盡	395	隗	377
悼	444	宿	503	逑	502	陰	387
們	402	窒	381	逮	350	隆	312
惕	317	窒	530	逮	497	隊	384
惕	514	窎	313	焄	486	婧	395
惘	318	窑	454	敢	431	媖	386
悻	342	寃	456	尉	376	媡	302
悏	359	寬	425	屠	476	媒	369
惟	343	密	520	扇	467	娟	319

姻	481	**十二画**		揲	513	揖	519
婢	340			塔	536	博	502
婚	487	〔一〕		搭	536	揭	349
媄	428	貳	338	搭	538	揭	520
婉	432	琵	339	揹	421	戢	337
婦	477	琴	385	坳	525	摁	491
袈	372	琶	366	堰	416	尌	361
習	512	琪	342	揠	538	喜	346
翌	522	瑘	500	揀	419	彭	403
郯	383	琳	391	馭	360	揣	383
參	422	琦	342	堦	494	葴	332
參	442	琢	505	揩	492	插	537
參	489	琲	378	铑	412	揷	538
貫	433	琥	481	越	542	揪	472
鄉	326	瑛	358	赸	443	堽	412
紺	431	琤	405	赳	355	搬	423
組	483	斑	438	趁	404	捏	514
紳	405	琰	411	趂	404	搜	466
細	347	琯	433	超	448	堭	315
紬	463	琬	426	搞	364	塊	377
綱	309	琛	404	貢	351	煮	355
終	308	琚	354	貢	401	堠	473
絃	410	替	351	貢	408	搥	380
絆	428	款	427	堤	350	搟	516
紵	369	髡	488	提	336	搴	513
紼	526	堯	455	提	350	揄	358
紹	447	堪	429	場	327	搢	417
巢	453	堞	513	揚	326	援	423

換	426	甚	343	葬	406	葵	383
蚕	307	聚	469	蒼	326	蒟	533
裁	491	蔚	309	董	302	棒	321
揥	351	甚	399	葆	449	棖	408
達	535	甚	407	蒐	466	楮	358
搓	364	葉	522	葭	489	棱	404
報	449	葉	526	葩	374	椏	372
揠	305	葫	478	葐	359	棋	342
揆	539	葙	373	葢	403	楷	508
搭	524	靰	517	葡	477	楳	386
琿	487	靸	538	敬	390	植	527
揮	379	散	442	葱	304	森	489
壹	519	莉	537	葶	392	棼	408
揙	414	葽	459	蒂	348	焚	401
壺	478	葳	400	萠	418	棟	302
握	501	葳	376	落	503	棫	509
揆	383	惹	501	萱	425	椅	346
撥	524	盏	490	萱	426	棲	347
搖	452	葬	316	葦	486	棧	443
惡	480	貫	335	葦	487	椒	456
惡	512	雷	467	葙	483	棹	454
聒	539	募	372	朝	450	棋	354
某	342	葺	521	朝	453	棍	486
萅	341	萬	438	葭	372	棉	416
斯	334	葛	524	喪	318	椑	492
期	341	蒽	347	辜	480	榆	485
期	342	萵	367	葦	374	猋	395
欺	348	萼	511	厴	531	桎	388

桙	405	粟	503	雄	305	最	379
棚	403	棗	445	殌	328	晰	518
椁	504	棘	521	殕	475	睄	452
梅	323	酣	433	殟	426	睅	426
棓	378	酤	479	殂	541	量	329
棱	519	酸	539	殖	521	貼	434
棬	428	酥	479	雲	484	睎	346
棺	432	酡	391	雰	408	貼	514
椌	308	酌	446	雱	321	貺	325
椰	324	廊	508	雅	372	貯	355
棣	350	厦	365	雅	374	貯	356
椐	354	稟	448	䇹	418	貽	338
椢	541	硜	408	棄	349	邊	320
極	515	硝	458	〔l〕		睇	351
軻	370	硯	417	斐	345	睉	319
軸	452	硾	364	悲	384	睆	426
軸	509	硫	467	惄	514	鼎	397
軼	513	雁	411	齒	335	唊	536
軼	527	敔	348	紫	332	戢	521
軫	400	欹	346	戟	521	喋	513
輄	391	厥	540	覘	431	喋	364
惠	375	猋	455	㸚	332	喃	421
甦	479	寮	461	敞	330	閏	408
惑	506	毳	506	棠	320	開	499
逼	516	殖	527	掌	330	閑	410
腎	407	殣	416	晴	395	闊	311
掔	420	殘	443	喫	521	晶	396
覃	421	裂	516	暑	352	間	418

《同音集釋要》檢字表 581

閛	418	蚰	507	喑	428	崲	315
閔	393	蛔	374	啷	534	嵬	375
閿	392	蛛	354	嗌	403	崳	358
悶	402	蜓	392	喚	427	嵐	439
喇	537	蜓	412	嘵	329	嶙	417
遇	360	蜓	410	喽	503	嵯	337
喓	459	蛕	326	嗿	417	崿	502
噢	407	蛤	524	啼	350	幄	374
喠	538	蛟	460	嗟	498	嵋	377
遏	529	蛟	396	喧	425	焱	459
暑	381	過	368	喀	524	黑	531
景	390	凱	341	嘅	499	圍	374
晬	434	逯	511	喔	501	〔丿〕	
啫	494	喁	306	嗓	466	甥	399
跖	529	喝	532	喉	536	無	476
跋	539	喟	377	喙	379	掣	528
跙	356	喟	379	𡘩	309	短	422
跚	441	單	432	嵁	429	智	335
跌	514	單	437	嵌	429	矬	371
跊	539	𠾴	505	崔	356	毳	383
跑	446	𠼵	372	幅	506	毯	440
跎	369	喘	431	剴	490	皴	510
跛	368	啣	420	凱	499	犉	407
蹢	371	啫	537	㳙	430	犄	470
貴	382	啾	472	買	495	剩	398
畤	526	喤	316	罦	475	稌	341
蛙	365	喉	473	嵒	344	稍	452
蛭	530	喻	360	嵋	360	稈	431

程	398	筳	315	躭	501	鈎	465
稀	346	筆	516	皋	445	斜	474
黍	352	箣	514	皂	519	鈕	466
秤	475	笳	361	皁	421	鈀	366
税	437	瑰	510	皓	449	弑	335
黎	343	傲	448	臬	309	逾	359
犁	343	備	340	奧	451	翕	518
税	381	健	410	遁	489	飩	529
粮	324	傅	475	街	494	番	367
喬	455	歟	358	衒	360	番	441
筐	325	鳥	518	衕	313	爺	500
筓	341	賤	418	御	360	傘	442
等	401	牌	492	復	469	禽	385
筹	450	貸	496	復	507	爲	374
笔	451	順	408	徨	315	舜	405
策	528	條	447	循	394	黎	302
笛	507	堡	449	徧	414	貂	457
筒	313	偈	536	須	353	創	320
筃	387	徭	454	舒	352	飩	490
筏	537	傒	338	禽	358	飫	354
筵	410	傑	515	鈇	475	飭	528
筳	407	集	512	鈜	311	飯	438
筌	413	焦	456	鉅	356	飯	441
答	538	傚	455	鈍	489	飲	387
筮	455	傭	320	鈔	450	勝	306
筋	389	傍	321	鈴	414	腈	396
筶	503	遑	315	欽	385	腖	456
笅	460	氋	472	鈞	485	脹	330

腊	518	貁	310	詙	340	痠	424
脏	530	猶	467	詒	339	廝	471
胨	487	觚	480	詾	451	粱	331
腓	343	觝	348	馮	307	裛	362
腆	409	猱	452	馮	393	竦	309
胖	415	然	432	溧	516	靖	454
腴	358	貿	464	就	473	缸	312
脫	495	鄒	469	敦	486	童	313
脾	339			廂	329	竜	335
睜	405	〔丶〕					
		証	401	哀	470	施	417
睑	407	詌	339	準	400	旌	450
腋	522	詁	481	廁	337	旐	362
腑	475	訶	367	廋	466	遊	468
脺	383	評	393	斌	394	善	432
勝	405	詀	443	痔	462	羍	337
脂	433	詛	538	痣	335	翔	329
腔	330	詛	483	痛	475	剷	364
腕	432	訷	405	痘	470	羨	412
匐	529	詐	373	痦	340	普	482
猢	478	訴	479	疵	477	粧	312
猩	389	診	400	痟	458	粞	347
猥	376	詆	348	痛	431	粦	392
猾	312	註	355	痢	344	粧	316
猸	367	詠	314	痦	377	尊	485
猲	536	詞	336	痖	321	奠	412
猩	315	詘	542	痧	364	遒	473
猴	473	詡	362	痾	367	道	444
獥	305	詔	453	痛	303	遂	380

孥	332	湞	400	渼	377	悍	307	
曾	404	沓	365	滋	332	悷	503	
曾	409	渺	459	湮	319	悛	452	
焯	534	測	529	淡	540	慨	499	
熉	315	湯	317	渾	487	惛	487	
熖	304	湯	322	溉	490	愮	450	
焰	411	渴	524	湮	501	愮	452	
焰	417	渭	375	湄	377	惱	452	
焠	383	渦	367	湑	353	割	524	
焠	542	湾	511	滁	356	寒	420	
焙	378	湍	427	湧	314	富	475	
焱	411	滑	536	澄	524	寔	527	
勞	451	湃	495	潦	427	寓	360	
焻	310	湎	415	愒	513	窖	445	
湊	474	溲	466	惲	450	窘	460	
渫	377	淵	425	慌	325	窖	487	
湛	443	湟	315	愊	516	甯	395	
港	315	湲	423	惰	370	寐	378	
港	324	渝	440	惻	528	痌	394	
渿	517	渙	427	悒	522	運	484	
湖	478	渢	437	愕	511	扉	345	
浦	421	盜	444	惴	379	榮	349	
湘	329	淘	312	愀	454	雇	481	
渤	525	渟	392	愎	523	宬	411	
湮	387	渡	476	惶	315	補	484	
減	419	游	479	愧	382	袼	535	
涵	416	渧	348	愧	383	裎	398	
湝	494	游	468	愉	359	裡	344	

裕	360	隃	480	綁	323	瑚	478
裖	401	隘	490	絾	304	項	507
祿	339	媒	377	絨	306	勛	520
裉	324	媰	524	絓	373	琩	377
裙	487	婻	421	結	520	琩	446
聖	489	媛	460	經	513	瑞	380
祿	502	媚	446	絏	517	瑝	315
〔一〕		娘	376	綖	411	瑰	381
尋	394	媧	372	紙	407	瑀	359
畫	373	絮	353	紙	495	瑜	359
畫	506	嫂	452	絟	413	瑗	424
遐	373	媨	387	給	521	瑍	427
屎	459	媓	315	絢	425	瑳	364
犀	347	媛	423	絳	324	瑕	374
履	351	婷	392	絡	503	瞀	448
屠	443	媄	378	絕	512	遨	448
弼	523	媿	452	絞	460	琛	464
費	345	媚	377	統	303	瑑	430
費	351	婿	353	絣	402	瑙	453
粥	505	賀	369	絲	334	遘	465
巽	489	耋	403	幾	341	頑	438
毳	390	登	401			魂	487
疎	479	發	534	十三画		搆	465
疏	479	皱	396	〔一〕		髢	351
違	374	頇	364	耡	480	髢	351
隔	523	婆	477	瑃	404	肆	334
隕	484	糹	422	瑟	541	犎	310
敫	379	刭	505	璹	499	摸	371

摸	505	搵	488	搡	318	蒽	409
捼	504	塭	410	瑿	512	夢	304
搎	533	攜	338	聖	405	蓀	456
載	490	塢	480	聘	398	蓓	378
載	491	蛋	530	蓁	396	蒠	518
搏	422	搬	403	戡	429	蔴	369
搏	502	勢	335	歂	429	蒼	320
揉	516	搖	454	斟	400	蓊	307
畁	355	搶	328	蒜	424	蒯	497
馱	503	塎	307	蒲	477	蓬	303
馴	394	塡	411	蒼	334	蒭	478
馳	333	逢	303	蓋	490	蓑	365
搣	520	搩	515	蓋	524	蒿	448
鄢	416	搢	512	蓋	529	蓆	512
趌	377	塘	320	鄞	395	蒺	512
趏	456	搏	320	勤	385	蓄	507
赶	332	搒	321	蓮	409	蒹	418
拜	497	搒	323	靴	353	蒲	477
惹	521	搵	529	靴	366	蒞	344
塒	336	搉	365	靳	385	蓈	325
搢	434	壺	488	靷	388	蓉	305
塌	536	塚	309	靶	368	蒙	303
搗	538	搧	434	敽	532	蓂	392
損	489	榖	465	蔣	508	幹	431
遠	423	榖	473	蒃	491	蔭	387
鼓	480	榖	465	墓	371	蒸	400
塏	499	搦	514	幕	371	遘	303
搟	499	搽	489	幕	505	菌	420

献	413	皙	518	賈	372	霍	531
蓋	401	榆	359	賈	481	零	441
蕬	407	嗇	525	酪	392	零	390
椿	404	郯	518	酪	503	零	302
塔	536	楼	305	酬	464	雹	511
榭	479	楓	309	頎	377	雺	464
楠	421	檓	338	赦	410	頓	487
禁	390	槎	371	虱	407	盞	443
楚	478	楷	468	厓	386	〔丨〕	
榲	506	楦	425	感	431	督	506
榲	516	概	490	碪	476	歲	381
楝	410	椴	372	碍	500	貲	331
械	418	楣	377	硾	380	觜	331
梱	416	楹	387	碓	384	訾	332
榧	316	楸	465	碑	384	粲	440
楷	492	橡	430	碎	381	虞	356
楨	400	裘	462	硾	308	虞	360
楊	326	旄	525	碗	432	虜	482
想	330	軾	526	碌	502	業	515
楫	519	輈	337	剽	328	甞	318
椳	376	輕	335	寠	461	當	322
椳	334	輊	463	犴	419	睛	396
楞	404	輅	482	殠	377	睞	456
楠	532	較	460	尴	419	睹	483
楱	409	較	505	殣	489	睦	505
椴	422	罩	326	匯	375	睚	491
槐	497	甄	400	電	412	睫	519
槌	380	歆	416	雷	382	瞉	448

嗊	465	愚	360	園	423	嗌	519
睍	341	戥	402	遣	420	嗍	507
睡	380	嗄	365	蚰	470	嗏	365
睨	350	酽	360	蛺	521	嗤	333
睢	380	暖	421	蜒	318	嗑	406
睢	355	盟	392	蛸	452	嗓	318
賊	525	盟	402	蛸	458	署	361
賄	379	煦	353	蜈	478	罨	522
賉	518	歇	518	蜆	413	置	335
賂	482	暗	428	蛾	366	罧	397
睮	487	暄	425	蜊	343	罳	509
睟	381	暉	379	蜍	356	睘	308
睦	428	暈	484	蜉	468	罪	380
嘩	450	暇	374	蜂	309	罩	445
嗜	336	號	449	蛻	378	遝	535
嗑	529	照	453	蜋	519	蜀	507
嗬	369	遏	536	豊	310	嵊	398
嗔	404	暌	376	農	306	幓	492
鄙	351	跱	333	團	422	幍	447
嗹	409	跨	362	嗣	337	嶋	453
閩	320	跲	338	量	362	嵩	309
賜	327	跣	415	嗌	324	圓	423
阍	431	跆	521	嗓	510	骰	470
閘	538	跳	461	嗅	311	〔丿〕	
閙	453	跪	383	嗚	392	矮	490
閟	443	路	482	嗚	480	雉	333
閣	351	跡	519	嗆	328	雊	541
黽	392	跟	403	嗃	462	毹	358

《同音集釋要》檢字表　589

辞	336	筓	324	媿	366	鉀	535
猒	537	節	513	傭	305	鈿	411
稑	502	節	519	偉	330	鋏	328
稜	404	與	359	絧	303	鉑	511
稙	530	債	490	艇	398	鉑	525
秾	496	佥	530	躲	370	鈴	391
稞	370	僅	386	袅	459	鉛	411
稆	485	僕	434	兔	476	鉛	429
稇	488	傳	430	魁	376	鉤	465
稚	333	傴	354	粤	542	鉋	446
稗	492	僄	458	衙	367	鉒	357
稔	407	毀	379	衒	373	鉉	423
稠	464	舅	462	遞	350	鈫	482
甃	469	鼠	352	微	343	鉊	453
挚	472	鼠	352	衘	420	鈮	352
愁	470	鼠	357	徭	454	鈮	359
筠	484	牒	513	溪	338	猷	358
笵	366	傾	385	愆	420	愈	359
筮	337	煸	538	艄	452	僉	413
筴	529	愉	359	艅	358	會	375
筴	535	煸	418	槃	425	會	382
筟	317	傻	443	鉦	400	會	495
筲	452	催	383	鉗	414	銋	400
節	357	賃	408	鉢	528	飼	309
等	398	傷	317	鈬	528	餥	311
筥	354	傻	365	鉊	528	遥	454
筷	497	偵	427	鈹	539	愛	500
筦	433	像	329	鈊	542	豻	462

貊	523	滕	388	詩	334	廄	448
貅	470	腿	378	詰	521	廈	374
貆	474	腦	452	誇	362	瘑	476
貉	503	詹	429	誂	376	瘂	372
貉	512	集	510	誠	398	瘨	342
貉	523	雎	465	誅	355	瘖	483
亂	424	㺇	448	詵	389	瘄	478
飾	526	肆	339	話	373	痳	371
飽	449	猿	423	誕	436	痶	302
飼	336	鳩	471	詬	465	瘃	505
飴	338	獅	334	詬	474	痱	345
頒	401	獝	306	詮	413	痺	444
頒	438	觡	307	誂	456	痼	481
頌	304	解	491	詭	381	廓	504
脒	377	解	494	詢	389	廓	510
腩	421	解	495	詣	350	痴	332
膈	523	猻	489	詢	311	痿	376
腰	459	登	401	詻	393	瘦	359
腴	489	遄	467	誄	325	瘅	384
腸	327	煞	538	該	490	瘑	402
腥	389	頎	314	詳	328	瘁	380
腮	491	頌	532	詫	364	瘀	354
腘	369		[、]		詪	403	痰	436
腫	309	誆	321	詡	353	廉	409
腹	506	誑	325	裏	344	鴊	438
殿	423	誅	382	亶	437	廊	305
腰	534	試	335	稟	391	頏	325
膆	398	訮	411	稟	394	麂	463

《同音集釋要》檢字表 591

麂	341	燉	525	泟	382	溶	305
鷹	491	熅	523	潾	533	滓	332
廕	387	煙	416	漣	409	溟	392
資	331	煉	410	溥	422	漫	396
裔	339	煩	437	溥	482	溺	514
裔	347	煬	327	溥	502	澾	368
靖	395	煜	509	溧	516	通	303
新	389	煨	375	滅	520	漉	406
郭	330	煙	309	滙	375	惬	515
歆	386	煅	422	源	424	㥍	409
意	347	煌	315	淫	526	慄	516
剷	440	熗	378	蛩	365	憢	424
旒	467	煖	421	袞	365	愷	499
雍	314	煥	427	湏	484	愠	488
義	350	熵	473	潤	487	愫	346
豢	438	塋	388	澂	343	愫	499
粢	525	熒	308	溫	488	慍	450
粳	403	焰	310	滌	513	慆	454
粮	329	煇	379	鴻	480	慆	447
煎	418	煇	486	塗	476	愴	320
猷	468	煳	378	滔	447	慎	408
塑	479	煒	376	溪	348	憫	450
遡	479	糅	464	滄	320	慘	321
慈	336	溱	396	溜	467	慊	521
勞	522	潋	448	漓	343	慇	514
煤	377	溝	465	溏	320	塞	492
煁	399	滸	317	滂	321	塞	525
煠	538	漠	505	溢	523	寘	505

啟	313	〔一〕		媳	409	璉	410
窠	370	肅	503	媼	451	瑣	365
窣	367	盍	502	媳	518	碧	516
窖	436	群	487	媱	454	瑤	454
窟	532	羣	487	嫋	480	瑲	320
窐	531	彙	375	嫉	512	璃	343
窬	402	槩	490	嫌	411	瑢	305
裱	456	殿	412	媨	459	蓁	448
裙	358	殿	420	媰	508	熬	447
裲	329	鴻	457	勠	502	慼	539
裸	369	辟	340	戣	383	熒	343
裼	518	辟	516	預	360	區	409
裪	481	辟	522	疊	513	壽	474
裨	339	辟	523	毚	333	搒	311
裯	464	彌	340	綀	535	髯	432
裾	354	瞥	393	經	390	髦	446
裰	541	慇	393	綑	488	髣	322
褓	540	彈	517	絹	427	髳	323
褉	339	裝	316	綉	469	墈	429
褋	377	遜	489	綌	333	墐	386
福	506	犖	535	紿	521	撕	441
裡	387	隙	521	綏	380	摳	357
禎	401	際	352	綈	350	摳	472
禍	369	障	330	勩	453	摽	456
禋	316	媾	465			摽	455
禖	424	嬄	514	十四畫		摽	457
禘	351	媽	371	〔一〕		摌	486
		嬘	424	瑱	400	駓	522

駁	502	墉	305	鞼	428	榦	431
聊	314	境	390	靰	312	幹	539
馱	497	摧	440	鞁	340	熙	346
馱	540	摘	531	薂	504	蔚	376
搶	501	樣	327	奭	317	兢	390
塿	317	墊	411	蘭	482	蝦	372
撨	328	墊	419	慕	372	蝦	481
趙	450	撤	522	暮	371	蔣	331
趕	431	穀	504	勘	495	蓼	461
趣	474	墟	330	蔓	433	蓼	502
墟	353	摺	530	蔓	438	蕹	326
墟	357	鼓	524	蔓	443	榛	396
搜	466	歊	518	蔑	402	構	465
墁	433	摻	442	薨	459	榧	345
槀	504	睛	396	蔦	459	榛	423
嘉	372	聏	318	蓰	334	榾	524
臺	498	睡	370	蓰	347	模	371
摧	383	蜚	342	蔔	510	榇	371
摘	373	蝥	342	薢	506	榛	504
揚	323	聚	357	蔡	498	榻	536
赫	531	鄭	316	蔗	500	櫻	519
截	512	蔦	416	蘆	502	槶	487
摶	462	蕪	378	蒿	317	檾	397
鳴	476	蓺	350	蔽	351	槲	498
挽	471	靾	328	藁	355	槐	518
壽	355	靵	348	蔓	366	麀	316
誓	337	鞄	445	蔻	472	榗	451
墉	529	靷	423	蓿	504	榥	383

槁	445	酸	424	奪	539	嘖	531
槨	504	瓨	410	臧	316	曄	522
樘	320	甖	346	狶	346	夥	481
榜	323	厲	344	殣	524	睲	389
橡	372	歷	515	殞	484	睤	466
楣	517	磏	400	殟	470	賵	477
樋	303	磼	513	殟	472	賑	400
軦	530	厭	416	殯	450	賖	501
輔	475	厭	519	殟	347	賒	366
輔	476	碩	527	需	352	暖	425
輕	385	碭	515	需	353	瞇	348
輓	441	磑	376	霆	392	睱	374
匱	383	碏	536	鳶	423	墅	361
歌	368	硬	358	戩	418	嘆	440
遭	445	魄	376	〔丨〕		暢	331
粹	537	磋	364	裴	378	閨	381
匴	437	磁	336	翡	345	閡	336
監	418	磠	453	閱	408	聞	401
望	318	矼	450	裻	506	閫	514
緊	390	酢	443	雌	337	閩	393
鄭	421	鮑	452	睿	375	閭	361
醇	460	魝	451	對	384	爾	529
醡	477	魝	463	嘗	318	閣	535
醒	398	愿	424	裳	318	閱	537
酷	509	盇	409	嘈	379	閣	524
酶	377	爾	337	瞹	514	閡	478
酸	476	劈	540	瞄	537	閣	511
酹	382	劈	541	睽	459	閣	490

《同音集釋要》檢字表 595

字	頁	字	頁	字	頁	字	頁
関	438	蜛	433	墉	305	箬	533
嘈	447	蜿	426	嶂	330	筅	325
嗽	466	蜥	324	嶬	524	箞	538
嘔	467	蜛	354	圖	475	箋	418
瞌	324	蜢	402	嵾	422	劁	530
嘔	488	嘘	353	翻	536	筸	445
暝	392	蚍	368	骷	483	算	424
踣	454	槑	377	觓	370	箇	368
跟	329	嘍	466			箘	485
踢	509	嘽	437	〔丿〕		箠	379
跽	342	暠	429	舞	476	箪	351
踴	314	嗷	314	製	335	劄	536
蜂	321	嘖	427	氲	488	箈	485
蜻	396	嗯	487	獱	424	箏	404
蜞	342	嘛	500	獢	478	簽	353
蜡	358	嗾	466	犒	450	箔	510
蜡	371	嘈	512	舔	409	箔	333
蜥	518	嘍	460	貏	349	管	433
蝀	302	幘	531	種	309	箜	308
蜻	349	嶇	357	程	316	箃	497
蜨	513	嶽	500	稱	404	箓	502
蚯	481	幖	455	稨	414	箒	463
蜾	481	幝	417	稻	353	毹	509
蜴	522	嚚	334	熏	486	僥	460
蜩	318	罰	537	箐	396	償	408
蜘	335	噓	357	箝	414	僖	346
蟋	376	幔	433	箸	357	僎	536
蜪	456	幗	504	箕	391	僚	390

傳	361	慭	387	餅	394	誌	335
偣	414	騏	342	領	391	誣	476
僚	461	騑	492	膜	404	誇	525
僣	418	䯅	425	膊	502	語	360
僕	510	䯑	402	膈	523	誅	434
僴	411	銙	362	遯	489	誚	454
僑	455	銅	313	膃	532	誥	445
僉	536	銖	356	膌	469	誘	468
僞	396	銑	415	脺	339	誨	379
僞	375	鋌	392	脇	306	說	542
僦	473	銛	415	膅	320	誑	324
僮	313	鋱	524	膀	321	誑	325
僖	432	銓	413	脄	519	説	381
僯	391	銚	456	犸	449	説	526
傅	485	銘	392	飇	527	誏	325
僧	399	鉸	460	鳳	307	設	396
僗	451	銃	311	鮊	369	認	407
鼻	340	鉨	463	疑	349	誦	304
鼻	523	銀	395	飈	542	誶	365
魄	524	貋	420	獄	504	凴	393
魅	378	貍	343	猵	306	裹	481
魃	539	貌	446	獐	330	槀	450
魆	449	餌	337	獍	390	敲(敲)	453
僇	443	蝕	528	獻	462	豪	449
僎	443	餂	409	觫	503	膏	444
僎	485	餁	407	貪	388	塾	508
衞	420	餇	326	〔、〕		廣	324
幛	330	餃	460	誠	494	遮	500

麽	371	齊	332	熥	303	潾	462
腐	476	齊	347	潽	316	濱	427
瘖	533	齊	490	漬	332	漁	359
瘖	399	旗	342	澆	461	漁	360
瘍	327	膂	361	漢	433	漪	346
瘥	326	敖	450	潢	315	漈	352
瘦	466	羝	509	滿	433	澔	481
瘇	315	養	327	漊	421	滾	486
瘋	310	精	395	漊	440	潦	319
瘖	387	粮	330	漆	522	浦	305
瘞	364	鄰	391	漸	412	漳	330
瘥	498	鄰	391	漸	418	滹	440
瘟	378	粹	381	漕	447	滴	517
瘠	476	鄭	398	漱	466	漩	412
裵	468	歉	420	漚	467	演	411
褎	473	愬	479	漂	457	窪	365
塵	399	弊	340	潰	457	漏	466
廖	461	幣	340	漘	407	漲	330
辣	537	嫳	517	滯	333	潒	489
彰	330	熄	518	滷	482	慬	385
鄣	313	熗	303	潊	457	慢	442
竭	515	熑	409	漊	466	慟	314
韶	447	榮	305	漫	433	慷	319
端	422	睮	461	漫	443	慞	330
颯	538	熒	306	潔	536	憒	428
塀	398	犖	503	灌	383	慘	461
適	517	熒	305	漴	304	慘	422
適	526	煽	434	潒	317	慣	439

寨	491	褓	449	嫦	319	綏	380	
搴	420	褕	358	嫚	443	維	343	
寨	525	褧	423	嫜	330	綿	415	
寬	426	褊	414	嫡	517	綸	485	
賓	393	褌	374	甭	496	綵	499	
寡	372	裶	403	頗	374	綬	474	
窩	367	褋	534	頌	415	綪	405	
窬	359	〔丁〕		翟	513	綳	402	
窨	387	鄢	394	翠	383	綢	463	
窪	365	劃	506	嫠	538	絇	444	
察	537	盡	394	熊	305	綹	467	
寨	490	屢	361	態	496	綣	428	
蜜	520	鳬	334	劂	401	綜	305	
瘖	478	彄	472	凳	402	綻	443	
寢	397	斁	527	鄧	399	綰	441	
寥	460	墮	370	瞀	464	綴	379	
實	527	墮	379	骲	505	綠	502	
廬	524	隨	380	遺	439	緇	331	
肇	450	隤	384	緒	357	斷	422	
肇	447	隣	391	綾	390			
肇	450	墜	380	緂	469	**十五画**		
縶	349	隧	380	絾	509	〔一〕		
褡	538	嫣	416	緉	329	翬	375	
褛	459	嫫	433	綺	349	慧	375	
褙	385	嫩	489	綽	533	耦	471	
褐	529	嫗	354	緤	481	戩	320	
褌	308	嫗	357	綱	314	瑾	386	
複	506	嫖	457	網	318	璜	315	

《同音集釋要》檢字表　599

靚	395	駙	477	播	368	歎	440
璀	383	駒	354	擒	385	鞋	491
璁	304	駝	369	瞽	307	鞓	362
淙	304	撅	540	撚	417	蕙	375
璋	330	撩	461	墩	486	鞍	428
璇	412	摺	430	撞	319	甌	315
璑	336	撒	521	撤	528	蕈	395
犛	343	趣	358	墥	432	蕆	431
奭	526	趌	514	摯	335	蕨	540
韍	410	趖	383	熱	527	蕤	380
韏	417	趣	419	樽	485	蕓	484
撋	438	撲	508	增	404	蕞	380
髻	414	撐	405	撈	451	蕺	522
髮	534	撮	542	穀	473	邁	495
髳	526	墡	432	穀	504	賚	383
髩	456	撣	436	穀	510	賣	495
撳	427	賣	495	墀	333	蕪	476
墡	453	撞	513	撫	328	蕎	455
撓	452	撫	475	撰	415	蕉	456
襲	323	撟	455	撰	443	蕢	508
墳	401	搭	538	撥	528	蕃	437
撻	536	赭	500	聸	360	蕃	441
撕	347	覘	483	聤	392	蔦	376
撒	536	墺	451	琴	385	蕣	406
撒	538	墺	508	歎	427	蕕	468
駛	334	撽	451	甍	447	蕩	320
駰	309	墊	514	蕢	401	蒲	358
駉	334	墦	437	蓬	535	蕊	380

蒋	328	樟	316	醉	379	鴉	372
蔬	479	樣	330	醋	378	〔丨〕	
蕋	519	樣	327	憇	522	輩	385
蕭	332	檸	406	碼	371	齒	337
椿	316	橄	431	磕	524	劇	515
椿	324	輛	329	磊	382	戲	346
槻	382	輞	318	憂	462	歐	353
横	312	輧	415	碹	340	嚴	373
勰	390	輗	349	碶	387	膚	474
槈	522	暫	443	磺	412	輝	379
槽	447	撃	442	磅	321	賞	317
楸	503	慭	443	磏	409	瞌	524
樞	357	輪	485	確	510	曉	462
標	455	輜	463	碾	417	瞋	404
樓	468	輻	331	磔	318	瞋	434
樗	357	敷	475	區	409	瞒	402
樝	373	斣	446	遼	461	暴	446
樓	466	甌	467	燼	384	暴	511
樱	433	毆	357	㿖	455	睨	427
標	382	歐	467	豬	354	賦	475
樊	437	豎	361	瑾	386	賬	330
賚	496	賢	410	殢	339	賭	483
歎	474	遷	413	殤	317	賤	412
剶	416	醋	478	震	400	賜	334
妣	339	醃	416	霄	458	賙	463
劜	450	酸	381	霈	505	賠	378
樑	319	酶	444	霈	384	賑	432
楠	305	醇	407	霓	399	瞞	333

《同音集釋要》檢字表　601

瞑	392	踘	540	嘳	495	〔丿〕	
嫳	361	踣	475	嗒	536	鎞	336
嘖	406	踡	426	噪	510	犒	316
嘻	346	踞	354	噍	456	靠	450
噎	519	遺	338	噢	353	牖	306
嘶	347	蝶	513	嘱	379	憇	349
嘲	445	蝴	479	噂	485	穄	504
閫	488	蝘	416	罵	371	穄	533
闍	395	蝲	537	罩	517	穢	508
閱	542	蝠	506	罶	467	稽	341
閭	325	蜾	350	罷	339	稽	349
數	352	蝐	377	罷	366	稷	520
數	479	蝗	389	噗	510	稻	444
數	507	蝎	518	叢	522	黎	343
遛	414	蝟	375	嶠	455	稿	445
嘹	461	蝌	370	嶟	445	稭	507
影	387	蝗	315	嶴	451	稼	372
髟	326	蝃	348	嶓	367	箧	521
踥	327	蝣	468	幡	441	箣	309
踜	404	蝽	307	幢	319	箚	479
踏	520	蝙	414	幢	313	篰	421
踺	513	蝦	366	幟	333	箍	483
踐	412	蝦	373	墨	504	箱	329
踙	506	蝐	378	圚	441	範	437
踔	533	蟓	423	骼	524	箮	506
踢	514	蜺	409	骸	453	箊	400
踏	535	嘬	498	骸	491	箭	458
踘	333	嘲	366	骭	415	篌	415

篁	315	儀	349	銿	335	餓	367
篗	397	矮	490	鋪	482	餘	359
箭	418	窮	310	鋏	521	餕	381
筅	415	繇	415	鋏	535	餅	350
篇	418	尷	406	銷	458	餕	396
箐	353	皜	445	銲	420	膝	518
篠	356	樂	455	鍥	478	膌	447
篆	430	樂	503	鋤	479	膛	320
僵	326	樂	509	銷	421	朡	309
價	372	僻	522	銘	377	縢	399
僰	319	顧	389	銼	364	膠	460
膧	468	質	335	鋒	310	鴰	449
鋒	456	質	530	銳	380	穎	388
儅	322	徵	427	銳	384	頡	375
偛	420	衝	478	鈔	365	魨	489
儂	306	德	531	鋟	397	魮	339
儌	470	徵	332	劍	419	魯	482
僵	538	徵	400	劌	382	魮	366
儞	519	衝	311	鄶	382	魿	307
儌	460	僑	455	餕	535	魴	318
儉	414	徹	528	頰	461	穎	388
儈	382	霈	353	慾	509	獗	540
儚	500	艘	466	諮	313	獠	461
儋	436	膛	315	號	504	齮	348
儝	494	磐	425	貓	446	騉	486
儢	490	盤	425	舒	525	騉	487
億	519	廡	410	鋪	484	鰕	541
儀	338	舖	482	鍊	503	猶	540

猶	540	濼	385	凜	391	潔	520	
劉	467	濃	306	辨	537	澆	460	
皺	469	熟	508	飪	312	濆	401	
〔丶〕		廚	356	謑	339	達	536	
請	397	廝	334	毅	350	澌	334	
諸	331	廟	459	敵	513	漌	302	
諸	355	摩	371	賁	317	潮	450	
諄	407	庬	379	盠	402	潛	441	
諏	469	褎	449	羯	520	澶	375	
諾	512	廠	331	翰	358	潭	421	
誹	345	塵	430	壹	442	潦	451	
課	370	塵	432	糊	478	澐	484	
調	318	廥	453	糧	315	潛	412	
諉	376	瘛	347	糭	305	澁	525	
諛	358	瘟	488	遴	391	潤	408	
誰	380	瘵	439	糅	464	潤	419	
論	485	瘢	425	翦	418	潤	393	
諼	474	瘢	438	遵	485	潰	375	
諍	405	瘡	320	導	444	潬	436	
諗	405	瘠	445	獘	340	潭	440	
調	456	瘠	512	擎	522	鋈	502	
詒	431	瘠	520	獘	517	津	517	
諒	329	瘥	388	燒	448	澳	508	
諄	400	瘵	318	熯	434	潘	428	
諱	381	廣	403	熇	512	潼	313	
談	436	慶	385	瑩	305	澈	528	
誼	350	窨	336	瑩	388	潊	391	
誇	310	廢	345	熤	522	澇	451	

潺	443	褅	524	漿	331	緫	334	
溁	489	褅	504	險	413	緞	422	
澂	398	褌	409	嚊	340	緶	415	
潑	524	褓	502	嬈	447	線	415	
憤	401	褥	508	嬉	346	縋	380	
憘	346	褟	484	嫽	461	緩	426	
憧	302	褫	333	嫨	511	締	348	
憫	393	褐	469	嫺	410	縒	337	
憒	381	褅	512	嬋	432	編	414	
憚	370	褲	483	嬌	460	緡	393	
憚	436	褴	496	媼	451	緯	375	
憙	532	褨	318	嫣	381	緣	423	
懊	451	褙	447	駕	477	畿	342	
幡	441	鳩	399	甈	438			
憐	391		〔一〕		戮	502	**十六画**	
憐	409	盩	541	毿	305	〔一〕	
憎	405	熨	376	罿	379	構	324
憕	398	熨	541	遹	542	耨	473
寮	461	慰	376	豫	360	瑠	467
寫	494	遲	333	歗	488	璙	461
審	405	劈	522	歗	541	璞	508
窮	307	履	518	練	410	靜	395
窰	454	履	344	緘	418	靛	412
寫	376	層	408	緬	416	璠	437
頫	529	彈	436	緲	459	螯	448
幂	520	選	415	緝	521	璣	341
翩	418	樂	331	緵	376	髻	341
鴌	479	獎	331	緔	375	髻	520

髬	331	薐	452	蕡	332	橈	453
髩	337	穎	312	蠧	371	樹	361
擗	431	蕎	540	薨	306	樻	467
擅	328	墐	538	薨	312	橛	541
駬	337	撻	538	薐	404	橑	451
駘	523	撕	530	薛	517	燎	461
駉	387	赬	404	薇	343	檂	484
駞	389	撇	522	薈	376	樸	508
駱	503	敹	425	蕩	327	橬	379
駭	495	擔	436	薊	341	橺	408
撼	433	壇	436	檠	386	橇	453
撸	382	擅	432	擎	386	橘	455
擂	524	擁	314	薨	450	橋	379
鴶	453	慤	510	薦	418	樵	453
趈	311	磬	385	薪	389	樳	445
據	354	縕	306	薏	347	憝	395
擄	482	褧	309	薄	510	檎	385
橐	445	褧	385	蕰	488	橝	406
毅	455	鄒	469	翰	420	樣	362
燇	533	蕻	312	蕭	458	橦	313
擋	322	薔	328	噩	511	樽	485
寰	420	鞍	340	頤	338	榜	451
操	450	鞘	458	鴣	480	樺	347
熹	346	薑	326	薩	538	橙	408
髼	403	燕	417	薅	448	橘	540
擇	525	鮏	474	蕷	360	機	341
擐	438	薙	491	弑	338	轂	504
擖	509	蘦	391	橈	447	輳	474

輻	506	奮	408	湓	408	闉	319
輯	513	頰	521	氂	331	閣	487
輯	521	癹	305	瞞	433	閆	410
輶	404	殨	372	縣	411	閆	417
輸	352	殢	403	縣	423	闋	416
轂	305	殪	347	堅	408	闋	529
輴	468	殫	437	瞟	458	喊	433
墼	520	霖	391	瞕	347	暾	486
鬆	464	霏	345	瞠	405	瞳	313
整	401	霓	349	瞗	437	鴞	462
賴	496	霍	512	賭	404	喊	379
橐	510	霈	402	賵	487	踢	320
融	305	霎	538	賵	310	踵	309
鋻	419	霑	429	賻	422	踽	354
頭	470	霍	355	賺	473	踰	359
瓢	457	霖	318	瞭	461	嘴	379
醙	377	臻	396	瞕	316	踱	503
酬	478	頸	390	瞕	330	蹕	510
醍	351	〔丨〕		瞶	406	蹄	350
醒	389	閗	312	曇	421	蹉	364
醜	472	閗	312	睫	496	蹁	418
勵	344	冀	341	瞰	420	蹂	464
膚	517	餂	443	鴨	538	蓁	394
礉	429	餐	440	嚌	390	蟒	317
磚	430	遽	354	嘫	478	螳	350
硜	328	遽	356	闍	483	螄	334
歷	515	嶽	373	闌	509	蝠	434
盭	534	盧	482	闇	416	蛾	512

螭	333	幨	431	箏	505	儶	495
螗	320	嶦	532	篕	529	儖	439
螃	321	圚	438	簇	444	儒	361
螟	392	冞	342	箣	516	儗	349
噱	534	默	523	篡	422	儴	325
噓	360	黔	414	篳	517	儕	491
嚪	366	〔丿〕		箋	520	儐	394
器	349	僕	508	篠	458	觬	514
噥	306	僥	486	篦	518	劓	350
戰	430	犝	313	篩	334	劓	453
噪	452	憩	349	箟	340	膘	457
噬	337	積	332	篾	333	曁	341
噢	358	積	519	篷	303	曁	343
噭	460	穮	458	篛	474	軗	542
鴬	328	穊	456	篙	445	儘	396
噫	346	稷	442	節	477	魈	458
嚌	314	䅽	303	筱	354	邀	459
嘯	458	穆	504	箕	312	皻	389
曚	303	穗	305	簿	477	徼	460
曚	304	頹	384	築	303	衡	312
曺	447	穋	319	箈	303	衡	406
還	412	勳	486	舉	354	衞	375
還	438	敽	453	興	386	盤	438
罹	343	魞	453	盥	433	艕	323
幪	454	篝	465	學	455	舘	433
嶧	522	筐	345	學	509	鄒	501
嚼	519	篤	506	儔	463	錯	478
嶼	357	築	505	儳	492	錬	302

錊	402	饎	408	鴡	333	謣	511	
錡	342	餕	418	鮓	373	謠	537	
錢	412	餛	487	鮒	477	謢	458	
錍	345	餧	376	鮑	446	諭	360	
錕	486	餔	454	鮀	369	謚	336	
錫	518	餡	411	鮐	496	謑	425	
錮	481	餤	436	鴲	355	諷	310	
鋼	315	館	433	獲	506	認	304	
鍋	480	盦	529	穎	388	諱	392	
錘	380	頷	420	餤	411	護	503	
錐	379	鴒	391	獄	518	諮	331	
錦	390	膩	350	獨	503	諳	428	
錚	405	膨	403	獬	495	諦	348	
錭	444	膡	537	䑱	422	謎	348	
錽	501	膝	518	邂	491	謎	378	
錇	426	膫	461	鴛	302	誼	425	
錠	392	膴	476	鴦	425	諢	487	
鍵	414	膴	481	〔丶〕		諞	418	
鋸	354	膲	456	謀	464	諱	379	
錄	502	膰	437	諶	399	誵	353	
錙	331	腧	486	謊	325	褱	459	
緅	492	膧	313	諭	421	憑	393	
鼰	359	臌	530	諫	419	憖	384	
歙	526	膳	432	誠	410	遵	430	
頵	377	膤	399	諧	491	磨	371	
貐	359	膯	539	諿	522	雄	501	
壆	408	膯	401	謁	519	瘴	385	
餥	330	雕	457	謂	375	瘷	315	

癉	498	瞥	522	濃	306	寱	361
療	369	甑	401	澡	445	寫	457
瘵	382	甑	405	澤	503	窸	440
糜	391	燎	461	澤	525	窿	313
瘵	491	燋	456	濁	509	禛	520
瘴	330	燠	451	澿	470	襂	361
瘺	467	燔	437	激	521	禧	346
瘳	472	燃	432	澮	382	禪	422
甌	306	煌	313	澹	436	禪	432
褒	449	熾	333	濂	410	襁	457
塵	355	燧	380	懞	303	機	341
凝	395	螢	305	憭	385	〔一〕	
親	396	螢	388	憽	478	壁	516
辨	415	營	306	憯	525	幦	520
辦	442	營	388	憳	354	避	340
龍	312	嶸	312	憒	306	嬖	351
辥	303	縈	388	燥	445	彊	326
劑	352	煱	412	懌	522	彊	328
嬴	387	燈	401	燭	509	彊	330
壅	314	濩	479	憿	359	璙	441
翔	532	濩	506	懈	497	隩	512
義	346	濛	303	懍	391	隱	387
糒	347	澣	426	憶	519	嬛	329
糙	450	濈	390	懁	314	嫯	358
糗	470	澤	322	憲	413	嵒	509
糊	474	燙	320	褱	420	蟊	445
糖	320	澠	393	寰	438	糵	385
糕	444	潞	482	窺	376	氄	304

彛	338	髳	452	擴	509	薰	486
縉	396	鬀	394	擖	515	舊	462
縩	504	髶	373	擠	352	藐	459
縺	409	髤	513	蟄	527	薺	347
縛	507	髳	303	縶	530	薺	352
縟	508	髶	365	擲	527	澟	457
緻	335	幫	323	擯	394	蔡	537
縕	488	擡	498	擦	537	韓	420
縫	307	擣	448	穀	506	賷	352
縐	469	騁	404	聲	405	隸	344
縞	445	騂	389	馨	385	檉	404
縊	347	駸	396	擢	509	檚	478
縌	440	駿	396	藉	498	檣	328
縩	318	趨	358	藉	512	蘬	310
幾	341	蕑	367	聰	304	櫃	372
		擱	511	聯	409	檔	322
十七畫		戴	383	臺	498	檨	306
		戴	498	慭	385	櫛	530
〔一〕		擱	422	艱	419	檢	419
璨	441	尳	340	韗	310	檜	382
璠	322	燻	425	鞞	385	麯	507
環	438	螯	526	鞞	394	斁	464
匲	503	糖	320	鞠	540	檀	436
璵	359	擰	407	鞦	379	懋	465
贅	379	戲	423	藍	439	轅	423
鴲	528	擬	349	藏	321	轆	398
覯	465	壕	449	藺	361	輺	467
黿	424	壙	326	藕	414	轄	535
髲	370						

《同音集釋要》檢字表 611

嵤	305	霞	373	闊	532	蟀	541
輾	417	〔丨〕		闈	374	蟈	459
輾	430	齔	394	関	541	雖	380
擊	521	壑	511	曙	361	噷	488
臨	391	戲	346	瞰	460	嶷	515
醢	499	虧	376	嚅	361	嚌	352
醅	324	鮢	526	嘯	503	嚀	395
醞	488	曀	346	蹕	517	嚯	513
醨	344	瞭	461	蹎	456	嚌	379
醒	373	矈	512	蹈	444	嚌	533
翳	347	矇	303	蹊	338	嶹	448
繄	346	顆	370	蹊	348	幬	444
磨	414	瞷	411	蹌	328	幬	464
磽	453	瞧	453	蹐	520	覬	342
磾	536	購	465	蹟	320	斁	484
壓	538	賻	477	踩	365	斁	522
厯	417	賵	320	蟥	315	闋	341
礅	453	賺	443	螬	447	歜	427
磻	425	瞬	406	螵	458	罾	404
磷	391	瞳	313	曈	427	嶺	391
磯	341	嚇	531	螳	320	巍	338
邇	337	嚏	348	螻	466	巍	515
廬	419	嚏	351	螺	368	嶽	511
殭	326	闈	387	蟈	504	嶒	498
殮	410	闌	439	蟋	518	點	419
霜	317	関	507	蟾	360	黜	528
雷	538	闇	359	螺	329	黝	463
霈	313	闇	428	蟠	306	髁	370

龥	432	簨	492	離	344	斂	410	
	〔丿〕	篏	436	徽	379	鴿	524	
罅	366	簆	472	禦	360	鵉	422	
矯	460	篤	381	聳	309	爵	532	
矰	405	繁	437	聲	425	邈	505	
氈	430	輿	358	鵬	331	貔	339	
鵠	539	歟	358	䐃	513	貘	333	
穗	380	懇	359	鎍	520	懇	408	
䅥	346	臬	509	鍊	410	鶘	478	
穛	377	鵂	470	鍼	400	餪	421	
穆	445	優	462	鍼	414	餳	395	
黏	417	斂	401	錯	492	餲	490	
種	313	黛	497	錫	327	餭	316	
穟	380	儵	464	鍕	389	餽	383	
鼕	454	償	317	鍔	511	餼	473	
穉	333	償	318	錨	537	臊	481	
魏	375	儡	382	鍾	308	朦	303	
簀	531	鴌	407	鍛	423	朦	303	
簁	513	價	530	鎞	473	膫	534	
簍	341	儲	356	鎚	380	膿	306	
簧	315	皺	518	鎞	438	臊	452	
簪	447	颱	381	鎣	305	臉	410	
簠	467	皤	366	鎗	312	膾	382	
簋	466	皤	368	鍍	476	膽	437	
簸	520	魋	329	鎰	332	膁	409	
筑	471	魁	318	鏖	419	臆	519	
籠	502	魋	384	鍒	464	膳	399	
簇	505	翶	448	龠	533	豳	518	

颷	344	燮	517	鹹	504	憍	464
飍	405	諞	434	斃	340	憘	335
飈	329	謚	471	螢	517	懡	344
兔	443	瀆	503	燦	441	懦	362
鮪	376	褻	517	燥	452	憤	352
鮦	337	襄	329	燭	505	懲	327
鮨	332	磬	486	燬	379	豁	534
鮫	460	糜	348	熿	451	賽	492
鮮	415	膺	386	鴻	311	寋	419
獮	415	應	386	濤	444	頮	397
飀	356	癉	467	濼	470	窾	427
飇	455	療	461	澣	539	邃	381
獯	486	癆	352	濫	439	襓	447
螽	308	癉	437	濔	344	襓	415
	〔、〕	癖	451	濡	337	襇	419
譀	448	癉	401	澨	396	襌	437
講	324	頷	380	壛	320	襟	525
譁	373	艇	398	盪	320	襖	451
謨	371	麋	347	濕	526	禧	351
謜	424	辨	438	濮	510	禭	380
謖	503	齋	490	濞	387	褪	326
謝	498	甕	306	濠	449	襏	528
謠	454	羱	327	濟	352	禮	344
謟	447	糟	445	濱	394		〔一〕
謅	450	糞	408	濘	395	臀	489
諏	513	糠	319	澀	525	糜	351
謗	323	糝	442	濯	509	檗	528
謙	420	甑	485	濰	343	甓	523

臂	351	總	305	蕩	320	鞣	464
擎	528	縱	305	趨	315	藷	356
履	354	縮	507	趯	458	蘆	361
彌	348	繆	459	趨	442	蘭	325
孺	361	繆	470	蕘	423	藪	466
鞦	331	繆	504	蕤	401	薑	498
嶚	379	繅	452	撒	466	繭	419
牆	328			擶	382	藜	343
蟄	331	十八画		謦	481	藥	533
嫲	439	〔一〕		蟄	403	藤	399
嫺	496	璿	412	擺	497	藷	354
駕	361	贏	409	攄	430	薮	350
嫡	526	瓊	307	贄	335	藩	437
嬪	393	鼇	343	燾	444	蔦	494
翼	522	鬆	309	磬	385	檮	444
孟	446	鬃	499	攝	537	櫃	383
孟	464	鬈	426	聶	514	檻	411
鏊	464	翹	455	藕	471	櫚	361
蟄	326	擻	440	職	530	櫨	422
嚮	326	騏	342	毅	311	櫶	404
績	520	騋	496	藝	350	鵝	476
縹	458	騎	343	燕	527	獒	365
縷	361	駢	415	觀	385	檳	393
縷	466	驗	418	鞮	348	檫	537
縵	433	駒	444	鞦	468	權	454
繆	382	騄	503	鞭	413	橃	402
繃	402	搖	369	鞫	540	鵝	525
鷁	459	擾	447	鞳	425	轉	430

《同音集釋要》檢字表 615

鞔	433	覵	358	蹤	305	纍	520
轆	502	懟	384	踨	347	黕	521
轂	520	叢	304	蹠	529	髂	523
轈	453	矇	303	蹢	517	顱	451
鹽	481	題	350	䠟	399	〔丿〕	
歔	439	騠	376	蹯	507	鐔	421
孳	439	瞿	354	壘	382	鐏	485
毚	419	瞿	356	壘	516	鵠	504
覆	473	罂(罌)	453	蠍	542	鵝	366
覆	506	黽	450	蟢	346	鶩	366
醸	319	賸	466	蟬	421	穫	506
醪	451	瞻	429	蟲	308	穭	525
醫	346	闔	536	蟬	432	穢	376
礰	506	闐	529	蟦	539	餲	500
礎	478	闌	411	蟭	456	馥	506
礉	453	闖	536	蟠	425	穟	306
麗	321	闓	499	蠖	530	穠	360
𤡾	305	闞	514	蟮	432	鵝	540
獵	305	闕	541	顋	491	翶	455
饕	514	顒	306	螭	542	簿	502
殯	394	矖	486	蟻	341	簠	475
霢	523	嚘	462	嚩	515	簟	412
雷	467	曠	326	嚚	395	簪	430
霧	477	曜	455	鵑	427	簡	419
〔丨〕		蹟	519	嚖	530	簣	383
豐	310	蹯	356	嚙	425	簞	437
闖	518	蹣	425	嚌	306	籤	520
鼗	529	蹴	506	顓	429	箭	360

篠	502	鋏	512	穌	486	離	344
礜	359	鎰	523	魦	365	麇	360
夒	510	鎔	305	鰻	396	韹	316
儠	519	鎵	304	鯽	519	顔	411
雙	317	鎚	431	蠅	465	齋	347
懷	459	盫	529	颺	327	旞	441
軀	357	饓	535	颼	466	羻	313
軅	362	翻	441	觸	317	羴	330
鎌	319	鵒	509	獵	534	糧	329
邊	413	貙	357	獵	534	爀	532
皦	460	獿	438	繇	454	燼	439
歸	381	雞	341	雛	480	燻	486
覆	463	餡	523	〔丶〕		燻	450
艟	313	餺	517	讀	531	燼	395
鎰	523	饙	346	謹	389	燼	396
鏵	373	餻	320	謲	447	燿	455
鏃	317	饈	469	謳	467	鵜	350
鏌	505	餽	327	謫	482	瀃	536
鎮	400	餺	466	謾	433	潭	422
鎵	504	膌	464	謾	443	瀆	503
鎛	502	膧	486	謫	531	瀇	517
鎖	365	膡	327	謫	317	潴	354
鎧	499	鯢	530	謬	471	濾	362
鎴	375	鯁	403	瘖	382	瀑	510
鎗	328	魦	477	瘋	357	濺	443
鎓	306	鯉	344	癒	359	潤	361
鎦	467	鮚	450	癈	413	瀒	425
鎬	449	鰀	381	雜	525	瀏	467

《同音集釋要》檢字表 617

瀍	432	織	335	壝	421	藻	445
鎏	467	繶	529	鬅	403	薸	525
瀉	494	斷	422	鯈	318	藥	380
懵	303	斷	422	攘	459	顛	419
懫	463	雛	314	壞	495	蘊	488
寰	422	邋	537	壞	497	檳	503
竅	453			攏	313	麓	502
額	531	十九画		蘀	510	櫌	463
襟	389	〔一〕		蘆	511	櫚	382
襠	322	穫	506	難	440	櫟	515
襜	431	鵒	476	華	353	攀	442
襦	448	璿	343	鞲	306	櫟	481
襷	344	顢	324	鞹	509	貌	487
襴	348	璹	461	鵲	532	麴	507
襴	350	鬍	478	蘑	516	櫓	482
襴	461	懟	334	藿	511	楷	355
		鬃	449	蓬	356	橡	360
〔一〕		髮	305	蘆	482	轆	513
璧	516	擽	345	蘭	392	輖	419
醬	331	黿	365	薏	487	轎	455
嬸	405	騣	466	蒔	350	鏨	425
戳	507	騤	315	蘄	342	轍	527
彝	338	駿	305	勸	428	轍	528
繞	447	驃	437	蔆	317	轔	391
繆	402	騙	418	黃	386	繫	339
繳	442	騷	452	蘇	479	繫	342
繐	381	趨	461	警	390	鵰	302
繚	461	藤	518	藹	500	憝	475
繼	541						

櫜	445	曠	326	蠓	304	穤	519
毉	305	嚝	452	蠅	326	穩	488
歠	529	嚧	417	蠅	386	穦	323
醰	421	閬	376	蠍	518	穧	352
醮	457	鬭	471	蟾	432	簹	465
醯	346	閺	457	蠏	495	簸	368
麗	344	閬	420	蠊	410	簨	356
礥	512	闞	433	蟻	350	簬	482
礪	344	關	438	顚	487	簽	413
礙	500	嚬	496	嚴	411	簷	410
礦	307	䴊	392	嚴	417	簾	409
礩	469	疇	464	獸	472	簿	477
願	424	蹺	453	嚊	397	簫	458
壐	347	蹔	413	嚨	313	舉	359
霪	388	蹶	382	嶺	496	槊	495
霱	313	蹶	540	羇	352	鵏	515
		蹲	370	罷	339	牘	503
	〔丨〕	蹻	534	繹	445	儳	443
翻	379	蹯	437	羅	368	矇	304
齗	395	蹴	506	㦥	413	鈮	515
齡	385	蹴	527	儱	340	歸	477
齜	366	蹸	391	儶	321	鼉	517
黼	475	蹲	487			魖	333
虢	518	蹭	489	〔丿〕		懲	398
嚇	532	蹬	399	氎	482	籠	313
矑	463	蹻	540	犢	503	艨	303
蠆	525			爆	511	罄	425
贉	422	蠅	404	贊	443	鏡	311
贈	409	蠖	506	㸌	387		

《同音集釋要》檢字表　619

鏗	408	鯖	396	勳	323	瀚	421
鍊	328	鯤	486	鶉	407	瀟	458
鐺	322	鯧	319	麋	348	瀨	496
鏤	466	鯢	349	廬	482	瀜	305
鏝	433	鮸	483	麻	479	瀝	515
鏓	304	鯨	386	癡	332	瀠	535
鏡	406	鶋	483	癢	327	瀘	482
鏞	305	獵	536	龐	321	瀞	509
鏡	390	獹	482	鵰	403	瀬	397
鏟	440	觶	335	麒	342	瀛	388
鏑	517	蟹	495	廖	485	濾	413
鏃	506	孼	306	魔	349	懶	496
鏃	508			麈	451	懷	497
鏇	412	譆	346	瓣	442	竄	439
鏥	469	譚	421	壟	313	鵵	425
鏗	530	譖	405	韻	484	寵	311
鏰	328	讃	375	嬴	369	襤	439
饎	447	譙	454	贏	382	襦	361
鼜	444	譈	498	旟	359	襫	463
飆	454	譤	384	甕	314	襪	330
辭	336	識	335	羶	434	〔一〕	
饉	386	識	526	羹	403	贏	344
饅	433	譜	484	類	382	鷗	354
鵬	403	爇	517	爆	449	襞	516
臁	455	證	401	爍	534	孼	524
臘	537	譎	540	爊	451	疆	326
鷴	457	譏	341	爊	537	響	328
劓	443	鄶	323	隸	345	講	465

鞸	517	騙	434	轘	438	瞧	417	
韞	488	趨	460	飆	457	皺	446	
韜	447	攖	386	醵	304	矍	505	
鷩	530	攔	439	醼	354	嚣	386	
孼	514	攀	412	醴	344	贍	432	
嬾	439	攙	440	醲	306	闠	536	
顢	420	壞	323	顢	506	疊	513	
顙	318	攘	323	礫	515	闌	431	
歠	528	擔	498	礩	530	曨	312	
繾	303	馨	386	磴	425	曦	346	
繩	398	鶏	377	曡	419	蹟	376	
繼	420	嚀	395	殰	497	蹯	521	
纁	306	蘀	420	殲	313	躁	445	
繹	522	蘭	439	隸	497	躅	509	
繳	460	縈	437	霰	415	蹺	516	
繳	534	蘗	514	霪	399	蠣	344	
繾	519	薇	409	〔丨〕		蠐	347	
繡	469	蘚	415	鄭	310	嚶	386	
		蘩	377	闔	471	鶚	511	
二十畫		蘖	528	齟	355	嚼	454	
		鷓	478	齡	391	嚼	532	
〔一〕		櫨	458	齣	530	嚥	387	
鶺	404	櫪	516	韶	456	囂	382	
瓏	312	礬	437	獻	413	幭	439	
聯	391	麵	416	巋	417	巍	375	
驊	373	櫬	489	耀	455	巇	413	
驍	424	櫳	312	黨	322	巉	443	
驕	469	轗	429	懸	423	黥	386	
騶	343							

髏	466	鶒	404	朧	312	癟	400
髒	371	鐃	452	騰	399	癩	399
〔丿〕		鐸	480	飝	541	麝	326
犧	346	鐐	461	鯉	389	辮	415
穰	462	鏷	508	鰍	468	龔	313
棘	302	鐦	419	鯿	414	競	386
鷈	343	鏇	512	鰉	315	齋	332
鶩	468	鐫	412	鯉	487	贏	387
穫	333	鐎	456	鰕	366	糯	473
籍	512	鐘	308	獾	427	糲	344
籌	464	鐄	412	飀	458	糯	362
籃	439	錫	323	飂	461	鶯	336
篡	430	鐙	326	觸	506	爐	482
籀	398	鏾	317	䌷	437	爓	486
籠	513	鐙	402	〔丶〕		灌	433
嚳	359	釋	525	謹	538	瀕	520
譽	358	鷄	423	譹	303	灃	387
覺	460	饒	447	護	479	瀾	439
覺	505	饎	333	譺	379	瀠	437
譻	510	饐	347	諂	322	瀹	533
斅	455	饇	442	譴	420	激	410
齬	478	鐘	318	譞	425	瀎	443
軆	310	饍	432	毃	379	瀼	323
犨	464	饌	443	議	350	瀁	408
儺	344	饑	341	魔	371	懺	441
魖	458	饀	428	鷹	386	懽	457
魑	353	臙	416	廱(癰)	415	懷	323
警	460	蘆	482	廨	414	寶	449

騫	420	二十一画		攧	422	殲	418
寳	470			㲅	315	霸	368
襀	526	〔一〕		鞼	535	露	482
襭	523	櫌	462	鞼	536	霣	306
禮	361	㰒	514	虁	383	霃	474
襮	502	蠢	404	蘿	356	霹	522
襮	510	瓆	433	歡	427		
		藨	479	鶇	420	〔丨〕	
〔丿〕		瓔	386	權	426	播	437
譬	340	鰲	448	欞	391	齩	448
獿	386	鷉	465	櫻	386	齩	460
鵬	377	髻	316	欄	439	齦	408
糵	515	蠠	442	檻	434	齳	419
孀	317	懟	305	欒	442	賵	430
孅	415	攝	526	轟	312	賊	316
孃	327	驅	357	鶍	368	贔	340
鷟	477	驍	462	賨	410	贐	396
饗	326	驃	458	覽	439	瞻	371
響	326	驄	368	矘	317	曦	346
纖	520	騎	483	醻	464	囁	514
纁	439	騘	304	酺	361	囈	350
纊	486	驊	440	醺	486	嚼	430
縂	387	驂	422	劘	344	闢	523
纈	326	荲	302	酃	516	曩	322
纆	398	鼙	339	礦	497	鶏	417
繼	341	馨	445	礴	461	躊	464
		攜	338	礪	379	躓	488
		鷔	335	殱	439	蹺	393
						蹟	352

《同音集釋要》檢字表 623

躑	527	儳	417	鷈	306	鸁	495
躍	533	儺	369	臟	321	纇	382
鼉	382	儧	443	臞	439	夒	383
鼛	382	鶎	389	鱺	410	爚	433
蠟	537	鷏	453	鰤	336	爛	439
囂	462	儱	311	鰥	439	爝	533
屪	516	艦	439	鱻	456	爥	457
髒	316	鐵	514	鶬	480	爟	532
髓	380	钁	506	鶖	321	鶯	386
〔丿〕		鐽	303	艫	540	澧	310
犧	316	鎺	456	鶡	467	灙	304
鄿	430	鐸	503	鷂	480	灘	343
穮	418	鐶	438	〔丶〕		灕	314
穲	516	鐲	509	譸	463	懾	530
醺	421	鐭	359	譽	318	懼	356
懿	380	鐵	460	譺	349	寷	309
籛	413	鐮	409	譎	531	竈	445
籇	467	鐴	340	癩	496	竉	313
籔	466	鐴	516	癧	515	顧	481
籯	524	憾	434	癯	512	襯	489
籐	399	轠	422	癭	387	襱	312
籓	467	鵅	454	爤	439	襘	533
籲	534	雞	316	鶋	520	襄	323
舉	358	鷄	341	麝	501	鶴	511
儺	362	鴿	320	辯	415	〔一〕	
儞	419	餯	303	鼟	313	屬	505
儷	344	饒	382	齎	352	屬	508
儼	411	饘	430	蠃	369	轡	361

蠡	344	顡	304	躟	326	鑄	355	
纈	523	鬚	316	躧	430	鑑	419	
續	508	辦	328	躐	534	鑢	486	
纏	430	轢	503	疊	514	鏷	511	
纏	430	轢	516	蠰	458	龕	429	
鷗	314	鶂	422	囉	368	糴	513	
		囊	322	罵	459	饐	409	
二十二画		鷗	467	囒	484	鷸	428	
		鉴	419	巔	419	㸌	457	
[一]		醻	446	羈	341	鰳	526	
驁	381	鶩	346	巇	429	鱛	357	
鼴	534	礚	443	巖	429	鰾	458	
鬚	353	鵡	317	圞	424	鰻	433	
攤	440	㝡	473	顚	400	鱗	331	
驪	467	霸	391	體	351	飉	541	
驛	369	霍	495			獵	413	
驕	460	霽	352	[丿]				
蘷	455			鑪	482	[丶]		
龕	425	[丨]		穮	468	讚	443	
覿	513	顚	379	穰	323	讀	503	
攢	424	齬	360	籥	510	讄	446	
鷟	335	齬	478	籟	496	讕	382	
懿	347	齯	506	籧	511	巒	424	
聽	398	戩	355	籧	355	㡀	424	
韁	326	曬	365	籠	312	彎	441	
鷸	316	贖	507	驅	417	變	424	
蘸	444	饕	447	賜	327	顫	430	
蘆	368	躅	415	儻	323	鸍	500	
驚	390	躥	356	甝	472	廳	371	

《同音集釋要》檢字表　625

亹	343	礜	341	〔丨〕		鱗	391
亶	402	纙	516	曬	492	鰶	528
瘦	387	纑	482	矙	489	鸕	444
鷴	305			顯	413	〔丶〕	
聾	312	二十三画		躓	399	欒	424
龔	307	〔一〕		蠱	481	攣	410
襲	512	鬟	306	齪	497	變	414
鶵	317	驍	514	髖	426	戀	424
饕	314	驍	360	〔丿〕		瓛	355
鶒	541	驛	522	罐	433	癱	314
羉	497	驗	418	鑪	391	麟	391
鷩	517	驌	503	箕	358	鱯	530
鷔	517	攩	322	籥	533	鶵	313
爛	536	攪	460	鷟	358	齋	352
灘	440	魍	464	鬏	338	贏	369
灑	491	鷄	512	簎	464	鐲	427
灑	368	轙	537	鵴	457	爍	534
瀵	443	櫂	369	趮	537	瀁	322
竊	522	欑	424	徽	377	慞	505
襯	498	巚	410	鑑	361	福	530
襕	439	轋	515	鑞	382	〔→〕	
〔→〕		鱸	482	鑠	534	孀	439
盡	518	羃	341	鑽	530	鶵	542
翳	444	醮	417	鑛	455	劙	343
鸒	509	靨	417	鐵	537	纓	386
螢	515	魇	417	鱒	394	纖	414
糵	515	饜	417	鱖	382	纔	443
孋	344	鷯	461	鱔	432	纘	491

鷟	334	〔丨〕		鱧	344	二十五画	
二十四画		艶	411	鱮	357		
		鬪	471	鱲	343	〔一〕	
〔一〕		齶	511	鱠	382	纛	444
鬢	394	齷	502	鱣	430	蘥	503
攬	439	躅	439	〔丶〕		攮	322
驟	303	鷟	482	讕	439	鼙	399
驟	470	躞	323	讖	441	鸑	504
壩	368	囑	505	讒	443	鵰	444
攞	368	羈	341	讓	323	韉	312
蔓	509	〔丿〕		鸎	430	欖	439
轥	413	穳	424	廲	371	欘	368
觀	432	穫	443	鷹	386	欝	541
鸘	303	籩	414	癱	440	轠	338
盉	507	籬	343	癲	419	靉	500
爣	304	籭	423	贛	307	〔丨〕	
盡	484	鸞	359	鼈	517	顱	482
鹽	410	贛	311	灝	449	齟	515
釀	327	儾	322	懶	374	鼉	369
醿	348	驨	306	憹	445	驥	454
玃	427	衢	356	欞	442	躥	412
靂	516	鑪	482	〔→〕		〔丿〕	
靈	390	饞	497	鸕	504	籮	368
靄	500	饛	511	屭	346	罐	433
靆	313	籠	312	纕	515	鑰	533
隱	387	鯬	440			鑱	443
豔	424	鱝	318			鑲	329
		鹹	525			饟	443

飂	516	釅	334	鬭	471	鑿	508
鷟	511	靨	417	鸘	482	鸚	386
艭	338	厴	431	躩	505		
〔丶〕		靁	309	蠦	368	二十九画	
譾	514	〔丨〕		籲	414	驪	343
蠻	442	矚	505	釁	422	欝	312
廳	397	齺	513	龖	306	鬱	541
懿	319	〔丿〕		鑰	442	鬰	541
灣	441	馨	375	钁	368	讟	503
〔㇇〕		籩	509	鑽	430	三十画	
耀	461	釁	386	饢	368	鸛	343
纚	491	鑷	515	鱷	511	鬤	422
纘	430	鑼	538	鱸	482	鑹	430
二十六画		顱	359	讜	322	鸞	424
		〔㇇〕		戀	424	灩	411
〔一〕		鼉	517	灨	411	三十三画	
驥	341	二十七画		灘	431		
驢	361			纜	439	鱻	457
驤	482	驦	317	二十八画		鱺	414
趲	443	驥	329			麤	478
顴	426	釐	517	鸛	433	獻	531
薔	352	靂	516	豔	411		
欞	441						

圖書在版編目（CIP）數據

質盦書稿兩種 /（清）朱一新著；唐元發整理. —上海：復旦大學出版社，2019.10
ISBN 978-7-309-14658-5

Ⅰ.①質… Ⅱ.①朱…②唐… Ⅲ.①北京—地方志—明清時代②古漢語—同音詞—注釋 Ⅳ.①K291②H131

中國版本圖書館 CIP 數據覈字（2019）第 232080 號

質盦書稿兩種
（清）朱一新　著　　唐元發　整理
責任編輯 / 胡欣軒

復旦大學出版社有限公司出版發行
上海市國權路 579 號　郵編：200433
網址：fupnet@fudanpress.com　http://www.fudanpress.com
門市零售：86-21-65642857　團體訂購：86-21-65118853
外埠郵購：86-21-65109143
常熟市華順印刷有限公司

開本 890×1240 1/32　印張 19.75　字數 437 千
2019 年 10 月第 1 版第 1 次印刷

ISBN 978-7-309-14658-5/K·711
定價：120.00 圓

如有印裝質量問題，請向復旦大學出版社有限公司發行部調換。
版權所有　　侵權必究